U0025229

財經企管568

扭轉貧富不均

Inequality

What Can Be Done?

Anthony B. Atkinson 安東尼・阿特金森｜著　吳書榆｜譯

獻給任職於英國健保局裡出色的各位

目　次

推薦序　師祖出馬，就是不同／朱敬一　009
導　讀　解讀台灣貧富問題：從《扭轉貧富不均》談起／薛承泰　013
致　謝　023
緒　論　029
重要詞彙　037

第一部　診斷 —— 初探貧富不均

第一章　為何貧富不均是重要議題？　045
機會不均與結果不均　046
經濟學家與所得不均　052
從英美看全球不均　055
不均的各個面向　067
誰落在薪資分配的哪一個點上？　077
第二章　以史為鑑　091
數據來源 —— 家戶調查　093
家戶調查的限制　095
貧富不均曾縮小的時期　102
戰後歐洲的貧富差距縮小過程　111
現況如何？　130
第三章　探討不均的經濟學　139
從課本看全球化與科技　141
市場力量與社會脈絡　147
資本與壟斷力量　154
總體經濟學與個人　159
第一部小結　176

第二部　行動——縮小貧富不均的具體建議

第四章	**技術變遷與制衡力量**	179
	技術變遷的方向	180
	政府是技術進步的投資者	184
	制衡的力量	189
第五章	**未來的就業與薪資**	201
	就業性質的變動	202
	完全就業與保證就業	207
	合理的薪資政策	217
第六章	**財富與重分配**	229
	帶動財富累積的因素	233
	小額存款人的實際報酬落差	242
	所有人都能承襲資產	245
	國家財富與主權財富基金	248
第七章	**強化累進稅制**	259
	回歸累進所得稅	260
	遺產稅與房地產稅	275
	全球課稅與企業最低稅賦	284
第八章	**全民福利國**	291
	社會安全體系的設計	293
	兒童福利津貼扮演的重要角色	299
	應給付公民所得	305
	新版的社會保險系統	312
	我們的全球責任	319
縮小貧富不均差異的提案		329

第三部　評估——因應各方批評的答辯

第九章	**經濟大餅會變小嗎？**	335
	公平與效率之間的取捨	337
	公平與效率之間的相輔相成	342
	試了才知道成敗與否	352
第十章	**全球化會阻礙行動嗎？**	361
	福利國的歷史	363
	全球化如何掌控人類命運	372
	國際合作的範疇	375
	全球化的衝擊取決於國內政策	380
第十一章	**我們負擔得起嗎？**	383
	稅賦福利模型的設計與評估	385
	十五項提案之成本分析	390
	（部分）提案造成的影響	398
	可降低貧窮程度的提案	404
未來展望		407

推薦序

師祖出馬，就是不同

中央研究院特聘研究員、院士　朱敬一

英國經濟學界泰斗阿特金森最近撰寫《扭轉貧富不均》一書，由哈佛大學出版，天下文化出版繁中版，我非常高興能夠為此書寫序推薦。本文並非一般行禮如儀的內容介紹，而要先從一些淵源背景談起。

阿特金森今（2015）年高齡71歲，他成名甚早，自1971年起即任全球財政學最好的期刊《公共經濟期刊》（*Journal of Public Economics*）主編長達二十五年，堪稱全世界財政學界最重要的學者。在維基百科中寫道，阿特金森自承他受英國詹姆士・米德（James Meade）教授影響，也自認影響皮凱提與薩伊茲（Emannuel Saez）二人，因此更樹立其在相關領域的泰斗地位。皮凱提所著《二十一世紀資本論》震撼全球，早已家喻戶曉，而薩伊茲任職柏克萊大學經濟系，五年前獲頒美國經濟學會克拉克獎章，更是明日之星。阿特金森、皮凱提與薩伊茲三人皆戮力於全球所得分配不均之研究，除了學術著作等身之外，兩年前也建制「世界頂尖收入資料庫」（World Top Income Database）網站，整理蒐集全球各國所得分配趨勢，並予以系統化比較及呈現。他們的努力對此研究議題的聚焦，絕對有關鍵性影響。

要了解本書在最近諸多不公平相關討論中的重要性，最好的做法就是把這本書放在其他著作之中做一脈絡對比。最早的當然是《二十一世紀資本論》，其次是皮凱提學生蘇克曼（Gabriel Zucman）所寫的《富稅時代》，最近的則為本書《扭轉貧富不均》。皮凱提一書花費相當多篇幅呈現歷史證據、解說理論背景、回答外界質疑，可說是斬荊披靡的成果。蘇克曼則將重點放在跨國避稅與隱藏，以及富豪如何在盧森堡、瑞士等隱密資料的保護下牟利。現在師祖級的阿特金森出馬，已經不必再花太多力氣解答資料與避稅操作（因為徒子徒孫已經做得很好了），他遂花費諸多篇幅在政策上：國家如何透過租稅、社福、產業等政策，去解決分配不公的問題。

本書重點在第二部，他經過仔細分析，列出十五項政策建議。這些建議有不少是築基於英國的特殊背景，讀者未必要在台灣全數棗吞 。例如建議成立「國家主權基金」，大概就沒有考量到台灣特殊的民主環境（台灣不像挪威那樣民主透明，也不像阿拉伯產油國那樣不民主不透明）；而建議以國民生產毛額的1%以援助他國，也顯然不契合台灣的現實國際處境。但是整體而言，其他政策建議都是大方向正確、經過細膩資料分析、有理有據、前後圓融一致，非常值得台灣研究經濟政策的相關人士借鏡。

就寫作風格而言，我也喜歡阿特金森的寬廣視野、旁徵博引、上述古典經濟論著、下接晚近諸多文獻。我經常感慨，在分工日細的今天，能夠有通識涵養與寬廣度的經濟學者愈來愈少，絕大多數只能在餖飣領域中，做幾近無聊的數理分析，「除了期刊評審沒有多少人關心、除了學界同好沒有多少人信服。」但本書並非如此；這是我近年少見有通識水準的社會科學論述，值得閱讀，也值得仔細咀嚼。

我第一次與阿特金森通信，是二十九年前，他時任《公共經濟期刊》主編，審查並且接受我的第一篇學術論文，之後我也幫他審查過大約十幾篇稿子。二十八年後，我與研究團隊分析台灣的所得分配不均，將結果刊上「世界頂尖收入資料庫」網頁，遂與阿特金森與皮凱提有進一步聯繫。2015年初，阿特金森徒孫蘇克曼寫了《富稅時代》，繁體中文版也請我寫序。這些，再加上為《風傳媒》撰寫的《二十一世紀資本論》導讀萬餘字，可以說是我與阿特金森師徒三代的結緣，相當特別，也值得珍惜。

阿特金森對不公平症狀的解方，簡單地說就是「高稅收、大政府」。這個方向與過去八年馬政府的「輕稅簡政」，可說南轅北轍。現在台灣的租稅負擔率已經低到全球倒數第五，政府經濟政策除了「自由化、國際化」等老口號，幾乎全無論述。面對全球化、面對中國的吸力與壓力、面對2014年三一八學運以來，國內對於經濟政策的疑慮，台灣的經濟未來真是異常險峻。但是，看到71歲高齡的阿特金森還在與皮凱提等人大開大闔的鼓動風潮、提出論述、分析政策，我們實在也沒有鬆懈的餘地。「老而彌堅」，大概是我對阿特金森這本巨著的感想，也是對自己年近耳順的激勵吧。

導讀

解讀台灣貧富問題：從《扭轉貧富不均》談起

台灣大學社會學系教授　薛承泰

主計總處公布我國所得分配時間約在每年9月，近兩三年來每當公布後不久，即有媒體報導我國有160萬個家庭入不敷出，有些則直接說這160萬戶落入貧窮！整個台灣約800萬戶，真的有五分之一生活於入不敷出或落入貧窮嗎？

首先我們必須澄清入不敷出並非等同於貧窮，白話一點說，「不夠用」和「生活於貧困」當然不同！一位年薪千萬的富豪，可能因為該年支出較多（如購置房地產）而超出其該年總所得，因此稱他（她）該年為「入不敷出」或「負儲蓄」，但這算是貧窮嗎？然而，對於一位低所得者來說，就算是該年支出未超過所得而有了一點儲蓄，難道就不會是貧窮嗎？

問題來了，那什麼是「貧窮」（poverty）呢？世界銀行曾提出每人每日生活費用低於1.25元為標準，全球約有12億人口生活於「貧窮」範圍內；這種「絕對貧窮」（absolute poverty）概念雖簡便，卻不適用於許多國家（包括我國）。事實上，大多數國家的「貧窮門檻」是取決於經濟分布的一個適當位置，低於該門檻者才會被認定為貧窮（官方對貧窮的認定通常還會加上其他條件）；因此，若要了解貧窮，需更廣泛一點來問，一個社會的

「不均」（inequality）該怎麼來看？

阿特金森這本《扭轉貧富不均》便提供一個多元、具國際觀且務實的看法，不僅可提供人們對於不均現象的認識，給決策者帶來一些政策擬定的啟發，也可以是一本很好的大學教科書，特別是針對唸社會科學的人，因「不均」乃是社會科學的起始點。

全書分為三部分，首先診斷不均現象，其次，阿特金森提出建議，最後則討論建議的可行性。簡言之，這本書先教我們先認識「不均」現象，才能找出原因，接著提出改善方案，才不至於亂槍打鳥，病急亂投醫！最後，他不像一般經濟學者只是指點江山，他很務實的從行動者、國家與國際社會的角度來討論，所提的意見究竟可不可行？

讓我們先回頭看看前述國內的狀況，解釋問題在哪裡？然後，看阿特金森在書中如何來分析與解答這些相關問題。

台灣的所得不均現況分析

我國主計總處每年所公布所得不均相關數據，是根據每年主計總處所蒐集「家庭收支調查」資料來分析，該調查採抽樣（分層二段隨機抽樣）的方式，代表全國約800萬戶的母體，執行時間約在每年2至3月間，大約抽出千分之二樣本戶，以2013年調查為例，樣本戶數為15,858戶，問項包括：一、家庭戶口組成；二、家庭設備及住宅概況；三、所得收支；四、消費支出等。

首先，計算出每一個家戶之可支配所得（即總所得扣除必要的移轉），並按高低排序，然後分成五等分，亦即每一個級距代表約160萬戶，共五個級距。最後，將最高所得的20%家戶之平均可支配所得除以最低所得20%

家戶之平均可支配所得，所得到的倍數，就是目前主計總處所公布的家戶所得不均倍數，簡稱「大島指數」（Oshima index）。我國2001年曾達到6.39倍的高點，2013年是6.08倍，2009年金融海嘯達到6.34倍以來繼續呈現微幅下降。

值得注意的是，因為最近幾年在最低20％所得組出現平均可支配所得低於平均消費支出的現象，也就是儲蓄是「負數」，這就是媒體所謂160萬戶入不敷出的來源。但媒體有錯嗎？顯然這是個基本數學問題。試想，全班考試平均分數不及格，意謂全班學生考試都不及格嗎？答案不辯自明。其實，在所得最高組當中並非每戶都是「正」儲蓄，也有些家戶入不敷出，只不過整體平均儲蓄是正的。一樣的道理，最高20%所得家戶近年來平均總所得並未超過200萬元，此數字無法突顯出更高的10%、5%或1%的家戶所得。

另外，也有人質疑，既然採用五分位所得到的倍數一定會低於採十分位所得到的倍數，政府是否應該公布後者，才不會有隱匿所得不均的嫌疑。究竟不均的計算，該採五分位、十分位、百分位、甚至千分位呢？但分得愈細，其倍數當然會愈大，其實這是根據資料的性質來決定的。

我國家庭收支調查過去每年抽出約13,000餘戶，2011年因配合社會救助法修訂，需為五都分別計算貧窮線，才增加一些樣本數。何以如此呢？這就是所謂「抽樣誤差」考量，基本原則是，樣本數愈小抽樣誤差則愈大。政府公布五等分位的所得差距倍數也是基於此考量，近年來政府也隨民意要求而公布十等分位的倍數，倍數顯然較高，但這個數字誤差就會隨之變大！

此調查資料與抽樣方式，乃沿襲自於OECD國家，也因此政府所公布的數據也可以用來國際比較。我國在1970年之前，五等分位的大島指數曾高於5倍，此後二十年經濟成長快速卻仍維持相當的均等（低於5倍），直到1990年才又回升到5倍以上，而從2001年開始超過6倍。

為了瞭解我國「不均」更多的樣貌，也可採用年度綜合所得稅資料。使用綜所稅資料沒有抽樣誤差問題，還可以比較到千分位數，甚至可以計算所得最高的前十名和最低十名的倍數，都不是問題。若根據每個報稅戶的總所得來比較，不論採取從十分位數到千分位數，倍數都在這個世紀呈現上升趨勢。另一方面，以最高10%所得戶占全國所得比重來看，從2000年占31.3%，上揚到2013年占36.4%。數字歷歷，確實說明：在台灣，「有錢人更有錢」。

綜所稅所得的內容和家庭收支調查的所得並不完全相同，更重要的是，兩筆資料「家戶」的定義，也有很大的出入；一個是接近實際居住，一個則是以最有利於納稅人所組成有扶養關係的「家戶」，且後者並沒有將未達課稅門檻的家戶算進去。阿特金森也提醒，以「家戶」為單位來看不均，也會受到人口與家庭變遷影響，例如獨居老人與單親家庭增多，以及同居或伴侶關係等之家戶組成變化，都會影響不均的計算與貧窮的認定。

「大島指數」容易計算也容易理解，最大的缺點除了多少等分才適當難有共識，無法反映中間等分的變異也常被詬病；「吉尼係數」（Gini coefficient）是另外一個國際常用的不均指數，計算較為繁複卻可反映整體分布情形，阿特金森對吉尼係數在第一章就有精闢的解釋。

想像一個完全均等的社會，每一個家戶擁有的財富一樣，那麼從第一戶累計到最後一戶將會呈現一條斜率為1的直線，也就是直角三角形的斜邊（吉尼係數為0）。反過來，一個完全不均的社會，則會是一戶擁有全社會財富，其他戶則是甚麼都沒有，呈現出的累積曲線其實是直角三角形的兩邊（吉尼係數為1）。不過，這兩個極端例子並不存在。任何一個社會的不均曲線實際上只能落在該直角三角型中間的區域，呈現一條逐漸上拋的曲線（即羅倫茲曲線，吉尼係數介於0至1）。這條曲線和斜邊所構成的半月型，其面積占該直角三角形面積的比例（或百分比），即為吉尼係數，曲線愈靠近斜邊代表愈均等，即係數愈小，係數超過0.4通常就會被認為是不均的警戒值，美國與中國兩大經濟體，該係數均超標。

吉尼係數在國際上使用更為廣泛，我國在1970至1990年間，吉尼係數曾小於0.3，1990年之後開始超過0.3，但低於歐美工業化國家；近二十年來不均情形上升，2001年與2010年曾達0.35與0.34，還好仍在警戒線內。

財富重分配才是不均的關鍵

講到這裡，有人會問，「不均」難道只看「所得」嗎？其他非列入所得的「財富」（如不動產與資本利得）更可能是不均的來源。沒錯，阿特金森也特別提醒這點，認為現有不均的測量並未充分反映出實際的不均，例如自雇所得與房地產收入在許多的調查中涵蓋率很低，而這類收入多半落在所得分配較高的人或戶。這種情況，台灣也不例外。

《經濟學人》2014年曾報導，美國最有錢1%人口的所得從1970年代占全國9%增加到22%。彼得・聖吉在2012年《必要的革命》一書中，也指出全球前兩百大富豪財富等於最窮25億人口年收入總和。根據《遠見》雜誌2015年3月的報導，國內前四十大富豪2012年資產總計達844.5億美元，占我國國富毛額的13.5%。因此如阿特金森所說，不均才是二十一世紀的關鍵議題，於是他在第一章就對家戶總所得做了仔細的分析與討論，這是理解不均的重要一環（見該書第一部）。

確實，即使根據家庭收支調查也可以提供不同的不均指數，例如家戶總消費或儲蓄的差異、工作所得者薪資的差異等；採用報稅資料也可以呈現所得前1%的歷年繳稅趨勢，看繳稅金額與占總稅收比例是愈繳愈多，還是愈繳愈少？另外，移轉前與移轉後不均程度的改變，也可用來觀察「重分配」（主要包括稅賦與社會福利）的效果。這些都可以讓我們更廣泛地認識不均。

阿特金森進一步從歷史資料觀察，並認為勞動所得在不同職業與階級上呈現不同趨勢。職位高者所得增加相對較快，是不均的重要來源，於是他認為需要在產業內設定所得倍數範圍，一方面將低薪者往上頂給予最低薪資保障，另一方面對高薪者從稅制中建立再分配機制（建議邊際稅率可達65%）。他也同意，皮凱提在《二十一世紀資本論》中提到，資本報酬率在近年來快速增長，並超過經濟成長率，因此導致貧富不均的擴大。

二十一世紀勞動市場 —— 世代不公、社會福利與非典型工作

阿特金森有別於一般經濟學者，不只強調生產力，更對分配與不均有更多著墨，他並嘗試提出具體可行改善措施。在十五項具體建議當中，雖然是以英國為基礎，他卻試圖應用到歐盟各國。他觀察到近二十年來所得底層的停滯，加上落入貧窮者許多仍擁有工作，亦即工作貧窮（working poor），發現問題癥結在於缺乏穩定的工作與薪資的最低保障。雖然全球化導致市場力量更為強大，他認為仍有制衡的可能，並由此建立機制來降低不均（不論是機會不均或是結果不均）。他根據實證資料指出，二戰後到1980年代間，貧富差距維持在相對較低的範圍，可見經濟發展與貧富差距

二者關係並非絕對。因此他認為政府不能只想創造最大就業量，而應想辦法把非自願性失業降到最低，並同時注意二十一世紀勞動市場的新特質。

不均的發生可以在世代內，也會在世代間產生。如果只是發生在世代內，也就是個人憑藉來自遺傳的天分，自己的打拼，以及難以解釋的機運，而有不同成就與收穫，這樣的不均還不至於被其他人所憎恨（阿特金森所說的競爭性不平等）。可是，當前社會許多的不均是發生在起跑點的不公（阿特金森所說的非競爭性不平等），這通常來自於環境（家庭背景、社會結構、國家資源等）與世代間的移轉；人們對不均現象感到無力感，通常是來自於世代間不公平的移轉！因為透過自身的努力競爭，未必能超越結構性的不公。

例如，有錢人家居住在好地段，子女從小衣食無缺，有機會進入明星學校且一路升學順暢，畢業後在就業市場中具有較強的競爭力，又可能因上一代的關係在職場上而有較好的機會與選擇；接著，在婚姻配對上，因學歷與職場的相似度產生「新門當戶對」，這樣組成的家庭，不僅延續上一代的優勢，還可能加深貧富的差距。阿特金森對此主張，要針對遺產或贈與採收取累進資本終生稅。換言之，一個人一輩子能獲取遺產或贈與是透過累加，超過上限即課予重稅，減少跨世代財富的累積；另一方面，他也建議所有人到成年時，都應得到一筆資本稟賦（capital endowment），這是拉平起跑點的一個辦法。

至於如何透過社會福利，在下一代中減少不均（見第十章）？特別是兒童福利方面，他認為需要更積極投資，也支持普及式不排富的補貼措施，才能讓有錢人覺得自己沒有被排除，也會更樂意交更多的稅，透過阿特金森所主張加強累進效果的所得稅制，更可以發揮再分配效果。在「不拋下任何一個孩子（no child is left behind）原則下，他甚至建議應該在全歐實施統一的兒福補貼政策，讓所有孩子擁有基本人生起點。

阿特金森並指出（第五章），二十一世紀勞動市場的特色是出現大量非典型工作（約聘、臨時工作、零時契約）；因此一個人的工作型態可能是多個工作的組合，導致失業與就業（有全職工作）間的界線逐漸模糊，而影響到目前社會保障的設計，以及改善不均的方法（見第八章）。在他眼中，市場中有許多不同的行動者（勞工、消費者、企業、政府、國際組織），這些行動者間的權力平衡影響市場結果；因此要降低不均，需要各方行動者以較為平等的方式進行協商，這不僅是在單一經濟體中應當如此，在國際合作也應該如此。

兼顧理論與實務

在立論的方式上，阿特金森亦顧及理論與實務的雙重面向。一般說來，對於經濟學的批評或反駁，通常會透過實證資料來證明經濟理論預期與實際情況不合，或是就經濟學模型的預設加以反駁。這些常見方法都被阿特金森運用以強化本身的立論（見第九章）。除此之外，他更就理論來談理論，先以理論預設的不切實際來反駁反對市場干預者的理論基礎（柏瑞圖效率，Pareto efficiency），接著透過薪資水準的模型來推論：市場可能造成的結果不只一個。由此，作者試圖說明政府的干預並非必然對市場產生負面影響、公平與效率也非必然衝突。至於阿特金森的主張是否過於昂貴而難以落實？在書中第十一章，作者便透過稅賦福利模型進行試算，以說明其主張的改革措施在政府財政面向上是可行的。

阿特金森的目標是要將當前逐步擴大的貧富不均程度，帶回到1980年

「貧富不均轉折點」之前。同樣的，台灣也曾在那個年代同時有高度經濟成長率與較低的貧富不均，那樣的「均富」，有什麼道理，在現在或未來幾年做不到呢？

致謝

本書是我自1966年畢業成為經濟學家後，針對經濟不均所做研究的結果。在這將近五十年的歲月裡，我虧欠很多人：虧欠與我共事的同事、全世界的同行、學生以及不同領域的作者。我以下列出的只是其中某些人。有很長一段時間，我在所得分配不均領域有幸和以下各位合作（按英文姓氏排序）：巴黎經濟學院（Paris School of Economics）的弗朗索瓦・布吉尼翁（François Bourguignon）、義大利中央銀行（Bank of Italy）的安德烈・巴朗多利尼（Andrea Brandolini）、現為澳洲國會議員的安德魯・賴（Andrew Leigh）、盧森堡CEPS機構的艾瑞克・馬利爾（Eric Marlier）、倫敦大學學院（University College London）的約翰・米柯萊特（John Micklewright）、牛津大學的布萊恩・諾蘭（Brian Nolan）、巴黎經濟學院的托瑪・皮凱提、加州大學柏克萊分校的伊曼紐爾・賽斯（Emmanuel Saez）、哈佛大學的阿瑪帝亞・沈恩（Amartya Sen）、威斯康辛大學麥迪遜分校的提摩西・斯密丁（Timothy Smeeding）與英國艾賽斯大學（University of Essex）的荷麗・桑德蘭（Holly Sutherland）。近期，我也和以下各位合作：挪威統計局（Statistics Norway）的羅夫・阿伯吉（Rolf Aaberge）和尤根・莫達爾斯利（Jorgen Modalsli）；牛津大學馬丁學院（Oxford Martin School）新經濟思潮研究所（Institute for New Economic Thinking）經濟模擬計畫（Programme for Economic Modelling）的法孔多・阿瓦瑞鐸（Facundo Alvaredo）、薩爾瓦托・莫瑞里（Salvatore Morelli）和馬克斯・羅瑟（Max Roser）；哥本哈根大學與丹麥財政部的賈可伯・瑟高（Jakob Søgaard）；以及網路通訊刊物《貧富不均簡報》（*Inequality Briefing*）的創辦人查爾斯・戴蒙（Charles Diamond）。牛津大學納菲爾德學院（Nuffield College）是理想的研究環境，我很享受在學院裡和大家研討辯證，包括：鮑勃・艾倫（Bob Allen）、克里斯多福・伯里斯（Christopher Bliss）、杜肯・嘉禮（Duncan Gallie）、約翰・高瑟普（John Goldthorpe）、大衛・亨翟（David Hendry）、保羅・克萊波爾（Paul Klemperer）、梅格・麥耶（Meg Meyer）和約翰・慕鮑爾（John Muellbauer）。我甚為感激以上各位，我要說能和他們共事真是一大樂事。寫作本書時，我和布吉尼翁一起編輯的《所得分配手冊》（*Handbook of Income Distribution*）第二卷讓我獲益良多。我在此向超過五十位合力撰寫本書的作者致敬。

本書也出於兩次公開演講以及一篇文章：2013年史丹佛大學的亞洛講座（Arrow Lecture）「貧富不均何去何從？」（Where Is inequality Headed?），以及2014年5月在維也納奧地利經濟學會年會上的大會專題演講「我們能否縮小所得差距？」（Can We Reduce Income Inequality?）；以及發表於皮凱提《二十一世紀資本論》研討會上的論文〈皮凱提之後〉（After Piketty），登載於《英國社會學期刊》（*British Journal of Sociology*）。這些是我在倫敦政經學院成為百年紀念教授（Centennial Professor）時準備好的內容，我很感謝倫敦政經學院以及各位同事，幫助我完成這些專案，以及當我只能身為虛擬參與者的期間協助我。在擴充內容時，我使用了一些2012至2013年間於歐盟經濟與金融事務處（ECFIN）擔任研究人員期間發展出來的想法，我很感謝歐盟執委會用這種方式支持我的研究。撰寫本書時，很多人助我一臂之力，而我應該特別提到的是第十一章的計算由桑德蘭及她在艾賽斯大學的同事寶拉・德・阿格絲汀妮（Paola De Agostini）、克萊莎・樂溫緹（Chrysa Leventi）、依瓦・塔莎瓦（Iva Tasseva）等人所完成。1983年時，我和桑德蘭開始合作TAXMOD專案，這是以個體數據為導向的英國稅賦福利模型；其背後更大規模的計畫，是由經濟與社會研究諮議局（Economic and Social Research Council）出資贊助的稅賦、誘因與所得分配方案（Taxation, Incentives and the Distribution of Income），由我、莫文・金恩（Mervyn King）和尼克・史登（Nick Stern）主持。當時，在良性競爭之下，TAXMOD和財政研究所（Institute for Fiscal Studies）一起開始在國際上成為領頭羊，桑德蘭後來也將研究觸角伸入全歐盟性質的模型EUROMOD。第十一章的相關計算便使用該模型中的英國部分。無須多言的是，艾賽斯大學團隊不必為該章內容擔負任何責任，但若少了他們樂意且充滿洞見的合作，我就無法寫出這一章。

在本書中，我提到自我在1960年代開始研究所得分配之後，在數據取得這方面有了大幅進步。在繪製本書的圖表時，我大量使用我和莫瑞里合作完成的《經濟不均圖表書》（*Chartbook of Economic Inequality*）；這本書的基礎，是阿瓦瑞鐸負責的全球頂端所得資料庫（World Top Incomes Database），以及盧森堡所得研究（Luxembourg Income Study）跨國數據資料中心（我很榮幸擔任董事長）出版的盧森堡所得研究重要數據（IS Key Figures）。其他也有很多機構提供相關數據，雖然因數目太多難以一一列名，但我也要感謝他們。

我非常感激以下各位讀了部分書稿（通常都在時間壓力極大之下），

並表現出對這個專案的興趣以鼓勵我：阿伯吉、阿瓦瑞鐸、查爾斯・阿特金森（Charles Atkinson）、艾斯特拉・阿特金森（Estelle Atkinson）、茱迪絲・阿特金森（Judith Atkinson）、里察・阿特金森（Richard Atkinson）、莎拉・阿特金森（Sarah Atkinson）、布吉尼翁、巴朗多利尼、蘇莎・佛吉（Zsuzsa Ferge）、亨翟、約翰・希爾斯（John Hills）、樂溫緹、印恩・麥爾坎（Ian Malcolm）、馬利爾、克勞黛・麥克瑞迪（Claudine McCreadie）、米柯萊特、莫瑞里（他也幫我繪製圖表）、諾蘭、馬瑞・巴斯可夫（Maari Paskov）、皮凱提、羅瑟、阿卓安・辛菲爾（Adrian Sinfield）、斯密丁、桑德蘭和塔莎瓦。他們的意見讓本書大為增色，有些時候還讓我大幅改寫。我也曾和以下各位討論過本書的各個面向，成果豐碩：朱利安・拉・格蘭（Julian Le Grand）、露絲・韓柯克（Ruth Hancock）與威默爾・薩爾維多（Wiemer Salverda）。夏綠蒂・普勞曼（Charlotte Proudman）在早期階段協助我。馬瑞特・基維洛（Maarit Kivilo）以極高的效率協助我編製附註中的參考資料。我很高興能和哈佛大學出版社的編輯麥爾坎及其同仁合作，他們幫了大忙，也鼓勵了我。

至於本書背後的其他工作，牛津大學馬丁學院新經濟思潮研究所支持的EMoD方案下的「貧富不均小組」同仁，給予我很多協助；該方案現在已和牛津大學馬丁學院新經濟思潮研究所的「就業、公平與成長方案」連一起。我特別感謝亨翟，他不僅讓貧富不均小組有發揮的空間，我過去十八個月安排留在家中，這段期間也由他大力協助整個研究，他更是最早建議我把針對貧富不均不同面向的思考彙整成書的人。當然，不管是他或其他本文所感謝的對象，概不需為書中的分析錯誤或表達的任何意見承擔任何責任。

本書在2020年前收到的任何權利金將捐贈給以下慈善機構：樂施會（Oxfam）、自立工具協會（Tools for Self Reliance）、英國埃梅厄斯機構（Emmaus UK）與貴格教會住宅信託（Quaker Housing Trust）。

緒論

貧富不均，是現代公共辯論裡最熱門的議題之一。很多人針對所得前1%與後99%者的情況撰文發表意見，大家也愈來愈清楚貧富不均的程度更勝以往。美國總統歐巴馬以及國際貨幣基金組織（International Monetary Fund）總裁克莉絲蒂・拉嘉德（Christine Lagarde）都說過，對抗愈來愈嚴重的貧富不均是優先要務。當美國皮尤研究中心（Pew Research Center）的全球態度計畫（Global Attitudes Project）於2014年問受訪者「全球最嚴重的危機」是什麼時，發現美國與歐洲人「對於貧富不均的擔憂遠勝過其他危機」[1]。但如果我們有心要縮小貧富不均，能做些什麼？愈來愈高漲的公眾意識如何轉化成真正能拉近差距的政策與行動？

在本書中，我會提出扎實的政策提案，我相信這些提案可以引發真正的轉變，並減緩所得分配不均的嚴重程度。藉由從歷史中汲取教訓，並以新的眼光（透過分配的角度）來看基本的經濟學，我想證明我們現在可以做些事來縮小貧富不均。我以樂觀積極的心情來寫作本書。這個世界面臨了許多嚴重問題，但眾志成城，我們所有人同在一起，就不會無助的面對非人力所能控制的力量；未來有一大半都掌握在我們手中。

本書架構

本書分成三部。第一部要談的是診斷。我們說的貧富不均是什麼意思，現在又有多嚴重？歷史上有沒有哪些時期差距有縮小？若有，我們可以從這些期間學到什麼？經濟學對於導致貧富不均的原因又有哪些說法？每一章之間都環環相扣，各章最後沒有摘要，但我在第一部結尾時寫了一篇〈小結〉。我在第二部中另外提出十五項提案，指出各國能採取哪些步驟來縮小貧富不均。整套提案再加上另外五個「欲推動的構想」，都列在第二部結尾。在第三部中，我談到各種反對提案的意見。我們能否創造出公平的環境，又不會失掉工作或減緩經濟成長？我們負不負擔得起推動縮小貧富差距方案的成本？在〈未來展望〉這一章中，我摘要各項提案，以及具體的落實方法。

第一章是背景說明，討論不均的意義，並初探種種顯示不均程度的數據。很多人在談「不均」，但也有很多混淆之處，因為這一詞彙對不同的人來說有不同的意義。很多面向的人類活動不均程度都愈來愈嚴重。人們擁有的政治力量並不平等；法律之前，亦非人人平等。就連我要談的重點：經濟不均，都有很多不同解讀。我們要縮小不均，得先釐清這個目標的性質，以及和社會價值觀之間的關係。我們關心的是機會不均還是結果不均？我們該在意的是哪些結果？我們是不是應該把焦點放在貧窮這件事上就好了？看到不均的數據時，讀者一定要問，到底是什麼不均？本章接著先提出初步的經濟不均梗概，說明過去逾百年來的變化。這不僅凸顯不均是現代重要議題，也導入幾個要考慮的重要不均面向。

本書的主題之一，是強調向過去學習的重要性。這或許是老生常談，西班牙裔美國哲學家喬治・桑塔亞納（George Santayana）在《理性生活》（*The Life of Reason*）中就說過：「無法記取過去教訓的人注定重蹈覆轍。」但就像很多老話一樣，當中蘊含大量真理[2]。過去是標竿，讓我們能判斷貧富不均能拉近到什麼地步；過去也是線索，讓我們知道該怎麼去做。幸運的是，所得分配的歷史研究是經濟學裡近年來頗有進展的學門，而就像第二章提到的，由於經濟不均的跨國長期實證大有改善，我才可能寫出這本書。我們可從這些數據當中學到重要課題，尤其是歐洲戰後幾十年如何縮小貧富不均。除了二次大戰期間差距有縮小之外，從1945至1975年間好幾股拉平力量也創造出同樣的結果。在1980年代，也就是我稱之為「貧富不均轉折點」（Inequality Turn）出現之時，這些拉平的機制（包括特意提出的政策）卻停止運作，甚至反向操作。自此之後，許多國家的貧富不均都在擴大（但不是所有，請參見拉丁美洲的相關討論）。

戰後幾十年導致貧富不均縮小的力量，是未來設計政策時的指引；而從那時候算起，世界已經歷不知幾次劇變。第三章是從經濟學來解析現代的貧富不均。在本章中，我先討論以科技變遷與全球化兩股併行力量為焦點的經濟學教科書分析；這兩股力量劇烈改變富裕國家和開發中國家的勞動市場，導致薪資分配的差距擴大。但之後我就脫離教科書的範疇。技術進步不是一股自然出現的力量，而是反映社會經濟的決定。企業、個人與政府所做的選擇，會影響技術發展的方向，從而影響所得分配。供需法則或許限制給付薪資的範疇，但還有很多空間可供其他因素運作。我們需要考量經濟社會背景來做更豐富的分析。教科書的相關分析都集中在勞動市場，並未觸及資本市場。但資本市場以及利潤在總收入中占比的相關問題，過去卻是所得分配分析中的重要元素，如今也應該再度成為要角。

診斷之後要談的就是行動。本書第二部將提出一套提案，綜合起來可以帶領社會邁向縮小不均的目標。這些提案橫跨許多政策領域，而且並不限於財政上的重分配（雖然這點也很重要）。縮小貧富不均對於每一個人來說都應該是優先要務。以政府內部來說，這是科學領域主管機關的責任，也是社會安全事務主管機關的責任；這是競爭政策的問題，也是勞動市場改革的問題。這也應該是每一個人在身為勞工、雇主、消費者、儲蓄者和納稅人時應該關心的事。貧富不均嵌進社會經濟架構之中，若要大幅縮小，我們必須檢視社會裡的每一面向。

因此，第二部前三章討論的是經濟體中的不同面向：第四章談技術變遷與對分配來說有何意義，包括技術變遷和市場架構與制衡力量三者之間的關係；第五章談勞動市場及就業性質的變動，第六章談資本市場與財富分享。在每種情況下，市場力量以及其所在之處都扮演重要角色。財富分配的集中度在二十世紀或許減緩，但並不表示經濟決策的控制權隨之轉移。在勞動市場，過去幾十年來的發展，尤其是勞動市場裡愈來愈高的「彈性」，都牽涉到力量從員工移轉到雇主。跨國企業的成長，貿易與資本市場的自由化，在在強化企業面對消費者、員工與政府時的地位。第七章與第八章則提起累進稅制（progressive taxation）與福利國（welfare state）的議題。這兩章中提到的多項措施都有很多人為此激辯，例如回歸累進效果更強的稅制，但也有些措施比較不可捉摸，比方說以「參與式所得」（participation income）做為社會保障的主要支柱。

對於「我們要如何對抗日漸嚴重的貧富不均？」這個問題，標準答案是要支持提高教育和技能方面的投資。相對而言，我很少談到這類措施，這並非因為我認為這些不重要，而是早就有太多人倡導了[3]。我當然支持這類家庭與教育方面的投資，但我要強調的是更積極的提案：我的提案需要大家重新思考現代社會的基本面，並揚棄幾十年來的主流政治概念。也因此，這些提案乍看之下顯得古怪或不實際。有鑑於此，第三部專門處理相關反對意見，並評估所提措施的可行性。最明顯可見的質疑，是反對者認為我們負擔不起這些必要措施。但在開始估計預算之前，我要先處理的是一項更普遍的異議：公平和效率之間必定有所衝突。重分配一定會引發負面誘因嗎？福利經濟學的討論以及「經濟大餅變小了」是第九章的主題。抗拒本書所提案的第二類反對意見，是「這些辦法很好，但現今高度的全球化，意味著沒有任何單一國家有能力這樣大肆改革。」第十章與第十一章會討論這項基本上非常嚴肅的論證，我在這兩章中針對相關措施進行「政治算計」：我以英國為具體研究案例，論述這些提案對政府預算來說有何意義。有些讀者會在一開始就先讀這個部分。然而我把這個主題留到最後，並非我認為這不重要，而是這類分析的地點、時間都必須更具體才行。所提稅制能收到的稅金以及社會移轉成本，取決於特定國家的制度架構以及其他特徵。我的目標是要解釋經濟學家如何評估政策提案可行性，並以今日的英國可以怎麼做當成說明範例。有些提案無法用這種方式計算，不過針對這些項目，我會試著提供更大格局的指標，說明它們對公共財政有何影響。

期待讀者有始有終

這本書集結我的反思，不僅探討貧富不均的成因與處置，也包括對於現代經濟學的思索。英國作家史黛拉・吉本絲（Stella Gibbons）1932年的小說《寒冷的舒適農場》（*Cold Comfort Farm*）中，她運用一種手法（無疑是充滿挖苦嘲諷），把某些「內行人段落」標上星號，用意在於協助不太確定「某一句話到底是文學經典或者⋯⋯純屬胡說八道（flapdoodle）」的讀者[4]。我本來想要以她為範本，標出我不同於一般想法的段落，讓擔心讀到

「胡說八道」的讀者可以心生警惕。後來我決定不用星號，但仍會標出我與主流想法不同之處。我要強調，我並非主張我的辦法一定比較好，而是我認為經濟學分析不只一種。不管是在英國的劍橋還是美國麻州的劍橋，我都學到要去問一個問題：經濟的變動或政策「讓誰得利、誰損失？」在現代的媒體討論與政策辯證中，常常忽略這個問題。很多經濟學模型假設同質均等的代表性個人會做出精細複雜的決策，在這當中，分配的議題反而被壓了下來，根本沒有空間考慮最後結果的公平正義。但我認為應該要有餘裕容下這類討論。經濟學不能只有一種。

本書的目標族群，是有興趣了解經濟學與政治的一般讀者。技術性的內容大致上都收在附註裡，另外我也列出一張本書中主要用到術語的詞彙表。書裡有很多圖，也有一些表。數據的詳細資料來源請參見章末的數據來源。我一向信奉英國著名物理學家史蒂芬・霍金的格言：「每多一條數學式就讓讀者少一半。」主文裡沒有數學式，因此我期盼讀者能堅持到底，把本書讀完。

1 Pew Research Global Attitudes Project,http://www.pewglobal.org/2014/10/16/middle-easterners-see-religious-and-ethnic-hatred-as-top-global-threat/.

2 George Santayana, *The Life of Reason, or, The Phases of Human Progress*, vol. 1:*Introduction and Reason in Common Sense* (New York: Charles Scribner's Sons,1905).

3 比方說，歐洲之友（Friends of Europe）的一份報告就強力主張要以教育訓練的投資作為大型社會投資策略的一環：*Unequal Europe: Recommendations for a More Caring EU* (Brussels: Friends of Europe, 2015).

4 Stella Gibbons, *Cold Comfort Farm* (London: Allen Lane, 1932), xi. 書封說這本書是「非常瑣碎的故事」(distressingly frivolous story）；同樣說法也適用於本參考條目。本書接下來的附註僅限於提出進一步的說明、指向證據的來源出處以及書目參考。然而，值得一提的是，《韋氏辭典》裡談到「flapdoodle」(胡說八道）一詞時舉的例句是「這篇演說中有很多關於經濟的胡說八道」(the speech was a lot of *flapdoodle* about the economy）。

重要詞彙

- **應計利得**（accrued gain）是資產價值在特定期間內的增值，**實現利得**（realised gain）是資產出售時真正的獲利。
- **平均稅率**（average tax rate）是總所得中支付稅金的比率；平均稅率若為25%，表示該納稅義務人要從所得中拿出四分之一來納稅。與這個概念相對照的是邊際稅率（定義如後文）。
- **受益所有權**（beneficial ownership）指最終獲得資產收益（以及出售資產的所得）的權利；受益所有權和法定所有權不同。舉例來說，退休基金（pension fund）法律上擁有股份，但最終受益者（受益所有權人）是領取年金的人。
- **資本收益**（capital income）是擁有資產而產生的收益，包括利息收益、股利、租金以及資本損益；也可包含部分企業主的應計收入（自雇所得）。
- **信賴區間**（confidence interval）可以得出一個量的數值估計範圍，當中包括一個給定的機率（例如95%），以及母體中未知真值的量。
- **相關係數**（correlation）用來衡量兩個變數之間的相關性，例如丈夫的所得與妻子的所得。皮爾森相關係數（Pearson correlation coefficient）等於兩變數的共變數除以標準差之乘積，值介於-1（完全負相關）和+1（完全相關）之間，0則代表無關。兩變數的相關性也可以等級相關（correlation of the rank）來衡量。

- **十分位**（decile）指從一個變數的值依序排列，並分成十等分。舉例來說，所得分配的最低十分位，是指所得從後面算起來為10%的人，中位數則為第五個十分位，最高十分位為所得從前面算起來前10%的人。
- **差異中的差異**（difference in differences）是一種統計方法，比較兩個群體的變化以了解政策（或其他「處置方法」）的效果，一群是受政策影響者，另一群是不受影響者。實際上這種方法就是模擬，使用的是觀察得來的數據，這種方法用在有控制組的實驗中。
- **折現**（discounting）指的是考量如果現在收到等值金額，會收到多少利息，以評估未來獲得收入價值的流程；如果估計年利率為r，那麼T年之後收到X金額的折現值便是$(1+r)^{-T}X$。
- **可支配所得**（disposable income）指扣除直接稅（包括社會安全捐）後的所得。
- **彈性係數**（elasticity）衡量的是另一個變數變動時，某個經濟變量反應的變動比例。比方說，價格的需求彈性顯示的是需求量面對價格變動時的反應；價格彈性為0.5，代表當價格上漲時10%時，需求量會減少5%。即便兩個變數呈反向變動（如本例），一般也是以正值來定義彈性。
- 兩種產品（例如勞力與資本，或者技術性與非技術性勞工）之間的**替代彈性**（elasticity of substitution），指的是一種取代另一種的難易度；如果兩種要素在使用時比率必須固定，則彈性為零；如果可以固定比例互換，則彈性無限大。
- **約當尺規**（equivalence scale）指的是考量規模與組成的不同導致的家戶需求不同後，用來調整總家戶所得的差異。其中一種簡單的調整方式，是將家戶所得除以家戶成員人數，得出人均值，但多數尺規假設需求增加的比例低於家戶規模成長的比例，因此以家戶規模的平方根為尺規。有一種常用尺規是經合發展組織修正尺規，家戶中第一位成人的權重是1，第二名以及之後的14歲以上成人權重是0.5，每一個14歲以下孩子的權重是0.3。

- **「歐洲2020」**（Europe 2020）是歐盟在2010年提出的十年期成長與就業策略，追求的是明智、永續且廣納的成長。
- **生產要素**（factors of production）包括資本、土地、勞力（還可以分成技術性與非技術勞工）。
- **一般均衡**（general equilibrium）指的是經濟體市場的整體均衡，包括生產要素市場與商品和服務市場。當供給等於需求（或者是當供過於求而且價格等於0時，例如空氣），市場即達到均衡。
- **吉尼係數**（Gini coefficient）是衡量相對貧富不均的指標，值介於0（完全均等，每個人的所得都一樣）與100%之間（一個人拿走所有所得）。當有些人所得為負時，吉尼係數可能超過100%。吉尼係數定義為平均數差異的一半除以平均數；從幾何學上來說，這是羅倫茲曲線（見以下）以及均等線之間的區域，然後再除以整個三角形。
- **國內生產毛額**（Gross Domestic Product, GDP）是衡量國家產出的指標，通常以年率來表達；國內生產毛額可以從三方面來衡量：從總生產價值面來看、總費用面，以及從參與生產者的總收入面。「毛額」的意思，是因為這個指標尚未扣除資本財的折舊；「國內」的意思，是因為這個指標是一國國內所有生產總值，而不像是國民生產毛額（Gross National Product, GNP）或國民所得毛額（Gross National Income, GNI），後面這兩種指標指的是由屬於該國的資本與勞力生產出來的產品與福利。
- **家戶總所得**（gross income）指的是來自於勞動所得、資本收益、私人移轉所得與社會移轉所得的所有收入；這等於市場所得加上社會移轉收入。

- **國民所得毛額**是衡量國民所得的指標，等於國內生產毛額減去應付給海外的員工薪資與資產收益、加從海外收取的對應項目。
- **質押稅**（hypothecation of tax）指用於特定用途的稅收。
- **設算租金**（imputed rent）是一種概念上的收益，指人們可以本來可以從自用資產中得到的收益，比方說自住的房屋。
- **貧富不均轉折點**（inequality turn）在本書中是用來描述1980年以後貧富不均趨勢轉向的變化。1980年之前，經合發展組織各會員國的貧富不均不斷縮小，自始之後趨勢反轉，如今很多國家的差距都很大。
- 所得分配的**羅倫茲曲線**（Lorenz curve），是根據所得將每一個人排序，然後隨著所得增加，用他們在總所得中的累積占比畫出一條曲線。這條曲線從0開始，結束時為100%。如果所有人的所得都一樣，那麼這條線就會變成連結兩端的對角線（亦即平等線）。
- **邊際稅率**（marginal tax rate）是為了多一單位所得所支付的額外稅金：所得稅率為65%意指如果你多賺了1,000元，就要多付650元的稅金；但不應把邊際稅率和平均稅率（定義如以上）相混淆。
- **家戶市場所得**（market income）指的是來自勞動所得、資本收益和私人移轉的總所得（請見表1-5）。
- **物資匱乏**（material deprivation）指缺乏特定商品或無能力參與某些活動；歐盟已制定出物資匱乏的指標。
- **中位數**（median）是將母體分為兩群的「最中間」數值，母體有一半低於中位數、一半高於中位數；中位數是第五個十分位。
- **壟斷競爭**（monopolistic competition）指企業具有市場力量，但必須面對競爭的情境；每一家企業的自有產品都面對負斜率的需求曲線，而這條曲線的位置在哪裡，則要視其競爭對手而定。

- **家戶淨值**（net worth）是指特定時點家戶資產減負債後的總值。
- **完全競爭**（perfect competition）描述每一個人都接受市場價格的經濟體，亦即他們沒有力量改變自己買進或賣出的價格。
- **貧窮陷阱**（poverty trap）描述一個人發現自己很難跳脫到貧窮線以上，因為任何勞動所得提高都會導致總所得減損；勞動總所得提高，只會使得淨收入微幅提高，因為此時他必須繳交更高的所得稅／社會安全捐，而且會減少能得到的附排富條款移轉所得。
- **長子繼承制**（primogeniture）指把財富（通常是土地房產）單留給年紀最大的孩子（通常是長男）。
- 總合經濟的**生產函數**（production function）指可用生產要素能生產出來的產量水準；通常的生產要素是資本與勞力，但在評估永續性時也應該考慮土地與自然資源。
- **累進稅制**（progressive taxation）指的是支付稅金（為所得的比例）會隨著所得提高而提高，比方說假設中位數所得的人支付的稅金換算下來為X%，那麼所得高於中位數者支付的稅金比例就要高於X%。
- **購買力平價標準**（purchasing power parity standard）是使得不同貨幣購買力相等的貨幣兌換率。
- **實質利率**（real rate of interest）為扣除通膨率之後的利率（通膨會讓以名目貨幣計價的資產價值縮水）。
- **保留薪資**（reservation wage）指一個人會接受特定工作的最低薪資；員工求職時，保留薪資可能是他求職策略的其中一環。

- 調查的**回覆率**（response rate）指參與調查者在原始抽樣樣本總數中所占的數目。
- **明顯下滑**（salient reduction）在本書中定義為吉尼係數、貧窮率或頂端所得占比下降3%(或以上)；以及最頂端十分位對中位數所得占比變化達5%。
- **科技進步中偏重技術**（skill-bias in technical progress）指其中一個生產要素（技術性勞工）的生產力成長速度快過另一個（非技術性勞工）。
- **輔助性原則**（subsidiarity）始於基督教的社會性思考，偏重將政治行動分權；套用在歐盟法律體系，則代表歐盟唯有且僅限於在會員國無法執行行動時，才能在中央、地區或地方政府運作。
- **稅式支出**（tax expenditure）是透過稅賦系統運作的政府支出方案，並容許花在特定項目或活動的費用免徵所得稅或其他稅項；舉例來說，容許私人醫療保險費用扣抵應稅所得，就是一種稅式支出。
- **移轉**（transfer）是針對特定需求或條件支付現金或食物提供援助；社會移轉由市政府或官方機構給付，私人移轉則由雇主或退休基金等機構給付。
- 國民所得中的**薪資占比**（wage share）是總薪酬（包括所有雇主成本）在國民總所得中的占比；國民所得可以用以市價計價的國內生產毛額或以基礎價格（過去稱為要素成本）計價的國民生產毛額，或是國內淨產出（net domestic product）；有時，薪資占比可以包含一部分的自雇所得。
- **福利國**（welfare state）是一個一般性說法，指一套用機構來確保一國人民能獲得醫療保健、教育與社會保障的制度。
- **零時契約**（zero-hours contract）是一種不保證最低工時的聘雇契約；員工在雇主有需要時必須接受招喚上班，但雇主不必在他們等待時提供任何工作或薪資。

第一部

診斷

初探貧富不均

影響市場所得的，並非我們所無法控制的外生力量。縮小市場所得的不均是做得到的。我們需要探討決定技術變遷的因素，檢視如何加以善用從而改善勞工與消費者的人生機會。在市場經濟裡，供需影響結果，但其他機制也有發揮空間，因此我們需要在更廣大的市場脈絡下檢驗市場運作。

第一章

為何貧富不均是重要議題？

在本章中，我要探討幾個為何我們應該擔心貧富不均的理由，以及貧富不均和核心社會價值觀有何關係。現代社會到底有多麼不均等？貧富不均為何加劇？一旦我們從更大格局中看出模式，之後就一定要更深入探索：統計數據裡包括什麼，又漏失哪些？分配線的每一點上是哪些人？

本書要討論有哪些方法可以縮小貧富不均。而在一開始，我們必須先說清楚這個目標的內涵是什麼與不是什麼。請讓我從剔除一個很可能出現的誤解做為起點：我並不想消弭所有經濟性的差異；我的目標不是齊頭式的平等。確實，某些經濟性的報酬獎勵有差異，既合情也合理。反之，我的目標是要把貧富不均降低到目前的水準以下，因為我相信，現在的差距太嚴重了。我特意以變動的方向來提出這個命題，而不談最後的目標水準是多少。至於什麼樣才是可接受的貧富不均差異，讀者或許各有定見，但大家都應該同意，目前情況讓人難以忍受，也非長久之計。

在本章中，我要探討幾個為何我們應該擔心貧富不均的理由，以及貧富不均和核心社會價值觀有何關係。之後，我會先檢視實證證據。現代社會到底有多麼不均等？貧富不均為何加劇？一旦我們從更大格局中看出模式，之後就一定要更深入探索：統計數據納入什麼資訊，又漏失哪些訊息？分配線的每一點上是哪些人？

機會不均與結果不均

一聽到「不均」一詞，很多人都會用追求「機會均等」來思考問題。這詞經常出現在政治演說、政黨政綱、競選活動的辭令當中。這是一個強而有力的口號，而且很有歷史淵源。在其經典論文〈平等〉（Equality）中，十九世紀英國經濟史學家理查・陶尼（Richard Tawney）主張，所有人都應該「能平等的將他們擁有的力量發揮到極致。」近期的經濟學文獻延續美國經濟學家約翰・羅莫爾（John Roemer）的研究，將決定經濟成果的因素分成非個人力量所能控制的「環境條件」（例如家庭背景），以及個人應該負責的「努力條件」。當前一類的變數（即環境條件）不會影響最後結果時，便達成機會均等。如果有人努力讀書、通過種種考試，之後進入醫學院，那麼他們身為醫師因而得到的較高薪資，至少有一部分（但不一定是全部）都可歸功於努力。反之，如果他們之所以能進入醫學院是出於父母的影響力（比方說，校方偏好讓校友的子女入學），那這便是機會不均[1]。

機會均等這個概念很誘人，但難道這表示只要機會均等，就算結果不均也沒關係嗎？就我而言，這個問題的答案是「否」。即便是最初在意「公平競爭環境」的人，結果不均對他們來說也很重要。要了解其中道理，我們要先檢視「機會不均」與「結果不均」這兩個概念的差異。機會不均基本上是一個「事前」概念（每一個人應該從相同的起跑點出發），但重分配活動的重點在於「事後」的結果。覺得結果不均不重要的人，認為擔心事後的結果毫無道理，他們相信，當人生競技場的遊戲規則達到一定程度的公平之後，我們就不應該問結果是什麼。我認為這番論點是錯的，理由有三。

其一，多數人都無法接受完全視而不見人生起點之後發生的事。很有可能一個人很努力但運氣不好。假設有人落入貧窮線，在任何人道社會裡，這樣的人都應該要能獲得協助。此外很多人也認為，當社會伸出援手時，根本不需要問為何這個人會落到這步田地。經濟學家拉維・坎伯爾（Ravi Kanbur）和亞當・瓦格斯戴夫（Adam Wagstaff）提到：「評估一個人究竟是因為環境條件還是努力條件……才落入需要接濟的地步，然後根據評估結果決定要不要出手幫忙。」[2]這在道德上很讓人反感。因此，結果之所以重要，第一個理由是我們無法忽略承受人生難熬困境的人，就算（事前性質的）機會確實均等亦然。

但結果的意義不止於此，而這也導引出應該重視結果不均的第二個理由：我們需要從機會當中區分出競爭特性與非競爭特性。後者確保所有人都有相同機會可實現各自的人生計畫。若以運動來打比方，就像是每一個人都有機會拿到游泳課程結訓的證書。反之，機會的競爭性質，指的是我們只有相同的機會參與競賽（游泳比賽），但可以從比賽中得到的獎勵並不相同。在這方面，通常的情況是（事後性質的）獎勵不均等，因此才產生結果不均的問題。獎勵分配差異極大，所以我們才要投注大量心力，務必確保賽局的公平性。獎勵大致上是社會建構的。勝出的人能贏得的是代表榮譽的花環，還是白花花的300萬美元（等同於2014年美國網球公開賽冠軍獎金），取決於社經制度。決定獎勵架構的因素，是本書主要的考量點。

最後，必須考量結果不均的第三個理由是，這會直接影響機會的性質 —— 下一代的機會。今天的事後結果，會形塑明日的事前局面：今天由於結果不均而受惠的人，會將不公平的優勢傳給明日的下一代。現代人對於機會不均的擔憂、對於社會流動受限的擔憂，已經隨著收入及財富的分配愈來愈不均等而日漸升高。這是因為家庭背景會對結果造成什麼樣的影響，取決於背景和結果之間的相關性有多高，以及家庭背景有多不平等。這個世代取得的不均結果，是下一代人可承襲的不公平優勢源頭。如果我們擔心未來的機會是否均等，現在就要開始擔心結果不均的問題。

憂心不均的理由：實用面與本質面

綜上所言，降低結果的不均程度相當重要，就連認為機會均等便是終極目標的人也不可否認。這是達成目的的手段。同樣的，幾本深富影響力的著作，如喬瑟夫・史迪格里茲（Joseph Stiglitz）的《不公平的代價》（*The Price of Inequality*）、凱特・皮克特（Kate Pickett）與李察・威金森（Richard Wilkinson）合撰的《精神層面》（*The Spirit Level*）也提出其他實用性理由，說明為何我們應該擔心結果不均[3]。他們主張，我們應該降低結果不均的程度，因為這會對目前社會造成不良後果；他們將愈來愈嚴重的不均，歸究於社會缺乏凝聚力、犯罪不斷增加、健康狀況不良、青少女懷孕、肥胖，以及各式各樣的社會問題。政治學家發現，貧富不均和金錢二者與民主選舉結果之間，存在雙向關係，其特色便是「意識形態和財富不均之雙人舞」（dance of ideology and unequal riches）[4]。經濟學家們將不斷惡化的經濟表現歸咎於貧富不均愈形嚴重。在國際貨幣基金組織與世界銀行2012年的年會上發表演說時，國際貨幣基金組織總裁拉嘉德（參見緒論）提到她的「第三個里程碑：因應貧富不均和形塑未來世界成長的性質」。她繼續說：「近來國際貨幣基金組織告訴我們，更穩定的總體經濟狀況與更可長可久的成長，和縮小貧富不均息息相關。」拉近貧富差距會帶來多大的間接益處仍有待討論，我會在第九章時再回過頭來談不均等和經濟表現之間的關聯。

然而，貧富不均會造成上述的負面衝擊，但這並非是縮小貧富差距的唯一理由。我們也基於一些本質上的理由，相信目前的貧富不均非常嚴重。我們或可從一套大範圍的公平正義理論來看這些理由。百年前就有經濟學家針對這些議題撰文，他們自然而然會從利他主義來思考。他們用每一個人能得到的效用水準（utility level）來代表個人福祉，並主張嚴重不均會降低總效用，因為每多一單位所得（或者比較通用的說法是經濟資源），能帶來的額外福祉價值便會愈來愈低。英國經濟學家、並在二次大戰後擔任工黨政府財政部長的休・道爾敦（Hugh Dalton）就說了，在其他條件相同之下，從一個富人身上轉移1英鎊給一個條件較差的人，可以減緩貧富不均，並增進整體社會效用[5]。

利他主義向來飽受批評，更別提僅關心個體效用加總之後的效果會引來哪些反應。還有，用印度經濟學家阿瑪帝亞・沈恩（Amartya Sen）的話來說：「社會總效用完全沒考慮到不同個體之間的分配情形，基於這一點，這種方法非常不適合用來衡量或判斷不均。」[6]所以說，衡量不均時必須考量個體的分配權重（distributional weight），境況較差的人，權重要高一點。社會看待重分配的價值觀裡便蘊含著分配權重，這也是我們憂心貧富不均的本質性理由。但如何決定權重是一個因人而異的問題，我們從美國經濟學家亞瑟・奧肯（Arthur Okun）描述的「漏水水桶實驗」（leaky bucket experiment）中可以看到這一點。他問道，如果道爾敦的移轉所得裡有一部分在移轉途中不見了，那會怎麼樣。奧肯從這個問題的答案中推演出，和被移轉的人相比之下，獲得移轉收入的人權重應該高多少，所得移轉的成本才等於效益。比方說，假設收取者可以容忍移轉後的所得不見一半，那麼與被移轉者相較之下，我們就給收取者兩倍的權重。給貧窮的移轉所得接受者權重較高的人，比較重視重分配；他們願意進一步縮小貧富差距。在最極端的情況下，會有人把全部的權重都放在處境最差的人身上，這樣的立場通常和美國哲學家約翰・羅爾斯（John Rawles）的《正義論》有關，但是他的理論不僅探討這種極端情況而已[7]。

偏向最弱勢者的「羅爾斯主義」立場聽來或許有些激進，卻和某些政治人物的論調有異曲同工之處：有些人主張削減所得稅以刺激經濟活動，提高的稅收可以用來提高最貧窮者所得，藉此做為減稅的論據。這類主張彰顯的是，羅爾斯主義的目標本質上並不是平等主義。因為替最弱勢者謀最大福祉，很可能導致非常不公平的分配結果。在這方面，比羅爾斯更激進的是柏拉圖，他明確表示，社會中任何人都不應比最貧窮的成員富有4倍以上[8]。從這種平等主義觀點來看，不均的重點是貧富之間差多遠，因此只要能縮短差距便是採取行動的理由，就算最貧窮的人全無所獲也無所謂。

羅爾斯的《正義論》在道德倫理學家之間，引發一場關於社會正義本質的論證，與不均這個議題最相關的，是羅爾斯在定義正義原則時使用的標準，是要看人民能否取得「基本財」（primary goods）：「這指的是理性的人希望擁有，以利自己逐夢的基本工具。」如果用大分類來舉例，那就是「權利與機會，以及權力、所得和財富。」[9]沈恩主張，這樣的論點遠遠超越利他主義，但並未考量「要把基本財轉換為美夢成真時（人們要面對）各式各樣的變數。」[10]他提議，我們應該考慮的不是基本財，而是「能力」，也就是用個人因為能力不同而能獲得的機會來定義社會正義。這套能力導向的定義和羅爾斯的架構有兩處差異。其一，沈恩強調的，是在每一個人特定的環境下，哪些財富能為這個人帶來好處，比方說，他就考量殘障者的通勤費用或許就高於身強體健的人。這套方法不僅考量會達成什麼結果，也聚焦在機會的範疇上；沈恩認為，機會是個人自由的基本要項（也因此，沈恩有一本書的書名正是《經濟發展與自由》〔*Development as Freedom*〕）[11]。從實務上來說，能力取向擴大了要檢驗的社經表現範疇，這也大大影響1990年由巴基斯坦經濟學家赫布卜・烏・哈格（Mahbub ul Haq）提出的人類發展指數（Human Development Index）；該指數針對各國發展程度排序，標準是教育與預期壽命，還有所得[12]。在目前的脈絡之下，能力取向又把我們帶回到從實用性的理由來考量經濟資源的不均，但現在我們有的是一整套一貫的公義原則[13]。在這套架構之下，收入只是其中一個面向，收入差異則要放在有差異的環境以及基本的機會下詮釋。然而即便是這樣的架構，每個人能取得的經濟資源差異仍是造成不公義的主要來源。也因此，我將本書重點集中在貧富不均的經濟面向上。

不過，經濟學家對於不均又有何看法？

經濟學家與所得不均

約二十多年前，我在英國皇家經濟學會（Royal Economic Society）以會長身分發表演說，題為「別再忽視所得分配」（Bringing Income Distribution in from the Cold）[14]。我之所以選擇這個題目，是要強調所得不均這個主題在經濟學界已經邊緣化。在二十世紀，多數時候都忽略這個議題，但我認為這應該是經濟學研究的重心。我在演說一開始先引用一個世紀前道爾頓表達過的相同隱憂，他說學生時代他對所得分配特別有興趣：「然而我慢慢注意到，多數『分配理論』幾乎全數關注的都是如何在不同的『生產要素』之間分配。」他又說：「不同人之間的分配，是一個更直接而且顯然更有意思的議題，但教科書裡要不是完全不談，就是一筆帶過，暗指這樣做不會有問題，反正將生產要素一般化或費盡心力進行統計調查都無法回答這個議題，因此專攻經濟理論的教授們皆樂於把這個議題留給能力比較差的人處理。」[15]等到我在1990年代檢視經濟學文獻時，情況依然如故。不過挪威經濟學家阿格納・桑德莫（Agnar Sandmo）在說明所得分配方面的經濟思想史時，他觀察到：「現代一般均衡理論不太關心資源配置與所得分配之間的關聯；當諾貝爾經濟學獎得主傑拉德・德布魯（Gerard Debreu）發表重要的理論簡報時，連索引裡都沒有『分配』這個詞。」之後他提到，經濟學理論開始「彌補過去對於所得分配決定因素的忽視。但在所有談資源配置的入門教科書以及個體經濟理論書籍裡，這樣的忽視仍明顯可見。」[16]若快速瀏覽當今的暢銷教科書，就能證明結構仍一如過去，和不均有關的論述仍獨立在生產與總體經濟等核心章節之外。舉例來說，哈佛教授葛瑞格・曼金（Greg Mankiw）所寫的《個體經濟學原理》（*Principles of Microeconomics*）裡有一章很出色，題為〈所得不均與貧窮〉（Income Inequality and Poverty），但和裡頭幾章獨立成篇（和他另一本姊妹作《總體經濟學原理》〔*Principles of Macroeconomics*〕亦無關聯）。更明顯的證據，或許是當他把書再濃縮為《經濟學原理》（*Essentials of Economics*）時，就沒收錄討論不均的篇章了；引用作者的話，他的篩選標準是「強調學生應該會有興趣的經濟研究內容。」[17]顯然不均議題不符以上條件[18]。

其中隱含的意義是，分配並非經濟學家有興趣的核心議題。確實有些經濟學家認為，經濟學這門專業本來就不應該討論不均的問題，諾貝爾經濟學獎得主芝加哥大學的羅伯・盧卡斯（Robert Lucas）便強力表達此一觀點：「有幾種趨向會對扎實的經濟學造成傷害，其中最誘人、而且在我看來害處最大的一項，便是聚焦在分配的問題上⋯⋯找到不同的方法來分配現有的生產以改善窮人的生活，和顯然潛力無窮的提高生產相比，前者的潛能根本不值一提。」[19]

盧卡斯強調經濟成長對於改善全球許多窮人的生活大有助益，這是對的。「如果」未來的成長可長可久（這個「如果」很重要），那麼前景確實大好，既有助於縮小國際的貧富不均，也可幫助各國境內最弱勢的人民。

然而我不同意他的看法，理由有二。其一，現有總所得的分配和重分配對每一個人來說確實有其重要性。貧富差距的幅度，對一個社會的性質影響深遠。有些人有錢組團上太空旅遊，有些人卻只能在食物銀行外排隊，這是很嚴重的事。如果在一個社會裡，沒有人有錢到能用私人的方法上太空，但每一個人都有能力在尋常商店裡購買自己想吃的食物，這樣的社會凝聚力更高，共存共榮感也更高。其次，分配會影響到總生產。要了解經濟體運作，就務必要了解所得分配。就像我們從最近的經濟危機中悟出的心得，只看總體經濟加總後的結果是不夠的。個體間的經濟差異，是首要之事。麻省理工學院的諾貝爾經濟學獎得主羅伯．梭羅（Robert Solow）在批評模型主導現代總體經濟學時便說：「異質性是現代經濟的本質。在現實中，我們會擔心經理人與股東之間、銀行與借款人之間、勞工與雇主、資本家與企業家之間等等的關係，這份清單還可以繼續列下去……我們知道事實上，對於經濟體如何運作，各種不同代理人各有不同（偶爾互相牴觸）目標、不同資訊、不同處理能力、不同預期，及不同信念。經濟模型完全排除這個部分。」[20]分配的問題以及個人獲得的經濟成果有差異，這個主題並非經濟學中上不了檯面的雞肋，而是必要部分。

分配議題是本書重心，我想做的便是點出這些議題和我們如何理解經濟體的運作有何關聯。且讓我們先來看看我和同事們「費盡心力進行的統計調查」得到哪些結果。世界上的不平等到底有多嚴重？近幾十年來不均的程度又惡化多少？

從英美看全球不均

英美兩國過去百年來的經濟不均大致情況，摘要於圖1-1（美國）與1-2（英國）。我從整體家戶（household）所得分配不均的長期演變著手。家戶所得的定義，會在下一節詳細說明；在目前，以美國為例，我們可以把家戶所得想成一個人在申報所得稅時會輸入的數字。所得不均程度以吉尼係數來衡量；這個係數用一個數字來總結所得分配不均的程度，範圍從0到100%，在義大利統計學家柯拉杜・吉尼（Corrado Gini）的大力推廣之下而廣為人知[21]。使用這樣的指數即暗暗代表考慮之前討論過的分配權重，但對於無數使用吉尼係數的研究人員來說，這層意義卻不見得這麼明顯。實際上，當他們使用吉尼係數時，正隱含著他們給予所得占後四分之一（即排序為四分之三）者額外1英鎊的權重，是從所得占前方算來四分之一（即排序為四分之一）者的3倍[22]。若以漏水水桶實驗來說，表示後面四分之三的人就算損失三分之二的移轉收入，也仍認為應該移轉。我在本書中使用吉尼係數，是因為這個指標廣為使用，而且也可以直接取得這種形式的統計數據，但我們必須記住，這個指數是將整體分配轉換成單一數字，而轉換方法可以有很多種[23]。

圖1-1呈現長期整體分配，並且可以看出美國的所得分配經歷劇變。在二十世紀中期，圖中的長期分配愈來愈平均。1966年時美國人口普查局（US Census Bureau）的赫曼・米勒（Herman Miller）曾說過：「（所得分配漸趨平均）是知名經濟學家們普遍抱持的看法，富有影響力的作者與編輯們也應和。」他並引用《財富》（*Fortune*）雜誌的說法，說美國經歷了一場

圖1-1　1913至2013年美國貧富不均情形

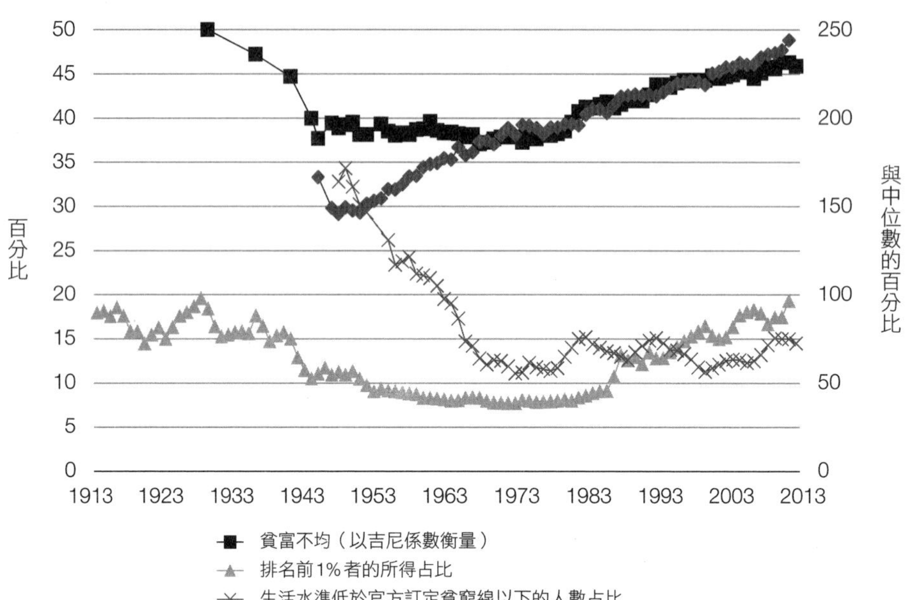

整體的貧富不均（以「方形」表示）以吉尼係數衡量，基準是根據戶量（household size；譯註：指家庭的規模）均等化調整後的家戶總所得。排名占前1%者的總所得（扣除資本利得）占比以「三角形」表示。生活在官方訂定的貧窮線以下的人口百分比以「X」表示。「菱形」對應的刻度在右方，代表的是全職員工中勞動所得（earnings）排名前10%者與中位數（即排名在分配中間者）的相對所得比率。

分配革命，「只是沒有人被斬首示眾，也沒人劫掠火車站。」[24]吉尼係數從1929年的高點算起下降約10%。從二次大戰結束到1970年代晚期，有一段時間整體分配不均少有變動，促使美國經濟學家亨利・阿隆（Henry Aaron）開了一個著名的玩笑，說追蹤美國的所得分配統計數據「就像在看草一寸一寸生長一樣。」之後，到了1980年代，草開始竄生。這是美國的「貧富不均轉折點」。從1977至1992年，吉尼係數增加約4.5%，自1992年以來又提高3%。整體貧富不均雖然並沒有回到號稱爵士時代（Jazz Age）的1920年代高點，但也已經回漲一半有餘。

在分配的最前端，所得排名在前1%者的總收入（gross income）占比，在1979至1992年間提高了一半，到2012年之前，占比已經比1979年時高出2倍多。即便考慮所得稅制改變帶來的效應（美國1986年的〈稅制改革法〉〔Tax Reform Act〕導致企業所得與個人所得之間出現一些轉移），增加幅度仍十分驚人。要看所得排名前面者的占比變動，我們可以回到二次大戰以前，來看看這前五十年的變化。所得占比下降最初發生在一次大戰期間，但在喧騰動盪的1920年代終了之時，原本下降的占比數字就已經都拉回來了，之後看到占比降低是在1929年美股大崩盤後，以及二戰期間。如今排名前1%者的所得占比已經回到百年前水準。美國前1%者的總收入接近五分之一，這表示平均來說，與最平等的狀況下相比，他們的所得占比高了20倍。在這前排名1%的群組內部，不均的情況也極為明顯：在排名前1%群組中排名前1%者（亦即總排名為前0.01%者），其所得在這個群組總所得裡的占比也約為五分之一。這表示，排名前萬分之一的人拿走了總所得的二十五分之一。在分配中排名前面者的情況有點像是俄羅斯娃娃：不論我們把所得群組切分到多小，在最前端的不平等情況就像娃娃的頭一樣，模樣並不會改變[25]。

英美趨勢比較

與美國的貧富不均變化相比，英國的經驗又是如何？一般認為，英國的情況大致上是美國的翻版，只要把圖表說明中的「美」國換成「英」國就好了。這種說法也有一部分的真實性。如圖1-2所示，自1938年開始的英國整體貧富不均數據顯示，當這個系列的數據在二次大戰後重新開始有紀錄時，下滑約7%。（在檢視這些圖表時，讀者應專心去看長期變化；這兩國的貧富不均無法完全拿來比較，因為美國和英國衡量所得的方法不同。）之後，整體貧富不均在1980年代開始加劇。英國在1979年之後同樣也出現「貧富不均轉折點」。排名前面者的所得占比在1970年代晚期下滑，之後才再度攀升。前1%的總所得占比在1919年時為19%，到了1979年時跌至約6%；自此之後，占比增加超過2倍。英國排名前1%的所得占比低於美國，但這一群人仍拿到八分之一的總所得。

也因此，梭羅1960年時在撰寫所得分配論文時，把注意力放在「英美在二十世紀的類似經驗」，也就沒什麼好訝異的了[26]。然而，此後兩國之間便出現差異。1980年代，英國整體貧富不均擴大的幅度比美國還高。從1979至1992年，英國的吉尼係數約上漲9%，比美國高2倍。反之，在1992年後，英國的貧富不均少有增加：2011年時的吉尼係數大致上和二十年前相同。時間上的不同模式，以及整體不均提高的趨勢不同，在在點出英美兩國所走的路不是完全相同，當中差異剛好為我們提供寶貴資訊，了解根本的影響因素。研究「差異中的差異（詳見第七章）」亦即從兩國長期變動當中尋找差異，是很重要的資訊源頭，為我們提供洞見，並找到可解釋貧富不均愈趨嚴重的理由。

擔心英國貧富不均的讀者，或可從以下的事實中得到一些慰藉：最近二十年來，以吉尼係數衡量的整體所得分配不均並未擴大。然而，不均的水準仍穩穩高於1960以及1970年代。披頭四合唱團還在演出的60、70年代時，那時的吉尼係數比現在低約10%。這意味著什麼？為了找出一些可

圖1-2　1913至2013年英國貧富不均情形

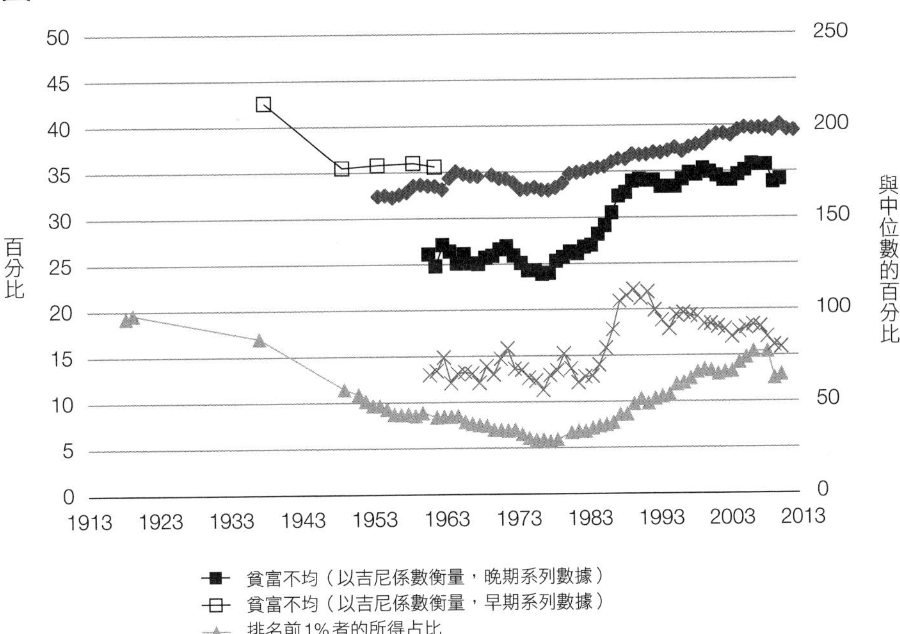

整體的貧富不均（以「方形」表示）以吉尼係數衡量。在早期系列中（空心方形），基準是未根據報稅單位調整的家戶稅後總所得。在晚期系列中（實心方形），基準是根據戶量均等化調整後的家戶可支配總所得。排名占前1%者的總所得占比以「三角形」表示，顯示1980年代到1990年代間占比有增加，部分肇因於英國1990年改革稅制，不再把夫妻視為一個申報單位，而改以個人為單位。生活在貧窮當中的人口百分比以「X」表示，這些人的家戶均等化可支配所得低於英國中位數的60%。「菱形」對應的刻度在右方，代表的是全職員工中勞動所得排名前10%者與中位數（即排名在分配中間者）的相對所得比率。

能的想法，我們先假設英國僅以減稅和移轉所得，就創造出這樣的結果。根據合理的稅率與政府支出假設，要把可支配所得的吉尼係數從35%降到25%，稅率必須提高16%[27]。要調高這麼大的稅率幅度，代表根本無法僅靠財政政策來降低所得分配不均，一旦我們考慮加稅可能對誘因造成的衝擊之後，就更支持前述結論。也因此，本書所提諸多政策都設法直接縮小市場所得（market income）的分配差異，而且也正因如此，所有政府部門都要參與根本的縮小貧富差距政策。不過以目前來說，我們只要了解這是一大挑戰即可。

全球的貧富不均

這到底是多大的挑戰？當我們比較各國的所得分配不均時，答案就很明顯。圖1-3是各國經均等化調整後可支配所得為基礎（涵蓋國家包括澳洲、烏拉圭等國）以及以整體人均所得來計算（如印度和美國）的吉尼係數。要做這種比較並不容易，下一章會更詳細討論數據來源。

就中國和印度來說，圖1-3所示的吉尼係數為50%左右，或者說比圖表上方的北歐國家高出將近1倍。（南非則接近60%。）圖中各拉丁美洲國家，例如巴西和墨西哥，數值也很高，超過40%。接下來則是美國和英國（比以色列還高）。（本圖中的美國吉尼係數值比圖1-1低，這是因為圖1-1使用的衡量標準是稅前所得。）英美兩國的整體貧富不均程度高於歐陸國家，也比北歐更高[28]。

從跨國比較中可以看出，要扭轉自1970年代以來所得分配不均不斷加劇的現象，這個挑戰意味著什麼。對英國來說，要將吉尼係數降低10%所代表的挑戰，是英國要師法荷蘭。就美國而言，要將吉尼係數降低7.5%，就等於美國的分配要變成像法國一樣。至於其他經濟合作暨發展組織（Organisation for Economic Co-operation and Development, OECD）會員國，差距就小多了。在澳洲，吉尼係數自1980年以來增加4%，而他們同樣也以法國為目標。

圖1-3　2010年特定國家的貧富不均情形

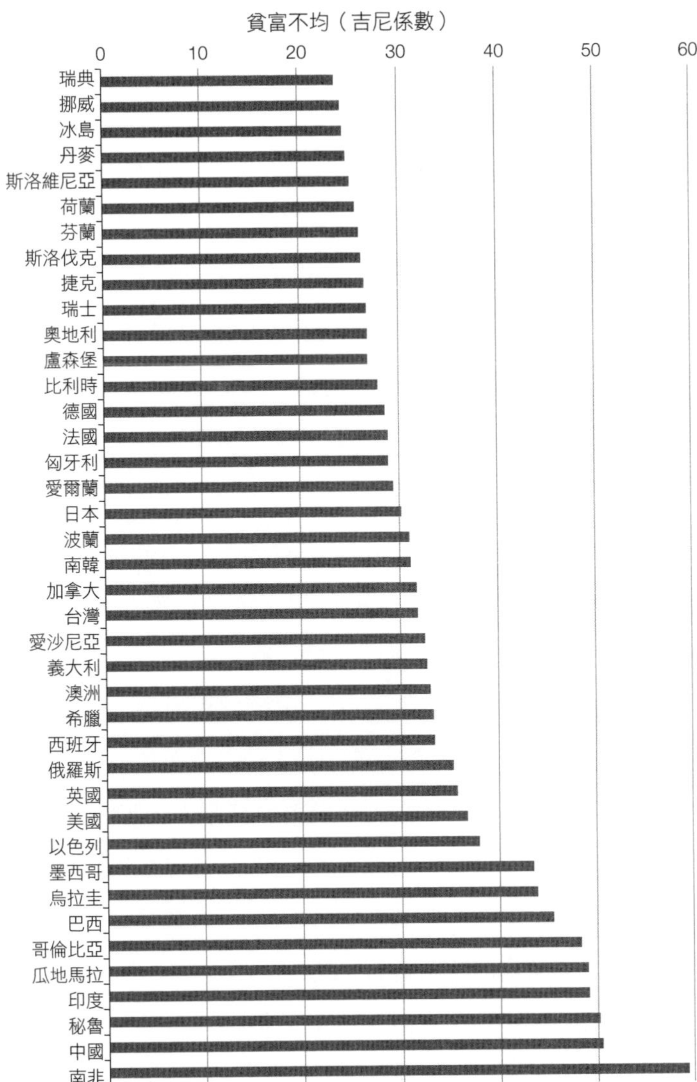

貧富不均以吉尼係數衡量，根據為經均等化調整後的可支配所得（稅後所得以及移轉收入）。瑞典的係數值為23.7%，可與南非的59.4%相比。

我們是否只該聚焦貧窮？

到目前為止，我討論了顯示所得分配不均的證據。哈佛大學的經濟學家馬丁・費爾德斯坦（Martin Feldstein）是社會安全經濟學界的先驅研究者，他大力主張「要強調的重點應該是消除貧窮，而不是整體所得分配或一般性的貧富不均問題」，很多人也抱持同樣看法[29]。我認同他對收入底層情況的憂心。1960年代，英國的貧窮問題又被搬上檯面（具體來說，是布萊恩・阿貝一史密斯〔Brian Abel-Smith〕與彼得・湯森〔Peter Townsend〕於1965年聖誕夜出版了《貧窮與最貧窮》〔*The Poor and the Poorest*〕），把我的研究重心導向貧窮，並讓我寫出第一本書《英國的貧窮與社會安全改革》（*Poverty in Britain and the Reform of Social Security*）[30]。五十年後，如今對抗貧窮已經穩穩列入政治議題之中，各個國家級的政府也都訂出明確的目標。聯合國1995年曾在哥本哈根召開社會高峰會（Social Summit），會後愛爾蘭政府就訂出全國性的減貧目標，成為其1997年全國抗貧策略的一環。1977年，在首相布萊爾領軍之下，英國政府針對兒童脫貧訂出官方目標，瞄準2020年前要完全掃除兒童貧困問題；布萊爾的繼任者布朗，則在2010年時將這份企圖心入法，制定〈濟貧童法案〉（Child Poverty Act）。歐盟在「歐洲2020進程」（Europe 2020 Agenda）中也訂出目標，至少要讓生活在貧窮風險中、嚴重缺乏物質，或生活在「無業家庭」中的人數減少2,000萬（目前歐盟的總人口數將近為5億）[31]。

雖然立意甚佳，但富裕國家減貧的進展很緩慢。英美兩國的貧窮情況演變如圖1-1與圖1-2所示。在美國，貧窮門檻一直都是以購買力訂定的常數，相形之下，英國和歐盟在這方面則各有門檻[32]。也因此，美國官方的貧窮率在1948年時為33%，到了1964年詹森總統宣布發動「對抗貧窮之戰」（War on Poverty）時降為19%，也就無需訝異了。美國的貧窮率持續下降，一直到1960年代晚期為止，但自此之後，整體貧窮率並無太大改善，而且隨著整體人口成長，處於貧窮的人數也不斷增加：到了今天，有約4,500萬美國人生活在官方的貧窮線以下。

英國的貧窮門檻是中位數所得的比率，貧窮率（見圖1-2）在1992至2011年之間，由22%下降到16%。下跌趨勢始於梅傑主政時的保守黨政府，跌幅極大。這證明減貧是可能的。那麼這是否代表「聚焦於貧窮」的策略是很有道理的做法呢？英國的貧窮率下降，伴隨的是排名前端者的所得占比明顯增加。人民變富有了，讓新工黨政府「極度鬆一口氣」。然而，儘管過去二十年貧窮率大幅下降（這一點應該大力讚揚），但目前英國的貧窮水準仍遠高於1960及70年代，那時的貧窮率從現在來看低到非常驚人。英國兒童貧困救助會（Child Poverty Action Group）成立於1965年，當時貧窮率比現今還低3%。

在歐洲，生活在貧窮風險中的比率近年來已見升高[33]。歐盟社會保障委員會（Social Protection Committee）2014年時提出報告，說到「歐洲最新的生活與所得條件數據指出，歐盟在達成其『歐洲2020』消弭貧窮與社會排除（social exclusion）目標上並無任何進展。」而且實際上還倒退：「自2008年以來有6,700多萬人生活在貧窮當中或遭到社會排除，2012年時，在歐盟二十八個會員國裡則有1億2,420萬人處於前述處境，或者說換算下來接近四分之一。在2011年與2012年時，歐洲會員國裡身處貧窮與社會排除境地者也增加三分之一以上。」[34]

這仍是一條漫漫長路。據我判斷，若要消除富裕國家的貧窮問題，我們必須更大膽思考，超越截至目前為止使用的策略。我們必須將所有社會視為一個整體，體認到各國之間互動緊密：經濟學通常假設個人（或家戶）經濟財富之間的互動依賴性不存在，或只是輕描淡寫一筆帶過，但約翰·多恩（John Donne）是對的，這位十七世紀初的英國詩人寫過這樣一句詩：「沒有人是孤島，沒有人可以自全。」（no man is an Iland, intire of it selfe.）上層的所得分配會影響下層的人。陶尼一個世紀之前也寫道：「深思熟慮的富人將這個問題稱之為貧窮，深思熟慮的窮人則以同樣的正義凜然，說這是富人造成的問題。」[35]

若從更實際的觀點來說，我們可以問各國在降低貧窮率的同時，排名前面的人是否仍享有高占比的所得。要檢驗這個命題，我將十五個經濟合作暨發展組織會員國的數據整理成圖1-4。圖中的兩條線，分別是貧窮率與前端所得占比水準為中位數的國家，劃分出其他水準更高於或更低的國家。在十五國裡，有十一國落在右上方或左下方。只有瑞士既能將貧窮率壓到中位數以下，同時排名前端者的所得占比又能高於中位數。貧窮率較高的國家，通常頂端收入者的所得占比也較高。

勞動所得歧異愈來愈大

本節標題中的「歧異」，是強調一項明顯（但通常被忽略）的事實：並非所有經濟成果的差異都是不公平的不均。有些人基於某些極為合情合理的理由賺到更多錢，比方說拉長工作時間、從事不討喜的工作或承擔更多責任。以勞動所得差異來說，最重要的理由是有些人做了投資，接受教育訓練，就能從事需要較高技能的職業。用這類「人力資本」來解釋薪資工資的差異，由來已久。在《國富論》中，亞當·斯密清楚聲明這一點：

圖1-4　約2010年特定國家的貧窮率及排名前面者所得占比

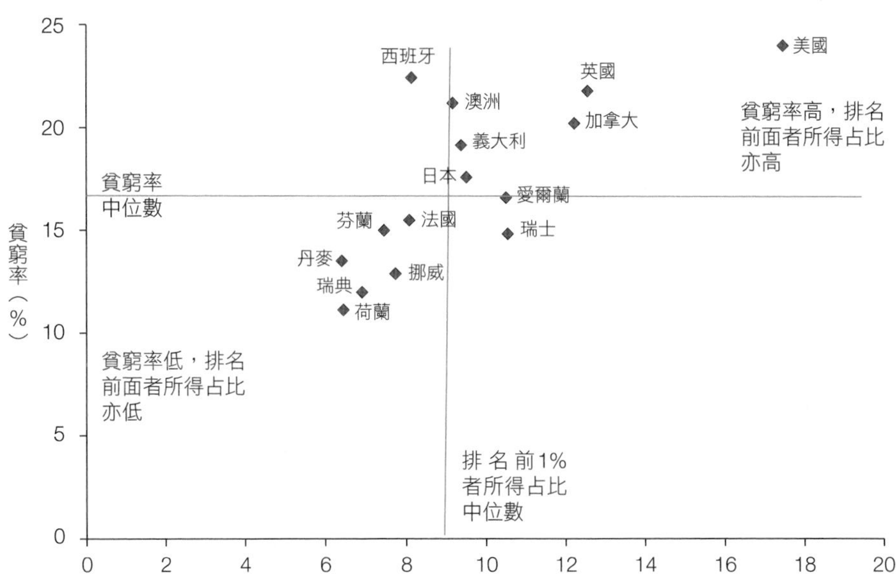

美國2010年相對貧窮率（生活在收入低於所得中位數60%以下人口占比）為24.7%，前1%的人獲得的總收入（不含資本利得）占比為17.5%。

「人為了接受教育而承擔減少勞動或付出時間的代價……一定是期待能賺得高於平均水準的薪資……足以支付他的所有教育成本，再加上至少相當於等值資本能賺得的一般利潤。」前述提出受過大學教育者可拿較高薪水的理由，便解釋為何差異不必然是不公平，以及為何不見得能把前述解釋套在所有看得到的差異上。投資人力資本、接受更高教育的員工，賺到的報酬有可能高於或低於資本利潤的報酬。諾貝爾經濟學獎得主米爾頓・傅利曼（Milton Friedman）和西蒙・顧志耐（Simon Kuznets）曾進行一項先驅調查，研究1930年代美國專業人員的所得，得出的結論是「專業與非專業員工的實質所得差異，看來遠高於足以補償投資人力資本投資的額外必要成本差異。」從這一層來說，（教育的）差異確實構成（所得的）不均[36]。

英美兩國長期的勞動所得分配變化如圖1-1與1-2所示（排名前10%的勞動所得占比）。想像所有人根據自己賺得的收入由低至高排排站成一列，最能了解這兩張圖要表達的意義。之後，統計學家把所有人分成十組，然後要求這十組裡面的排頭者往前踏一步。第六組的排頭就是中位數，亦即所得在中間的那個人，而第十組的排頭就是排名10%者。兩張圖顯示的是每一年這前10%者的勞動所得與中位數者的比率。這也就是說，1952年時，美國勞動所得排名前10%者為中位數的1.5倍。這張圖進一步回溯過去，超越一般研究薪資歧異涵蓋的期間（這類研究通常著重於1970年代之後發生的事）。在歷史脈絡下來看最近幾十年的勞動所得分配不均情形，是很重要的。我們可以看到，在美國，勞動所得排名前面者的占比早在1970以前就開始提高了。從1952至1972年間，排名為前10%者的相對所得優勢從中位數的1.5倍增為1.94倍，和1972至2012年的成長幅度一樣大。英國的經驗則大不相同。在1950年代與1960年代初期，勞動所得歧異不斷擴大，但從1960年代中期到1970年，排名前10%者的所得與中位數的相對值持續拉近。我們會在下一章詳細討論為什麼會這樣。這兩國勞動所得歧異的演變在不同時間的走勢不同，英國的整體增幅也小於美國——這和我們剛剛看過的美國整體所得分配不均情況剛好相反。在英國，勞動所得歧異拉大的幅度比較小，但是整體所得分配不均的情況更甚於美國。

這也代表，我們正在討論一個極微妙的議題，不能以「不均程度加劇」一言以蔽之。在表1-1的摘要中，可以看到不同期間、國家、個人勞動所得與家戶所得的差異。差異幫助我們了解哪些是決定分配不均的因素。我們來看看表1-1中圈起來的部分。在1950與60年代時，美國在個人勞動所得

表1-1 英美兩國二次大戰後貧富分配不均摘要

	1950至1960年代中期	1960年代中期至1970年代末期	1980年代	1990年至今
個人勞動所得歧異的變化	英國提高 美國提高	英國下降 美國提高	英國提高 美國提高	英國提高 美國提高
家戶收入歧異的變化	美國持穩 英國持穩	美國持穩 英國下降	美國提高 英國提高幅度更大	美國提高 英國持穩

差距不斷擴大之下，家戶收入的分配不均情形又何以能大致維持穩定？英國的個人勞動所得差異為何從1965至1979年之間會縮小？為何英國的家戶所得分配不均在1980年代時快速加劇？以上這些問題，以及其他經合發展組織會員國的經驗，都會留待下一章討論。

不均的各個面向

我們已經初探過一些和不均相關的證據，在繼續討論之前，得要先往後退一步，釐清統計數字背後的概念。不均有很多面向，有些很重要的部分到目前卻付之闕如。確實，就連統計涵蓋的領域，讀者可能都會想其中到底包含什麼、又排除什麼。如圖1-1與1-2這類圖表，便會讓我們去問一個問題：是哪些人之間的什麼不均？

哪些人之間的不均？

到目前為止，我們談整體不均時是針對家戶收入，在談勞動所得時指的是個人，但是也可以用其他單位當成分析基礎。在家戶之內還可以區分出家庭，家庭之內還可分出不同世代。我們應該如何使用這些單位呢？答案有一部分要看家戶內的成員是否平均分享資源。如果是完全平均分享，那麼前述以整體家戶所得為基礎便是很恰當的計算分析方法。如果並非完全平均，那我們就有理由考慮用構成家戶當中的不同支出單位為基礎，或改用核心家庭。若以家庭為基礎，我們會把已經成年但仍住在家裡的成員，以及和子女同住的年老父母等兩類人分開，讓他們成為家戶中的獨立「家庭」單位。過去，多年來英國計算貧窮率時都是以家庭單位為基礎，因此比率較高，但增加幅度沒有那麼大，如圖1-2所示。比率高，是因為「家戶」內的每一個「家庭」都被假設成必須要有自己的所得。反之，目前的計算方式可能低估貧窮的程度，因為計算方法中假設家戶內的資源由成員完全共享。這很可能隱藏由於家戶內的分配不均而導致的貧窮。換句話說，假設年輕人在經濟惡化時回到家裡避難，以家戶為基礎的計算方法便有可能因此隱藏不均提高的程度。

要選擇什麼單位，不僅要考慮如何分享所得，也要考慮我們如何思考資源控制，以及是否在意個人的依賴。舉例來說，如果認為年輕人應該獨立不靠父母，就應該選擇以「內部家庭」為單位：以成人加受其扶養的小孩為基礎，但排除已經成年卻仍住在家裡的孩子。這樣的變動，會導致衡量出來的所得分配不均與貧窮率提高，因為就算整個家戶所得是共享資金，分析時也不會考慮進去。公眾討論時多半都忽略這個議題，會提到「福利依賴」(benefit dependency)，但不會講到對家戶中其他成員的依賴。然而，公共政策的目標是要讓老人財務獨立，幫助他們不用看孩子的臉色。背後的社會價值觀與期待議題，可能會變成純粹的統計問題：我們應該用「家戶」為單位來衡量不均與貧窮，還是「家庭」？

是什麼不均？

圖1-2衡量的，是已針對戶量與組成調整後的家戶可支配所得的英國整體分配不均情形（圖1-1中的美國數據則是以稅前所得為衡量基準）。圖1-5則說明家戶所得的組成；我稱之為「家戶所得指南」。若有任何讀者覺得這些不同的概念很讓人困擾（可想而知），這份指南能在本書中提供多處協助。（術語定義請見〈重要詞彙〉。）

一開始，由於我們是以整個家戶來思考，因此要加總家戶裡每一個人的勞動所得。低勞動所得的人可能和高勞動所得的人結婚，比方說牧師的妻子可能是投資銀行家。上圖指南中提到兩個成人，但當然，家戶裡可能也有多個成人。勞動所得不僅包括受雇者的工資、薪資，也包括自雇者的收入（這種所得來源不同，包括投入工時與資本帶來的報酬）。計算上述所得後，我們要再加入存款收益，這有可能是銀行帳戶或債券的利息、股票股利或是房地產租金。再來要加的是來自民間的私人移轉收入，比方說私人退休金，然後才加入政府核發的移轉收入。上述林林總總加起來便是家戶總所得。扣除所得稅以及其他直接稅項（例如社會安全捐），剩下的便是可支配所得。在指南中，接下來要考慮戶量與家戶組成差異。如果一個家戶所得要供養一個有兩個孩子的家庭，就會比只支應一個單身人士來的低。就像我有一個同事常說的：「有了兩個孩子之後，本來1便士的小餐包就變成4便士。」（他太太也要一個）實務上，經過調整之後，不用人均基礎（per capita basis）來區分家庭規模；用人均基礎就無法考慮規模經濟的問題。但如果使用「約當基礎尺規」（equivalence scale），就能考量到不見

圖1-5　家戶所得指南

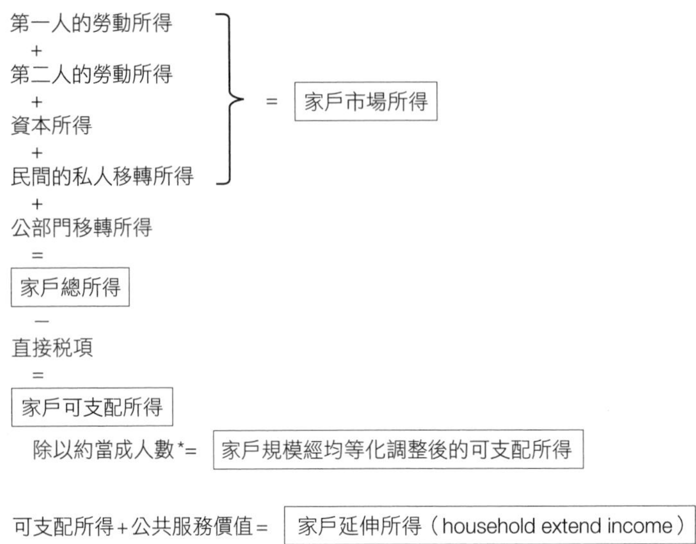

*譯註：equivalent adult，戶量均等化時所使用的指標，家中每個人會得到不同的權數，人數為加權總數，非實際人數。

得所有支出都要隨著人口增加而增加的情況。比方說，前述這位同事家裡就無須用到四台中央暖氣鍋爐。有一個很簡單的度量方法，是使用戶量的平方根，因此一個四口之家的家庭所得要除以2（4的平方根是2）；但是我們之前用的統計數據使用的尺規稍微複雜，稱為「經合發展組織修正尺規」（modified OECD scale），第一名成人的權重是1，第二名以及之後的成人權重是0.5，每一個孩子的權重則是0.3[37]。

本指南的用意，是協助讀者了解針對戶量與家戶組成調整後的家戶可支配所得成分，本書之後將這個項目稱為家戶均等化所得（household equivalised income）。但指南的用處不僅於此。從圖1-5當中，我們可以看到不同元素都可能有助於解釋家戶所得的變化。但首先我們要問的是，圖1-5是根據哪些原則列出這些所得項目？經濟學家採用的所得定義，通常是固定期間的收益總數，包括金錢和實物，或者同樣的，所得是一個家戶在其淨值不變之下（亦即資產減去負債後的價值不變），可以用於消費的最大資源。這個定義的涵蓋範圍是全面性的，超越多數為所得稅制定義下的所得。原則上，這當中包含全部各式各樣的所得，甚至納入自家菜園裡的蔬菜（稅務機關通常對這類收益不感興趣），也絕對涵蓋就業職場上的任何福利（這個項目金額數量可能很龐大）。基本上，此定義涵蓋屋主為了維持居家生活而獲得的所有收益。擁有一棟房子（自住）不會產生現金收益，但是有相當於為屋主省下租金的效益。有鑑於此，若採用全面性的所得定義，代表我們應該推估出一種稱為「設算租金」（imputed rent）的所得項。國民所得帳戶（national account）裡包含這個項目（請見下節），而且金額龐大：以英國為例，2012年時便占國內生產毛額的10%。其他資產也有同樣的考量，例如傢俱、家庭資訊設備以及耐久性消費財，但以金額來說，這類資產的設算金額重要性就低很多。在之前引用的所得分配數據中並未包含設算租金，但對於準備出手打房的改革政策來說，這個項目便息息相關。

所得分配統計數據裡還少了一項更重要的實物所得：公共服務的價值，例如醫療保健、教育和社會照護。在圖1-5中，這些項目加入家戶可支配所得之後，就得出家戶「延伸所得」。要衡量公共服務的價值並不容易，但這些項目無疑能讓家戶有更多可用資源。比方說若少了公立教育系統，家長就必須挪出可支配所得，以支應孩子就讀私立學校的費用。每一個國家能提供的公共服務範疇都不一樣，因此少考慮這一項，在做跨國性貧富不均比較時會造成嚴重影響。我們在本書稍後部分會看到，公共支出較少國家的人民，私人支出多半較高，不過分布狀況很可能因國而異。若用政府支出的成本來衡量公共服務的價值，歐洲國家的延伸所得分配不均情況，會比用可支配所得衡量時要來得低[38]。

採用全面性的所得指南，暗示著要考量所有資產價值的變化，亦即資產在衡量期間內價值的增減。衡量國民所得時並未計入這類變化，但若從家戶資產負債表來說，絕對會影響能動用的支出金額。如果持有的股票年內大漲，那麼你就算把這筆錢花掉也不會減損原有的資產淨值。我們必須區分應計（accrued）以及實現（realised）利得（以及損失）：前者是紙上財富，後者是出售資產後實際入袋為安的現金。後者通常是課稅標的，也是所得分配統計數據中會出現的內容。資本利得對於所得分配的影響極大，在衡量排名前者的所得占比時尤其明顯。2012年時，美國不含資本利得的所得排前1%者的收入占比為19.3%（如圖1-1），若計入已實現的資本利得，則會增加約3%，達22.5%[39]。已實現資本利得與應計利得之間的差額（許多資產持有人都未出售資產）愈大，分配不均遭到低估的程度就愈大。另一方面，計算分配時也並未考量通膨，若計入因為通膨而帶來的名目貨幣增值，則會高估實質所得。如果計算期間內物價起漲，資產的購買力（稱為「實質價值」）就會下跌。因此，如果原本價值1,000美元的股票漲到1,200美元，你的資本貨幣所得就是200美元，但如果物價上漲了10%，你的實質利得就只剩100美元，漲幅就比較一般。全方位的所得定義提到要讓淨值固定，這裡的淨值指的是實質價值。任何人只要持有資產，都會因為通膨而出現資本損失。持有不付息銀行帳戶的人，購買力也會受到同等程度的影響。反之若是負債，通膨就變成有利因素，因為以購買力計算的實質償付債務就減少了。少有人關注針對通膨進行相關調整，這一點總是讓我感到訝異不已；通膨對於小額存款人影響很大，就算物價上漲率低，也會侵蝕他們的財富。

消費不均又如何？

到目前為止，我討論的都是收入和勞動所得的分配不均，但我們或許可以（合理的）把這些收入視為達成目的之手段，它們本身並非目的。英國小說家艾略特（George Eliot）寫過一本小說以主人翁織工馬南（Silas Marner）為名的小說，這位馬南先生的樂趣就是細數自己手裡的金幣，但多數人的樂趣來源則不只是看著存摺而已，馬南先生後來也一樣[40]。許多經濟學家念茲在茲的目的是消費，會這樣想的也不只是經濟學家。在評論皮凱提的《二十一世紀資本論》時，比爾・蓋茲雖然也認同這本書的主要結論，但他抨擊作者「完全忽略消費」[41]。如果我們考量的是消費而非所得，那麼和不均與貧窮相關的結論就大不相同了。哈佛大學的經濟學家戴爾・喬根森（Dale Jorgenson）主張：「以家戶所得為基準的美國官方貧窮相關數據，暗示了『對抗貧窮之戰』以失敗收場……然而，以家戶消費為基準估計出來的貧窮，則暗示這是一場勝利之仗。」布魯斯・麥耶爾（Bruce Meyer）與詹姆士・蘇利文（James Sullivan）兩位學者總結，認為「從傳統的所得導向轉為消費導向來衡量貧窮，而且很重要的是，針對價格指數進行調整，導出的結論是，從1960至2010年間，美國的貧窮率下降了26.4%，而其中有8.5%是在1980年之後才發生的。」[42]就整體不均來說，德克・克魯格（Dirk Krueger）和法布瑞希歐・裴瑞（Fabrizio Perri）兩位學者指出：「近來美國的所得分配不均程度提高，消費不均並未隨之加劇」，但其他學者有不同的結論。歐拉西歐・阿塔納希奧（Orazio Attanasio）、艾瑞克・赫斯特（Erik Hurst）與盧吉・皮特法瑞（Luigi Pistaferri）發現：「美國境內的消費不均情形在1980至2010年之間提高的幅度，幾乎等同於所得分配不均的增幅。」[43]

消費導向的研究很寶貴，但就和所得分配不均一樣，我們也要提出一些問題。其一，消費者調查中衡量哪些項目？我們觀察的不是消費而是消費支出，這兩者並不能完全劃上等號，就以前述的自有房屋自住為例，此時消費就大於消費支出；在某些時候，當家戶購置耐久性商品時，特定期間內的支出就會大於消費。不同作者會用不同方法來處理教育支出以及醫療照護支出。其次，衡量消費支出時的準確度有多高？大家都很清楚，消費調查中某些品項都會被低報，比方說酒和香菸。那麼算出的總數又有多準確呢？重點是低報幅度的長期趨勢是否有變化。馬克・阿吉爾（Mark A. Aguiar）和馬克・巴爾斯（Mark Bils）便提到，如果說美國的消費不均擴大幅度不如所得不均，對應的就會是「存款差距擴大，高所得家戶愈存愈多。如果以自行報告的消費支出為根據，高所得群組的儲蓄率在1980至2007年間，應從25%提高到38%，低所得群組的儲蓄率在這段期間內則大致維持在-30%。」他們接著說，結論中隱含的儲蓄率「不太可能」[44]。事實上，調查中提報的總消費支出在國民所得帳戶中的預估占比不斷下降。美國聯邦準備理事會（Federal Reserve Board）所做的調查發現，從1992至2000年代初期間，消費占比減少約10%。雖然目前調查中提報的消費占比穩定維持在約78%，但此一下降趨勢可以為長期的不同發現提出部分解釋[45]。

我們同樣必須問一問，調查涵蓋哪些母體。克魯格和裴瑞得出消費不均擴大的情況比所得為小，其研究對象僅限總人口中的一群次樣本，並排除所有鄉村家戶、所有戶長年齡低於21歲或高於64歲的家戶、所有稅後勞動所得再加移轉收入後仍為0的家戶，以及所有週薪低於最低薪資一半的家戶。這無法和涵蓋全體人口的所得分配不均研究數據相比較。檢視美國整體人口時，強納森・費許（Jonathan Fisher）、大衛・強森（David Johnson）和提摩西・斯密丁（Timothy Smeeding）發現「所得分配和消費不均的情形在1985至2006年間大致以等幅增加，但在2006至2010年的大衰退（Great Recession）期間則出現分歧，」2010年的消費不均程度低於2006年[46]。

要選擇消費或是所得作為分析標準，得由分析的目的而定。如果要衡量貧窮程度，答案會是什麼，就要看我們信奉以下兩個概念中的哪一個。第一個概念的重點是「生活水準」，第二個概念的重點則是取得「基本必要資源的權利」。從歷史資料來看，相關貧窮研究採行第一種做法，這些研究在衡量所得時，便設定低所得者沒有太多儲蓄，因此所得便是適當的衡量消費基礎。二十世紀初的英國社會研究者兼巧克力製造商希伯姆・朗崔（Seebohm Rowntree），以貧窮線為基準，並與家戶所得相比較，得出另一個「取得僅足以維繫生理機能的最基本必需品」的所得水準[47]。然而隨著時間過去，大家關注的焦點開始轉向更廣義的貧窮，也考量參與社會生活的能力，之後改為取得基本資源的權利，至於要如何支配，則是個人的選擇。這兩種方法的差異，可用衡量男性貧窮與女性貧窮為例來說明。以生活水準法來說，針對兩性分別設定不同的貧窮線或許是合理做法，因為女性需要的營養平均來說少於男性，而美國早年在設定官方貧窮線時也正是這樣做的。茉莉・歐桑斯姬（Mollie Orshansky）1963年針對65歲以下的非農民訂下的貧窮線，單身男性是一年1,650美元，單身女性則僅有1,525美元[48]。若以基本權利取向來看，則不能接受有這樣的區隔。

但若用消費支出當作衡量貧窮或整體不均的指標，也會引來非議，因為支出就像所得一樣，是為達成目的之手段。在把貨幣換成商品和服務的消費過程中，就會出現嚴重不均，包括以不同價格取得商品和服務的差別待遇：例如常有人說「窮人多付錢」，因為他們上的都是街坊小店，而不是郊區的大型超市。又比方說，房東在出租房屋的某些做法，可能也意味著低所得的房客要支付更高的水電費，因為這些人得使用投幣式系統。不均也很可能是因為無法取得商品和服務。隨著社會愈來愈富裕，商店很可能不再提供便宜或劣質的品項。也有些地方很可能無法獲得某些服務，例如交易性的銀行服務。窮人很可能因為信用評等得分較低而無法獲得銀行貸款。當我們要總結消費不均的變化模式時，都要先仔細考慮上述議題。

考量到商品和服務的取得問題，便引發出一個建議，那就是我們應該思考「某些特定稀有商品」的分配，一如耶魯大學的諾貝爾經濟學獎得主詹姆士・托賓（James Tobin）在提出「特定平等主義」（specific egalitarianism）時所言，他點出幾項商品，其中包括食物、住所、教育以及醫療照護[49]。歐洲自2009年起採行同樣方式，衡量貧窮與社會排除時，納入代表「物質匱乏」（material deprivation）的指標。「歐洲2020」因應貧窮與社會排除的目標中有三大要素，其中之一是制定「嚴重匱乏」（severe deprivation）的指標，定義為非自願性缺乏九大項目中的任四項，這九大項目包括「免於拖欠居住費用」、「可負擔紅肉、雞肉或魚類食物」，以及「居家環境得以維持適度溫暖」[50]等等。托賓的列表和歐盟之間有一項有趣的差異，那就是前者納入教育與醫療，歐洲人卻認為基本上政府有責任提供這些服務。另一方面，在收入頂端有一個很具震撼力的指標叫「自願排除」（voluntary exclusion），指富裕人士自願選擇放棄政府提供的服務，轉向自購私人教育與醫療保健體系。以英國哲學家布萊恩・貝瑞（Brian Barry）的話來說：「如果社會上最富有的那一群人，覺得可以自我隔絕、脫離社會共同的命運，並願意花錢脫離共同制度，這也是一種社會排除。」[51]

消費本質上就有很多面向，再加上隨之引發的顧慮，代表用消費支出做為指標顯然不比所得高明到哪裡去。我會繼續把焦點放在所得，把它當成潛在掌握資源的指標。使用所得當作指標，事實上便認同資源不僅用在消費而已。衡量不均時，我們關心的不光是富裕人士的消費（雖然這一點也很重要），也要思考他們的財富能傳達哪些力量。這股力量或許會隨著財富傳承給後代，而影響一個家族，或者經常會透過掌控媒體或影響政黨而發揮作用。慈善捐助便是一個很好的範例。在箱子裡丟點零錢少能產生什麼力量，但慈善組織能對他人的人生造成深遠影響，就好比蓋茲基金會（Gates Foundation）的所作所為。慈善的影響力是一股極有益的力量，但這也是一股衡量消費時無法掌握的力量。所得確實是為達目的之手段，但影響的範疇不只是消費。

誰落在薪資分配的哪一個點上？

芭芭拉・伍頓（Barbara Wootton）是英國一位經濟學家兼社運人士，她寫到導致她寫出《薪資政策的社會基礎》（*The Social Foundations of Wage Policy*）的契機之一，是她發現在英國惠普斯耐動物園（Whipsnade Zoo）負責帶遊客騎大象的人員薪水，和她身為大學資深教師一樣[52]。我常常在想這兩件事是否能拿來比較，但無疑的，人們很樂於知道自己在所得分配上處於哪一個位置[53]。同樣也少有人質疑的是，很多人自認的所得排名遠低於實際狀況，尤其是那些靠近分配頂端的人。荷蘭經濟學家強・潘恩（Jan Pen）發明「所得遊行」（parade of incomes）一詞來代表所得分配：「有一次問到一位醫療專業人士，他認為有多少人的所得比他高；實際上，他很可能落在所得金字塔的前0.3%。他想了想這個問題，然後回答：20%。」[54]更近期，波莉・托茵比（Polly Toynbee）與大衛・沃克（David Walker）兩人也對倫敦市內的頂端律師及銀行家問了類似問題，這群人穩居所得前1%的位置。這些律師和銀行家將能排入前10%的勞動所得高估4倍。而當他們被問到如何調整貧窮門檻時，這群菁英最後定出的水準是「稍低於總勞動所得的中位數，這意味著他們認為一般人的收入是窮人等級。」[55]

就算通膨很溫和，所得分配中的數字可能也很快就不合時宜，然而相關數據仍有助於讀者了解特定時間上誰落在哪個位置。2013年時，美國人口普查局訂出的家戶所得中位數是每年51,939美元，四口之家的貧窮門檻是23,834美元（有14.5%的美國人民生活低於這個數字），換算下來是中位數的46%。這些數字指的都是稅前所得，且未納入非現金福利，如食物券等。順著分配往上方移動，我們從人口普查局的數據中可以發現，年收入15萬美元的家戶就位在前10%，這約是中位數的3倍；而柏克萊大學的伊曼紐爾・賽斯（Emmanuel Saez）根據稍有不同的定義估計，前1%的起始點約為40萬美元[56]。

在英國，官方數字顯示，在2012至2013年，針對戶量與組成調整後的家戶所得中位數據如下：單身人士為15,300英鎊，夫妻為22,950英鎊，夫妻再加兩個小孩的四口之家為32,125英鎊。（拿英國數據和美國相比時，請記住英國的資料中已經扣除直接稅項，但美國沒有。）貧窮門檻則為中位數的60%：亦即，單身人士是一年9,180英鎊。英國的前端沒這麼發散，只要比中位數高出2倍（以一對夫妻加兩個小孩來說，是一年64,250英鎊），就能讓一個家戶躋身進入前10%[57]。

到目前為止，我著重的是所得分配不均的垂直面，亦即貧富間的差距，但水平面也同樣重要。以吉尼係數或是前1%的所得占比來看，我們不容易看出誰在哪個位置上，但我們或許也很在意不同群體之間的所得分配有多不均，比方說用性別、地點或種族區分[58]。我們希望有容得下差異的空間。比方說，前述提出的所得分配就未考量地區性的價格差異。例如波士頓的生活成本指數（cost of living index）為132.5，堪薩斯州的托比卡市（Topeka）則僅有91.8[59]。另一項重要差距，是殘障人士的需求；寶貴的研究提出理據，要求用來計算均等化收入的相當尺規中要納入這類需求。阿斯嘉・柴帝（Asghar Zaidi）和譚妮雅・博查德（Tania Burchardt）以英國為例，證明若無法考量殘障的成本，將導致嚴重低估殘障者的貧窮程度。在下文中，我要考慮三項水平面向：性別、世代與全球。

性別薪資差異

前述顯示勞動所得差異的數據都並未區分男女，也沒有提到任何兩性薪資的差異。在美國，其人口普查局的數字中有全年度全職女性／男性的平均勞動所得比。1960年代，這個比率是60%，在2013年已經增為78%。這是大幅的變化，但仍代表男性賺的錢平均比女性高五分之一。而且此一比值的成長趨勢並不穩定。該比率從1960至1980年持穩，在接下來的二十年裡提高，自2000年之後則少有變化[60]。蘇菲・朋蒂鄂（Sophie Ponthieux）與多明尼克・莫伊爾斯（Dominique Meurs）在檢視八個經合發展組織會員國的證據之後，總結認為「兩性薪資落差自1990年代末期以來緩慢縮小或停滯不變（英國與日本除外，這兩國的薪資差距持續等速縮小），義大利甚至還擴大。」[61]

要思考兩性勞動所得差距的趨勢，就像面對一般性的勞動所得分配問題一樣，我們要區分出因為合理因素（如教育）導致的薪資差異，以及反映歧視的差異。從歷史來看，兩性薪資差距之所以大致上能縮小，主要理由是女性教育水準提高。在美國，1950年時大專院校畢業的女性比例約只有男性的一半（然而有趣的是，這種現象是從1930年代才開始；1910以及更早出生的那一代差距很小）。1950年之後，大專院校畢業的女性比例開始提高，現在反而成為美國大專院校畢業生裡的多數。多數經合發展組織會員國裡都可以看到這種兩性教育落差的現象。在三十二個經合發展組織會員國裡，有二十九國的大專院校畢業生比率都是女高於男[62]。朵莉絲・魏許賽爾包默（Doris Weichselbaumer）和魯道夫・溫特－埃博莫（Rudolf Winter-Ebmer）兩位學者審視超過一千五百項關於兩性薪資落差的研究，範疇跨越六十三國，期間從1960至1990年代，揭露教育及其他勞動市場等相關因素造成的影響，他們兩位的摘要如下：「（兩性薪資差異的縮小）大部分必須歸因於女性具備更優越的勞動市場稟賦，因為她們接受更好的教育、訓練，而且對工作更投入。但檢視已發表的估計值，並分析影響兩性薪資差距的歧視性（或無法解釋的）要素之後，我們得出不太樂觀的看法：長期來說，性別歧視並未稍減。」[63]若就數據選擇以及統計方法差異加以調整標準化之後，「會看到稍見樂觀的景象」，但這股樂觀代表的也只是花六十年的時間，可將因「歧視」導致的薪資落差縮小10%。

性別造成的差異仍是重要考量點。

時間與世代的所得分配

圖1-1與1-2的美與英所得分配概況，呈現一系列「概覽」，顯示當年度整體人口的所得分配情況。然而我們並未綜觀全局，我們不知道今年排名前面的人，明年是不是同樣依舊；我們不知道有多少身處貧窮的家庭，明年可以跳脫這個處境。這些事很重要，理由有三。第一，每年都會有一些所得流動（income mobility）；我們觀察到的貧富不均擴大，很有可能是因為整體所得波動幅度擴大。總體經濟學家多半都用這樣的觀點來解讀上層所得占比的擴大。在英國，史蒂夫・詹金斯（Stephen Jenkins）研究所得流動的程度，他發現「兩年之間所得流動的情形非常明顯」，但他補充說明來限制上述說法的範疇：「多數流動幅度都很小，而非大幅變動。」他用了一個很生動的說法來描述基本的所得流動過程：「每個人的所得變動大致上會遵循一個相對固定的長期平均值，這個值就好像是橡皮筋一樣，把人們綁在一個收入的範疇上。他們每一年可能會稍微脫離這個範疇，但是由於被綁著，因此無法跑遠。而且人們多半會在這個範疇之內來來回回[64]。」所得流動的情形有增加嗎？在美國，彼得・高特夏克（Peter Gottschalk）與羅伯・墨菲特（Robert Moffitt）發現，勞動所得的暫時性波動幅度變大，有一半是因為1970年代末期與1980年代初期歧異擴大，但之後這個效應就沒了[65]。沃吉賽克・卡茲克（Wojciech Kopczuk）、前文提到的賽斯以及宋宰（Jae Song）得出結論，從1970至2004年這段期間內，「基本上所有」勞動所得波動擴大的部分，都是因為長期勞動所得的變化擴大。他們發現，「勞動所得分配頂端的流動很穩定，這群人吸走的年所得占比大幅提高，此一趨勢自1970年代以後未見緩和。」這和高特夏克與墨菲特的結論一致，指

出勞動所得不穩定幅度加大的部分，都落在最無技術的一群人身上，和圖1-1中顯示前10%勞動所得占比提高比較無關[66]。在英國，詹金斯發現，從1990年代初期至2000年代中期，暫時性的勞動所得波動並無變動。顯然，整體波幅提高只是所得分配不均裡一個微不足道的因素。

我們必須長期追蹤人們所得變化情形的第二個理由是，所得當中蘊藏著很多可預測的生活型態變化。很多人的所得軌跡大致上都呈現鐘形，並隨著事業生涯的推展而提高，反之隨著退休與動用儲蓄而減少。如果出現人口結構變動，這種有系統的生活型態差異便可為我們看到的所得分配不均擴大提供部分解釋。此外，還可以加上家庭組成變動，尤其是單親家庭的比例升高。1960年時，美國人口普查局報告有9%的孩子生長在單親家庭，在2010年之前，比率已經提高到27%。在目前的英國，比率也大致相同：四分之一的孩子都生活在單親家庭裡。在美國，勞動經濟學家兼歐巴馬總統的前閣員蕾貝卡・布蘭克（Rebecca Blank）提出解釋，說明人口與家庭結構的改變如何導致1979至2007年間吉尼指數提高。她發現，人口結構變動有一定作用，但影響很小：大約占1.25%[67]。在英國，詹金斯之前也發現人口結構變化在1971至1986年造成的衝擊非常微小。人口與家庭結構變化對政策設計來說無疑很重要，但無助於解釋貧富不均為何擴大。

追蹤個人所得長期變化的第三個理由，是不同世代之間的不均情況非常明顯。假設現在的情況一如過去，實質所得會隨著時間而提高，那麼晚出生的人的終生所得就會比上一代高。公共投資決策的標準評估方法當中，便假設會有這類成長。政府在考慮長期建設或者緩和氣候變遷效應的益處時，會用到社會折現率（social discount rate），這個折現率裡有兩個元素：單純的時間折現因素，以及反映預期後代會更好（以人均消費成長率表示，見附註）的折扣因素（譯註：這是因為當消費愈高，邊際價值就愈低，因此消費的價值，亦即福利的價值就要打折）[68]。換言之，當我們此時此刻在衡量不均時，將後代收入的價值打折扣，也將後代福利的價值打了折扣。但這樣的預期現在或許已經不成立。如果我們此時預期未來平均所得的成長速度會減緩，甚或不再成長（如果我們追求的是永續發展），那麼就不應該用這種方法來折現後代。我們不應假設他們會比現在的我們更好，不應認為他們的福利「沒那麼寶貴」（這也正是折現的意義）。他們可能不會比較好，甚至會更糟。因此，比起過去我們相信「一代會比一代好」之時，跨世代正義在現代更是非常重要的議題，而且當我們在判斷要用哪些手段，來縮小目前的所得不均時，這也應該是一個必須考量的因素。

全球反映的雙重效應不均

全球人民之間的不均，反映的是各國內部的不均，再加上國與國之間不均的雙重效應。從這個角度來看，過去百年來全球不均的變化，第一段是富裕國家內部的不均縮小、但國與國之間的不均卻擴大；現在則是富裕國家內部的不均提高，國與國間的不均反而拉近。各國內部的不均變化呈「∪」型，而各國間的不均變化則呈「∩」型。

「∩」型指的是各國間的不均是一開始愈來愈大，之後才慢慢收斂，如圖1-6四個國家的變動圖所示；這張圖顯示印度、中國、英國和美國人均所得（所得以國內生產毛額為衡量基準）的絕對值差異。從歷史數據來看，這幾國的數據逐漸靠攏，而且根據經合發展組織的預估，這種趨勢將持續發展。每一個國家的國民所得都以購買力表示，代表已經考量生活成本長期的上升趨勢，以及各國間的購買力差異（同樣是1美元，在印度德里能

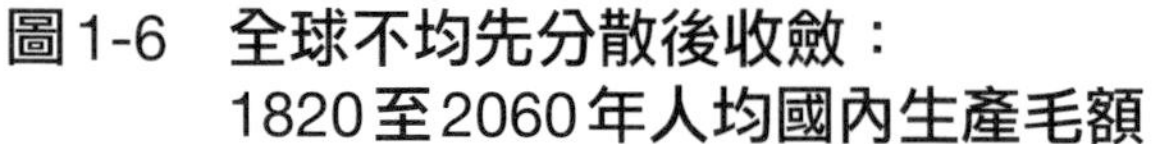

圖1-6　全球不均先分散後收斂：1820至2060年人均國內生產毛額

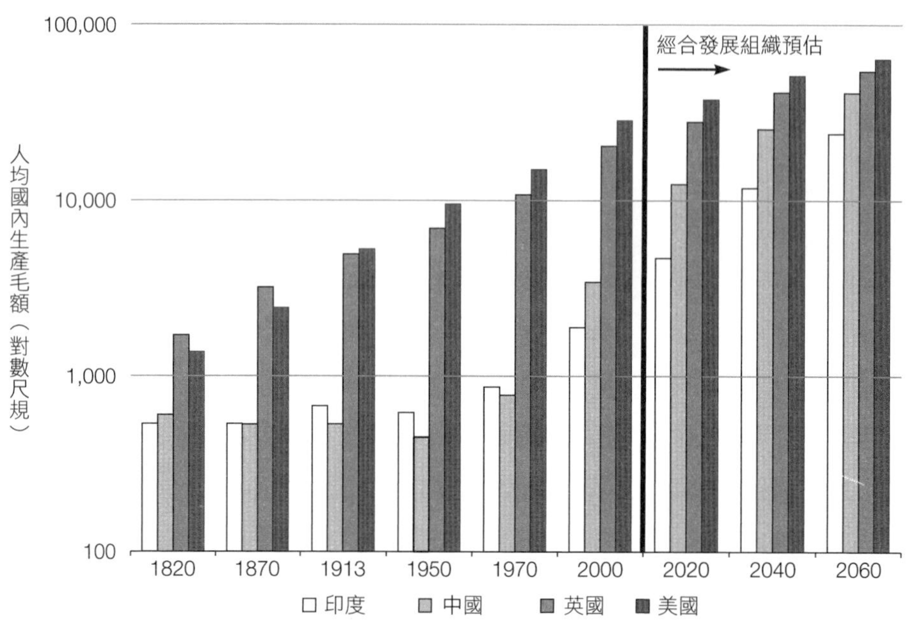

1820年時，以購買力平價（Purchasing Power Parities）計算（匯率針對購買力的差異予以調整）的人均國內生產毛額印度為533美元、中國為600美元、美國為1,376美元、英國為1,706美元。

買到的東西就比紐約更多）。幾乎無須強調的是，這類跨越時間與空間的比較只是一個大概，但已足以顯現全貌。從1820至1970年，一方面印度和中國的差距拉大；另一方面，英美之間的情況也相同。美國的人均所得成長10倍，英國在這段期間的成長幅度較小，一開始超越美國，之後被美國急起直追。從1970年至今，印度和中國的差距已經縮小，而經合發展組織預估，本世紀這股趨勢都將持續下去。

國家間的「∩」型分配趨勢，通常被當成樂觀認定全球所得分配不均，未來將愈縮愈小的理由，但基於以下兩點，我們應該謹慎看待。其一，雖然以相對標準來看，差距正在逐漸縮小，但以購買力來看，絕對差異仍持續擴大。用成長率觀察中國的成長速度或許驚人，但其成長的比較基礎規模較小。經合發展組織亦推估，中國與美國的人均所得絕對差異仍將不斷放大，直到2057年才會休止。其次，當中印兩國仍快速成長時，其他發展中國家的成長速度卻已經走緩。有鑑於此，雖然我的多數提案都和國家內部的不均有關，但我仍會在第八章中討論經合發展組織會員國該負起哪些責任，多付出一些力量，好好在各國之間重新分配目前的所得。

1 Richard Tawney, Equality (London: Allen and Unwin, 1964, first published 1931): 46–47; and John Roemer, Equality of Opportunity (Cambridge, MA: Harvard University Press, 1998).

2 Ravi Kanbur and Adam Wagstaff, "How Useful Is Inequality of Opportunity as a Policy Construct?" ECINEQ Working Paper 338 (2014): 1–18, quote p. 5.

3 Joseph E. Stiglitz, The Price of Inequality (London: Allen Lane, 2012); and Kate Pickett and Richard Wilkinson, The Spirit Level, rev. ed. (London: Penguin,2010).

4 這句話是一本書的副標題，請見 Nolan McCarty, Keith T. Poole, and Howard Rosenthal, Polarized America: The Dance of Ideology and Unequal Riches (Cambridge, MA: MIT Press, 2006).

5 Dalton's article (Hugh Dalton, "The Measurement of the Inequality of Incomes," Economic Journal 30 [1920]: 348–361) was selected by the Royal Economic Society in its 125th anniversary celebrations as one of the outstanding articles published in the Economic Journal in that period. See Anthony B. Atkinson and Andrea Brandolini, "Unveiling the Ethics behind Inequality Measurement: Dalton's Contribution to Economics," Economic Journal 125 (forthcoming, 2015).

6 Amartya Sen, On Economic Inequality (Oxford: Clarendon Press, 1973), 16.

7 John Rawls, A Theory of Justice (Cambridge, MA: Harvard University Press,1971).

8 Plato, The Laws V.744e (New York: Dutton, 1960), quote p. 127. I owe this reference to Ray C. Fair, "The Optimal Distribution of Income," Quarterly Journal of Economics 85 (1971): 551–579, quote p. 552.

9 Rawls, A Theory of Justice, 92.

10 Amartya Sen, The Idea of Justice (London: Allen Lane, 2009), 66.

11 Amartya Sen, Development as Freedom (Oxford: Oxford University Press, 1999).

12 請見聯合國開發計畫署（United Nations Development Programme）網站：http://hdr.undp.org/en/content/human-development-index-hdi.

13 其他和能力取向相關的參考資料，請見人類發展與能力學會（Human Development and Capability Association）網站：https://hd-ca.org/.

14 Anthony B. Atkinson, "Bringing Income Distribution in from the Cold," Economic Journal 107 (1997): 297–321.

15 Hugh Dalton, Some Aspects of the Inequality of Incomes in Modern Communities (London: Routledge, 1920), quote p. vii.

16 Agnar Sandmo, "The Principal Problem in Political Economy: Income Distribution in the History of Economic Thought," in Anthony B. Atkinson and Francois Bourguignon, eds., Handbook of Income Distribution, vol. 2A (Amsterdam: Elsevier, 2015), 3–65, quotes pp. 22, 60–61. The reference is to Gerard Debreu, Theory of Value (New York: John Wiley, 1959).

17 N. Gregory Mankiw, Principles of Microeconomics, 7th ed. (New York: Worth, 2007), and Essentials of Economics, 7th ed. (New York: Worth, 2014).

18 反之，新經濟思維研究所核心計畫（INET CORE Project）編製的教材則強調經濟不均議題。請見「經濟學的重點為何」（What economics is about）下的四點答案中的第二點：「哪些因素可解釋國家與人民的貧富」（What explains the wealth and poverty of nations and people），http://core-

econ.org/about/.

19 Robert E. Lucas, "The Industrial Revolution: Past and Future," The Region, 2003 Annual Report of the Federal Reserve Bank of Minneapolis, 5–20, quote p. 20.

20 Robert M. Solow, "Dumb and Dumber in Macroeconomics" (2003), available online at https://www0.gsb.columbia.edu/faculty/jstiglitz/festschrift/Papers/ Stig-Solow.pdf.

21 係數以這位統計學家命名，但三十多年前已經有兩位德國學者卡爾・克里斯多福・馮・安德瑞（Carl Christopher von Andrae）與佛列德瑞契・羅伯・哈默特（Friedrich Robert Helmert）提出基本的統計方法（平均數差異），吉尼本人也大方承認，請見Corrado Gini, Variabilita e Mutabilita (Bologna: Paolo Cuppini, 1912), 58n。對統計史有興趣的人或許也知道，哈默特教授便是最初發現卡方分配（ chi-squared distribution）的人。

22 權重的計算方式為 2(1F)，其中F是當事人在分配中所占的排序位置。詳見 Anthony B. Atkinson and Andrea Brandolini, "On Analysing the World Distribution of Income," World Bank Economic Review 24 (2010): 1–17.

23 關於衡量經濟不均等的入門簡介，請見Stephen P. Jenkins and Philippe van Kerm, "The Measurement of Economic Inequality," in Wiemer Salverda, Brian Nolan, and Timothy M. Smeeding, eds., The Oxford Handbook of Economic Inequality (Oxford: Oxford University Press, 2009):40–67.

24 Herman P. Miller, Income Distribution in the United States (Washington, D.C.: Bureau of the Census, 1966), quote p. 2. 米勒指出，人口普查局到1960年代的統計數字顯示，1944年之前，美國貧富不均差距已經逐步縮小到一定程度。

25 美國前1%的納稅義務人組成每年都有不同，然而，向下流動的情況有限。1987年時前1%有錢人中年齡介於35至40歲者，其中24%二十年後仍排名前1%，70%則排名前10%。 請見Table 1 in Gerald Auten, Geoffrey Gee, and Nicholas Turner, "Income Inequality, Mobility, and Turnover at the Top in the US, 1987–2010," American Economic Review 103 (2013): 168–172.

26 Robert M. Solow, "Income Inequality since the War," in Ralph E. Freeman, ed., Postwar Economic Trends in the United States (New York: Harper and Brothers, 1960), quote p. 135.

27 假設多數課稅級距的稅制／移轉體系都可以用固定稅率與每個人都收到同樣的福利來表示（其中的假設是，這是一個合理的初步近似值）。因此，總所得 Y 就是(1-t) Y（這是淨收入）+A，其中 t 是稅率，而A是每個人都能拿到的移轉性福利（可以想成是每一個人的免稅額）。既然每個人拿到的都一樣，因此，以可支配所得來計算的吉尼係數就是 (1-t) 乘以市場所得 (Y) ，然後再除以平均可支配所得對平均市場所得的比率，例如如果政府的商品與勞務（醫療、教育、國防等等）吸走20%的稅收，後面這個身為除數的比率就是20%。進一步假設根據市場所得計算出來的吉尼指數為50%。根據可支配所得的吉尼係數由於稅率 Δt 提高而下降，下降幅度則是0.5乘以 Δt 之後再除以 0.8。把這個關係倒過來，若要讓可支配所得計算下的吉尼係數降到一定水準，要提高的稅率便是 0.8/0.5 (=1.6) 再乘以欲達成的水準。

28 欲了解經濟合作暨發展組織會員國的所得分配不均情形，請見Andrea Brandolini and Timothy M. Smeeding, "Income Inequality in Richer and OECD Countries," in Salverda, Nolan, and Smeeding, eds., The Oxford Handbook of Economic Inequality, 71–100; Salvatore Morelli, Timothy M. Smeeding, and Jeffrey Thompson, "Post-1970 Trends in Within-Country Inequality and Poverty," in 318 :: notes

to pages 23–33 Atkinson and Bourguignon, eds., Handbook of Income Distribution, vol. 2; and OECD, Divided We Stand: Why Inequality Keeps Rising (Paris: OECD, 2011).

29 Martin S. Feldstein, "Rethinking Social Insurance," American Economic Review 95 (2005): 1–24, quote p. 12.

30 Brian Abel-Smith and Peter Townsend, The Poor and the Poorest (London: G. Bell, 1965); and Anthony B. Atkinson, Poverty in Britain and the Reform of Social Security (Cambridge: Cambridge University Press, 1969).

31「歐洲2020」的目標見於歐盟執委會（European Commission）網站：http://ec.europa.eu/europe2020/targets/eu-targets/. 亦請見Anthony B. Atkinson and Eric Marlier, "Living Conditions in Europe and the Europe 2020 Agenda," in Anthony B. Atkinson and Eric Marlier, eds., Income and Living Conditions in Europe (Luxembourg: Publications Office of the European Union, 2010), 21–35.

32 歐盟的貧窮線門檻是經均等化調整後可支配所得中位數的60%，因此在這些國家，貧窮線會隨著中位數所得拉高或降低。

33 歐洲2020策略的中期情境分析請見 Hugh Frazer et al., "Putting the Fight against Poverty and Social Exclusion at the Heart of the EU Agenda: A Contribution to the Mid-Term Review of the Europe 2020 Strategy," OSE Paper 15 (2014), Observatoire Social Europeen, Brussels.

34 Social Protection Committee, Social Europe: Many Ways, One Objective (Luxembourg: Publications Office of the European Union, 2014), quote p. 7.

35 John Donne, Meditations XVII, Devotions upon Emergent Occasions (London: Nonesuch Press, 1962), quote p. 538. Richard H. Tawney, "Poverty as an Industrial Problem," in Memoranda on the Problems of Poverty (London: William Morris Press, 1913).

36 Adam Smith, An Inquiry into the Nature and Causes of the Wealth of Nations (London: Routledge, 1903, first published 1776), quote p. 78. Milton Friedman and Simon Kuznets, Income from Independent Professional Practice (New York: National Bureau of Economic Research, 1945), quote p. 84.

37 關於約當尺規的其他資訊，請見Anthony B. Atkinson, Bea Cantillon, Eric Marlier, and Brian Nolan, Social Indicators (Oxford: Oxford University Press, 2002), 98–101.

38 請見Rolf Aaberge, Audun Langorgen, and Petter Lindgren, "The Distributional Impact of Public Services in European Countries," Statistics Norway Research Department Discussion Paper 746 (2013), http://www.ssb.no/en/forskning/discussion-papers/_attachment/123883?_ts=13f50d54ab8.

39 數據來源為世界頂端所得資料庫：http://topincomes.g-mond.parisschoolofeconomics.eu/.

40 George Eliot, Silas Marner: The Weaver of Raveloe (Edinburgh: William Blackwood, 1861).

41 Bill Gates, "Why Inequality Matters," review of Piketty, Capital in the Twenty-First Century (2014), http://www.gatesnotes.com/Books/Why-Inequality-Matters-Capital-in-21st-Century-Review.

42 Dirk Krueger and Fabrizio Perri, "Does Income Inequality Lead to Consumption Inequality?" Review of Economic Studies 73 (2006): 163–193, quote p. 163. Dale Jorgenson, "Did We Lose the War on Poverty?" Journal of Economic Perspectives 12 (1998): 79–96, quote p. 79. Bruce D. Meyer and James X. Sullivan, "Winning the War: Poverty from the Great Society to the Great Recession," Brookings

Papers on Economic Activity (Fall 2012): 163–193, quote p. 163.

43 Orazio Attanasio, Erik Hurst, and Luigi Pistaferri, "The Evolution of Income, Consumption, and Leisure Inequality in the US, 1980–2010," NBER Working Paper No. 17982, April 2012, http://papers.nber.org/tmp/69610-w17982.pdf.

44 Mark A. Aguiar and Mark Bils, "Has Consumption Inequality Mirrored Income Inequality?" NBER Working Paper No. 16807, http://papers.nber.org/tmp/69610-w17982. pdf, quote p. 2.

45 John Sabelhaus et al., "Is the Consumer Expenditure Survey Representative by Income?" Finance and Economics Discussion Series, Divisions of Research & Statistics and Monetary Affairs, Federal Reserve Board, Washington, D.C.

46 Jonathan D. Fisher, David S. Johnson, and Timothy M. Smeeding, "Measuring the Trends in Inequality of Individuals and Families: Income and Consumption," American Economic Review, Papers and Proceedings 103 (2013): 184–188, quote p. 187.

47 B. Seebohm Rowntree, Poverty: A Study of Town Life (London: Longmans, Green and Co., 1901, new ed. 1922), quote p. 117.

48 Mollie Orshansky, "Counting the Poor: Another Look at the Poverty Profile," Social Security Bulletin 28 (1965): 3–29, Table E on p. 28.

49 James Tobin, "On Limiting the Domain of Inequality," Journal of Law and Economics 13 (1970): 263–277, quote p. 264.時至今日，托賓的論文仍值得一讀。他是耶魯的經濟學家，並曾獲得諾貝爾獎，還曾任職於甘迺迪總統的經濟顧問委員會（Council of Economic Advisers）。府方就這個職位徵詢他的意見時，托賓一開始很抗拒，他自認是「象牙塔中的經濟學家。」「教授，沒錯，」甘迺迪總統回答，「而我呢，你或許也可以稱我為象牙塔裡的總統。」（摘自2002年3月15日《耶魯通訊與行事曆》〔Yale Bulletin and Calendar, vol. 30, no. 22）的托賓訃聞）。

50 請見Alessio Fusco, Anne-Catherine Guio, and Eric Marlier, "Characterising the Income Poor and the Materially Deprived in European Countries," in Atkinson and Marlier, Income and Living Conditions in Europe, pp. 133–153.

51 Brian Barry, "Social Exclusion, Social Isolation and the Distribution of In320 :: notes to pages 37–40 come," CASEpaper 12, Centre for Analysis of Social Exclusion, London School of Economics, quote p. 8.

52 Barbara Wootton, The Social Foundations of Wage Policy (London: Allen and Unwin, 1955).

53 有幾個很有趣的網站可供你輸入所得，之後便會讓你知道你在自己國內的所得分配中位在哪一點上。很多國家都適用由英國的「盡力付出」組織（GivingWhatYouCan）開發的網站：https://www.givingwhatwecan.org/get-involved/how-rich-am-i.。美國有http://www.whatsmypercent.com/. 英國也有財政研究所開發一個網站：http://www.ifs.org.uk/wheredoyoufitin/.

54 Jan Pen, Income Distribution (London: Allen Lane, 1971), quote p. 9.

55 Polly Toynbee and David Walker, Unjust Rewards (London: Granta, 2009), quote p. 25.

56 請見圖1-1的資料來源。

57 財政研究所網站：請見圖1-2的資料來源。

58 種族群組間差異是我在本書中未納入的重要主題。以所得排名前面者來說，2013年時，美國有5.7%的非西班牙裔白人家戶總貨幣所得（稅前所得，但不包含非現金福利）為一年20萬美元或以上。 黑人與西班牙裔家戶的對應值只有上述的三分之一（1.8%）。（反之，亞洲家戶的比例高一些，達8.5%。）以上數據請見美國人口普查局之 Income, Poverty, and Health Insurance Coverage in the United States: 2013, Table A-1.在英國，從2010至2013年（取三年平均數），所有家戶中有22%的所得達每年52,000英鎊或更高，亞裔／亞裔英國家戶的占比更高，達25%，而黑人／非裔／加勒比裔／黑人英國人的家戶則為16%，孟加拉家戶則為11%。以上數據請見英國就業與年金部（Department of Work and Pensions）之 Family Resources Survey (FRS) United Kingdom, 2012/13 (London: Department of Work and Pensions, 2014), Table 2.6.

59 http://www.infoplease.com/business/economy/cost-living-index-us-cities.html，2015年1月1日下載。

60 U.S. Bureau of the Census, Income, Poverty, and Health Insurance Coverage in the United States: 2013, Table A-4.

61 Sophie Ponthieux and Dominique Meurs, “Gender Inequality,” in Atkinson and Bourguignon, eds., Handbook of Income Distribution, vol. 2A, quote p. 1008.

62 美國大專院校兩性比率的數據請見Claudia Goldin, Lawrence F. Katz, and Iyana Kuziemko, “The Homecoming of American College Women: The Reversal of the College Gender Gap,” Journal of Economic Perspectives 20(4): 133–156. 經合發展組織會員國的數據請見Ponthieux and Meurs, “Gender Inequality.” notes to pages 40–48 :: 321

63 Doris Weichselbaumer and Rudolf Winter-Ebmer,“A Meta-Analysis of the International Gender Wage Gap,” Journal of Economic Surveys 19: 479–511, quote p. 508.

64 Stephen P. Jenkins, Changing Fortunes (Oxford: Oxford University Press, 2011), quote pp. 360 and 361.

65 Peter Gottschalk and Robert Moffitt, “The Rising Instability of U.S. Earnings,” Journal of Economic Perspectives 23 (2009): 3–24.

66 Wojciech Kopczuk, Emmanuel Saez, and Jae Song, “Earnings Inequality and Mobility in the United States: Evidence from Social Security Data since 1937,” Quarterly Journal of Economics 125 (2010): 91–128, quote p. 91.

67 Rebecca M. Blank, Changing Inequality (Berkeley: University of California Press, 2011), quote p. 93.

68 社會折現率寫成數學式為 $\delta+\varepsilon g$，其中 δ 為純折現率，ε 是消費邊際價值的彈性，g是人均消費成長率。

第二章

以史為鑑

在這一章中，我開宗明義，先描述與評估研究所得不均的學者會使用的數據來源。這樣的檢核很重要。太常見的情形是，經濟學家爭先恐後，從手中現有的數據中得出結論，卻沒有問一問這些數據到底適不適合拿來運用。有鑑於數據量不斷膨脹，這一點愈來愈重要。

近年來許多國家的所得分配不均情況日漸嚴重，但趨勢並非一直都是向上發展。光為了這一點，我們就該回顧過去，檢驗分配不均的歷史資料。過去何時曾出現所得分配不均縮小的現象？我們可以從這些時期當中悟出哪些心得？要回答這些問題，必須得拿到衡量所得分配不均的長期數據。還好，現在這些是可取得的資料。研究人員利用現代方法檢視歷史紀錄，並建構出涵蓋百年以上的所得分配不均估計值。這類研究讓人振奮，因為歷史觀點能讓我們更了解現代的不均從何而起，以及未來將如何縮小所得分配差距。

想從所得分配不均的統計數據中有所領悟，要先對使用數據的品質有信心。也因此，在這一章中我開宗明義，先描述與評估研究所得不均的學者會使用的數據來源。這樣的檢核很重要。太常見的情形是，經濟學家爭先恐後從手中現有數據中得出結論，卻沒有問一問這些數據到底適不適合拿來運用。有鑑於數據量不斷膨脹，因此這一點愈來愈重要。摘下諾貝爾獎桂冠的哈佛經濟學家顧志耐（參見第一章），1950年代做過一項探討所得不均長期演變的知名研究，便是以少數幾國的少量資料為基礎[1]。如今，資料數量極為豐富，這代表一大進步，這些都要歸功於各統計辦公室與研究人員付出的心血。在此同時，我們卻面臨「被數據淹沒」的問題。舉個例子來說，2012年12月號的《經濟不均研究期刊》（*Journal of Economic Inequality*）登出一篇論文，一開頭提的是美國所得分配不均高於日本的觀察（如圖1-3所示，前者的吉尼係數高了約7%），接著提出解釋。但這份期刊的讀者可能會很困惑的發現，同一期裡登了另一篇文章，這裡用的數據卻顯示兩國的吉尼係數並無實質差異：美國為37.2%，日本為36.6%。我們要問，不同的數據出於何處？此外以上例來說，為何數據有時說出來的故事大不相同[2]？

數據來源——家戶調查

目前，所得分配不均的主要數據來源都是家戶調查。每年9月，美國人口普查局都會公布從當期人口調查（Current Population Survey）中得出的所得分配不均與財務貧窮程度；這是一項每月例行的家戶調查，並搭配以重頭戲放在3月的年度性調查，收集前一年度的家戶所得資訊。有些美國讀者或許曾經參與調查，但如果不曾被選中也無須失望，因為全美每年僅抽約60,000個家戶作為樣本（約為兩千分之一）。圖1-2所示的英國數據，來自英國的家庭資源調查（Family Resources Survey），涵蓋超過20,000個家戶，詳細詢問各種所得與家戶條件相關的問題。歐盟所得與生活條件統計局（European Union Statistics on Income and Living Conditions）涵蓋所有會員國（以及愛爾蘭、挪威、瑞士與土耳其），是歐盟社會指標的基礎，比方說計算生活在貧窮或社會排除風險中的人口比率。

由於國家級的統計機構與其他單位的投資，現在我們可以從這些家戶調查中得出很多和所得分配不均相關的資訊，是我1960年代剛開始做研究時無法比擬的。當時，收集到的資訊相對來說數量極少，就算收集到了，也很少提供給研究人員。基本上，要做跨國比較是不可能的。如今，我們可以拿到專為研究所得分配不均而設計的數據，比方說歐盟所得與生活條件統計局的資料，目前涵蓋了三十餘國。獨立研究中心如盧森堡所得研究（Luxembourg Income Study）數據中心，便提供經調和過後的數據供研究人員使用，範圍涵蓋將近五十國（圖1-3便使用了這些數據）。次級數據庫，如聯合國大學世界發展經濟學研究所（United Nations University-World Institute for Development Economics Research）彙整的世界所得分配不均資料庫（World Income Inequality Database），便涵蓋從阿富汗到辛巴威等一百五十餘國。

可比較性是這類研究的重點。當我們說某一國的所得分配不均程度低於另一國，如果並未依據可比較基礎收集標的統計數據，那麼這樣的說法意義便極為有限。如果一國的家戶調查是以整個家戶作為記錄單位，而另一國則是從個人所得稅數據中得出資料，我們就無法立即得出結論，說兩國的所得分配不均差異如何如何。如果統計數據排除所有農民或公部門的勞工，或者調查僅限於都市地區，我們也不能說薪資差異水準較低。在後文中，我在做跨國比較時會盡量使用可相容的定義，如果做不到，也會說明其中的差異可能造成什麼後果。每一個國家或許都能收集到同樣資訊，但是其中的意義要由背景條件而定。在政府為所有人民免費提供如教育和醫療保健等服務，以及提供住宅和交通費用補助的地方，貨幣所得不均就沒這麼重要。還有，統計資料來源一定有差異，至於這些差異重不重要，就是個人判斷問題。曾有人告訴我，某國的家戶所得資料中包含產出蜂蜜的價值。雖然我是養蜂人之子，我也不認為拿這個資料和英國相比會造成任何實際影響。

從長期來看，可比較性一樣很重要。現在我們能對不均有更多的看法，並不只是因為調查比以前品質更好、更能拿來做比較，同時也是因為這些調查有幾十年的歷史。此外這方面投資的資源，也使得數據長期來說更能互相比較。同樣的，要做到完全比較是不可能的。調查方法會與時俱進，我們無法回過頭去同1970年代開始用新方法重做舊調查。方法的演變會影響得出的結論。1993年時，美國的當期人口調查從原本的紙本改為由電腦輔助的訪談，也更動能夠輸入的最高所得金額。1993年前，最高勞動所得上限為299,999美元，這個天花板拉得很高，多數人都不受影響，但意味著排名前面的人勞動所得被低估（1993年之後，限制則拉高為999,999美元）。多年來，調查方法上還有很多其他變動：美國的數據來源中總會附加二十條以上的註釋，詳細說明不同年度的改變。這些變動的累積效應難以評估，而1993年的改變看來最重要，因為當年記錄到的不均程度大幅攀升。美國人口普查局請數據使用者在比較1993年前後的數據時應「謹慎小心」，而我以此調整圖1-1[3]。

家戶調查的限制

目前的不均研究廣泛使用家戶調查的數據，之前圖1-3中用來表示不同國家情況的圖表，大致上也以這個來源為主。但這類調查有一些限制。首先，這是「家戶」調查，因此排除了不住在家戶裡的人們。這類調查也未納入住在機構裡的人，例如學生、寄宿學校學生、軍人，及住在醫院、旅社、避難所、收容所或接待中心的人。家戶調查排除住在老人之家或安養院的老人、受機構照護的兒童以及住在街上的街友。這樣的排除影響深遠，因為未包含在內的某些群組很可能就集中在所得分配下緣。萬一抽出的樣本又不足代表家戶母體，引起更多誤差，前述效應就會更嚴重。典型的範例是在電話尚未全面普及之前，就使用電話訪談，導致民意調查高估共和黨在美國總統選舉中的得票率[4]。

要做到完全涵蓋很困難，因為在多數國家，是否參與調查都由得人民自願，人民可以拒絕。英國2010/2011年的家庭資源調查未回覆率為41%。這表示，在每十個樣本裡，有6人參與調查，另外約有4人我們完全拿不到資訊。被問到為何拒絕接受調查時，23%的人說「他們不想被煩。」拒絕參與的比率愈來愈高，很讓人擔心：英國1990年代末期的未回覆率為34%。美國的回覆率高多了，2013年時的未回覆率僅比10%高一點，但從歷史資料來看，同樣發現近年來的未回覆率同樣有升高的趨勢。回覆率下滑，是統計機構需要擔憂的問題。

不回覆為何關係重大？如果只有回覆率低這個問題，並不代表我們就應該駁斥相關結論。假設不回覆和回覆的受訪者相關特質並無二致，就算回覆率低，調查也具備代表性。然而，在和收入與財富有關的問題上，我們有很充分的理由，假設處境較佳的人不回覆的比率多半偏高。財務狀況比較複雜的人，也同樣可想而知比較不願意花時間針對自己的所得與財富回答各式各樣的問題。聯準會在執行美國消費金融調查（US Survey of Consumer Finances）時，會隨機抽樣選取標準地區樣本，也會抽取特殊的「列表樣本」（list sample），即從所得稅申報紀錄當中選擇統計數據（遵循規範保密的嚴格法規），納入握有大量集中持有資產（如非公司企業和免稅債券）的極少數家庭。聯準會提報，「在2010及2013這兩年，地區機率樣本（area-probability sample）選出的家戶實際上有70%完成調查，列表樣本的整體回覆率則約為三分之一；列表樣本中包含一些最富裕的家庭，他們的回覆率更僅有前述比率的一半。」[5]因此，我們有很充分的理由假設，所得分配上層的人在家戶調查中代表性不足。在英國，前一章中圖1-2所示的整體不均數據，出自英國財政研究所（Institute for Fiscal Studies）的調查，該機構使用調整後的所得稅申報數據（請見下文），以因應極富裕者不回覆家戶調查的比率偏高，以及他們提報所得波動幅度大的問題。

要調整家戶調查數據，也必須調整「回覆誤差」，這指的是人們接受調查，但提供的答案不完整或不正確。不過有時這也不是他們能控制的。

我曾在多年前接受英國的官方調查，調查到一半發現我之前提供的答案少算一個所得來源，但調查人員堅定的告訴我，這項以使用電腦作答的訪談不會讓我回到之前的問題，所以我原始的答案會一直在那裡。因此在使用數據檢驗所得分配情形時，很重要的是要去查核記錄到的總所得和來自外部已知來源所得之間的吻合程度有多高。以歐盟所得與生活條件統計局來說，拿他們的數據與各國的國民所得帳（允許各國在定義上有差異）相比較時，會發現2008年時涵蓋率最高的是薪資與工資項目，其次是現金與稅金的社會福利。而自雇所得與房地產收入的涵蓋率很低。平均來說，這類收入多半落在所得分配較高處，因此，在家戶調查中少記錄這些所得，多半會導致低估所得分配不均的程度[6]。

家戶調查是不可或缺的數據來源，這也是非常重要的資料，因此統計機構持續投資相關的運作與發展。他們提供的資訊，是提出政策以降低貧富不均時不可或缺的一部分。然而，我們必須用適度的謹慎心態來面對調查得出的發現。正因如此，有愈來愈多人搭配行政機關的統計數據來使用調查資料。

所得稅的數據

如果無法從家戶調查得出所得分配數據，那應該要從哪裡找？主要的答案是從行政機關紀錄搜尋，這類地方多半都有個別家庭生活過得如何的相關數據。過去葛瑞格利・金恩（Gregory King）等先驅曾在所謂的「社交餐桌」上進行研究，勾畫出英格蘭和威爾斯地區所得分配概況（1688年），但這些都不是以個人的數據為基礎。一直要到出現個人所得稅制（英國是在十九世紀初時）之後，才能真正從經驗證明的個人所得數據當中彙整出所得分配不均的情形。這些所得分配數據可以結合外部控制總數（control total），例如人口統計與國民所得帳戶內的資訊，以估出不同群組在總所得中的占比。利用這種方式，把圖1-1和1-2中前1%者的所得占比拿來和總成年人口（或者也可適用納稅總單位數）中的前1%相比，便可以估出他們的家戶總所得在國民所得帳戶中的占比[7]。

一開始，個人所得稅僅涵蓋少數人，而在我們還沒針對整體人口估計貧富不均（即吉尼係數）之前，就已經有了排名前端者的所得占比數據系列。所得稅涵蓋範圍後來日漸擴大，在二次大戰期間及之後尤其明顯，到現在，這項由行政機關掌理的數據範圍已經納入大部分人口。就算有些個人不用報稅，以所得稅為來源的資料集涵蓋範圍也已十分廣泛。然而，在使用從所得稅紀錄得出的數據時，我們必須謹記，這些數據並非針對特定目的而設計，而只是行政機關運作流程的副產品。數據的形式與內容反映的是稅法。以美國為例，課稅單位指的是夫妻（以及他們的扶養親屬）的合併所得，而在英國，自1990年之後，則是以個人為課稅單位，因此得出的分配就和個人所得有關[8]。為了課稅而定義出的所得，很可能和前一章所描述的全面性所得定義有很大出入。課徵所得稅時，有可能允許房貸或個人貸款的利息支出可抵稅。也有時候，所得稅制下的定義會比家戶調查更貼近全面性的定義，比方說美國計算稅額時，就允許計入自有自住房屋的設算租金（英國過去也是），或是已實現的資本利得。不管如何，所得稅制中的數據涵蓋範圍都可能因為避稅或逃稅的「不回應型」納稅人，而被嚴重影響。根據所得稅資料所做的頂端所得研究，通常會非常注重避稅與逃稅可能造成的效應[9]。

勞動所得的數據

家戶調查與行政機關的紀錄（這類紀錄的形式多半是社會安全捐稅收）都是個人勞動所得數據的來源。然而以勞動所得來說，可能的數據來源遠不只這些，因為我們可以從勞動市場的勞資雙邊收集到相關資訊。各國會動用各種不同調查資源。圖1-1中的美國勞動所得數據，來源和美國的整體所得不均系列數據一樣，同樣出於當期人口調查，性質為家戶調查，而圖1-2中的英國數據則來自於雇主，是出於年度工時與勞動所得調查（Annual Survey of Hours and Earnings）。本章引用的法國勞動所得數據，則來自於報稅單。比較同一國來自不同來源的數據，得出的結果應相當一致[10]。但是，由於雇主和員工的觀點不同，可能導致某些變數出現系統性的差異，最重要的如工時，雇主提到的可能是聘雇合約上的工時，員工提報的卻可能是花在工作上的實際時數。涵蓋範圍可能也出現重要差異。如果是從法國所得稅申報表中得出的統計數據，其涵蓋範圍就排除農業工作者、公務員、家事服務人員以及工時短於全職人員的人，舉例來說，1995年時僅涵蓋三分之二的員工。歐盟勞動所得結構調查（EU Structure of Earnings survey）便排除公共行政以及員工不到10人的企業。

來源很多，意味著勞動所得數據通常會比來自家戶調查裡的數據更豐富，但也代表要確保跨國、跨時間也能一致會更困難。使用者需務必查核是用相同的內涵在做比較。

財富的數據

至於財富，可能的數據來源就更多了，有針對個人財富所做的家戶調查，例如聯準會執行的調查，以及歐洲央行（European Central Bank）最近引進的多種調查，其中英國的是財富與資產調查（Wealth and Assets Survey）。之前提過，這類調查都有不回覆的問題，就算抽出超量的富裕人士樣本，也無法完全克服。極富裕人士是另一種不同類型調查的對象，這種調查編製出持有大量財富者的清單，比方說富比士全球億萬富翁名單（Forbes List of the World's Billionaires），以及《時代》雜誌週日版由菲利浦・比瑞斯菲德（Philip Beresford）編纂的英國富人名單（Rich List）。另外也有多種潛在行政機關數據，包括徵收財富稅地區的報稅資料，以及其他非直接資訊，如從所得稅申報書中記錄到的投資收益，這項收益會乘上一個乘數，得出財富的估計值，乘數會考量所得稅申報財富金額大小的差異以及其他因素。行政機構在持有人死亡時得出的遺產資訊也可以當成間接數據，通常這會伴隨繼承或課徵遺產稅。當事人死亡時，會使用不同的乘數。實際上的處理方法是，當事人在過世那一年仍會視為在世的樣本。死亡並非隨機，因此適用的乘數會根據年紀和性別而有不同，也接受富人的死亡率通常較低的事實。用這種方法，把一年內的遺產分配情形，轉化成當事人在世時的財富估計值。顯然選擇乘數程序中到處都有誤差幅度，換句話說，就像所得稅數據一樣，最後結果會受限於法律架構中納入的定義，也可能因為避稅及逃稅等行為而受影響。一如所得稅相關數據，從稅收資料估計出來的財富，可以利用其他機構的個人總財富資訊轉換成全國性的占比。個人財富估計值來自全國資產負債表，在英國，全國資產負債表是國民所得帳裡的一部分。

挖掘歷史數據

前述都是現代數據來源，然而有另一項資訊對近期研究也頗有貢獻，但我們必須回過頭去看，並從歷史裡挖出來。在某些時候，這表示要運用過去以個人為基礎的數據，但這樣的過程通常非常耗時，而且很少人用[11]。比較常見的做法，是運用公開的總表數據，從中研究不同收入區間內有多少人。許多國家的稅務機關都會定期發布這類資訊，而且非常詳細。以荷蘭為例，這些資料來源顯示，1933年時，只有一對夫婦的收入介於80至90萬荷蘭盾之間；由於只有一對，因此我們可以從列平均中知道他們的應稅所得為87萬4千荷蘭盾，換算下來，比平均所得高800倍[12]。早年（指約二十世紀初）經濟學家用的就是所得稅數據中的總表，但之後很多年都不再使用，一直到最近，才又有人去開發這個豐富的資料來源。將總表數據結合後建立的控制總數資料，有可能在某些國家建構出可回溯超過百年前的數據系列[13]。

總而言之，有很多資訊來源都可供我們了解收入、勞動所得與財富的分配。如果你發現自己出現在某些統計數據裡，可能是因為你參與了家戶調查，可能是因為你的雇主回覆調查，可能是你的所得稅資料或是社會安全捐的紀錄成為估計數字的輸入項，或是因為你出現在英國富人名單上！重點是，當我們使用這些來源的數據時，有一點要謹記：所有的數據都不完美，因此我們必須要盡力善用有缺陷的資料。我很喜歡哈佛經濟學家茲維・格瑞利克斯（Zvi Griliches）描繪的經濟數據圖像：「可用的經濟統計數據是我們用來透視經濟行為的主要窗口。雖然有刮痕和不會消散的霧氣，我們還是忍不住透過它窺視，試著了解到底發生了什麼事。」[14]

貧富不均曾縮小的時期

在本章中，我要嘗試從貧富不均曾經「明顯下滑」（salient reduction）的時期中尋找重點。我這麼說是什麼意思？什麼叫貧富不均「明顯」變化？我們知道，代表貧富不均的綜合性指標，例如吉尼係數，每年都會改變，那麼這個數值要跌到什麼地步，我們才能說貧富不均程度明顯下滑？人們回答這個問題的標準答案，是以抽樣誤差來看，換句話說，就是指由於僅能收集到樣本、無法探究全體母體，因此預計資料中會出現變異。加拿大統計局（Statistics Canada）就建議，若樣本數約為35,000個家戶時，吉尼係數變動達1%或以上，就可視為統計上有顯著差異[15]。然而，我在這裡考量的是對「政策」的顯著性。如果用前一章的計算，將整體稅率的變動連結吉尼係數的變動，我們會看到稅率調高5%時，會導致吉尼係數約下滑3%[16]。對任何財政部長來說，稅率調高5%都是很大的調幅，吉尼係數卻只有下滑3%，看來好像不是合理的明顯下滑標準，但本書要使用這個標準，不過當然這也只是當成一個參考指標而已。回頭參考圖1-3的吉尼係數跨國比較，我們可以看到若下滑3%，將使得英國的不均程度低於澳洲，法國與德國的不均程度低於芬蘭。

其他指向不均的指標又如何？以貧窮率來說，我們或許可以一提的是「歐洲2020」對抗貧窮與社會排除的目標，以整數來說，其最近十年的目標是要讓貧窮率再下降六分之一。如果考量生活在貧窮風險當中的比率（將貧窮以及社會排除這個指標予以擴大範圍），同樣的這也意味若取整數，大約要減少3%。至於高收入者的所得占比要下降多少，並無明確目標，因此我也用3%這個標準。最後，勞動所得前10%者與中位數的比率，我認為拉近5%代表差距明顯縮小，而這也意味著，要從原本比中位數高200%降低到190%。不管是哪一個指標，我衡量的都是指標在某一段期間內往明確方向變動時的變化情形，但不特別去考慮這段期間的長短。我要看的是有哪些期間發生變動，而不是變化的速度有多快。

1914至1945年的貧富不均變化與戰爭的角色

在《二十一世紀資本論》中，皮凱提這樣說他的祖國法國：「非常讓人訝異的是，所得分配不均竟在一個非常特殊時期大幅縮小：1914至1945年……大致上來說，這是因為戰爭的混亂，加上伴隨而來的經濟與政治衝擊，才導致二十世紀的貧富不均縮小。這並非逐步、在共識之下而且全無衝突地邁向更公平的境地。在二十世紀，讓過去一筆勾銷的是戰爭，而非和諧的民主或經濟理性。」[17]針對這段期間的法國情況，皮凱提用的數據是上層所得者的占比。我們手上則有其他八國1914至1945年的頂端所得占比，其中有兩國（挪威和南非）前1%者的總所得占比到1945年至少比1914年低了3%[18]。以日本來說，前10%的所得占比從18.6%滑落到7.4%，數據其實和法國一致（法國由18.3%滑落至7.5%）。此外，這兩國從1914至1945年間下降的幅度，幾乎就是整個二十世紀的下降幅度。但之後差異就出現了。一方面，是法國和日本兩國開始各走各路；另一方面，法國和其他在這段期間有數據的七國走勢亦不相同。在丹麥、荷蘭、挪威、南非、瑞典、英國和美國，1945年之後前10%者的所得占比也明顯下滑。貧富不均縮小的期間並不限於1914至1945年。

為更清楚理解世界大戰的角色，我們需要更詳細檢視從1914至1945年之間發生了什麼事。一次世界大戰（1914-1918）之始，英國頂端收入的占比低於戰後，這反映幾件事，其中包括海外資產的損失；英國前0.1%者的收入占比1914年為10.7%，至1918年降為8.7%。但其他交戰國如日本或美國就沒有這麼明顯的下滑。在法國，前1%的收入占比1915年時為18.3%，1920年時為17.9%。至於非交戰國，如丹麥和荷蘭，頂端所得者的占比在一次大戰期間實際上還提高了。從各項紀念1914一次世界大戰百年的活動中可以看出，這場戰爭影響深遠，但是富裕人士並未因此遭遇嚴重的重分配。戰後英國與其他國家確實大聲疾呼要課徵資本稅，以懲罰發國難財的人。喬賽亞・斯坦普爵士（Sir Josiah Stamp）在其演講集《戰後金融》（*The Financial Aftermath of War*）裡提到：「有強烈的聲浪攻擊戰爭期間資本財富**增加**的現象。」[19]（「增加」二字為爵士所強調。）

我們有更多國家在戰爭期間內的數據：1920至1939年這段期間，總共可收集到十五國的頂端所得占比數據，包括印度和辛巴威（當時稱為南羅德西亞）。在這十五國中，有九個國家的頂端所得占比在1920至1939年間並無明顯整體變化，其中包含四個英語系國家（澳洲、加拿大、英國和美國）以及丹麥、日本和挪威。在這整段期間內，只有四個國家的頂端所得占比明顯下滑：法國、荷蘭、紐西蘭和南非。當皮凱提討論法國經驗時，他強調的是戰爭期間內的複雜性，以及有各種互相衝突的作用力強加在整體變動模式上。其中之一是1929至1935年的通縮，但通縮造成的分配效應因為1936年人民陣線（Front Populaire）贏得選舉而抵銷：他們後續提出稅制改革，以及保障勞工權益的馬堤翁協議（Matignon Agreements）[20]。1929年開始的大蕭條則對各國造成各不相同的分配效應[21]。

但在二次世界大戰期間（1939-1945），情況和一次大戰時剛好相反，貧富不均大幅縮小。在我們有頂端所得占比數據的十七國裡，除了兩個國家之外，其他各國的貧富不均程度在1939至1945年期間均下滑（例外的兩國為南非與南羅德西亞）。在這十七國裡，有八國跌幅達到顯著程度。貧富不均拉近的也不只是被占領國或戰敗國而已。圖2-1顯示特定國家在不同時間的變化趨勢。從圖中可以看出，各國收入前1%的所得占比下降幅度都很類似，只有瑞士除外。從整體不均變動趨勢（以吉尼係數為指標）也可以看出端倪；圖2-1中以實線表示整體不均。在英國，二次大戰後的吉尼係數比1938年時下滑7%，在美國，1936至1944年的差異也達類似幅度。

二次大戰期間的情況很不相同，因為這期間貧富不均普遍縮小。在某些國家，這樣的結果是出自戰爭與占領導致的「混亂」，或是戰後和解造成結構性崩壞。然而，就算是政府一直都在運作的國家，也因為社會的心態不同再加上出現更強烈的團結一心凝聚感，因此出現重大改變。英國便在這樣的趨勢之下制定了〈1944年教育法案〉(1944 Education Act），而更一般性的變革，則如英國學者理查・提默斯（Richard Titmuss）在描述戰爭期間的社會政策發展史時所言：「到二次大戰結束時，英國政府……接下責任，並開始直接關心起人民的健康與福祉，和少有作為的1930年代政府剛成形成鮮明對比。」[22] 1945年，工黨政府贏得大選，根據福利國學者威廉・比佛列治（William Beveridge）的建議，成立英國國民健保制度（National Health Service）以及統一的英國全國保險制度（National Insurance）。在美國，克勞蒂亞・戈汀（Claudia Goldin）與羅伯・馬戈

圖2-1　特定國家的貧富不均與二次大戰間的關係

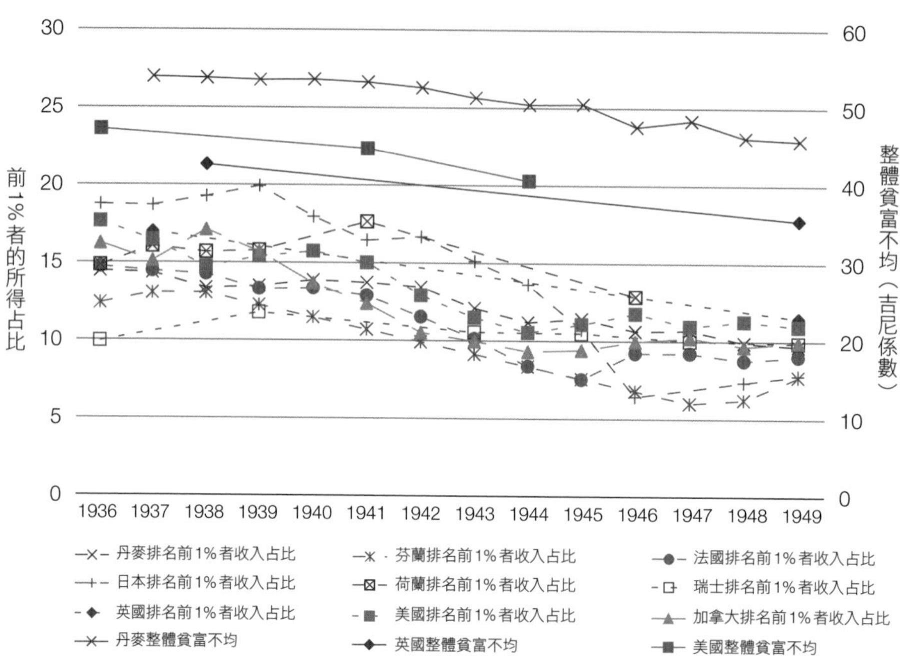

多數國家排名前1%者在總所得中的占比（左軸）以及整體貧富不均（以吉尼係數衡量，用右軸的百分比表示）在二戰期間均有下降。

（Robert Margo）兩位學者將這段期間的薪資歧異幅度下滑稱為「大壓縮」（Great Compression），並強調成立全美戰時勞工局（National War Labor Board）對勞動市場造成的干預[23]。至於更一般性的措施，保羅・克魯曼提出的因素則有小羅斯福總統的其他新政與二戰政策，以及產業工會的不斷強化[24]。但這裡就出現一個問題：這些因素的效應能持續多久？

二次大戰後的美國

接下來怎麼了？很快的，美國勞動所得分配的差距又開始擴大。就像我們在第一章中看到的，美國頂端勞動所得的成長可以回溯至1951年，這和全球化或新的電腦科技完全無關。所得分配擴大早在商用電腦開始運作之前就已經發生了：第一部商業電腦正好就在1951年時剛問世（英國的叫法朗堤馬克一號〔Ferranti Mark 1〕，之後在美國則有通用電腦一號〔UNIVAC 1〕）。而讓人驚訝的是，這段時間的薪資分配差異擴大並未伴隨家戶所得不均程度加劇；要等到很後來（1980年代），美國家戶所得的不均程度才開始上升。討論時一般都認為薪資差異擴大必自然導致所得分配不均加劇，但從美國緊接著戰後這幾十年的經驗得知，其中的關聯是可以打破的。

這是怎麼辦到的？回顧家戶所得指南（圖1-5）會很有幫助。從這張圖中，我們可以看到，如果干擾其中幾個的因素，就可以讓個人勞動所得差異擴大、但不拉高整體所得的吉尼係數。第一階段是要把個人勞動所得加總成家戶勞動所得；戰後期間，美國的勞動所得出現重大變化。美國國家經濟研究院（National Bureau of Economic Research）在1980年曾進行一項研究，名為「過渡中的美國經濟」（The American Economy in Transition），其中發現勞動市場裡「最重要的變化是女性投入就業市場，尤其是有小孩的已婚婦女。」1947年，僅有約五分之一（22%）的已婚婦女（與丈夫同住）成為有薪的勞動力，三十年後，這個數字上升至接近一半（47%）[25]。家戶收入的組成也因此出現變化。這對於不均有何影響？家戶總勞動所得的分配狀況，取決於夫妻勞動所得之間的關係。同樣的，勞動市場的參與率提高會造成什麼影響，也要視加入勞動市場的人是誰而定。不均的情況可能減緩，但也可能提高。在緊接著戰後的那一段時期，勞動參與率提高顯然提高分配低端家戶的勞動所得。南恩・麥斯威爾（Nan Maxwell）在總結戰後美國經驗時寫道：「以雙薪家庭來說，在1970年以前，和低所得男性結婚的女性勞動參與率相對提高，有拉平所得分配的效應。」然而，在1970年之後，「女性勞動參與率成長的部分，主要來自勞動所得成長率高於平均、且和高勞動所得男性結婚的女性，因此女性勞動參與率的持續提高，或許導致雙薪家庭的貧富不均更嚴重。」[26]琳恩・卡洛伊（Lynn Karoly）和蓋瑞・博特勒斯（Gary Burtless）論證，1959年時男性與女性的勞動所得相關性（correction）為負，到了1989年時已經轉為正相關。這麼一來，就會是「丈夫與妻子的勞動所得相關性愈來愈高，導致整體收入分配不均愈嚴重。」[27]本來會造成拉平效應的力量，開始往反方向走。但這樣的趨勢並未持續。傑夫・拉瑞摩爾（Jeff Larrimore）指出，夫妻勞動所得相關性的變化，已經不再導致貧富不均程度加重[28]。

因此，以美國來說，在緊接著戰後的這段時期，勞動市場的變化有助於縮小家戶所得的不均程度（類似的力量也在其他經合發展組織會員國發酵）。在家戶所得指南中的下一個步驟，是要加入非勞動所得，主要有三大項：資本收益、民間私人移轉收入，以及政府移轉收入。以資本收益來說，美國財富分配趨勢廣受人討論，這方面的資料來源更是多如牛毛：有些是個人性的，如根據遺產算出來的估計值，有些和納稅單位有關（和投資收益有關的估計值）或和家戶有關（根據調查得出的估計值），也有其他資料和範圍更大的家族單位有關（例如各種富人排行榜）。但顯而易見的是，比起1920年代時，美國大戰後的財富分配不均程度縮小：根據從遺產數據得出的估計值，1920年代前1%者的所得占比超過三分之一（從1920至1929年的平均值為36%），到了1950年代，則低於四分之一（1950年代後的平均值為24%）[29]。但在戰後幾十年，頂端財富占比的趨勢並無明顯下降趨勢，從這一點可見資本收益無助於抵銷勞動所得差距的擴大幅度。

那麼，是什麼因素導致在緊接著戰後那幾十年，美國並未擴大整體貧富分配不均？快速成長的政府移轉所得，扮演重要角色。從1955至1970年，支付給個人的聯邦政府費用成長的速度比國家收入快了2倍[30]。移轉所得的成長，包括新政（1935年）提出的老年、遺族與殘障保險（Survivors, and Disability Insurance）（最後一項是到1954年才加入）的日臻完善，縮小家戶所得的分配不均。卡洛伊和博特勒斯提到「不勞而獲的所得（主要是來自政府的移轉收入）快速成長。」移轉收入增加，再加上戰後前幾十年平均所得強勢成長，都有助於生活在官方貧窮線以下的人口比率大幅減少，如圖1-1所示。卡洛伊和博特勒斯繼續說，但在1969年之後，「非勞動性的所得變得有利於富有家庭。資本收益和私人退休金計畫的福利，成長速度快過政府發給窮人的移轉收入。」[31]從美國這個範例來說，所得分配不均的變化並非基於社會或經濟的改變，而是出於政策選擇。

要把個人勞動所得轉換成家戶可支配所得，最後一步涉及政府部門的另一邊：稅收。從1950至1979年，這戰後幾十年美國的稅率都持續維持在高水準：美國的勞動所得（earned income）最高稅率平均為75%（在之後的三十年、也就是1980至2009年間，平均最高稅率則為39%）。圖1-1中的吉尼係數數據是以稅前所得為主（頂端所得占比數據亦同），因此並未反映出高所得稅率的影響。當時很多人在爭辯高所得稅率的效應。經濟學家約瑟夫・熊彼得指出，透過重分配的稅制，「二次大戰還沒開打，新政就徵收掉高收入者的所得。」，因此實際上的效果是「強力移轉」。另一方面，厄文・卡拉維斯（Irving Kravis）總結他在統計上的發現，認為「提高累進稅制的稅率就算能讓（1929年之後的）所得分配更平均，效果也極為有限。」理查・古德（Richard Goode）替布魯金斯學會（Brookings Institution）做研究時，用比較中立的立場來看待所得稅率，他認為「就算不能證明所得稅是有助於重分配的殘酷手段，也不能說其拉平貧富不均的效果不重要而予以抹煞。」[32]

在考慮累進稅率對於貧富不均的影響時，很重要的是記住「稅基和稅率一樣重要」，高稅率的效果之所以有限，原因就是高稅率會侵蝕稅基。也因此，美國的「有效稅率」實際上並不如名目稅率這麼有累進效果[33]。（名目稅率指的是總所得根據稅率表要支付的稅率，有效稅率則是用實際支付的稅金來計算，某些所得項目可能適用較低的稅率，比方說一部分廣義定義的收益，包括免稅所得，像是國家或當地政府證券的利息收入。）此外，我們應該注意，若要真正評估稅制造成的影響，唯有用可支配所得和沒有所得稅制下的總所得兩相比較才能得出。這種不符現實的分析很難做，因為我們還必須預測所得稅導致納稅人的行為有哪些變化。反對高所得稅的人主張，沒有高所得稅率時總收入會更高，因為人們會延長工時，而且更努力工作。我之後會討論這個議題。

各方力量拉扯之下的結果是，在緊接著戰後幾十年，美國勞動所得前10%中位數的比率雖然穩定成長，但勞動所得不均的擴大並未導致整體所得分配不均（以吉尼係數衡量）擴大。前1%的所得占比也有明顯下滑。此外，勞動市場的薪資差異擴大，也並未轉化成更嚴重的整體所得分配不均。後者之所以沒有出現，部分原因是移轉所得增加，另一部分則是女性的勞動參與率提高，成為拉平的力量。但這些抵銷薪資差異擴大的力道，卻在二十世紀最後的二十五年消失了。

戰後歐洲的貧富差距縮小過程

我們已經看到，美國的整體貧富不均（以吉尼係數衡量）在1970年代末期大致相當於1940年代末期；反之，在緊接著戰後的那幾十年，許多歐洲國家的整體貧富不均情形則大幅下降。在本節中，我要描述在這段期間歐洲貧富不均縮小的概況，以及他們是如何做到的。那時候的條件和現在很不一樣，但戰後的經驗可以為現代的我們提供寶貴心得。

歐洲戰後幾十年的兩個問題

在英國，整體貧富不均（以吉尼係數衡量）在1970年代（1972至1977年）下滑約3%，符合明顯變動的標準；但歐洲其他國家的縮小幅度更大，而且延續期間更長。圖2-2顯示北歐三國整體貧富不均的時間脈絡，以及其頂端所得占比。我們應該著重在長期變化趨勢，而不是水準，因為估計值不一定能進行跨國比較（我們不能總結認為丹麥比其他國家貧富不均更嚴重）。長期趨勢顯示，所有國家從1960年代中期至1980年代末期都大幅拉近貧富差距，以芬蘭為代表，該國的吉尼係數在1966年為31%，到了1980年降為21%。丹麥的降幅也類似，達10%。至於瑞典，將兩個系列的數據組合起來，自1950年代算起的降幅達8%。圖2-3則說明歐陸的的情形。在德國，降幅小多了（4%），而且僅限於1960年代。在法國和荷蘭，1960年代

圖2-2　北歐國家在二次大戰幾十年的貧富不均變化

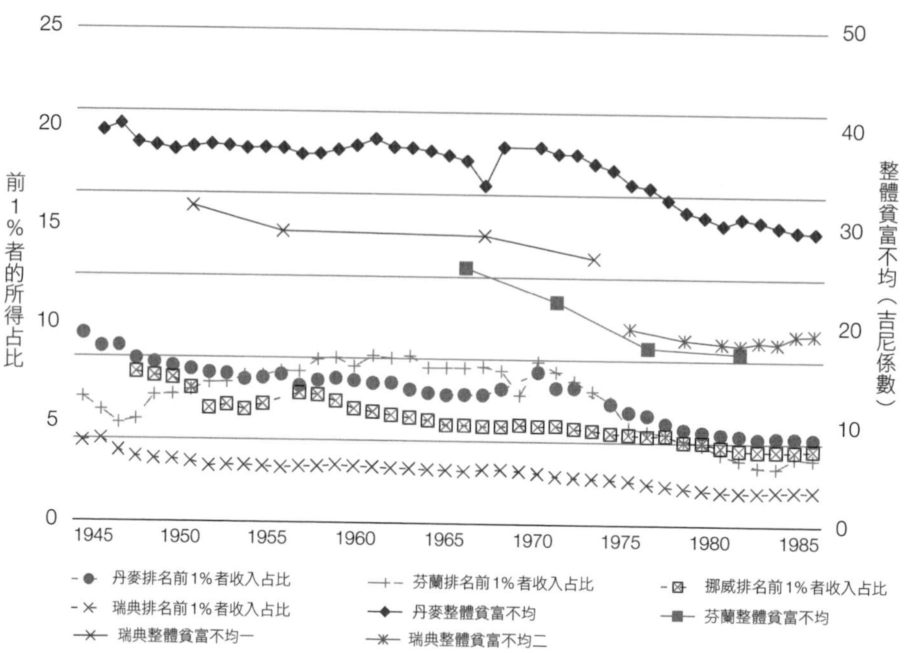

排名前1%者在總所得中的占比（左軸）以及整體貧富不均（以吉尼係數衡量，用右軸的百分比表示）在二戰過後的變化。

與1970年代的降幅均有8%。在義大利，降幅為10%。在英國，縮小程度較有限，但從1972至1977年也下滑3%。

誰有得、誰有失？有些國家在協助最低所得者這方面大有進步。在法國，生活在家戶所得低於中位數六十（這是目前歐盟的財務貧窮標準）的人口比率，從1970年的18%降為1990年的14%。在芬蘭，這個比率從1971年的21%降為1985年的13% [34]。但是，德國和義大利的貧窮率卻少有下降的跡象，有些其他國家則無法取得必要數據。

圖2-3　歐陸國家在二次大戰幾十年的貧富不均變化

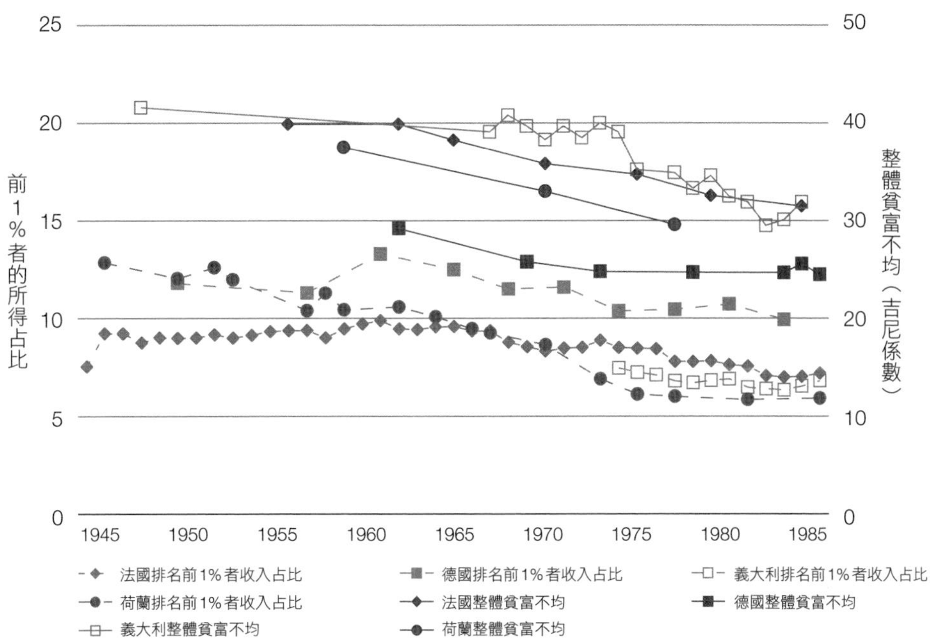

排名前1%者在總所得中的占比（左軸）以及整體貧富不均（以吉尼係數衡量，用右軸的百分比表示）在二戰過後的變化。

關於頂端者的收入，我們就有比較多的資訊，請見圖2-2與2-3中的前1%者所得占比數據（在這兩張圖中，都是圖下方的虛線部分）。在北歐，我們看頂端的所得占比在1950年代落在7-9%的範圍內，到了1980年代初期則比較接近4-5%。以挪威和瑞典來說，下降趨勢相對來說是漸進式的，丹麥和芬蘭則集中在1970年代；芬蘭的頂端所得占比下降之前曾在1950年代時先擴大。在法國，前1%的所得占比變化是皮凱提所謂的「相當穩定」，下降幅度剛好稍低於「明顯」的門檻：從1961年的9.9%，至1983年跌至

7.0%[35]。德國的縮小幅度也類似。在荷蘭，下滑幅度比較大，從1950年代初期至1980年代，占比少了一半。同樣的，英國前1%者的所得占比也少了一半：從1949年的12%降至1970年代後期的6%。

因此，在緊接著戰後的這幾十年間，許多歐洲國家的所得分配不均都縮小了。這引發兩個問題。1945至1970年代如何能縮小貧富不均？為何拉平的過程在1980年代終止？要找答案，我們同樣必須從家戶所得指南按部就班來搜尋（見圖1-5），只是這一次順序相反。

縮小不均 —— 福利國與累進稅制

要解釋歐洲戰後不均程度縮小，第一個明顯的理由是這段期間內福利國規模擴大，以及提供的社會服務增加，福利經費至少有一部分是透過累進所得稅而來。國家年金制度的逐漸完善，降低老年人的貧窮程度，而針對其他群體制定的社會移轉範圍擴大（例如涵蓋殘障人士），也提高社會安全網的效果。在此同時，人口結構變化（主要是人口老化）也帶動對社會保障的需求。隨著受扶養的人口增加，市場所得（勞動所得、自雇所得、租金、股利、利息、私人年金以及其他私人移轉收入）的分配就更不均。沒有勞動所得的人愈來愈多，因為他們已經非屬勞動人口。實際上，這是一場社會福利不斷增加與需求持續擴張的競賽。

歐洲各國的家戶調查所得數據指出，在這場競賽裡，福利國政策有很長一段時間都能做到兵來將擋，但之後就不行了。英國官方的稅收與福利影響定期研究顯示，市場所得的分配不均從1961年開始穩定擴大：市場所得的吉尼係數到1970年代之前已經提高了約5%。反之，以最終所得來說（亦即加入現金移轉與實物福利、並扣除直接與間接稅項後的所得），其吉尼係數從1961至1980年代中期並未見上升趨勢。其中的「差異」，或者說稅賦與移轉收入在計算上造成的影響，抵銷市場所得分配不均擴大的效應；在1970年代，英國稅後所得的分配不均程度減緩。（同樣的，這也純粹是數學計算的結果；沒有政府移轉所得與稅賦下的市場所得，很可能與實際情況大不相同。）稅賦，以及效果更強的現金移轉所得，更能撐得住福利國[36]。

那麼，這股趨勢為何終止？英國在1984年之後的發展大不相同。市場所得不均持續擴大，而稅賦和移轉收入造成的影響也轉向，導致稅後所得的不均更快速加劇。圖1-2顯示英國的所得分配不均在1980年代後半葉如何快速提高。從1984至1990年，有助於降低吉尼係數的稅賦與移轉重分配貢獻減少8%，這反映種種政策決定，例如國民年金調高的金額改變，表示在1980年代後半葉，相較於平均可支配薪資，單身人士的基本年金減少近五分之一，失業保險也縮水。雖然日後又調高一部分的移轉所得，但在市場所得變動之下，要讓可支配所得的吉尼係數回到1984年之前的水準，還需要6%的具重分配效應（稅賦與移轉）「差額」才能拉平。

西德的數據同樣顯示，雖然市場所得的不均程度一開始大幅擴大，但可支配所得的不均並未相應擴大。我們可以引用德國經濟學家理查・豪瑟（Richard Hauser）的話來說明：「德國的稅制和移轉所得系統大幅減輕市場所得的分配不均現象⋯⋯德國的社會安全體系雖然面臨愈來愈多不利條件，但從1973至1993年間大致達成目標。」[37]在芬蘭，市場所得分配不均的歷程則大不相同，從1960至1970年代前半葉先下滑，同樣也是因為（稅賦與移轉的）「差額」提高。因此，可支配所得的分配不均降幅是市場所得吉尼係數的兩倍。這股趨勢一直延續到1980年代，但芬蘭和其他國家一樣，到這時也出現反轉跡象：「衰退最嚴重時……亦即在1990年代，所得分配不均的情況並未改變，因為現金移轉所得抵銷了要素所得（factor income；譯註：指投入生產要素如勞力、資本、土地後賺得的所得）分配愈來愈嚴重的不均。在衰退之後……所得不均卻仍在擴大，這是因為現金移轉支付的重分配效果減少了，但要素所得的分配不均仍持續加大。」[38]

這些國家案例研究說明福利國政策可扮演重要角色，以降低所得分配不均，並防止因市場所得分配不均擴大，所導致拉大可支配所得的分配差距。歐洲福利國在緊接著戰後幾十年很成功，但不管是哪一國，最終還是輸了這場競賽，從更廣泛的層面來看，經合發展組織會員國都推出許多重分配政策，但也都對分配結果造成嚴重的負面影響。經合發展組織祕書長發表2011年〈鴻溝聳立〉（Divided We Stand）報告時詳細說到：「從1990年代中期至2005年，稅賦福利系統的重分配效果不斷下滑，有時候反倒成為加深家戶所得分配鴻溝的主要原因。」[39]麥可．佛斯特（Michael Förster）和伊斯塔文．托瑟（István Tóth）兩位學者總結稅賦與福利系統的地位如下：「福利國的重分配力量在1990年代中期到2000年代中期已經式微。根據計算，在1980年代中期到1990年代中期，稅賦和移轉幾乎抵銷60%的所得市場分配不均擴大，但這個比率到了2000年代中期時幾乎只剩下20%。」[40]前述的經合發展組織報告強調現金移轉收入的角色，以及「移轉支出水準在決定分配結果的重要性。」與福利金額的高低相比之下，有多少人符合領取標準是更重要的考量因素。以失業福利涵蓋的範圍來說，從1995至2005年之間，奧地利、比利時、捷克、丹麥、愛沙尼亞、芬蘭、匈牙利、義大利、荷蘭、波蘭、斯洛伐克、瑞士、瑞典、英國和美國都有縮減。涵蓋範圍之所以縮小，是因為「隨著非典型的勞工比例大增，嚴格的資格規範扮演更重要角色。」[41]

關於之前提到的兩個問題，我們找到其中一個答案。在緊接著戰後的幾十年，福利國在這場競賽中超前，有辦法追上不斷擴大的市場所得不均，但自1980年代之後就失靈了，多半是因為明確的削減福利以及縮小涵蓋範圍政策。

縮小分配不均的三種方式

然而，戰後的歐洲所得分配不均之所以能縮小，不僅是透過重分配而已。薪資和資本收益的分配不均程度（經常）也沒這麼嚴重。

在研究為何如此時，我考慮的是透過以下方式來處理不同來源的所得，或許有助於縮小分配不均：

- 提高薪資在總所得中的占比
- 降低資本收益的分配不均程度降低
- 降低薪資所得的分配不均程度

我們要謹記這三個面向彼此互相牽連，其中一個面向的變化會造成哪些效應，要看其他面向而定：比方說，薪資占比對於分配造成的影響，要看薪資分配的不均程度而定。（而這也是第四個面向：還要檢視每人薪資收入與資本收益狀況。我會在下一章再回來談這個問題。）

多年來，經濟學界將薪資在國民所得中的占比視為核心變數之一，經濟學家很重視這個主題；很多人認為薪資占比是一個不變的常數。我在劍橋大學時的一位恩師尼可拉斯・卡爾多（Nicholas Kaldor）1957年時觀察到：「薪資和利潤在國民所得中的占比，在英國和美國等『已開發』資本主義經濟裡自十九世紀後半葉以來非常穩定。」這一點在日後被稱為「模式化的事實」（stylized fact；譯註：亦稱為卡多爾事實〔Kaldor Fact〕，指一些已開發工業化經濟體中會出現的恆常現象）[42]。但是在戰後期間，數據顯示薪資占比有提高。克勞斯・海登森（Klaus Heidensohn）1969年時研究了十七國，他發現從1948至1963年，「多數國家的勞工薪資相對占比有增加的趨勢。」[43]薪資所得占比提高的國家有：奧地利、加拿大與丹麥（成長5%）、芬蘭和愛爾蘭（成長6%）、比利時和荷蘭（成長7%），成長超過10%的則有挪威和瑞典。圖2-4由皮凱提和加百列・祖克曼（Gabriel Zucman）彙整，顯示1950至1970年間的十年平均數。透過這張圖，我們可以拿1950至1959年、1970至1970年的平均勞動薪資占比做比較。本圖中的成長幅度相對較小，但西德、英國和美國的勞動薪資占比也增加4%以上。皮凱提與祖克曼提供的數據顯示，占比成長的趨勢之後反轉：除了日本之外，從1970至2000年代，所有國家的勞動薪資占比均下滑。皮凱提總結：「從取得的數據可看出，從1970至2010年間，多數富裕國家的資本收益占比都提高了。」[44]占比提高不限於富裕國家。芝加哥大學的盧卡斯・卡拉巴柏尼（Loukas Karabarbounis）與布倫特・尼曼（Brent Neiman）兩位學者取得了五十九國的適當數據以分析1975至2012年間的變動，他們發現其中四十二國的勞動薪資占比都出現下滑趨勢。他們估計，在這段期間內，全球勞動薪資在總收入中的占比下跌了5%[45]。

薪資所得占比提高（或下跌），就代表所得的分配差異更大（或更小）嗎？在古典經濟學家設想的世界裡，答案是「是的」。他們假設大部分的人（也就是勞工）沒有財富收益，其他人（即資本家和房東地主）則靠著

圖2-4　1950至2000年代特定國家的勞動薪資占比（十年平均值）

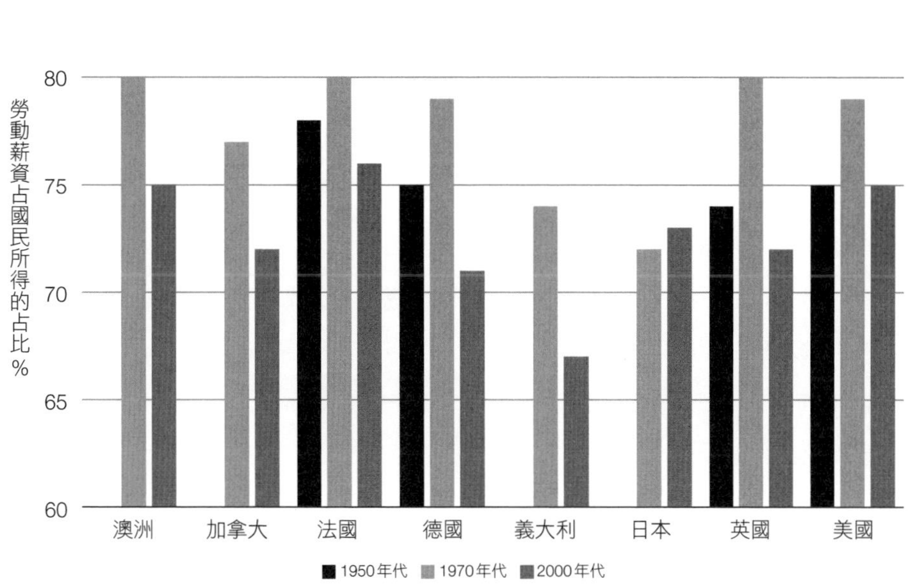

以1970至1979年的十年平均值來說，澳洲的勞動薪資在全國收入中的占比為80%。

租金、股利和利潤過活。十九世紀的英國經濟學家（兼國會議員）李嘉圖說：「政治經濟裡的主要問題」便是決定如何把「大地的生產」分配成租金、利潤與薪資；他想像這是三種不同的社會階級，每一種都有其特定的收入來源[46]。反之，現代我們無法用這種截然分明的方法區分。人們可能同時從這三個源頭獲得收入：一個人可能領薪水，但同時收取存款利息，也會因為房地產而得到收益。確實，房地產這部分出現劇變。百年前，很多（英國）人都是租房子，房屋通常由房東所有。以英格蘭和威爾斯而言，1918年時，77%的家戶都是賃屋而居，這個比例在1981年之前已落到42%，而且，隨著社會住宅愈來愈多，向私人房東承租的比率僅有11%[47]。

在古典社會中，比方說李嘉圖時代的英格蘭，薪資占比每提高1%，吉尼係數就能下降1%[48]。時至今日，當所得類別與個人所得分配間的關係不那麼直接了當時，吉尼係數的預期下降幅度就小了。但是，薪資占比的變化仍可能造成重大影響。丹尼爾・切齊（Daniele Checchi）和西西莉亞・加西雅・潘娜羅莎（Cecilia Garcia Penalosa）曾研究1970至1996年間的十六個經合發展組織會員國，其中發現若預估薪資占比提高1%，將會導致吉尼係數下降0.7%[49]。若用前述論點為基礎，勞動薪資占比提高5%，吉尼係數就會下滑3.5%，達到明顯下滑的標準。所以，戰後幾十年使得貧富不均縮小的其中一項力道，是薪資所得在總所得中的占比提高，但這股成長趨勢之後卻反轉。

以分享資本縮小不均

在此同時，資本收益分配不均的情況也收斂了。與所得數據相比，可做跨國比較的個人財富（指資本與土地財富）分配數據更難取得，但傑士伯・羅因（Jesper Roine）和丹尼爾・瓦登斯壯（Daniel Waldenstrom）仍彙整出了五十國前1%者財富占比的長期數據[50]。他們得出的數字顯示頂端財富占比大幅下降。在法國，前1%者在總個人財富中的占比從1950至1980年下滑三分之一，從33%減至22%。在丹麥，從1945至1975年下降的比率也相同。瑞典的跌幅更大：從1945年的38%跌至1975年的17%。在英國，從1950至1975年則減少17%[51]。

頂端財富占比下滑，意味著頂端所得族群的占比下降，下方99%的占比提高。但這其中的移轉沒那麼單純；富人並沒有掏出股權憑證送人。在英國，下方99%的人財富占比提高，主要的理由之一是擁有自用住宅的人變多。當政治人物說英國變成「擁有財產的民主」時，所謂的財產通常是指房子。但房子是一項很特別的資產，創造出來的報酬是設算收入。其他較常見的財富，例如存款、銀行帳戶或退休基金，則是透過金融機構持有（退休基金的經理人擁有的是股票），因此會有部分資本收益落入管理這類基金的金融服務機構手上，導致資本報酬率與存款人實拿的受益率有落差。這類普遍財富的成長，也使得整個經濟愈來愈「金融化」（回過頭來，這意味著受益所有權〔beneficial ownership〕和控制權的分離，這個部分我之後會再談。）

頂端財富占比下降的趨勢是持續下去，還是後來也反轉了？羅因和瓦登斯壯彙整出的數據顯示，在1980年代初期到2000年代期間，排名前1%者在個人總財富中的占比在法國從22%提高到24.4%，在英國提高2%，在瑞典也提高1.1%。用之前幾十年的標準來看，這是很小的變動幅度，因此當我們要謹慎小心得出「財富集中度又出現上升趨勢」的結論[52]。反之，我們可以說的是，財富集中度較低的趨勢已經走到盡頭；而同樣的，和緊接著二戰後幾十年的情況相比，這是很大的差異。

縮小勞動所得歧異

美國的薪資分配不均擴大可回溯到1950年代，英法兩國亦然。從1950年代中期至1960年代中期，英、法兩國排名前10%者的薪資對中位數相對比率雙雙提高。圖2-5中第一條垂直線左方的區塊，便是這段期間。然而，在歐洲，勞動所得的差異在1960年代中期之後開始縮小（但美國沒有），如圖2-5的中間區塊所示。

對歐洲勞動市場來說，1960年代末期與1970年代是一段動盪的時期。1968年5月，法國的公民運動遍地開花，之後該國的勞動所得差異便縮小，然而這類效應並不限於法國。克里斯多福・艾瑞克森（Christopher Erickson）和安德烈・易奇諾（Andrea Ichino）指出：「在1970年代，義大利的薪資差距大幅壓縮。」導致壓縮的主要原因是「Scala Mobile」，這指的是勞工和雇主之間磋商後的協議，讓薪資隨著生活成本的成長而提高。一九七九年時，現任義大利央行總裁伊格納希歐・維斯科（Ignacio Visco）撰文時曾提到「勞動所得的差距有明顯縮小的趨勢」。集體磋商的角色在北歐各國很重要。馬格納斯・古斯塔夫森（Magnus Gustavsson）彙整出來的瑞典數據顯示，在1968至1976年間，排名前五分之一的男性勞工薪資比率有下降。他指出，這段期間剛好是大型產業工會聯盟瑞典工會聯合會（Landsorganisationen）興起、「團結爭取薪資政策」（solidarity wage policy）最沸沸揚揚的時間。圖爾・艾瑞克森（Tor Eriksson）與馬庫斯・詹提（Markus Jantti）則發現，在芬蘭，「勞動所得不均在1971至1975年間大幅下滑，之後持續下降，直到1985年為止。」[53]在英國，如圖2-5所示，前10%者的薪資占比也下降。在此同時，1968至1977年間，最下方10%者對中位數的相對薪資比率提高五分之一，兩者合併，拉近前10%與最後10%的薪資比率，若套用前述切齊與潘娜羅莎研究中的薪資占比和基尼係數變化估計值，大概可以讓代表整體所得分配不均的吉尼係數降低4至7%[54]。

勞動所得歧異得以縮小，有一個很重要的因素是產業工會代表會員進行集體協商，以及政府對於勞動市場的干預。政府透過最低薪資立法來影響薪資分配（但並非所有國家都這樣做，例如英國要到1999年才有全國性

圖2-5　1954至1990年歐美各國的勞動所得歧異

本圖顯示全職員工中勞動所得排名前10%者與中位數的相對比率

的最低工資規定）。皮凱提說，法國薪資差距變動的方向，「是政府打破薪資政策的結果，最值得注意的是對最低薪資的態度。」[55]在荷蘭，1974年時大舉拉高最低薪資，政府也實行縮小差異的政策[56]。在這方面還有一點值得補充，那就是在縮小兩性勞動所得差異的同時，也降低整體所得分配不均。在很多國家，同工同酬的法律在這段期間發揮作用，但有時候我們往往忽略已有的成果：以英國為例，兩性薪資差距便拉近一半以上。當時也有很多透過集體行動達成的薪資規範。英國有一個驚人的範例，那就是足球界一直到1961年之前，都有最低週薪20英鎊的規定（大約是英國的勞動所得平均值）。這和如今的自由市場不可同日而語，現在英國的足球員可賺得比平均所得高500倍以上的薪資。

1960年代中期到1970年代末期，還有另一項制度的目的也是要縮小勞動所得差異，但如多數英美系國家都已經遺忘，那就是各種國家所得政策（national incomes policy）。這類政策源自總體經濟政策，但由不同的社會群體（雇主和產業工會）之間協調而來，代表這類政策具備很獨特的所得分配特性。1989年，挪威的聯合工會和雇主組織達成一項協議，時薪全面提高3克朗（在出口產業的支撐之下）。在英國，保守黨政府在1973年提出第二階段所得政策（Stage Two incomes policy），並提出一套漸進公式，加薪幅度限於週薪加1英鎊再加4%，並設定個人加薪的絕對上限。1975年，在勞工黨的「對抗通膨」（Attack on Inflation）政策之下，根據所得政策法律，薪資調升的幅度統一為一週6英鎊，但高於一定金額的人不得加薪。現在通常把所得政策視為過時的做法。維基百科條目用一種非常戲劇化的講述歷史口吻來介紹這個詞：「戰爭期間通常會訴諸所得政策。在法國大革命期間，當局為了抑制通膨（但未成功），便用『最高所得法律』（The Law of the Maximum）（透過處以死刑）來控制物價。」[57]這類政策卻和現代息息相關。我們在之後幾章會討論到，我相信我們需要針對所得的變動發展進行一次「全國性對話」，這也是強化社會群體力量的一部分行動。

兩個問題的答案

本節一開始我們提了兩個問題：歐洲的所得分配不均為何能在緊接著戰後的幾十年內縮小，以及為何1980年後又出現擴大的趨勢？這方面還有很多可談的，但我們已經找到主要因素（如表2-1的中間行摘要），可用來解釋歐洲在這段期間的所得分配不均縮小：福利國的壯大以及移轉收入增加、薪資占比提高、個人財富集中化的程度降低，以及政府干預和集體磋商使得勞動所得差距縮小。而終結均等化過程的主要理由（如表2-1的末行），則是這些因素往反方向發展（福利國削減規模、薪資占比下滑以及勞動所得歧異過大），或是消失不見（財富重分配結束）。

不過要回答第二個問題前，我們少討論一個重要因素：確實某些讀者可能會把這視為人人都知道，卻噤聲不談的禁忌，那就是失業率攀升[58]。要說有哪一項明顯的單一因素造成差異，讓最近的幾十年和二戰後的幾十年大不相同，那就是失業率了。1960年代初期，有失業問題的是美國。美國1960至1973年期間總勞動人口的平均失業率4.8%，相較之下，法國為2.0%，英國為1.9%，德國為0.6%。確實，許多經合發展組織的會員國失業率都極低。紐西蘭有一任總理宣稱，他認得國內每一個失業的人；這很有可能是事實，因為國際勞工組織（International Labour Organisation）的統計數據顯示，1955年時，紐西蘭只有55個失業人口[59]。但後來一切都變了。從1990至1995年，美國的平均失業率為6.4%，相較之下，法國為10.7%，英國為8.6%，德國為7.1%。美國仍有失業問題（或者說，對於從英國失業率為1.4%時就開始研讀經濟學的人來說，美國的失業率確實很高），但其他國家也紛紛加入這個行列，歐洲各國還超越美國的水準[60]。

這個禁忌有多大？高失業率對於擴大貧富不均又有何影響？其中的關係很複雜。我們必須一步一步，從個人的市場所得到家戶的可支配所得來解析，也就是說要遵循家戶所得指南。從個人薪資的分配，到包含就業者與失業者的市場所得分配，在這個過程中，不均的程度會加劇，失業率提高則會讓差距更大[61]。加入失業者，就涵蓋所有處於勞動年齡層的人口，這代表不均的程度將視就業率而定；就業率過去一直都在提高，是一股縮小差距的反向作用力[62]。下一步，是把每一個人的所得加總起來，變成家戶所得，這時我們必須考量家戶內部的整體失業狀況分布情形。如果所有失業男性都和受雇的在職女性結婚，那麼我們就不用太擔心失業對所得造成的影響。因此基於這個理由，注意力都會放在無業的家戶上。從市場所得轉變到可支配所得時，我們必須加入政府給付的失業津貼等移轉所得。如果失業保險的涵蓋範圍很全面，而且替代率很高，那麼將可減緩失業導致的不均擴大程度。但如果就像我們將在第八章中看到的情況一樣，社會保障並不完備，失業就很可能會導致財務窘境。最後我們必須記住，所得分配不均的數據很多都和年度收入有關，而失業者很可能僅在當年度某段期間失業而已。這類情況的效應難以衡量，失業困境也沒那麼苦澀。

從上述的論述來看，失業與不均之間的關係顯然錯綜複雜，必須謹慎檢視，而且無法簡單斷定失業率提高和1980年之後所得分配不均擴大有什麼關係[63]。但非自願性失業本身就是一大問題，因此引發大量關注。失業以及相應的工作不穩定，本身就是不均的源頭。遭到勞動市場拒絕的人，承受的便是社會排除，就算所得替代率可以達到百分之百，讓他在失業期間仍能維持相同的生活水準，但這個人的環境條件已經惡化。最重要的是，這是一個動力以及無力感的問題[64]。將近二十年前，第一章提過的印度經濟學家阿瑪帝亞・沈恩用以下這段話作為一篇文章的結語：「讓人驚訝的是，現代歐洲居然這麼容易就能容忍這麼多人失業。」[65]時至今日，同樣讓人驚訝。

表2-1 導致貧富分配不均變動的作用力

作用力	戰後幾十年，直到1970年到終了	自1980年代起
薪資差異	當時的薪資差異縮小，反映了勞動市場裡的集體磋商與政府的干預。	許多經合發展組織會員國薪資分配頂端者占比有擴大。
失業與非屬於勞動人口的人們	隨著老化人口增加，有愈來愈多人不屬於勞動人口，導致市場所得分配不均擴大，但社會移轉所得抵銷了這部分的效應。	失業率維持在高點。
薪資在國民所得中的占比	薪資占比有提高的趨向，導致整體所得分配不均縮小。	薪資占比有下降的趨向。
資本收益的集中（利潤與租金）	排名前端者的財富占比大幅下降，但必須考慮「普遍財富」成長的意義。	排名前端者財富占比下降的趨勢似乎已經告終。
移轉所得的占比	帶有重分配作用的社會移轉收入，大幅抵銷了市場所得不斷擴大的不均。	帶有重分配作用的社會移轉收入縮減。
累進直接稅的影響	累進所得稅緩和了頂端者的勞動所得攀升。	大幅調降頂端者的所得稅率。

二十一世紀的拉丁美洲

戰後幾十年的歐洲是貧富不均縮小的時期，但這並非所得分配差距拉近的唯一時期。我們不應忽略更近期還有其他時候貧富不均也縮小了，一個很重要的範例就是2000年代的拉丁美洲。顯然，這個區域的整體貧富不均程度和貧窮率縮小之前，在1980年代與1990年代相關差距先擴大，其經驗證明，要縮小貧富不均是有可能的。

圖2-6顯示七個拉丁美洲國家驚人的貧富不均縮小幅度，實線代表整體貧富不均的吉尼係數走勢，虛線顯示相對的貧窮率，貧窮率的定義為生活條件低於家戶均等化所得中位數50%的人口比率[66]。從2001（智利與墨西哥則從2000年起）至2011年（墨西哥則至2010年）間，智利的吉尼係

數減了5%，巴西減少6%，墨西哥減7%，阿根廷減9%。至於薩爾瓦多，2004至2012年間則減少了6%。這些都是很大幅度的變化，而出現變化的也不限於圖中各國。法孔多・阿瓦瑞鐸和李奧納多・賈斯帕瑞尼（Leonardo Gasparini）曾研究十九個拉丁美洲國家，發現在1990年代，有四分之一的國家吉尼係數都下降，且幾乎所有國家在2000年代貧富不均程度都縮小[67]。各國的經驗有相當的共通之處，不過阿瓦瑞鐸和賈斯帕瑞尼對結論提出但書，他們指出家戶調查可能並未適當納入分配頂端者的收入。安德烈・柯尼亞（Andrea Cornia）認為，在他針對近期拉丁美洲分配變化所做的分析當中，「有鑑於家戶調查中資本收益與『富裕勞工』收入資訊很少，（不可能）正式確認分配是否出現變化……前1%者的收入分配亦有相同顧慮。」[68]稅收數據是替代性的資訊來源，雖然也有低估高收入的問題，但得出的結果卻是一記警鐘。阿瓦瑞鐸和賈斯帕瑞尼得出的阿根廷估計值顯示，前1%者在全國總收入中的占比於2000年代的前半段有所增加，之後才下降，到了2007年之前已經回到接近2000年時的數字。哥倫比亞前1%者的所得占比在2000至2010年間從17%增為21%。

雖然有頂端者收入相關資訊不足的限制，但我們仍看到拉丁美洲許多國家都有貧富差距縮小的現象。在試著解釋此地區貧富差距縮小時，諾拉・拉絲提格（Nora Lustig）、路易斯・羅培茲－卡爾瓦（Luis Lopez-Calva）和愛德華多・歐提茲－賈瑞斯（Eduardo Ortiz-Juarez）一開始就指出：「貧富不均縮小與經濟成長之間並無明確關聯。貧富不均下滑出現在經濟成長快速的國家，例如智利、巴拿馬與秘魯，也出現在低成長魔咒發威的國家，例如巴西和墨西哥。貧富不均縮小和政治體制的導向也無明確關聯。貧富不均下滑出現在左翼主政的國家，例如阿根廷、波利維亞、巴

圖2-6　拉丁美洲近期的貧富不均縮小與貧窮率下降

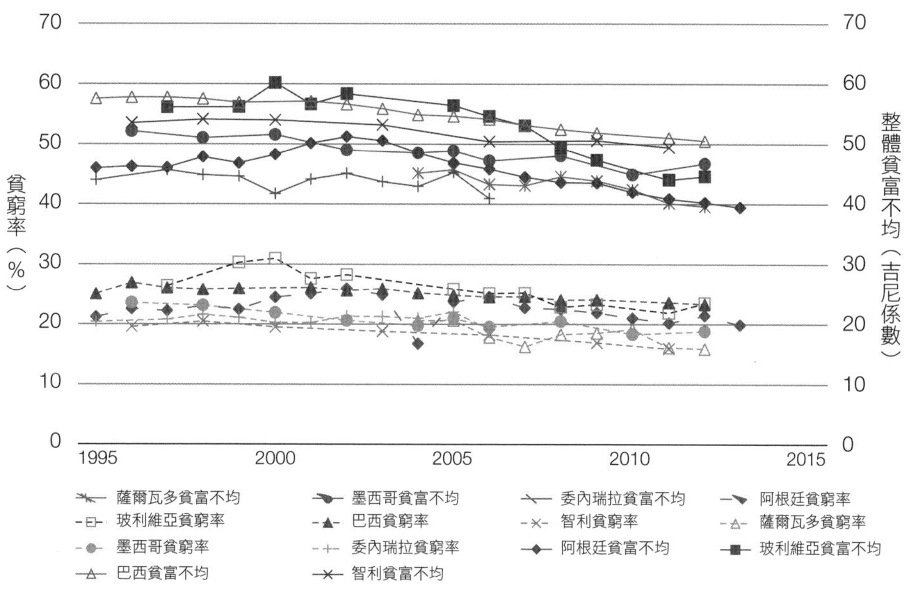

本圖顯示以吉尼係數衡量（百分比）的整體貧富不均（右軸）以及生活在貧窮中的人口比率（左軸）均有下降。1995年時，巴西的吉尼係數為58%，生活在貧窮中的人口比率有25%。

西、智利和委內瑞拉，也出現在由中間與中間偏右政黨主政的國家，例如墨西哥和秘魯。」[69]反之他們認為，貧富不均縮小是因為教育程度較高的勞工薪資溢價變少了，再加上政府提供更多移轉所得所致。阿瓦瑞鐸和賈斯帕瑞尼摘要針對巴西所做的各項研究數據，他們補充，最低薪資大幅提高，是「家戶所得分配不均縮小背後最重要的力量，主要是因為最低薪資讓無技能勞工的勞動所得和社會安全福利有個底。」除了提高最低薪資之外，還搭配「政府發給窮人的現金移轉收入涵蓋範圍快速擴大，主要是發給年長者與殘障人士的社會救助年金（Beneficio de Prestacao Continuada），以及巴西特有的條件式現金移轉方案家庭津貼（Bolsa Familia）」[70]。在整個拉丁美洲區，尤其是所得水準中上的國家，社會救助範圍擴大（與現有的社會保險制度剛好相反），「以不同的理由、制度化和融資方式引進一整套的制度，從而發揮作用。」說這段話的是阿曼多・巴瑞安多斯（Armando Barrientos），他繼續解釋：「拉丁美洲的社會保險基金之所以停滯不動，和鬆綁後的勞動市場新條件下，引發的僱傭關係變化有關。」[71]

總而言之，拉丁美洲就像戰後幾十年的歐洲，透過市場所得的變動與擴大的重分配機制來縮小貧富差距。

現況如何？

從檢視拉丁美洲的發展當中，我們就把這個問題帶到現代。前一章討論過的各經合發展組織會員國，現況如何？我們之前已經看到，使得過去歐洲所得分配不均縮小的因素已經反轉，或是力道已經結束。目前的處境又是如何？

簡答是，雖然並非全部，但很多經合組織會員國的所得分配不均如今已比1980年時高很多，這是一個很明顯轉向拉大貧富不均的「轉折」。貧富不均擴大的不只是英美兩國，我們從圖2-7中便可一見端倪，這張圖顯示自1980年以來的整體貧富不均變化。[72]英、美兩國的增幅可能是最高的，但幾個經合發展組織會員國目前的吉尼係數現在也比1980年時高了3%；3%是我訂下可稱為「明顯」的變化值標準。本圖支持經合發展組織的摘要結論：「大方向是，多數經合發展組織會員國的貧富不均都在擴大。」[73]

這同時也提醒我們，有些國家整體的貧富不均在2000年代末期時並未高於三十年前，比方說法國：法國的吉尼係數從2000年的28.9%提高到2011年的30.6%，但和1979年（在密特朗執政之前）的數值相比，仍低了2%。

以歷史為鑑，我們一定會碰上一些疑問。在這當中，最重要的是這個世界已經改變了很多，從這個角度來說，就算我們從過去某段期間得出某些結論，放在今天來說也變得毫不相干。比方說，歐洲戰後幾十年的經驗

圖2-7　特定國家自1980年以來的整體貧富不均變化

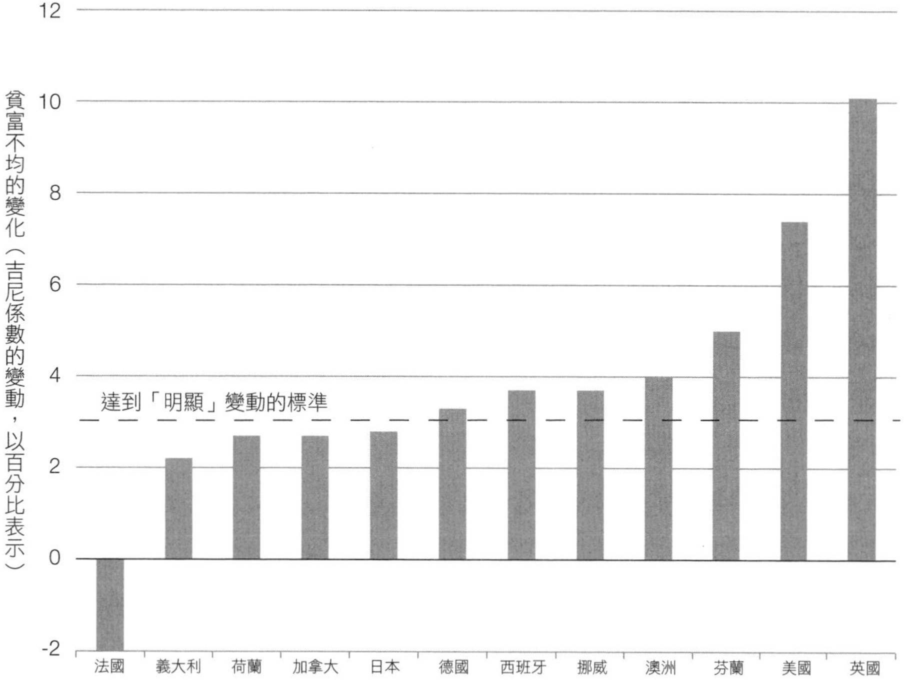

本圖顯示自1980至2000年特定國家的貧富不均變化，以吉尼係數變動的百分比衡量。英國的吉尼係數在這段期間結束時的吉尼係數已經高了10%以上。

如何變成一般的通則，應用到二十一世紀？在下一章中，我會探索經濟環境脈絡有了哪些改變，而這些改變對於我們在設計平等政策時又有何影響。

1 Simon Kuznets, "Economic Growth and Income Inequality," *American Economic Review* 44 (1954): 1–28.

2 Arthur Sakamoto, Hyeyoung Woo, Isao Takei, and Yoichi Murase, "Cultural Constraints on Rising Income Inequality: A U.S.–Japan Comparison," *Journal of Economic Inequality* 10 (2012): 565–581; and Dierk Herzer and Sebastian Vollmer, "Inequality and Growth: Evidence from Panel Cointegration," *Journal of Economic Inequality* 10 (2012): 489–503.第一篇論文參考了多種來源，但是數據和盧森堡所得研究數據中心的重要統計數字一致（請見正文）；第二篇論文使用的數據來自德州大學不均研究專案（University of Texas Inequality Project），請見James K. Galbraith, "Inequality, Unemployment and Growth: New Measures for Old Controversies," *Journal of Economic Inequality* 7 (2009): 189–206.

3 調整的基礎，是官方估計這些變化對於記錄到的不均擴大幅度可能造成了一半的影響：David H. Weinberg, "A Brief Look at Postwar U.S. Income Inequality," *Current Population Reports*, P60–191, U.S. Census Bureau, Washington, D.C., footnote 3. See also Richard V. Burkhauser et al., "Recent Trends in Top Income Shares in the USA: Reconciling Estimates from March CPS and IRS Tax Return Data," *Review of Economics and Statistics* 94 (2012): 371–388.

4 如果現在做調查時以市內電話為主，也會發生類似的問題。美國的研究機構皮尤調查中心指出：「美國國家健康統計中心（National Center for Health Statistics）最新估計的電話涵蓋率數據發現，四分之一的美國家戶只有手機，無法透過室內電話聯繫。只有手機的成人在人口結構與政治上都不同於家中有室內電話的人，因此，若僅仰賴室內電話抽樣進行選舉民意調查，可能會有誤差。」http://www.pewresearch.org/2010/10/13/cell-phones-and-election-polls-an-update/.

5 Jesse Bricker et al., "Changes in U.S. Family Finances from 2010 to 2013: Evidence from the Survey of Consumer Finances," *Federal Reserve Bulletin* 100 (2014): 1–41, quote p. 1.

6 Maria L. Mattonetti, "European Household Income by Groups of Households," *Eurostat Methodologies and Working Papers* (Luxembourg: Publications Office of the European Union, 2013), Table 3. The pattern follows that found in earlier comparisons of survey data and national accounts, such as Anthony B. Atkinson, Lee Rainwater, and Timothy M. Smeeding, *Income Distribution in OECD Countries* (Paris: OECD, 1995), Table 3.7.

7 如何善用所得稅統計數值以估計收入前端者的所得占比，更完整的討論請見Anthony B. Atkinson, Thomas Piketty, and Emmanuel Saez, "Top Incomes in the Long Run of History," *Journal of Economic Literature* 49 (2011): 3–71; and Andrew Leigh, "Top Incomes," in Wiemer Salverda, Brian Nolan, and Timothy M. Smeeding, eds., *The Oxford Handbook of Economic Inequality* (Oxford: Oxford University Press, 2009): 150–174.

8 這會對比較結果造成哪些影響，並不明確。如果所有的單位權重相同，如圖1-1與1-2，那麼課稅單位從夫妻改成個人，影響要看共有所得的分布情形而定。如果富裕人士的另一半沒有所得，或者根本未婚，那麼，課稅單位改換成個人，將會導致前端收入者的所得占比提高。課稅單位的總數愈多，同樣是排名固定某一個前百分比，人數就會變多。另一方面，如果課稅單位中最富裕的一群是所得占比各半的夫妻那麼，變成以個人課稅之後，將會使得收入排名前面的人所得占比下降。

9 請見以下著作中提報的國家別研究Atkinson and Piketty, *Top Incomes*; and Anthony B. Atkinson and Thomas Piketty, eds., Top Incomes: A Global Perspective (Oxford: Oxford University Press, 2010).

10 英國有一份已經過時但詳細的分析，比較新勞動所得調查（New Earnings Survey，亦即後來的年度工時與勞動所得調查）和家庭支出調查（Family Expenditure Survey，及後來的家庭資源調查），請見Anthony B. Atkinson, John Micklewright, and Nicholas H. Stern, "Comparison of the FES and New Earnings Survey 1971–1977," in Anthony B. Atkinson and Holly Sutherland, eds., *Tax-Benefit Models* (London: STICERD, LSE, 1988), 154–222.

11 有一項讓人佩服的研究，便以個人性的遺產數據為基礎，請見Thomas Piketty, Gilles Postel-Vinay, and Jean-Laurent Rosenthal, "Wealth Concentration in a Developing Economy: Paris and France, 1807–1994," *American Economic Review* 96 (2006): 236–256. 他們從1807至1902年間選出特十年，然受收集每一年裡每位在巴黎過世者的相關資訊。

12 Centraal Bureau voor de Statistiek, Statistiek der Rijksfinancien 1936 ('s Gravenhage: Drukkerij Albani, 1936), Table XV.

13 這條研究路線成果豐碩，先驅者是Thomas Piketty, Income Inequality in France, 1901–1998," Journal of Political Economy 111 (2003): 1004– 1042, and *Les hauts revenus en France au XXe siecle* (Paris: Bernard Grasset, 2001).

14 Zvi Griliches, "Economic Data Issues," in Zvi Griliches and Michael D. Intriligator, eds., *Handbook of Econometrics* (Amsterdam: Elsevier, 1986), vol. 3, quote p. 1509.

15 Statistics Canada, *Income in Canada 2005*, Catalogue 75–202-XIE (Ottawa: Statistics Canada, 2007), p. 125.

16 嚴格來說計算結果為$3^{1/8}$；淨所得的吉尼係數變化率大約為5/8乘以邊際稅率的變化率。

17 Thomas Piketty, *Capital in the Twenty-First Century*, trans. Arthur Goldhammer (Cambridge, MA: Belknap Press of Harvard University Press, 2014), quote p. 275.

18 出自世界頂端所得資料庫。以英國為例，資料為前0.1%的人的所得占比。在針對1914至1945年做比較時數據有一些例外狀況：法國（1915）、日本（1947）、瑞典（1912）、挪威（1913與1948）、荷蘭（1946）、丹麥（1908）。

19 Josiah Stamp, *The Financial Aftermath of War* (London: Ernest Benn, 1932), quote p. 34.

20 Piketty, *Les hauts revenus en France*, quote pp. 272–279.

21 Stephen P. Jenkins, Andrea Brandolini, John Micklewright, and Brian Nolan, eds., *The Great Recession and the Distribution of Household Income* (Oxford: Oxford University Press, 2013), 16–20. See also Anthony B. Atkinson and Salvatore Morelli, "Inequality and Banking Crises: A First Look," paper prepared for Global Labour Forum 2010, http://www.nuffield.ox.ac.uk/Users/Atkinson/ Paper-Inequality%20and%20Banking%20Crises-A%20First%20Look.pdf; and Anthony B. Atkinson and Salvatore Morelli, "Economic Crisesand Inequality," Human Development Research Paper 2011/06 (New York:United Nations Development Programme, 2011), http://dl4a.org/uploads/pdf/ HDRP_2011_06.pdf.

22 Richard M. Titmuss, *Problems of Social Policy* (London: HMSO and Longmans, Green and Co., 1950),

quote p. 506.

23 Claudia Goldin and Robert Margo, "The Great Compression: The Wage Structure in the United States at Mid-Century," *Quarterly Journal of Economics* 107 (1992): 1–34, quote pp. 23 and 27. 324 :: notes to pages 58–66

24 Paul Krugman, *The Conscience of a Liberal* (New York: W. W. Norton, 2007), see pp. 47–52.

25 Richard B. Freeman, "The Evolution of the American Labor Market, 1948–80," in Martin Feldstein, ed., *The American Economy in Transition* (Chicago: University of Chicago Press, 1980), quote p. 357 and Figure 5.1.

26 Nan L. Maxwell, "Changing Female Labor Force Participation: Influences on Income Inequality and Distribution," *Social Forces* 68 (1990): 1251–1266, quote p. 1251.

27 Lynn Karoly and Gary Burtless, "Demographic Change, Rising Earnings Inequality, and the Distribution of Personal Well-Being, 1959–1989," *Demography* 32 (1995): 379–405, quote p. 392.

28 Jeff Larrimore, "Accounting for United States Household Income Inequality Trends: The Changing Importance of Household Structure and Male and Female Earnings Inequality," *Review of Income and Wealth* 60 (2014): 683–704.

29 Wojciech Kopczuk and Emmanuel Saez, "Top Wealth Shares in the US, 1916–2000: Evidence from the Estate Tax Returns," *National Tax Journal* 57 (2004):445–487, longer version in NBER Working Paper 10399.

30 George F. Break, "The Role of Government: Taxes, Transfers, and Spending," in Martin Feldstein, ed., *The American Economy in Transition* (Chicago: University of Chicago Press, 1980), Table 9.17. The figures are for percentages of "nonrecession GNP."

31 Karoly and Burtless, "Demographic Change," quote p. 392.

32 Richard Goode, *The Individual Income Tax* (Washington, D.C.: Brookings Institution, 1964), quote p. 283. I owe to this source the quotations from Joseph Schumpeter, *Capitalism, Socialism and Democracy* (New York: Harper and Row, 1962), 3rd ed., quote p. 381; and Irving B. Kravis, *The Structure of Income* (Philadelphia: University of Pennsylvania Press, 1962), quote p. 220.

33 範例可見Figure 2.1 in Anthony B. Atkinson and Joseph E. Stiglitz, *Lectures on Public Economics* (New York: McGraw-Hill, 1980, reprinted by Princeton University Press, 2015).

34 貧窮比率數據出自Anthony B. Atkinson and Salvatore Morelli, *Chartbook of Economic Inequality*, http://www.chartbookofeconomicinequality.com/.

35 Thomas Piketty, "Income, Wage, and Wealth Inequality in France, 1901–98," in Anthony B. Atkinson and Thomas Piketty, eds., *Top Incomes*, quote p. 50.

36 數據出於Anthony B. Atkinson, "Increased Income Inequality in OECD Countries and the Redistributive Impact of the Government Budget," in Giovanni A. Cornia, ed., *Inequality, Growth, and Poverty in an Era of Liberalization and Globalization* (Oxford: Oxford University Press, 2004), 221–248.亦請見Anthony B. Atkinson, "What Is Happening to the Distribution of Income in the UK?" *Proceedings of the British Academy* 82 (1992): 317–351; 以及Anthony B. Atkinson and John Micklewright, "Turning the Screw: Benefits for the Unemployed 1979–88," in Andrew Dilnot and Ian

Walker, eds., *The Economics of Social Security* (Oxford: Oxford University Press, 1989), 17–51.

37 Richard Hauser, "Personal Primar-und Sekundarverteilung der Einkommen unter dem Einfluss sich andernen wirtschaftlicher und sozialpolitisch Rahmenbedingungen," *Allgemeines Statistisches Achiv* 83 (1999): 88–110（原書為德文，引文為翻譯。）

38 Hannu Uusitalo, "Changes in Income Distribution During a Deep Recession and After" (Helsinki: National Institute for Health and Welfare, STAKES, 1999).

39 Secretary-General, "Editorial," in OECD, *Divided We Stand* (Paris: OECD, 2011), quote p. 18.

40 Michael F Förster and István G. Tóth, Cross-Country Evidence of the Multiple Causes of Inequality Changes in the OECD Area," in Anthony B. Atkinson and Francois Bourguignon, *Handbook of Income Distribution*, vol. 2B (Amsterdam: Elsevier, 2015), quote p. 1803.

41 OECD, Divided We Stand, quote p. 292;福利制度涵蓋範圍數據來自圖7-5，包括各種失業保險與救助福利，詳見Herwig Immervoll, Pascal Marianna, and Marco Mira D'Ercole, "Benefit Coverage Rates and Household Typologies: Scope and Limitations of Tax-Benefit Indicators," *OECD Social, Employment and Migration Working Paper* 20, OECD, Paris, 2004.

42 Nicholas Kaldor, "Alternative Theories of Distribution," *Review of Economic Studies* 23 (1955–6): 83–100, and "A Model of Economic Growth," Economic Journal 67 (1957): 591–624.特別一提的是，薪資占比的恆常性並未出現在「新」的卡多爾事實列表上，請見Charles I. Jones and Paul M. Romer, "The New Kaldor Facts: Ideas, Institutions, Population, and Human Capital," *American Economic Journal: Macroeconomics* 2 (2010): 224–245.這兩人提到的新恆常反倒是大專教育／高中教育之間的薪資溢價，下一章將會討論這一點。

43 Klaus Heidensohn, "Labour's Share in National Income: A Constant?" *Manchester School* 37 (1969): 295–321, quote p. 304.本書中的數據來自其表1。

44 Piketty, *Capital*, quote p. 221.

45 Loukas Karabarbounis and Brent Neiman, "The Global Decline of the Labor Share," *Quarterly Journal of Economics* 129 (2014): 61–103.

46 David Ricardo, Preface to *Principles of Political Economy* (London: Dent, 1911, first published 1817).

47 但這並非單向的變動。1981年之後，隨著社會住宅的出售，向私人房東承租的比率下降，在過去二十年來，則因為有愈來愈多人為了出租房子而買房子，私人房東的占比就提高了，2011年時來到18%。

48 當時的吉尼係數就等於勞工人數在總人口中占比與他們的薪資在總所得中占比的差額，請見Anthony B. Atkinson and John Micklewright, *Economic Transformation in Eastern Europe and the Distribution of Income* (Cambridge: Cambridge University Press, 1992), Ch. 2.

49 Daniele Checchi and Cecilia Garcia Penalosa, "Labour Market Institutions and the Personal Distribution of Income in the OECD," *Economica* 77 (2010): 413– 450, quote to Table 7.信任區間是95%，係數掉到0.4。

50 Jesper Roine and Daniel Waldenstrom, "Long Run Trends in the Distribution of Income and Wealth," in Atkinson and Bourguignon, *Handbook of Income Distribution*, vol. 2A, Table 7.A2.盧森堡所得研究中心的已經在盧森堡財富研究（Luxembourg Wealth Study）將財富納入，但最早的數據從1994年

開始。

51 數據中已經考慮到1959至1960年的數據有斷裂，請見Anthony B. Atkinson, James P. F. Gordon, and Alan Harrison, "Trends in the Shares of Top-Wealth-Holdersin Britain, 1923–81," *Oxford Bulletin of Economics and Statistics* 51 (1989): 315–332.

52 以美國為例，自1980年後，不同的資料來源指向不同的變動方向，請見Emmanuel Saez and Gabriel Zucman, "Wealth Inequality in the United States since 1913: Evidence from Capitalized Income Tax Data," Working Paper 20625, National Bureau of Economic Research; and Wojciech Kopczuk, "What Do We Know about Evolution of Top Wealth Shares in the United States?" *Journal of Economic Perspectives*, forthcoming.

53 Christopher L. Erickson and Andrea Ichino, "Wage Differentials in Italy: Market Forces, Institutions and Inflation," in Richard B. Freeman and Lawrence F. Katz, eds., *Differences and Changes in Wage Structures* (Chicago: University of Chicago Press, 1995): 265–306, quote p. 265. Andrea Brandolini, "The Distribution of Personal Income in Post-War Italy: Source Description, Data Quality, and the Time Pattern of Income Inequality," *Giornale degli Economisti e Annali di Economia* 58 (1999): 183–239; Ignacio Visco, "The Indexation of Earnings in Italy: Sectoral Analysis and Estimates for 1978–79," *Rivista di Politica Economica* 13 (1979): 151–183; Marco Manacorda, "Can the Scala Mobile Explain the Fall and Rise of Earnings Inequality in Italy? A Semiparametric Analysis, 1977–1993," *Journal of Labor Economics* 22 (2004): 585–613, Magnus Gustavsson, "Trends in the Transitory Variance of Earnings: Evidence from Sweden 1960–1990 and a Comparison with the United States," *Working* Paper 2004:11, Department of Economics, Uppsala Universitet; Tor Eriksson and Markus Jantti, notes to pages 73–78 : 327 "The Distribution of Earnings in Finland 1971–1990," *European Economic Review* 41 (1997): 1736–1779.

54 Daniele Checchi and Cecilia Garcia Penalosa, "Labour Market Institutions and the Personal Distribution of Income in the OECD," *Economica 77* (2010): 413– 450, quote to Table 7.引用的數據基礎為估計係數的信任區間是95%。

55 Piketty, *Les hauts revenus en France*, quote p. 165（原書為法文）。

56 Joop Hartog and Nick Vriend, "Post-War International Labour Mobility: The Netherlands," in Ian Gordon and Anthony P. Thirlwall, eds., *European Factor Mobility* (London: Macmillan, 1989). On France, see in Piketty, *Les hauts revenus en France*, Ch. 3.

57 "Incomes Policy," Wikipedia, 2015年10月5日下載。

58 請見Jenkins et al., *The Great Recession*, pp. 14–16.

59 International Labour Office, *Year Book of Labour Statistics 1961* (Geneva: International Labour Office, 1961), quote p. 202.

60 OECD, *Historical Statistics* (Paris: OECD, 1997), Table 2.15.

61 請見OECD, *Divided We Stand*, Chs. 3 and 4; and Anthony B. Atkinson and Andrea Brandolini, "From Earnings Dispersion to Income Inequality," in Francesco Farina and Ernesto Savaglio, eds., *Inequality and Economic Integration* (London: Routledge, 2006): 35–64.

62 勞工（包括兼職與全職）的分布以及整體勞工人口的計算方式請見經合發展組織〈鴻溝聳立〉

的圖4.1與4.6。

63 有一項研究探討1980年代末期與1990年代初期失業率提高對北歐國家貧富不均有何影響，總結認為「經濟衰退啟動了幾種複雜的機制開始運作，可能需要有一個大型的模型來探討各個影響所得要素之間的交互作用，才能了解失業率快速上升期間的所得分配變動。」Rolf Aaberge, Anders Bjorklund, Markus Jantti, Peder J. Pedersen, Nina Smith, and Tom Wennemo, "Unemployment Shocks and Income Distribution: How Did the Nordic Countries Fare during Their Crises?" *Scandinavian Journal of Economics* 102 (2000): 77–99.

64 請見Anthony B. Atkinson, "Social Exclusion, Poverty and Unemployment," in Anthony B. Atkinson and John Hills, eds., *Exclusion, Employment and Opportunity*, CASEpaper 4 (London: LSE, STICERD, 1998): 1–20.

65 Amartya Sen, "Inequality, Unemployment and Contemporary Europe," *International Labour Review* 136 (1997): 155–171, quote p. 169.

66 資料來源：*SEDLAC*, CEDLAS (Universidad Nacional de La Plata) and The World Bank, (http://sedlac.econo.unlp.edu.ar/eng/), downloaded 5 October 2014.

67 Facundo Alvaredo and Leonardo Gasparini, "Recent Trends in Inequality and Poverty in Developing Countries," in Atkinson and Bourguignon, *Handbook of Income Distribution*, vol. 2, quote p. 726. 328 :: notes to pages 78–86

68 Giovanni Andrea Cornia, ed., *Falling Inequality in Latin America* (Oxford: Oxford University Press, 2014), quote p. 7.

69 Nora Lustig, Luis F. Lopez-Calva, and Eduardo Ortiz-Juarez, Deconstructing the Decline in Inequality in Latin America," in Robert Devlin, Jose Luis Machinea, and Oscar Echeverria, eds., *Latin American Development in an Age of Globalization: Essays in Honor of Enrique V. Iglesias*, 2013.

70 Alvaredo and Gasparini, "Recent Trends," quote p. 732.

71 Armando Barrientos, "On the Distributional Implications of Social Protection Reforms in Latin America," in Cornia, *Falling Inequality*, quote pp. 356 and 358.

72 Source: Atkinson and Morelli, *Chartbook*.

73 OECD, *Divided We Stand*, quote p. 22.

第三章

探討不均的經濟學

很多時候，不均的擴大都可以直接或間接追溯到權力平衡的變化。如果這是對的，那麼只有當我們把反作用力導引回來發揮作用之後，縮小貧富不均的措施才可能收效。且讓我們先從教科書目前的標準說法來討論這個議題：不均之所以擴大，是基於全球化和科技變遷的力道。

經濟學家經常被指為躲在曲線後面。這話的意思，是指他們的模型太常忽略眼前的現實世界變化，而且太沉溺於專業考量。我認為以現代經濟學來說，這是合理的批評，但著眼於不均不斷擴大的經濟學家則應受讚揚，因為他們找到一些相關影響因素，包括：

- 全球化
- 科技變遷（資訊與通訊科技）
- 金融服務的成長
- 薪資標準的變動
- 產業工會地位下降
- 具有重分配作用的稅賦和移轉所得政策減縮

這份列表讓人印象深刻，本書也會討論當中所有項目[1]。然而，找出這些機制之後，我們可能會營造出一種印象：所得分配不均是源自於非人力所能控制的力量。但這些因素是否已經脫離人們能影響的範圍，還是根本就是經濟社會體制的外在因素，答案並不是那麼明顯。全球化，是國際性組織、各國政府、企業以及個人（包括勞工與消費者）所做決策造成的結果。科技變遷的方向，是企業、研究人員與政府決策的產物。金融產業成長，是為了滿足老化人口需要能支應退休生活的金融工具，而且其形式與產業的規範也會受制於政治經濟選擇。

因此，我們需要進一步探索，並問一問這些關鍵的決策落在何處。我的信念是很多時候，不均的擴大都可以直接或間接追溯到權力平衡的變化。如果這是對的，那麼只有當我們把反作用力導引回來並發揮作用之後，縮小貧富不均的措施才可能收到成效。但這進度有點太快了，一下子就把整個故事說盡；且讓我們先從教科書目前的標準說法來討論這個議題：不均之所以擴大，是基於全球化和科技變遷的力道。

從課本看全球化與科技

全球化與科技進步如何重新導引重分配？1975年，第一屆諾貝爾經濟學獎共同得主揚・廷貝亨（Jan Tinbergen）就提出一種大家耳熟能詳的說法。他說市場大量需要受過教育的勞工，但受過教育的人口也不斷增加，即這兩者間的關係是一場「競賽」[2]。直到如今，這樣的說法還是能獲得相當的共鳴，因為現代全球化和科技變遷的力量帶動對受過教育勞工的需求。

至於全球化版本的「競賽」，則是先進經濟體遭遇其他非技術性工人薪資偏低國家的激烈競爭。大量仰賴非技術性勞工的產業，會發現要競爭愈來愈艱困，工作也都落到薪資較低的國家，或被外包到當地。故事的另一面，是當生產的平衡轉向高技術產業時，則會愈來愈需要受過高等教育的勞工。這個故事以兩群勞工（技術性與非技術性）的角度來說，其中的假設是，屬於同一個群組內的勞工薪資相同。顯然現實並非如此，但這項假設讓經濟學家比較容易說故事。這表示，薪資差異可以僅由技術性薪資與非技術性薪資的比率來表示。技術性薪資超越非技術性薪資的部分，通常稱為「薪資溢價」（wage premium）。假說是，如果需求相對轉向技術性勞工，那麼由於需求大於供給，技術性勞工的薪資溢價就會提高。

大學一年級的經濟學概論課本裡都可以找到用「供需法則」來解釋勞

動所得差異擴大的課文，然而供需背後才是重點所在。以全球化來說，背後的論述則是標準國際貿易模型（通常以黑榭爾—歐林模型〔Heckscher-Ohlin model〕稱之，以艾利・黑榭爾〔Eli Heckscher〕和柏提爾・歐林〔Bertil Ohlin〕兩位瑞典經濟學家為名）。在這套模型中，勞工分成技術性與非技術性兩類，都在兩個完全競爭的經濟體裡就業，每一個經濟體都有兩個生產部門。「完全競爭」代表每一個人都把價格當成既定條件，個人沒有力量改變市場；我之後會討論這個假設。每個經濟體裡都有一個部門生產先進的工業製品或提供服務，相對密集使用技術性勞工；另一個產業則生產基礎產品，相對密集使用非技術性勞工。（故事說到這個階段，還沒有加入資本）通常，經合發展組織會員工出口先進產品、進口基本商品。商品與服務得以在國際市場上自由貿易，並假設沒有運輸成本。勞動人口不可跨國移動，但可以在國內兩個產業間自由來去。在特定時間，技術性與非技術性的勞工人數是固定的。

經濟學模型中所做的假設限制很多，但國際貿易經濟學家得以在這個框架之內得出一些強而有力的結論。在某些進一步的假設之下，兩種產品的相對價格，和技術性與非技術性勞工的相對薪資比之間，有一個獨特的關聯（僅能解釋相對價格）。技術性勞工的薪資溢價愈高，大量仰賴技術勞工的產品相對價格就愈高，而且反之亦然，兩者對調也成立，這一點對所得分配分析來說很重要。據此我們可以推論，如果全球化意味著一國可以用更廉價的方式進口基本工業製品，並以更高價的高科技服務支付，那麼該國的技術性薪資相對於非技術性薪資就會上漲。市場結清薪資率（market-clearing wage ratio；譯註：指市場一定會達成均衡，供給必等於需求，結清的薪資率就是指在此一薪資水準時勞動供給等於需求）則不利於非技術性勞工。

科技版的「競賽」，基本觀點為科技進步是偏頗的，有利於技術性勞工；這是偏向技術性的科技變遷（skill-biased technical change）假說。這套假說認為，資訊與通訊科技的進步會取代低技術的勞工，並引發對受過更高教育勞工的需求。這套理論最簡化的形式如下：技術性與非技術性勞工均是國家產出中的生產要素，而科技進步提高這兩類勞工的生產力。假設技術進步是偏向技術性的，因此技術性勞工的生產力成長率大於非技術性勞工。拜資訊通訊科技之賜，假設如今技術性員工完成的工作量可以多兩倍，但非技術性勞工則無增加。同樣的，我們仍要謹慎詳細檢視相關分析。技術進步是否一定會增加對技術性勞工的需求？答案是「否」。我們必須多做一項假設，才能讓這個關係成立。我之所以對這一點有所猶豫，是因為當科技進步時，雇主的每單位工作量成本低了一半，代表雇主每位勞工身上可得到的成果多兩倍。要增加多少員工，要看單位價格變便宜之後雇主想要多雇用多少員工。而這回過頭來又取決於技術性勞工對非技術性勞工的替代率有多高；經濟學家用兩個生產要素之間的替代彈性來衡量替代率[3]。如果彈性大於1，那麼用技術性勞工替代非技術性勞工就相對容易，技術性勞工的相對需求就會增加。如果彈性小於1，那麼雇主就希望在重新調整勞動力時反向操作，需求更多非技術性勞工。（當彈性等於1時，就無法區分技術進步偏向哪一種要素。）因此，技術變遷理論能否解釋勞動所得差異不斷擴大，就要看兩類勞工的替代彈性是否大於1[4]。

到目前為止，我提到兩個技術性勞工需求可能增加的理由，但也必須考慮供給面。供給面通常的反應是，技術性勞工的薪資溢價會影響勞工接受更高教育的意願；薪資溢價是投資的報酬，而投資成本是學費以及在學期間無法賺得薪資。以最簡單的形式來說，取得必要文憑意味著必須延遲進入勞動市場，因此（在這個「人力資本」模型裡）取得資格後的薪資必須更高，高到等於（為了求學）放棄勞動所得的終生折現值（以相關利率折現）[5]。如果受過更高教育的勞工薪資上漲，使得投資報酬率高於必要水準，我們便可以預期這類勞工的供給量就會增加。之後我們必須追溯動態過程。如果全球化與偏向技術性的科技變遷力道持續發威，那麼供給和需求雙雙提高，因此兩種薪資的落差仍在，但差異程度要視供給反應的速度而定。

從這一點出發，我們可以得出兩點政策結論。上述分析馬上帶出第一項政策結論：提升一國勞動力的技術水準，可使該國從全球化的浪潮中受惠，得利的人會多過蒙受損失的人。擁有高技術性勞動力的國家，或可完全專精於生產先進的產品或服務，若是如此，全球化對於該國有百利而無一害，因為它可以用更低的相對價格進口中間商品。前述結論顯然完全符合歐盟（以及其他先進國家）採行的策略，將教育投資視為優先事項：「讓人們具備能勝任目前與未來工作的適當技能」，便是「歐洲2020」的行動方針之一。但有一個必須一提的重點是，我們忽略「技能」和「學歷」之間的關係。在針對大學—高中薪資溢價所做的美國實證研究中，幾乎都用更廣泛的概念來看待「技能」，但不一定等於學歷。當Google的人力營運部（People Operations）資深副總裁接受《紐約時報》專訪時說到：「平均學業（分數）是毫無價值的聘用標準，在Google，長期來看，未具備大專學歷的員工比率愈來愈高。」[6]非認知性的技能，例如動機、同理與自治，可能和學校考試衡量出來的認知性技能一樣重要。

第二項政策結論則比較少有人提。要讓一個人願意投資人力資本，必要的薪資溢價水準是多高？這要視適用的利率而定。對於向銀行或放款機構申貸助學貸款的學生或家長來說，這一點再明顯不過。同樣道理也適用於動用自身存款讓孩子上大學的父母，因為他們的錢被綁在這裡，不能做其他投資。這些人要擔負的成本，是原本可以利用存款賺得的報酬率。因此，勞動市場與資本市場之間有重要的連結。1980年代實質利率提高，確實很可能是當時大專畢業生的薪資溢價提高原因之一。高實質利率也提高在學期間學費的借貸成本，因此必要的薪資溢價隨之水漲船高。（近年來上述的論據已不適用，但其他教育成本卻提高，特別是以英國為例，學費提高獎助學金卻減少。）要找到方法扭轉貧富不均擴大，我們必須考量教育決策和資本市場間的關聯，不能只把眼光放在勞動市場。

探討科技變遷的經濟學

到目前為止，許多經濟學文獻討論科技變遷時都當成外生變數，也就是說這全憑老天爺的決定。有些人甚至說科技變遷是「老天的恩賜」。但多數的科技進步反映的是科學家、研究管理者、商業人士、投資人、政府以及消費者等等所作決策的結果。這些決策會受到經濟考量的影響，因此科技變遷是內生變數，也就是在經濟社會制度內部決定。許多年前，哈佛經濟學家、同時也是早期諾貝爾經濟學獎得主約翰・希克斯爵士（Sir John Hicks）觀察到：「生產要素相對價格的變化，本身就是一種引發干預的刺激因素，而且是一種特殊干預：導引社會少用相對昂貴的要素。」[7] 1960年代發展出誘發創新（induced innovation）理論的經濟學家便探討這股動機；在他們的理論模型中，是企業選擇科技變遷的方向以及程度。企業從眾多機會中選擇，以便用最快的速度精簡成本。其中隱含哪些意義？這是否意味著目前有利於技術性勞工的科技變遷將告終？技術性勞工的價格愈來愈高，企業會因此想方設法取代他們嗎？答案是「不必然」，這是因為就像我們之前已經看到的，雖然技術性勞工的相對價格提高，但由於勞工產能也提高，因此拉低技術性工作成果的單位成本。我們之前討論過，要聘用多少人，最後得要看哪一種員工比較容易取代另一種，換言之，要視替代彈性而定。假設技術性與非技術性勞工相對可互相替代，長期下來的結果是，追求成本極小化的企業最後會集中在偏向技能性的技術進步。會有這樣的結果，並不是因為「市場」自動運作，以必要的方式扭轉趨向，轉為有利於技術性的員工，同時使得經濟體回復到過去的所得分配狀況[8]。

企業所做的創新決策一定是前瞻性的；當下做的選擇長期下來會造成這些結果。我和另一位經濟學家史迪格里茲（參見第一章）曾在1960年代一篇經濟學論文裡強調這些結果[9]。我們在文章中用不同的方法處理科技變遷，不以特定勞工的產能成長為基礎，而是著眼於生產技術；我們主張，技術進步通常會「內化」（localised）到特定技術或生產活動當中，並提高員工的生產力，但不是從一般性的角度，而是反映在特定生產流程上，比方說資本密集度高的鋼鐵廠。因此，很重要的是要放眼將來，並問一問我們希望在未來營運中看到哪些生產技術。此外，從生產活動的角度出發，技術進步與薪資分配之間的關係就有更多可能性。這套分析有點類似「工作任務」取向；這是由大衛・奧圖（David Autor）和其同事們發展出來的分析架構，「任務指的是一組能產出成果的工作活動」[10]。工作任務取向允許科技變遷造成差別性的影響，不僅影響不同任務，也會影響從事這些任務的不同技術水準勞工以及任務中的資本產能。他們主張，中等技術的勞工已經遭到取代，由機器來從事例行性或可用程式編碼完成的任務。中間地帶甚至出現工作的「空洞化」。

選擇至關重大，不僅在透過研發以創造技術進步時如此，當人們從做中學以從中創造進步時亦然。透過善用特定的生產方法，企業會學到如何精益求精，使得生產成本也持續下降。史丹佛大學諾貝爾經濟學獎得主肯尼斯・亞洛（Kenneth Arrow）將「做中學」一詞引進經濟學界，他提到證據顯示要生產出飛機機體必須耗費一定的工作時數，而美國空軍也正是據此來做生產規畫：「要生產出特定機型的第N架機體，從啟動生產開始算起，需要的工時比率為N的三分之一次方。」[11]另一位同樣來自史丹佛的諾貝爾獎得主、同時也是美國前能源部長朱棣文，則舉了另一個建造核能電廠的範例：「南韓建了十座完全一模一樣的核能電廠，但第十座的成本僅是第一座的60%。」[12]若科技進步和特定的生產技術有關，下一代能有哪些機會，要看的就不只是研究時做了哪些選擇，還要考慮要生產哪些產品與服務，以及如何生產。現在所做的生產決策，會造成長遠的影響。把焦點拉回分配，我們可以看到，今天做的生產活動選擇，將會影響明日後代勞工的薪資與收入。因此，這些都是很重要的決策，不只是因為其本身的重要性，更是因為我們應該意識到這涉及廣大的利害關係群體。

市場力量與社會脈絡

在教科書的供需分析模型中，你對產出的貢獻，決定你的薪資，就這樣而已。如果貿易或技術有所變動，以致減損你的技能價值，那麼你的收入就會減少（就算此時你的家庭可以用較低價格購買進口產品，而且電腦也一年比一年便宜）。在這一節中，我主張市場力量無疑強大，但其他決定因素仍有可觀空間可發揮作用，而且更根本的是，市場是在影響最後所得分配結果的社會脈絡下運作。

勞動市場是一種社會制度

除了勞動一詞的拼法有英式及美式的差異之外，本節英文（The Labour Market as a Social Institution）剛好和羅伯・梭羅（參見第一章）1990年出版的書同名；他一開始就指出，主流傳統「認為勞動市場幾乎所有面向幾乎都和其他市場無異，在總體經濟學界尤其如此。」[13]以前述的供需模型來說是這樣沒錯，在這個模型裡，看待勞動市場的眼光與看待牛奶市場並無二致。牛奶市場通常比較單純。我們知道乳製品或超市貨架位在哪裡，我們也很清楚瓶子裡裝了什麼。然而，用梭羅的話來說：「另一方面，一般常識似乎認為，勞動這種商品理所當然有其特殊之處。」勞動市場確實不同於牛奶市場。勞工必須找工作，雇主必須找勞工，兩邊都不確定自己能不能如願，而一旦締結僱傭關係，若要終止，多半不像到另一家超市買東西這麼簡單。接受一份工作不僅是金錢交易而已，因此背後的社會脈絡更為重要。特別是就像梭羅說的：「若不考慮兩方參與者已經有既定概念，認為什麼公平、什麼不公平，就無法理解勞動市場。」

大家早就了解，勞動市場裡的媒合成本很高。當二十世紀初的英國旅遊作家艾瑞克・紐比（Eric Newby）在二次大戰前貿易航行中數著最後的日子時，他生動描寫出船員與船東要面對的問題：船員要找到另一艘要出航的船隻，船東要找到適合的船員[14]。一直到較近期，經濟學家才發展出描述這個過程的理論模型。在各種勞動市場「搜尋」模型（“search” model）裡，市場有摩擦，意味著雖然潛在競爭會把填補職缺的期望價值拉低到等於空著職缺的成本，但實際讓勞工和職缺配對時，仍能創造出正值的剩餘價值（surplus），或者說經濟租（rent）。拿到工作的勞工就相當於擁有一定程度的協商權力，因為如果他拒絕這份工作，雇主就必須再度進入人力資源池裡，並冒著無法配對成功的風險。這種風險有多大，亦即勞工的影響力有多高，就要看勞動市場有多寬鬆或多緊繃；不過勞工有多高的影響力，則要看失業成本有多高。然而重點是，供需無法完全決定市場薪資；供需動態僅讓薪資波動，讓勞資雙方有空間協商如何切分剩餘價值。以麻省理工學院的諾貝爾經濟學獎得主彼得・戴蒙德（Peter Diamond）的話來說是：「兩者相加，企業和勞工兩方都有剩餘價值……有一個特定薪資水準，會讓勞工在選擇接受工作或等待下一個機會之間並無差異。同時也有一個特定薪資水準，讓企業在選擇聘用這名員工或是等待下一名人選之間並無差別。磋商，就是要在這兩個界線之間針對某個薪資水準達成協議。」[15]

要如何切分剩餘（亦即決定薪資），會受到雙方相對談判力量影響，但也有空間容許其他因素發揮作用，包括訴求公平的薪資標準，而回過頭來，這個標準又內化於慣例與實務操作上。這些通常都是傳統經濟學以外的另類因素。在經濟學分析當中，這些因素通常歸之於「其他」。亨利・菲爾普斯・布朗爵士（Sir Henry Phelps Brown）在他的著作《薪資的不均》（*The Inequality of Pay*）中，一開始就把經濟學家的方法拿來和社會學家兩相對照，前者認為人從事的是理性、非關個人的交易；後者則認為人是社會實體中彼此互動的成員[16]。然而，這兩種方法並非彼此競爭，比較應視為相輔相成。薪資受到兩股力量影響：供需決定可能的薪資範圍，社會慣例則決定範圍裡的落點，薪資差異的程度，就要看兩股力量的消長。更準確來說，引進公平或社會規範概念，讓處在勞動市場裡的人們有管道消除不確定性；引用賓特利・麥克李德（Bentley MacLeod）與詹姆士・麥爾坎森（James Malcomson）兩位學者的話：「個別誘因本身通常並不足以決定出唯一的均衡點。」[17]

遵行社會規範可能和個人的理性一致，社會行為準則也可能透過其對勞工與雇主聲譽的影響而直接進入經濟行為裡。比方說，假設有一種薪資標準是，在一群同質性員工裡，每個人的薪資隨著實際產能提高而增長的部分有限。更具體來說，我們進一步假設，當大家遵守這項準則時，人們的薪資就是按生產力比例（並非一比一）給薪再加上統一的底薪。經濟學家楚門・比尤利（Truman Bewley）把這樣的做法稱為「攤平薪資」（wage flattening），在他於美國從事的訪談研究中，他發現「大量證據顯示，薪資差異通常並未完全反映生產力的差異。」[18]這類薪資政策涉及一定程度的重分配，料將獲得生產力低的員工支持。至於其他員工，就算有些人會因為打破規範而得到加薪，他們也會接受這套標準。遵守規範的人明白，偏離規範將會有害聲譽。當然，偏離社會行為守則會對聲譽造成多大損害，要看整個社會有多信奉社會行為守則；如果人們不再遵循，這些守則就會被破壞。此外，雇主也關心自己的名聲，他們認為自家員工若受社會規範約束，會引來更敬業、更投入（因此更有生產力）的員工。基於這些理由，企業也在他們的薪資與雇用政策上體現平等原則[19]。

如此一來，市場最後的結果可能不只一個。在任意的時間點上，一個社會可能因為很多人強力奉行公平薪資準則，因此薪資差異相對溫和；要不然就是人們不太管社會行為守則，因此薪資差異幅度大。兩者之間，有些人遵守有些人不顧，是不穩定的狀態，因為任何偏離都會導致迴旋循環，使得差異愈來愈大。任何外來的衝擊，都可能使社會從一種結果變成另一種，並可能偏離高度遵循薪資規範、薪資差異相對較小的情境，變成很多人都以個案條件來決定薪資。這樣的過程也可能出現在個別產業的層次上，英國的大學便是一例。1971年時，我在艾賽斯大學獲得一份工作，在這裡，（就我記憶所及）教授的薪資分為五級，能夠談判的空間少之又少，服務幾年之後就可以晉升一級。如今，在一般英國大學裡，教授的薪資範圍很廣，個別的磋商決定每個人落在尺規上的哪一個位置。

在這樣的動態過程之下，本來已經往某個方向移動一陣子的態勢可能忽然之間反轉。「衝擊」可能來自於政治氣氛改變，可能是受到其他國家所發生事件影響，導致支持重分配式薪資標準的員工大為減少。但這變動也可能發生在雇主這一方。名聲有多重要，要看雇主多在乎未來。如果企業比較不看中未來利潤，相對之下，就比較不在乎遵守薪資規範的名聲帶來的益處。企業確實因為更重視現有利害關係人的價值而使用更高的折現率。若是這樣，資本市場的發展將會影響薪資分配。進一步的考量是，過去政府設法透過公部門的聘用來影響薪資的絕對水準與相對水準，但近幾十年來由於民營化之故，這項機制效果已經減弱。當重點從國有事業轉變為私人股東，雇主的總體行為也隨之改變。因此，我們看到所得分配轉向更加發散的方向。

總而言之，一旦我們體察到市場力量只能決定勞動市場結果的可能範圍，就會看出有空間容納公平的概念，善用這些，我們將能改變薪資分配。然而，這不只是個別磋商的問題而已，接下來我就要談到集體行動。

產業工會與集體談判

一般都同意，薪資分配差異的擴大，剛好和產業工會與集體談判角色日漸失色的趨勢一致。經合發展組織的〈鴻溝聳立〉報告裡有一張圖表，顯示除了西班牙之外，每一個會員國的勞工加入產業工會組織的比率，在2008年時均低於1980年[20]。然而，工會對於薪資差異的影響到何種程度，仍眾說紛紜。一方面，史蒂芬・尼克爾（Stephen Nickell）和李察・拉雅德（Richard Layard）得出結論，認為「近年來，經合發展組織各國的失業總數和薪資分配，顯然多半是供需變動的結果，特殊制度如工會和最低薪資必須扮演的角色，相對之下無甚作用。」[21]另一方面，傑勒・維瑟（Jelle Visser）的結論是：「有一項一貫的發現是，與由市場決定的薪資相比之下，集體談判……壓縮薪資分配的差距。」[22]在各種設法判斷產業工會人數下降對於薪資差距擴大有何影響的研究中，不斷出現不同聲音。有一項研究以加拿大、英國及美國為對象，研究人員大衛・卡德（David Card）、湯瑪斯・拉米優（Thomas Lemieux）和克瑞格・芮德爾（Craig Riddell）認為，加入工會的勞工比例大減，「可解釋一大部分英美兩國薪資差距的擴大」，不過這項結論僅適用於男性，而「女性加入工會的比率溫和下滑，對於女性的薪資不均少有影響。」但他們的結論套在加拿大並不成立，在當地，即便男性加入工會的比率大減，薪資不均的程度也少有變化[23]。就像本章一開始列出的其他項目一樣，工會影響力下滑，顯然是部分理由，但也只是部分。

工會力量削減，多半是因為政治事件。在這樣的脈絡下，我們不可忽略爭取合法組織工會漫長且常見暴力的血淚史。我們也不可漠視目前受法律架構規範的工會活動變得愈來愈不友善，近幾十年來的趨勢一直在削減勞工權利。在英國，全國總工會（Trade Union Congress）認為，現今的「英國產業工會會員能運用的罷工權，少於1906年剛制定現行罷工行動法律體系之時。參與合法罷工行動的員工，仍十分容易遭到解雇與迫害。」[24]但工會力量減弱也和經濟環境變化有關。在第五章中，我會討論不斷變動的就業性質，但我們應注意的是，加入工會的比例下降和本章之前談的教科書版技能導向技術變遷有可能直接相關。有一篇犀利深入的論文設法模擬勞動市場制度，達隆・阿齊默魯（Daron Acemoglu）、菲利普・阿吉翁（Philippe Aghion）和喬凡尼・瓦蘭特（Giovanni Violante）等三位作者主張，加入工會的人數減少，是科技變遷偏向技術性勞工的結果。科技變遷偏向技術性勞工，破壞他們和非技術性勞工之間的聯盟關係，後者是工會談判力量的基礎，而加入工會的人減少，又導致薪資差距幅度更大[25]。

試圖透過實證來找到產業工會對薪資分配的影響會有一個問題，那就是很難將工會的談判力量壓縮到幾個量化指標當中。標準衡量指標是產業工會會員數，但歐盟研究機構「歐洲生活品質與工作環境改善基金會」（Eurofound）曾針對2003至2008年產業工會會員做出報告，一開始便提出警告：「產業工會會員是很困難的研究主題……（這個領域）有很多方法學上以及概念上的問題。」[26]如何定義產業工會和工會成員、以及如何收集數據，都有很多問題。狹義的入會和更廣泛的涵蓋範圍概念之間有很明顯的差異，在法國與西班牙這些國家尤其如此。集體談判的力道有多大，主要取決於制度架構，而各國在這方面大不相同，很難用單一總體經濟變數（如產業工會的密集度）完整掌握。一個很重要的面向，是總工會之類的中央單位對薪資有多大的影響力。在這方面，長期來說，多數國家的情形都是中央政府的力量削弱，增強的則比較少；對薪資分配來說，這同時會造成直接與間接影響。麥可・佛斯特和伊斯塔文・托瑟（參見第二章）兩位學者表示：「中央集權的談判可提高改善勞工的談判地位，也可能有助於拓展符合分配正義的規範。」[27]

資本與壟斷力量

皮凱提的著作名為《二十一世紀資本論》，但事實上這本書討論的是「財富」與「資本」，而且很重要的是要把這兩者分清楚。如今握有財富的人很多，但大部分的人擁有的財富少能、甚至完全不能控制出了自家門以外的生產性活動。屋主是可以掌控能提供居住服務的財產，但他們若將部分退休金投資在持有出租房地產的避險基金，卻無法掌控其中任何房屋或公寓。要如何對待房客，完全由管理公司決定。同樣的，透過機構投資人持有的財富掌握許多上市公司的股份資本，但存款人卻無權對任何企業的決策置喙。擁有財富的受益權，完全無法決定如何將資本用在生產活動上。

資本利潤占比不斷提高

當我們考量所得的總體經濟面分配時，資本與之息息相關。我們在前一章中已經看到，戰後期間有助於縮小貧富差距的因素之一，是薪資所得在國民所得中的占比提高。但現在情況反轉了：近幾十年來，利潤的占比不斷提高。

要探討利潤占比提高的問題，多數學派的總體經濟學家自然而然會從總合生產函數（aggregate production function）著手，在這個函數中，決定全國產出的是資本存量以及勞動力的規模[28]。這是梭羅經濟成長模式的核心，這個模式指出，隨著資本存量與勞動力不斷增加，長期經濟體將會成長發展（在討論中，我假設經濟體是封閉的，因此沒有海外流入的資本或勞力，也沒有進出口）。如果長期資本存量增加，但勞動力規模並未改變，那會怎麼樣？以完全競爭的經濟體為例，在這裡，資本報酬率等於資本邊際生產力，每位員工能分到的資本增加，會導致資本報酬率下滑。因此資本占比的影響，要看下滑幅度多大，而下滑幅度又取決於每位員工吸收額外資本的能力。因此同樣的，到最後這對於所得分配的衝擊要視替代彈性而定，不過這時是資本與勞動力之間的替代彈性（在本章稍早時，我們看的是技術型勞工與非技術性勞工之間的替代）。如果資本很容易取代勞工，那代表替代彈性大於1，因此當每位員工分得的資本增加時，報酬率只會微幅下滑，利潤占比則會升高。如果彈性小於1，利潤占比就會下降。[29]

要確認利潤占比將如何變化，看來就等於要判斷資本和勞動之間的替代彈性有多高。經濟學家在這方面顯然有一個大家都認同的標準，用達隆・阿齊默魯和詹姆士・羅賓森（James Robinson）的話來說，是「大多數現有的估計值指出，短期的替代彈性比1低很多。」羅伯・齊林科（Robert Chirinko）則檢視三十一項美國研究後總結道：「強力的證據指出，（總替代彈性）〔gross elasticity of substitution〕介於0.4至0.6之間。」[30]若是如此，每位員工分得的資本提高，則會導致利潤在總所得中的占比下降，而非上升。但事情從來不是這麼簡單。利潤占比的長期變化，不僅由資本累積的速度而定，也要視乎技術變遷的性質。技術變遷可能偏向於有利資本、而非勞工，就像我們之前在討論技術性與非技術性勞工的關係時一樣。

舉例來說，阿馮索・阿帕雅（Alfonso Arpaia）、埃絲特・裴瑞茲（Esther Pérez）和卡爾・皮切爾曼（Karl Pichelmann）得出的結論是：「在歐盟十五（EU15）會員國中（譯註：指2004年5月之前的十五個歐盟會員國），有九國的勞工占比下降多半是因為資本深化（亦即每位勞工分得的資本增加），再加上所有技術性類別都出現因資本擴張引發的技術進步（capital-augmenting technical progress）取代了勞工。」[31]若真是如此，那麼我們就必須像之前探討決定科技發展方向的因素時一樣，提出相同的問題。

長期的替代彈性一定大過短期，而且從更一般性的角度來說，過去未必能準確導引未來。我們需要從更大膽的角度來思考總合生產函數。哈佛大學經濟學家兼美國前任財政部長羅倫斯・桑默斯（Lawrence Summers）便提出一個饒富興味的可能性。我們可以把資本扮演的角色分成兩種：透過最初提到的生產函數直接作用，也可以透過和人力資本相輔相成發揮間接作用[32]。這種相輔相成的關係，可從使用機器人的角度來說明，但也有很多不同的形式。生產函數中一定會以第一種用法使用資本，但可能會，也可能不會用資本和勞力互補。至於在哪種條件下用機器人或其他自動化來輔助勞力，我們可以預期，要看勞動和資本的相對成本而定。當薪資率對資本成本的比率來到關鍵值時，使用機器人便符合經濟效益。[33]。

這道公式看起來或許只是符號，但其實是很根本的現實。在研究美國的工作未來面對電腦化的處境時，卡爾・班乃迪克・佛瑞（Carl Benedikt Frey）和麥可・歐斯本（Michael Osborne）的結論是，美國有47%的工作都處於高風險類，代表這些職缺在未來幾十年很可能自動化。佛瑞和歐斯本的分類方法，超越之前提過的常態／非常態區分法，也不是過去研究中常用的體力技能／認知技能分法，並考量電腦化的特定瓶頸。辦公室與行政、業務與服務類別裡特別多高風險的工作，低風險的工作則落在醫療保健、教育、教育服務／法律服務／社區服務／藝術以及媒體，不意外的是，後面這些工作類型都需要特別的人力技能，例如社交洞察力、談判協商、勸導說服以及原創性等[34]。

因此我們能描繪出一套總體經濟的發展，一開始先套用梭羅模型。在這裡，資本對勞動的比率不斷增加，使得薪資上揚、資本報酬率下降。唯有當資本與勞動的替代彈性大於1時，資本用量的占比才會提高。然而在某些時候，薪資／報酬率的比率達到關鍵值，機器人會開始取代人力。到那時，我們會看到隨著每名勞工分得的資本提高，經濟也隨之成長，但薪資對資本報酬的比率仍能維持不變。現在不管勞動與資本的替代彈性是多少，資本用量占比都會提高。這樣一來，就可以用簡單的方式修正標準的經濟成長模型，不用針對替代彈性做任何假設，便可凸顯一個核心的分配兩難困境：有愈來愈多的成長益處分配給利潤。我的恩師詹姆士・米德約五十年前在其著作《效率、公平與財產權》（*Efficiency, Equality and the Ownership of Property*）中便強調這個兩難局面，在書中，他先知灼見，主張自動化將會導致不均擴大[35]。在當時這一點備受質疑。當保羅・薩謬爾森（Paul Samuelson）在書評中問到：「這難道不是『狼來了』嗎？」他還補充說，在美國，「大量統計數據中，還沒有哪一個發現薪資占比有惡化的情況。」[36]當時（1965年）薩謬爾森是對的，但我們也看到（圖2-4），如今薪資占比不斷滑落。以約五十年後的事後諸葛觀點來看，雖然米德警告我們要注意資本的重要性及其所有權，和眾家諾貝爾經濟學獎得主的觀點都衝突，但看來他是對的。

企業與市場力量

有一類很重要經濟活動的參與者到目前為止僅扮演跑龍套的角色，那就是企業、公司和事業體。有一部分理由是我們一直把焦點放在勞動市場上，在這裡，企業是雇主，因此不考慮他們身為產品與服務賣方時所從事的活動。但決定薪資以及其他所得購買力的，卻正是這些產品的價格。產業工會或許可以協商出更高的薪資，但很可能會導致物價上漲，因此勞工在整體產出價值中的占比並未增加。企業之所以隱身背後，一部份理由是企業被設定成為完全競爭，亦即我們假設企業僅能接受市場價格，並以這個價格出售產出。但這和現代經濟的實際情況大不相同，目前企業擁有可觀的市場力量，可以決定自家的訂價策略。雖然少有企業是完全的壟斷者，因為他們都會面對競爭，但是他們也知道，自家銷量有多高，要看他們訂出的價格而定；他們是壟斷性競爭（monopolistically competitive）。

承認企業握有市場力量，改寫了整個故事。認為企業將在完全競爭條件下行事的假設，並不是無害的簡化，而是會造成嚴重誤導的起點。波蘭經濟學家米哈爾・卡萊斯基（Michael Kalecki）觀察到：「完全競爭，當其真正特性（作為方便的模型之用）被遺忘，就成為危險的迷思。」在他的論文〈階級困境與國民所得分配〉（Class Struggle and the Distribution of National Income）裡，卡萊斯基主張「在完全競爭之下，當薪資水準改變時，薪資占比一定不會變動。但是，有了寡占市場架構、超額產能以及加價定價，便能是能順利進行薪資協商的基礎。產業工會愈強大，就愈能夠限制加價幅度，因此能讓薪資在全國收入中的占比提高。」[37] 進一步擴大卡萊斯基的原始分析，再加上現在我們更了解能在勞動市場討價還價的壟斷性競爭企業會有哪些行為，從中便可以看出，員工的力量愈大，確實能壓抑企業在為商品定價時濫用市場力量[38]。

要完全理解這些交互作用，我們必須解釋經濟體裡的一般均衡。就很多目的來說，只看整體經濟中的一部分、或者說「部分均衡」，比方說牛奶市場，就已經足夠，但如果要研究的是所得分配，我們就需要把勞動市場、資本市場（前面已經提過）和產品市場組合在一起；我們必須檢視整個經濟體。在決定市場經濟體的一般均衡時，人扮演的幾種不同角色，最後結果取決於他們把什麼東西帶進不同市場裡，以及他們從自己在市場裡的地位中獲得哪些力量。現代有很多人對於大型跨國企業的地位力量深感焦慮，但這不是新鮮事。由於擔心現代企業的支配力量，使得美國經濟學家約翰・肯尼斯・高伯瑞（John Kenneth Galbraith）在1952年的《美國資本主義》（*American Capitalism*）中探索一個概念：勞工與消費者群體的「反制力量」（countervailing power）[39]。在經濟體裡重新調整力量的平衡，是本書第二部提案中要談的主題之一。

總體經濟學與個人

本書中，我關心的是個人以及他們的家庭發生什麼事。有時候，用總體經濟總合指標（如國民所得或國內生產毛額）來看問題的經濟決策者，卻似乎不太介意這些事。占據報紙頭條與政策辯論的，多半也是後面這些總體經濟數字。但兩者之間彼此相關，經濟體的產出水準和成長，是決定個別人民會怎麼樣的重要因素。太常見的情形是，報酬都歸因於資本和技術，而本章到目前為止已經花了很多篇幅討論這兩個因素，我們需要的是把總體經濟和所得分配之間的點連成線。

從國民所得到家戶所得

把點連成線並不容易。如果我們試著對非經濟學家的鄰居解釋標準的國內生產毛額特質，他很難把國民所得帳戶裡的數字和繳給稅務機關的稅金連起來。研究國民所得帳戶就像是進入迷宮一樣。我們必須從一些可識別的重要指標（請見圖3-1），比方說工資和薪水（但即使是這些指標也不是那麼直接，因為其中包含雇主對社會安全與私人福利的貢獻，因此和個人真正能收進口袋裡的不完全一致）。之後我們必須找到方法，穿越在生產性經濟體與家戶之間的重重制度。

最大的中介機構是政府（這我們已經知道），因為家戶要繳稅，也可以收取移轉所得，圖1-5中已經出現過（圖3-1中以虛線表示）。但政府也扮演其他角色，會因此影響貧富不均的程度，其中有兩種在這裡特別相關。第一，如我們在第一章討論過的，許多國家的政府會提供大量服務供個人消費，例如醫療保健和教育。這類服務的多寡和配置，很可能對分配造成重大影響。在一個免費醫療照護到處可得的國家裡，同樣水準的貨幣所得分配意義大不相同。這方面我們只要拿英美來對照就可得知。其次，我們都很清楚，政府會發行公債。政府公債的利息支付對象之一就是家戶，這是家戶的部分所得，如圖3-1實線所示。現代我們比較少聽到政府資產負債表上資產端的相關消息，但政府確實也有資產，用來抵銷國家的負債。這裡面包括直接由政府控制的資產，例如道路、學校和政府建築，但在多數國家也包括政府擁有的企業股份。舉例來說，2013年時德國的下薩克森邦

（Lower Saxony）就持有可觀的福斯集團（Volkswagen Group）股份，還握有20%的投票權。（非金融性）企業是第二大中介機構。部份企業盈餘會以股利和利息的形式支付給家戶，一部分則留下來用於再投資或購併活動。如果後面這些活動能創造出報酬，企業的保留盈餘就能在未來創造出更高的股利。如果股票市場算到這類成長，股價就會上漲：未來更高的股利馬上就變成更高的股價。我們之前已經看過，如果採用全面性的所得定義，就要在家戶所得中納入應計資本損益。但在此同時，顯然這是間接且不確定的因素。企業和政府之間有雙向箭頭往來：企業會從政府的補助中受惠，而他們也要支付營利事業所得稅以及其他稅項。然而本圖中並未出現境外流動，在如今這個全球化經濟體裡，企業的主要股權很可能掌握在海外投資人手中。以英國為例，2012年的英國普通股受益所有權調查顯示，超過一半的股權都在「世界其他地方」的投資人手上（比起1998年時的三分之一更高；這是一個代表世界正在變遷的重要指標）[40]。

第三種中介機構的出現，讓局面又更複雜，這種機制稱為「金融服務」，包括退休基金與壽險公司。這些機構是持有企業股份的大股東。以（英國）國內持有的股份來說，三分之二都在金融服務業的手裡，散戶直接持有的僅稍高於五分之一而已。家戶所得裡的企業所得愈高，兩者之間的關係就愈不明顯。比方說，雖然退休基金靠著投資累積報酬，以履行未來支付退休金的義務，但真正付錢可能是很久之後。為了接續幾章要探討資本所得占比提高的意義，我們要先檢視整體報酬率與真正流進小額存款戶帳戶裡金額的差異。

圖3-1　從國民所得到家戶所得

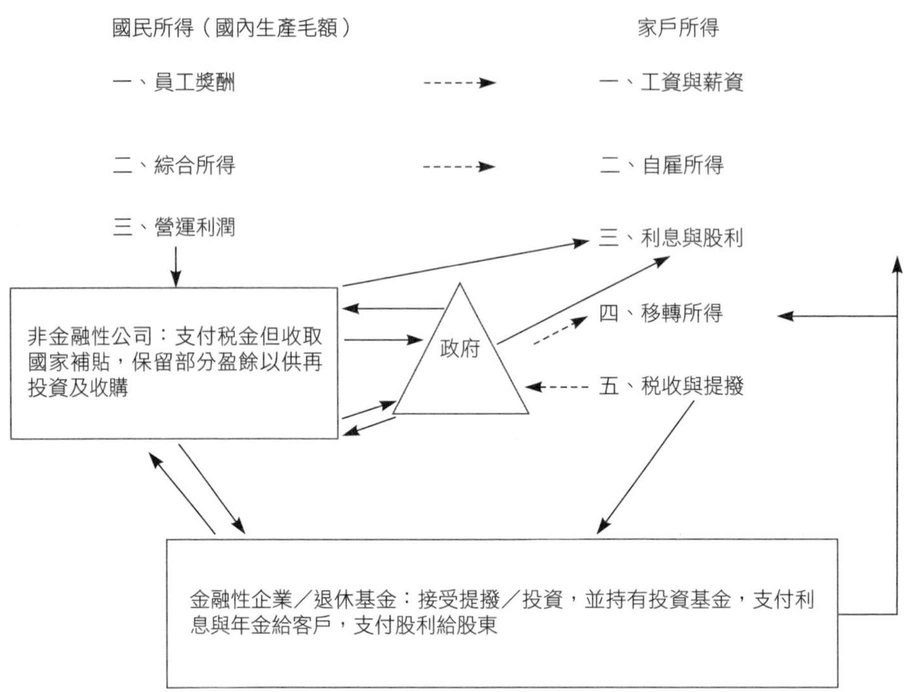

分析隱含的意義

在前述這份從國民所得到家戶所得的簡要流向圖中，我們可以得出兩個一般性結論。第一，是這兩者並不相等。總家戶所得大幅低於國民所得（或者國內生產毛額），因為有一大部分的國民所得被中介機構收走了。政府需要資源提供公共行政、國防和公共財。企業也保留盈餘以作為投資之用。放眼未來，我們會看到家戶所得的成長應會低於國內生產毛額的成長率。國民生產毛額用於維護基礎建設、緩和氣候變遷、投資教育與供養高齡人口。以某些國家以及某些政府來說，滿足這些需求的責任可能轉移到民間部門，但是實際的負擔仍會是減少家戶的可支配所得（指支付私人醫療保險或教育之後的可用所得）。不管是哪一種，展望未來，預期之一就是家庭可花用所得的成長將會低於過去。

第二個結論是，總家戶所得以及其分配不僅視乎總體經濟因素，更要看安德烈・巴朗多利尼（Andrea Brandolini）所說的「權利規則」（entitlement rules），這可以定義為「規範經濟體產出分配的機制，或者……是決定如何生產與分配給眾人的『過濾器』。」[41]這類規定可能很明確，例如公司破產時會有針對餘下財產請求權的優先順序，或者以退休基金為例，就有條款明文規定要切開現有以及未來退休金領取人的應計所得。不過權利規則也可能只是通則，比方說一般預期失業勞工可以獲得政府補助。重點是，這些權利規則是社會經濟互動的產物，我們必須詳加查探，才能了解所得分配。從不同角度來說，假設有兩國的總體經濟條件相同，但因為權利規則不同，很可能會出現不同的所得分配不均。在所得必須透過中介機構才能到達家戶的國家，改變權利規則可以是減輕分配不均的方法。

權利指的是收取收益以及有權決定如何處分。我們不只要從收益流向的模式來看經濟體，也要從控制權落在何處來看。當英國財政大臣喬治・奧斯本（George Osborne）在2014年保守黨全國大會上發表演說時，就不經意揭露出這個議題。他說：「在現代的全球經濟體中，人們動動按鍵就能把投資從一個國家挪到另一個國家，企業也可以一夜之間把所有的職務挪到他處，高稅率經濟學已經是昨日黃花。」他對高稅率的看法是對是錯，是第七章要談的主題，但他的說法顯示他也承認在現代的英國，做出與工作相關重要決策的是企業，而不是員工或消費者，也不是企業所在的地方政府，甚至中央政府。這顯示區分所有權與控制權之必要。英國以及其他先進國家的財富所有權，過去一個世紀以來已有所轉變。過去只有少數資本階級的所有權很集中，如今所有權的分配不均程度則降低許多。然而，所有權的變動並未讓經濟力量因此更平等。住屋是大多數人的主要財富，但這種財富的所有權卻完全無法掌握自己的工作或投資。投資在退休金計畫中的財富，也無法讓財富主人對於自己的錢要投資在哪裡多說一句。如今，財富和資本已大不相同，發揮資本力量的是基金經理人，而不是受益擁有者。

當我進展到第二部、提出縮小貧富不均的建議時，決策點就非常重要，但首先，我要更詳細討論這和之前薪資與資本收益間的關聯。

從勞工類別到個人所得

過去的薪資分析，多半以勞工類別（技術性與非技術性）做為討論架構，但這只能讓我們了解薪資如何影響家庭所得的分配不均，因此我們必須要檢視一下個人的所得[42]。以受過大專教育與否作為區分標準，可以把勞動人口分為兩群範圍很大的群體。2013年時，在美國所有25至64歲的勞動人口中，有44%擁有大專文憑[43]。至於其他國家，世界銀行也編製一張表列出各國受過大專教育的勞動人口比率，顯示比利時、塞普勒斯、愛沙尼亞、芬蘭、愛爾蘭、立陶宛、盧森堡、挪威以及英國都接近40%[44]。光是學位資格，不足以解釋我們檢視個人勞動所得時觀察到的更複雜微妙學歷模式。我們要說明的，是為何握有同樣資格的人勞動所得卻有所差異：即比較同群組內的組成。

若要考慮更多影響勞動所得分配的因素，我們不能只看單一統計數值，比方說大專院校的薪資溢價，或技術性對非技術性薪資之比；我們需要檢視整體分配，如圖3-2的英國範例所示。要畫出這張圖，我先從勞動所得分配的九個十分位開始。各個十分位組在圖中標示為P10、P20等等依此類推，標示根據勞動所得排序時分成十等分的（全職）勞工組別。處在中間的人是中位數（P50），由於勞動所得是以和中位數相比的相對值來表示，因此P50 = 1。之後我計算各群組和中位數相比的變動百分比，然後以1977年變動的相對值表示，因此圖3-2中的1.1代表該十分位的所得成長比中位數的成長高了10%。所有群組都從1.0起跳，根據定義，中位數（以虛線代表）則一直不變。當我用這種方式表示時，群組就不一定要按照原來的排序，比方說P20這條線有幾年就高於P30這條線。這也不代表第二十分位的人賺的比第三十分位的人多（如果是的話，就和用詞相牴觸了），而是代表勞動所得為第二十分位的人縮小差距。但一般來說，大致上次序仍不變。

圖3-2中的陰影部分，代表相對於中位數，勞動所得變動未超過5%的區域。驚人的是，在這段將近四十年的期間裡，九個十分位群組中有五組都處於這段區間內。分配中間段的改變多多少少都貼著中位數。波動性大的都在兩端。1980年代，相對於中位數組，最底端十分位群組的所得下跌了。即使接近千禧年時曾短暫上升，但到現在上升的幅度也跌回去了。但最讓人驚訝的變化，出現在中位數以上。我們愈往分配高端去看，愈可能看到該組的勞動所得相對於中位數提高。相對於中位數，勞動所得前五分之一的人（P80）約提高10%，最高十分位（P90）相對於中位數則成長約20%。也就是所得分配中有「上偏」（upward tilt）的趨勢。若觀察前10%的

圖3-2　英國自1977年以來的勞動所得變化

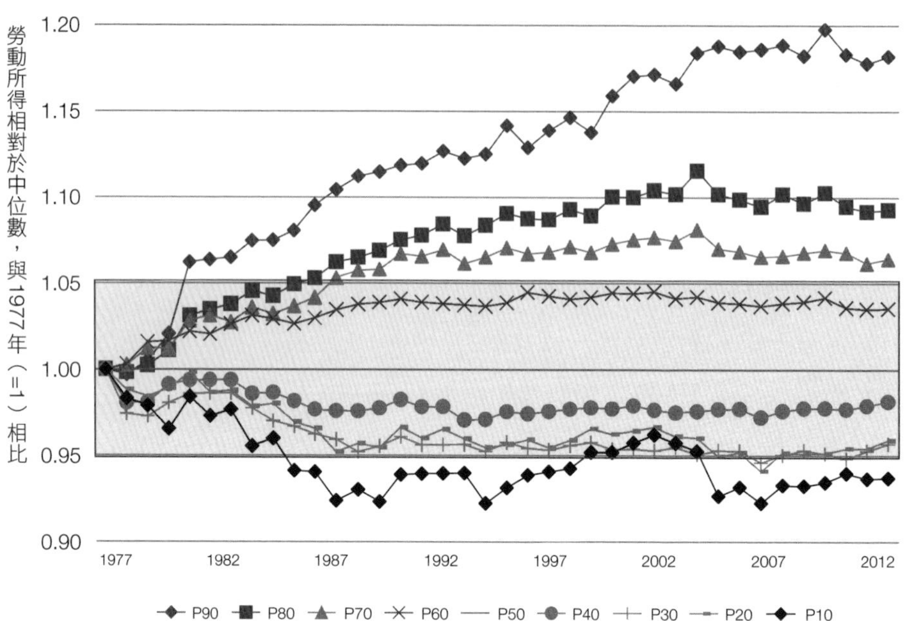

本圖顯示英國全職員工的勞動所得自1977年以來有何變化。數值點代表不同的勞動所得群組和中位數值（分配中間者的所得）的相對值，化成指數，1977年時為1.0。本圖顯示，分配前端者（P90、P80、P70、P60）的相對勞動所得成長，分配後端者（P40、P30、P20、P10）則下降。

人（即最高所得群組），我們會發現差距更明顯。如果我們想像一場勞動所得「列隊」，每一個人根據勞動所得由低至高排隊，我們會發現頂端的斜度會比較陡。1970年代晚期，在英國前10%的人如果再往前看，會看到他們前面的人平均所得比自己還高約30%，到2003年前，這個差距已經拉大到56%。從不同角度來說，一個人的勞動所得在1977年時若是前10%，所得要再提高67%才能進入前1%；2003年時，則要再增加128%[45]。

勞動所得分配高端出現上偏，並非英國獨有，約伯・哈克（Jacob

Hacker）和保羅・皮爾森（Paul Pierson）兩位學者就生動描述美國的情形：「美國的貧富不均不僅是受過良好教育者和其他人之間有差距，或者說是因教育水準不同而導致的一般性差距，而是非常高端者極快速的將所得拿走。位居頂端者通常受過良好教育，但被他們遠遠拋在後面的下層者同樣也是。換言之，過去五十年來，受惠於教育水準提升（指完成大專院校學位或更高等學歷者）的人超過受惠於經濟成長的人，但只有非常少數受過教育的新菁英得以成為新的經濟菁英。」[46]這種扇形所得分配（指愈上端者占比愈大）的情況在經合發展組織會員國中很普遍（但並非每一個國家均如此），這也說明為何有這麼多人關注頂端者的所得[47]。

頂端收入的變化

勞動所得的上偏，大力幫忙把賺得高薪的人推進至所得分配的前1%行列，高薪者追上靠資本收益過活的人，甚至遠遠超越。靠股息及利息生活的人，被基金經理人、執行長以及足球員（他們的薪水再也不只一週20英鎊了！）擠了下來。頂端收入的組成確實有大幅變化。在英國，投資收益對於收入前1%者的對貢獻在1949年時為41%，到了2008年降為13%[48]。皮凱提和伊曼紐爾・賽斯（參見第一章）在檢視美國前0.5%的富裕人士時，發現資本收益（不含資本利得）「1920年代時在總收入中的占比約為55%，1950至1960年代約為35%，到了1990則變成15%。」[49]強恩・巴基加（Jon Bakija）、亞當・柯爾（Adam Cole）和布雷迪・海姆（Bradley T. Heim）三位學者將2004年美國前0.1%的納稅人按職業分類，發現有41%都是非金融業的高階主管、經理或主管，另有18%是金融專業人士[50]。

因此，眾人的眼光聚焦在頂端者賺得的收入上，也就無需訝異。在這裡，我們看到的是一套貿易與科技說法的變形版，可以用來解釋金字塔頂端的「超級明星」。百年前，劍橋的政治經濟學教授阿佛瑞德・馬歇爾（Alfred Marshal）說，高績效者能要求多高的薪資，某種程度上取決於所屬市場規模有多大。回過頭來，市場規模又視科技而定。因此他認為「新通訊技術設備的發展非常重要，透過這些技術，人們一旦位居領導職，就可以把他們的建設性或冒險性天分應用到更多的任務上，拓展出比過去更廣大的範疇。」他觀察到，以藝術為例，「過去從未有任何時候，還不錯的油畫售價會比現在更便宜，但第一流的作品卻以天價賣出。」[51]勞動所得斜度偏向於有利超級明星，造成最後結果的因素不僅是通訊科技進步而已，全球化也拓展了市場規模。

本章之前談過的第二種機制，又更強化高薪者上偏的情況：原本大致上由薪資規範決定的敘薪制度，轉變為大致上由個人績效表現敘薪。在美國，由於愈來愈多根據績效敘薪的做法，也帶動前10%者的收入向上攀升，湯瑪斯・拉米優、賓特利・麥克李德和丹尼爾・裴倫特（Daniel Parent）等三位學者也提到這一點，他們發現：「依據績效敘薪造成的分配不均擴大效果，多半都集中在分配的上端。」[52]高階經理人的薪資大增，也和所得稅高端稅率調降有關。當稅率高時，高階主管不會花太多精力去協商更高的薪酬，他們的成就感比較多是來自於企業營運規模擴大或成長率提高。然而，近幾十年來大幅調降高端適用的稅率，使得經理人重新把心力放在爭取更高的薪酬：「極高所得的真實稅率大幅下降，可能刺激高階主管薪酬的成長，因為這些人非常醉心於多爭取一些任何形式的薪酬。」[53]

政治力量也扮演重要角色。在「贏家全拿的政治」（Winner-Take-All Politics）研究中，哈克和皮爾森提到美國的利益組織團體會進行遊說，以改變法規架構、會計準則以及租稅規範。他們引用美國證券交易管理委員會（SEC）主委亞瑟・萊維特（Arthur Levitt）的話：「各個團體如何代表華爾街裡的企業、共同基金公司、會計師事務所或是企業界的經理人，快速出手克服任何最微小的威脅。沒有任何勞工組織或產業協會能在華府代表他們發言的散戶投資人，絕對不知道自己受到什麼打擊。」[54]這樣的宣言，正清楚表達出對反制力量的需求。

儘管著眼於賺得高薪者，我們也不會忽略資本收益。如今投資收益在前1%者所得中的占比較過去低很多，但也不應就此忽略其意義，尤其是投資收益和勞動所得趨勢愈來愈一致。勞動所得和資本收益兩者相加之後的分配情形，確實是少有人明確思考的面向。但很重要的是，我們要知道這兩種分配的頂端是否都是同一群人。假設我們在一頭要求大家，先按照勞動所得以遞增的方式一一排好，然後再到另一頭，根據資本收益按遞增順序排列，排出來的次序會一樣嗎？有多少人要從這頭跨到另一頭？在李嘉圖的古典模型裡，所有人都要跨過頭：資本家在其中一種情況下拔得頭籌（以資本收益排序時），但在另一種標準下會墊底（以勞動所得為標準時）。我們要問一問，目前情況又如何。十九世紀時這兩種所得的負相關，如今是否已經被零相關及無相關所取代？或者，兩者已經變成完全相關，大家只要從一列走到旁邊的另一列即可？

顯示美國交錯模式的數據很有趣。1980年，兩種所得間的關係不算太強烈：在資本收益中占前1%的人，僅有17%在勞動所得中也占前1%[55]。然而，在2000年之前，這個比例已經由17%增為27%，在資本所得中占前1%者，有超過一半的人勞動所得都排名前10%。從另一頭來看，2000年時重疊部分更高：在勞動所得中排名前1%者，將近三分之二（63%）在資本所得中也排名前10%。共通部分變多。約三十年前，約翰・凱伊（John Kay）和默文・金恩（Mervyn King）兩位經濟學家提到，以英國為例，假設有一位大企業的資深高階主管可以留下四分之一的稅後所得：「他會覺得……他的事業讓他非常富有、非常成功……等他發現英國至少有十萬人比他富有，他可能會有點訝異。」[56]如今，很會賺錢的人，要累積財富又更容易了[57]。

1 顯然這張列表可以再繼續延伸。比方說，我就沒有討論到所得分配不均和移民的關聯。移民經濟學本身便是一個很重要的主題。要說這是一個引發整體所得分配不均擴大的重要因素，這一點沒這麼顯而易見。大衛・卡德在分析美國的問題時，得出結論認為「移民在過去二十五年對於整體薪資不均擴大的影響相對微小（4至6%）。"Immigration and Inequality," *American Economic Review,Papers and Proceedings* 99 (2009): 1–19, quote p. 19.

2 Jan Tinbergen, *Income Distribution: Analysis and Policies* (Amsterdam: North-Holland, 1975).

3 替代彈性衡量的是為了反映相對價格的上漲，對這個要素的需求會下降多少（相對於其他要素）。假設技術性勞工的相對價格上漲10%，導致其相對需求價降10%，那麼其彈性就等於1。若將這個概念擴充到兩個以上的要素，會引起一些定義上的問題，請見Charles Blackorby and Robert Russell, "Will the Real Elasticity of Substitution Please Stand Up? (A Comparison of the Allen/Uzawa and Morishima Elasticities)," *American Economic Review* 79 (1989): 882–888.

4 範例請見Daron Acemoglu and David Autor, "What Does Human Capital Do? A Review of Goldin and Katz's *The Race between Education and Technology*," *Journal of Economic Literature* 50 (2012): 426–463，請見其附註10，當中詳細說明了這一點。

5 計算淨現值時要考慮未來賺到的所得價值低於今天賺到的所得。今天賺的1英鎊，若存在以利率r支付利息的帳戶裡，T年後就會變成erT英鎊。這裡假設技術性與非技術性勞工的工作年限都一樣。

6 Adam Bryant, "In Head-Hunting, Big Data May Not Be Such a Big Deal," interview with Laszlo Bock, *New York Times*, June 19, 2013. notes to pages 87–91 : 329

7 Sir John Hicks, *The Theory of Wages* (London: Macmillan, 1932), quote p. 124.

8 如果替代彈性大於1，經濟學中所說的長期均衡狀態（long-run steady state）就不穩定，經濟體在創新可能前緣（innovation possibility frontier；譯註：指各種由技術性與非技術性勞工創造出來的可能創新集合組成的曲線）上就不會在固定點，而會不斷變動，為前提是非技術性勞工創造的技術進步為零（這是下限）。請見Charles Kennedy, "Induced Bias in Innovation and the Theory of Distribution," *Economic Journal* 74 (1964): 541–547; Paul Samuelson, "A Theory of Induced Innovations along Kennedy-Weisacker Lines," *Review of Economics and Statistics* 97 (1965): 444–464; and Emmanuel Drandakis and Edmund S. Phelps, "A Model of Induced Invention, Growth and Distribution," Economic Journal 75 (1965): 823–840. 1960年代的誘發創新文獻有詳盡的摘要，請見Daron Acemoglu, "Localized and Biased Technologies: Atkinson and Stiglitz's New View, Induced Innovations, and Directed Technological Change," *Economic Journal* 125 (2015),作者在該文中討論近期探討「被導引」科技變遷相關的文獻，在這方面迭有貢獻。

9 Anthony B. Atkinson and Joseph E. Stiglitz, "A New View of Technological Change," *Economic Journal* 79 (1969): 573–578.

10 David H. Autor, Frank Levy, and Richard J. Murnane, "The Skill Content of Recent Technological Change: An Empirical Exploration," *Quarterly Journal of Economics* 118 (2003): 1279–1333; David H. Autor, Lawrence F. Katz, and Melissa S. Kearney, "The Polarization of the U.S. Labor Market," *American Economic Review, Papers and Proceedings* 96 (2006): 189–194; and Acemoglu and Autor,

"What Does Human Capital Do."

11 Kenneth Arrow, "The Economic Implications of Learning by Doing," *Review of Economic Studies* 29 (1962): 155–173, quote p. 156.

12 Steven Chu, Romanes lecture, University of Oxford, November 2014.

13 Robert M. Solow, *The Labor Market as a Social Institution* (Oxford: Basil Blackwell, 1990), quote p. 3.

14 Eric Newby, *The Last Grain Race* (London: Secker and Warburg, 1956).

15 Peter Diamond, "Wage Determination and Efficiency in Search Equilibrium," *Review of Economic Studies* 49 (1982): 217–227, quote p. 219.

16 E. Henry Phelps Brown, *The Inequality of Pay* (Oxford: Oxford University Press, 1977).

17 W. Bentley MacLeod and James M. Malcomson, "Motivation and Markets," *American Economic Review* 88 (1998): 388–411, quote p. 400.

18 Truman Bewley, *Why Wages Don't Fall During a Recession* (Cambridge, MA: Harvard University Press, 1999), quote pp. 84–85.

19 這個薪資規範模型見於Anthony B. Atkinson, *Is Rising Inequality Inevitable? A Critique of the Transatlantic Consensus* (Helsinki: UNU/WIDER, 1999); and Anthony B. Atkinson, *The Changing Distribution of Earnings in OECD Countries* (*The Rodolfo De Benedetti Lecture Series*) (Oxford: Oxford University Press, 2008), Note 2.

20 OECD, *Divided We Stand* (Paris: OECD, 2011), Figure 1.18.

21 Stephen Nickell and Richard Layard, "Labour Market Institutions and Economic Performance," in Orley Ashenfelter and David Card, eds., *Handbook of Labor Economics*, vol. 3.3 (Amsterdam: Elsevier, 1999), 3029–3084, quote p. 3078.

22 Jelle Visser, "Wage Bargaining Institutions—from Crisis to Crisis," *European Economy Economic Papers* 488 (2013), European Commission, Brussels, quote p. 4.

23 David Card, Thomas Lemieux, and W. Craig Riddell, "Unions and Wage Inequality," *Journal of Labor Research* 25 (2004): 519–562, quote p. 555.

24 請見英國全國總工會官網（http://www.tuc.org.uk），2014年10月24日下載。

25 Daron Acemoglu, Philippe Aghion, and Giovanni L. Violante, "Deunionization, Technical Change, and Inequality," *Carnegie-Rochester Conference Series on Public Policy* 55 (2001): 229–264. I owe this reference to Andrea Brandolini, "Political Economy and the Mechanics of Politics," *Politics and Society* 38 (2010): 212–226.

26 Mark Carley, "Trade Union Membership 2003–2008," in *European Industrial Relations Observatory On-Line* (Dublin: European Foundation for the Improvement of Living and Working Conditions, 2009).

27 Michael F Förster and István G. Tóth, "Cross-Country Evidence of the Multiple Causes of Inequality Changes in the OECD Area," in Anthony B. Atkinson and Francois Bourguignon, eds., *Handbook of Income Distribution*, vol. 2B (Amsterdam: Elsevier, 2015), 1729–1843, quote p. 1775.

28 當我還在劍橋大學求學時，寫出這樣的生產函數會招來猛烈的爭辯。「何謂資本？」是我常聽到瓊安・羅賓遜（Joan Robinson）教授常問的問題。關於加總資本，確實有很多議題需要處理，但以目前來說，可以先使用這個函數。

29 若剛好在邊界值，彈性等於1，那麼報酬率的下滑就會和資本存量的增加等比率，因此資本（利潤）的占比長期不會改變。這就是寇博—道格拉斯（Cobb-Douglas）生產函數，其中產出Y等於aLβK1-β，其中a和β都是常數。發展出這條函數，是因為後來成為參議院的保羅・道格拉斯（Paul Douglas）教授發現，投入要素的占比大致上都是常數，便請教身為數學家的同事查爾斯・寇博（Charles Cobb）什麼樣的函數形式才能表示這種結果。在此之前，知名的瑞典經濟學家克努特・維克塞爾（Knut Wicksell）也曾經提過。

30 Daron Acemoglu and James Robinson, "The Rise and Fall of General Laws of Capitalism," *Journal of Economic Literature*, forthcoming. The review by Robert S. Chirinko, "s: The Long and Short of It," *Journal of Macroeconomics* 30 (2008): 671–686, 本文中強調短期數據我們主要感興趣的長期參數之間有出入。我們也必須區分「總額」(gross）與「淨額」(net）之間的差異。亦請見Matthew Rognlie, "A Note on Piketty and Diminishing Returns to Capital,"(http://www.mit.edu/~mrognlie/piketty_diminishing_returns.pdf), 本文以生產函數和扣除折舊後的報酬率來定義彈性，會小於尚未扣除折舊前的總彈性。

31 Alfonso Arpaia, Esther Pérez, and Karl Pichelmann, "Understanding Labour Income Share Dynamics in Europe," *European Economy Economic Papers* 379 (2009), European Commission, Brussels, quote p. 2. 他們繼續論證：「勞動占比不僅過去三十年都在下降，由於資本累積與技術性勞工在整體就業中的占比提高，未來還可能進一步下降。」

32 Lawrence H. Summers, "Economic Possibilities for Our Children," The 2013 Martin Feldstein Lecture, *NBER Reporter* 4 (2013): 1–6. 第一種方法的資本用量為K1，第二種方法的資本用量為K2，總合生產函數就是F(K1, AL + BK2)，A和B的值則由技術水準決定。這種任務導向的方法亦見於Autor, Katz, and Kearney, "The Polarization of the U.S. Labor Market," 本文將機器人視為可完全取代勞力（以執行常態性的任務）。

33 如果（1/A）的勞工貢獻和（1/B）的機器人一樣高，當薪資率對資本報酬率若低於A/B時，採用機器人不划算，所以不會用。當薪資率對於資本報酬率等於A/B時，就會同時使用勞工勞力和機器人。

34 Carl Benedikt Frey and Michael Osborne, "The Future of Employment: How Susceptible Are Jobs to Computerisation?" Oxford Martin School Working Paper (2013), http://www.oxfordmartin.ox.ac.uk/downloads/academic/The_Future_of_Employment.pdf.

35 James E. Meade, *Efficiency, Equality and the Ownership of Property* (London: Allen and Unwin, 1964).

36 Paul Samuelson, "Review," *Economic Journal* 75 (1965): 804–806, quote p. 805.

37 Michael Kalecki, "Class Struggle and the Distribution of National Income," *Kyklos* 24 (1971): 1–9, quote p. 3.

38 此分析結合了薪資協商模型（工會認同薪資對就業的影響）以及壟斷性競爭的模型，後者請見Avinash Dixit and Joseph Stiglitz, "Monopolistic Competition and Optimum Product Diversity," *American Economic Review* 67 (1977): 297–308.

39 John K. Galbraith, *American Capitalism: The Concept of Countervailing Power* (London: Hamish Hamilton, 1952).

40 Office for National Statistics, *Ownership of UK Quoted Shares*, 2012 (London: Office for National

Statistics, 2013), Table 1.

41 Andrea Brandolini, "Nonlinear Dynamics, Entitlement Rules, and the Cyclical Behaviour of the Personal Income Distribution," Centre for Economic Performance Discussion Paper 84, London School of Economics, July 1992.

42 和異質性代理人（heterogeneous agent）主題相關的總體經濟文獻，請見Vincenzo Quadrini and Jose-Victor Rios-Rull, "Inequality in Macroeconomics," in Anthony B. Atkinson and Francois Bourguignon, eds., *Handbook of Income Distribution*, vol. 2B (Amsterdam: Elsevier, 2015), 1229–1302.

43 U.S. Census Bureau, *Educational Attainment in the United States: 2013*, Table 1: "Educational Attainment of the Population 18 Years and Over."

44 World Bank, Data on labour force with tertiary education: http://data.worldbank.org/indicator/SL.TLF.TERT.ZS.

45 計算時假設勞動所得前端者的分配呈柏瑞圖分配（Pareto distribution）。柏瑞圖分配最早由維佛瑞多・柏瑞圖（Vilfredo Pareto）於十九世紀末提出，以數學形式來說，是勞動所得為Y以及更高的人口比率為Y-α，其中α其所謂的柏瑞圖係數（Pareto coefficient）。柏瑞圖分配有一個特性，那就是收入在Y以上的中位數等於$\alpha/(\alpha-1)$Y。在英國，柏瑞圖係數在1977年約為4.5，到2003年則下降到2.8。(source: Anthony B. Atkinson and Sarah Voitchovsky, "The Distribution of Top Earnings in the UK since the Second World War," Economica 78 (2011): 440–459),上述這些數值是主文中計算出來的數值之基礎。舉例來說，若α=4.5，結果則變成4.5/3.5 (= 1.29)再乘以Y。要從前10%變成前1%，收入則要增加101/α。

46 Jacob S. Hacker and Paul Pierson, "Winner-Take-All Politics: Public Policy, Political Organization, and the Precipitous Rise of Top Incomes in the United States," *Politics and Society* 38 (2010): 152–204.

47 See Atkinson, *The Changing Distribution of Earnings in OECD Countries*,Ch. 4.

48 Anthony B. Atkinson, "The Distribution of Top Incomes in the United Kingdom 1908–2000," in A. B. Atkinson and Thomas Piketty, eds., *Top Incomes: A Global Perspective* (Oxford: Oxford University Press, 2010), 82–140, Figure 4.11.

49 Thomas Piketty and Emmanuel Saez, "Income and Wage Inequality in the United States, 1913–2002," in Atkinson and Piketty, *Top Incomes*, quote p. 153.

50 Jon Bakija, Adam Cole, and Bradley T. Heim, "Jobs and Income Growth of Top Earners and the Causes of Changing Income Inequality: Evidence from U.S. Tax Return Data," Williams College Department of Economics Working Paper, 2010–22 (revised 2012).

51 Alfred Marshall, *Principles of Economics*, 8th ed. (London: Macmillan, 1920).

52 Thomas Lemieux, W. Bentley MacLeod, and Daniel Parent, "Performance Pay and Wage Inequality," *Quarterly Journal of Economics* 124 (2009): 1–49.

53 Hacker and Pierson, "Winner-Take-All Politics," p. 203.

54 Hacker and Pierson, "Winner-Take-All Politics," p. 192.

55 Facundo Alvaredo, Anthony B. Atkinson, Thomas Piketty, and Emmanuel Saez, "The Top 1 Per Cent in International and Historical Perspective," Journal of Economic Perspectives 27 (2013): 3–20, Table 1. 美國的數據來源為Christoph Lakner, "Wages, Capital and Top Incomes: The Factor Income Composition

of Top Incomes in the USA, 1960–2005," forthcoming.美國與挪威的比較請見Rolf Aaberge, Anthony B.Atkinson, Sebastian Konigs and Christoph Lakner, "Wages, Capital and TopIncomes," forthcoming.賺得的收入定義為薪資加年金加三分之二的業務收入(自雇者)。

56 John Kay and Mervyn King, *The British Tax System* (Oxford: Oxford University Press, 1980), quote p. 59.

57 適用於男性，但女性未必。如果我們看所得前1%的人，會發現女性少之又少。以加拿大為例，2010年時，在總所得排名前1%的人裡，僅有21%是女性。(Statistics Canada, "High-Income Trends among Canadian Taxfilers, 1982 to 2010," release 28 January 2013),在英國，2011年時，對應的數字是17%(Anthony B. Atkinson, Alessandra Casarico, and Sarah Voitchovsky,"Top Incomes and the Glass Ceiling," forthcoming).「所得玻璃天花板」很明顯。

第一部　小結

到目前為止，我說明了本書要因應的挑戰。我檢視擔憂貧富不均的理由、拿出顯示貧富差距的數據，細數討論貧富不均的經濟學，目的是要在本書下一步找出一套具體措施，可以用來明顯拉近經濟面的不均。

過去，有很多貧富不均縮小的重要時期，不僅包括特殊的戰爭期間，戰後幾十年的歐洲以及最近幾十年的拉丁美洲亦是如此。雖然現今世界的很多重要面向都不同於以往，我們還是可以歷史為師，從中學習。經驗指出，貧富不均縮小，多半透過拉近市場所得差距再加上更有效的重分配，而這也是本書所提建議的基礎。

影響市場所得的，並非我們所無法控制的外生力量。縮小市場所得的不均是做得到的。我們需要探討決定技術變遷的因素，檢視如何加以善用從而改善勞工與消費者的人生機會。在市場經濟裡，供需影響結果，但其他機制也有發揮空間，因此我們需要在更廣大的市場脈絡下檢驗市場運作。在第四章與第五章中，我會討論和技術變遷及就業有關的議題。

第二及第三章的重點大致是薪資差異不斷擴大，重要的是需研究資本收益以及勞動所得的角色，與兩者間的關係。哪些措施可以讓財富分配更公平，是第六章的主題，但我們要謹記，財富的所有權不一定能讓人控制資本。我們要找出決策點，因為這會影響個人的所得和生活，以及權力平衡：包括不同個人之間，以及社會不同群體之間。權力議題在政治領域最透明。政府可以大力影響市場結果，因此在第四章及六章中扮演重要角色，但其最直接的影響力是透過重分配性的稅制（第七章）以及提供社會安全（第八章）。

第二部

行動

縮小貧富不均的具體建議

第二部要提的，是根據我判斷能大幅縮小貧富不均之下得到的具體建議，其中有一些則是實際參考英國而發展出來，但我相信其根本之道能引發更廣泛的迴響，並適用於更多國家。一些建議涉及累進稅與社會保障等古典措施，不過我還沒開講就已經聽到有人批評，將它們斥為陳腔濫調或純粹的烏托邦。我確實會在第七章和第八章中提出「稅賦和支出」的相關建議，但本書主題之一，是能讓市場所得（在繳交政府稅金與收取移轉收入之前）更平等的措施有何重要性。現代嚴重的貧富不均，只能藉由因應市場不均才能有效縮小。因此，在第四章到第六章，我要先從影響勞動與資本市場所得的各種經濟力量談起。

第四章

技術變遷與制衡力量

自動化技術，或者從更廣泛角度來說的技術進步，並非偶發，而是反映各方人士在這類投資上的審慎決策。因此，我們一開始要先問，做成這些決策的流程是什麼。這自然而然導向一個問題，即誰負責做決策？另外則是衍生的制衡力量議題。

在第三章中，我提出一個簡單的經濟說法，描述如何綜合資本累積與技術變遷兩者、以解釋近幾十年來總體經濟分配的發展。隨著人均資本量（capital per head）提高，經濟會成長，但國民所得帳戶裡的資本占比也會提高，賺取薪資的人福祉便因此受限。上一章的說法是從機器人自動化科技的特殊角度出發：這是無需輔助的資本（機器人）產能與勞工生產力之間的競賽。對很多觀察者來說，機器人不只是比喻而已，它們已經是這場競賽裡的贏家。《經濟學人》裡有一篇文章便以無人駕駛汽車為例，其中斷言：「到2030或2040年之後，很多地方都會難得見到計程車司機。此時對記者來說卻是一大壞消息，因為他們很仰賴這群最可靠的來源打聽本地消息與意見。」[1]但自動化技術，或者從更廣泛的角度來說的技術進步，並非偶發，而是反映各方人士在這類投資上的審慎決策。因此，我們一開始要先問，做成這些決策的流程是什麼。這自然而然導向一個問題，即誰負責做決策？另外則是衍生的制衡力量議題。

技術變遷的方向

最初讓我們先假設決策是在商業考量下做成的。企業投資開發機器人新科技（仍研究機器人這個比喻），可能是用於專精生產資本財（之後銷售給生產最終消費商品的公司），或者是垂直整合型的企業在內部自行研發技術。舉例來說，假設汽車廠正在思考是否要進行投資，將噴漆工廠自動化。表面看來是可喜的投資，因為這代表人類要做出優質產品，再也無須長期暴露於有毒化學物質環境下。對於負責操作及維護機器人的勞工來說，新工廠也將提供更多技能性的工作（需要更高教育程度才能勝任）。最初，新製程需要聘用更多人，因為必須要做實驗，機器人也需要經常有人排除故障；等到時機成熟，將能大幅減少總員工人數。之後省下來的薪資費用，就是一開始的投資報酬率。決定是否要投入新技術之前，這家車廠會權衡未來省下的費用與目前的投資成本。最後的結論，要視這家企業觀察的時間多長而定，因此如果車廠從長期角度來看利潤，就比較可能投資。另外也有其他考量，比如機器人不會罷工。隨著員工人數變少、但機械化後的產量提高，車廠握有的控制力愈來愈大，就愈不需要和產業工會談判。

前文描述的景象在許多方面都很美好，說明科技進步帶來益處，因為沒人想做的危險工作都消失不見。這聽起來像是經濟學家凱因斯曾經預言過的世界，他在1930年的論文〈後代子孫的經濟機會〉（Economic Possibilities for Our Grandchildren）中預測，未來會有更多的休閒時間，也能化解「經濟問題」[2]。那我們能不能就讓市場經濟自行做決策就好？因為這樣馬上會出現三個問題。第一是分配問題。誰的後代子孫可以享有更多休閒時光？凱因斯指「吸納多於勞工的問題」是「長期快速變動的成長痛處」，但我們看到的是國民所得中占比長期下來出現的變化。我們必須思考是誰得到資本收益，以及怎麼樣才是比較公平的財富占比。麥肯錫顧問公司曾舉辦一場名為「自動化、職務與工作的未來」（Automation, Jobs, and the Future of Work）的圓桌會議，會中柯林頓總統的經濟顧問委員會主席蘿拉・泰森（Laura Tyson）總結，關鍵問題在於「誰擁有機器人」[3]。

第二個和市場結果有關的問題，不是發生在噴漆工廠，而是在《經濟學人》裡所講的無人駕駛計程車範例：人際接觸是提供最終商品服務時的重要元素。這個問題在噴漆工廠裡不重要，因為噴漆是製程裡的中間過程，買車的人也不會知道完成噴漆任務的是真人還是機器人。但計程車是最終服務，計程車司機實際上是在提供聯合產品：一部分是從機場到旅館的交通旅途，另一部分是摘要當地意見與消息。有時候，乘客或許情願不要有後面這部分，但很多時候，這項服務在整套流程中就算不是不可或缺，也可說非常寶貴。人際互動能讓人安心，確保產品滿足消費者的需求，或提供使用產品的重要資訊。透過自動機器分發的藥品，不會附帶藥師的用藥指南。由無人駕駛直升機外送到家的餐點，也缺少很多顧客認為是服務要項之一的人際交流。

實際上，真人服務這個要素和資本一樣，也能增添人的相對生產力。但這裡的假設前提，是由真人提供的服務會持續供應。在這裡，聯合供應（joint supply）是一個問題，因為經濟學裡沒有任何定理保證，市場能決定出真人服務在產品中應占的最適比例是多高，才不會讓這兩個元素被拆開。我們也無法保證最後能出現兩列計程車排隊攬客，一列有司機一列沒有，讓消費者可以分別表達他們對於真人服務要素的需求。這和地理區位的選擇很相似。美國經濟學家哈洛德・赫特林（Harold Hotelling）1920年時曾經證明，我們沒有理由假設市場力量可以催生出適當的賣方地點分布。想像一下，海灘上有兩家冰淇淋店（兩家賣的商品都一樣），假設潛在客戶的密度沿著海灘平均分布，追求利潤最大的賣家會在海灘中心點緊鄰著競爭對手。但兩家實際上提供的是一模一樣的產品，如果目標是要把所有買方必須移動的總距離縮到最短，我們會希望他們散開。如果這兩家廠商能各定位在兩頭四分之一的距離，這就會好得多，但這樣的結果不會是一個可長可久的市場解決方案，因為每一家賣方不管在什麼位置，只要他們往中心多移一點，就會多爭取到一些客人。

同樣的道理，選擇要繼續供應哪些商品與服務，以及最重要的，其中要有多少的真人服務元素，與消費者及勞工的利益息息相關。如果企業選擇將供應模式改為高度機械化，比方由無人直升機負責遞送，將會對薪資與就業造成一定影響。就算有需求的買方是公家機關，上述道理也成立。在請企業對外包服務報價時，政府（不管是全國性或地方性）可以決定真人服務的比重要占多少。如果重點放在盡量降低供應成本，少有或甚至完全不在乎要保有服務的本質，就會導引供應商走向自動化。更直接來說，如果削減公共開支的樽節開支計畫影響到這些服務要素，那麼削減預算就會促成所得從勞工身上轉到資本。

科技創新的第三個問題，是今日決策造成的結果很可能出現在遙遠的未來。在第三章中我提到了從做中學。今天用自動化取代人力，未來可能就會有更多人被取代，因為企業會從中累積經驗。今日的生產模式選擇，會影響我們明日有哪些選擇。使用機器人的經驗會帶領我們走上一條路，在這條路上長期下來由機器取代真人，而且當中的取捨會變得更有利於機器。但我們本來可以選另一條路，強調真人服務元素，讓更多人培養出技能。因此，我們必須考慮目前生產決策的影響力未來可能把我們帶往何處。在這裡，企業動機會優先放在股東具體利益上，很可能和更廣泛的社會利益不一致，因此我們需要考慮制衡力量，這部分會在下一章討論。而首先我們先來看政府扮演的重要角色。

政府是技術進步的投資者

政府政策在影響技術變遷的性質上扮演重要角色，因此也影響市場結果的未來走向。而這也導引出第一項扭轉貧富不均趨勢的做法建議：

提案一：政策決策者應明確考量技術變遷的走向，要從提高勞工雇用量與強調提供服務的真人面向角度來鼓勵創新。

只會把貧富不均不斷擴大歸咎於我們無能控制技術變遷是沒用的，政府其實可以影響變遷的走向。此外，這股由政府部門施展的影響力多半和社會正義議題無關。想要縮短貧富差距的政府，在這個問題上必須要讓整體內閣都參與其中。

首先，這代表要達成目標，必須由政府出資支持科學研究。以美國的iPhone為例，可以說明政府資金扮演的重要角色，這支手機靠的是「七、八種基礎科學技術的突破，比方說衛星定位、多重觸控螢幕、液晶顯示、鋰電池以及手機網路……這些都來自聯邦政府支持的研究。最終產品當然是蘋果公司的功勞，但背後靠的可是政府支持的研究。」[4]瑪麗安娜・瑪蘇卡托（Mariana Mazzucato）在她的著作《企業政府》（*The Entrepreneurial State*）一書中深入探討蘋果公司的故事。以觸控式螢幕來說，她指出政府資助的研究實驗室所扮演的角色：「一般認為強生（E. A. Johnson）是電容式觸控式螢幕發明者，他在1960年代任職於英國政府機構皇家雷達學院（Royal Radar Establishment）時發表第一批研究……觸控式螢幕最初最重要的發展之一，出現在歐洲核子研究組織（CERN）……山繆・赫斯特（Samuel Hurst）發明的電阻式觸控螢幕……則在他離開美國橡樹嶺國家實驗室（Oak Ridge National Laboratory）之後隨即問世。」至於構成硬碟基礎的巨磁阻效應原理（Giant magnetoresistance），「則起於兩個分別位在德國與法國，由政府資助與支持的獨立物理學術研究計畫在近年來達成最重大的技術突破之一。」[5]

前述說法或許暗示技術進展是一套線性過程，由政府出資贊助基礎研究，然後由民間部門負責把可贏得諾貝爾獎的研發成果轉變成產品。然而，政府以及整體社會既是轉換階段中的重要利害關係人，也是重要參與者。重點不是政府能否「選出贏家」，而是能否體認到政府在複雜流程中許多階段都有潛在影響力。引用瑪蘇卡托的話：「很重要的是要體認到創新的『集體性』特質。不同類型企業（不管大或小），不同類型融資方法與不同類型政府政策、制度和部門，有時候會以無可預測的方式互動。」[6]回過頭來，這當中有其政策意涵，一如美國科普作家史蒂芬・強生（Steven Johnson）所強調的：「如果我們認為創新來自彼此次合作的網絡，那麼我們就會願意支持各種不同政策與組織形式：包括沒那麼僵固的專利法、開放式的標準、員工認股、跨學科關聯。」他從檢驗多項重大創新之中得出上述結論，其中包括燈泡，之後他繼續說：「點亮燈泡不僅讓我們能在床邊閱讀，也幫助我們更清楚理解新的概念從何而來，以及社會應該如何孕育新構想。」[7]

在這樣的脈絡下，當政府做任何要支持創新（不論關乎融資、授權、規範、採購或教育）的決策時，應該明確考量當中的分配意義。但現在卻看不出有這種跡象。美國國防部先進研究計畫署（US Defense Advanced

Research Projects Agency）2004年曾推出「無人駕駛汽車大挑戰」（Grand Challenge），當時美國軍方對這個專案訂下一個明確目標，那就是2015年前，地面部隊要有三分之一的武力來自無人駕駛車輛。但他們有沒有考慮在軍隊之外造成的更廣大影響（受衝擊的計程車司機以及其他人）？這些計畫有沒有鼓勵重新安置不再被需要的人類司機？當同一領域但總部位在歐洲的尤里卡組織集團（Eureka；譯註：為一跨政府組織，宗旨是為泛歐研發募資與進行協調）在推動歐洲高效安全道路交通計畫（Programme for a European Traffic System with Highest Efficiency and Unprecedented Safety, PROMETHEUS）時，有沒有考慮分配問題？這個計畫中選擇「效率」一詞，即暗示「公平」並非核心。小布希總統2006年時曾提出「美國競爭力計畫」（American Competitiveness Initiative），將美國花在帶動創新上的研究開支提高兩倍，政策裡寫道：「研究會為我們的經濟帶來報酬。」但有沒有任何新聞記者問他「為誰帶來報酬？」[8]這些都是很重要的決策，研究方向和整體社會利益息息相關。

公部門的就業與技術變遷

到目前為止，都是從提升資本或勞力生產力的角度來討論科技變遷方向，但另外有一個議題也很重要，那就是該偏重經濟體中的哪些產業。最嚴重的偏頗形式稱為鮑莫效應（Baumol effect），這是以美國的經濟學家威廉・鮑莫（William J. Baumol）命名，他主張，某些產業的生產力成長速度會比其他更快，某些產業則已經沒有空間，人均產出不會再成長[9]。不論過了多少年都需要四個人演出的四重奏，是後面這種現象的經典範例，但鮑莫效應特別適用於公部門；公部門服務（例如醫療保健、教育與公共行政）

的生產力成長緩慢，被當作成本長期上升的理由，並引發財政問題。從對比最強烈的形式來說，如果一個人可以教一班學生或製造一輛汽車，技術進步就代表他可以在同樣條件下做出兩輛車而不是一輛，那麼如果普遍薪資水準隨著製造業的生產力提高而上漲，即代表教育相對成本加倍。

這也是否意味著，當社會透過科技進步而更加富裕時，我們應該少把資源放在落後的公共服務上？公部門應該精簡人力嗎？有些人會得出前述結論，但這並無道理。鮑莫自己也很謹慎指出，當我們愈來愈富裕，也可以在公共服務上附加更多價值[10]。若要舉個實際範例，比方說治療背痛可以讓病患更快返回工作崗位，當這位員工回來之後在工作上（比方說，製造汽車）展現更高的生產力，這代表以額外產能來說，治療背痛帶來的利益更大。公共服務活動的附加價值也類似，只是效益更大。

這和之前的討論有何關係？在前一章中，我強調技術變遷走向並非外生變數；反之則會受經過思考之後的決策影響並反映出決策內容；而決策面向之一，是要選擇出哪些產業要追求技術進步。因此，政府不應認定鮑莫效應注定躲不掉，反而更應設法提高勞動密集產業的勞工生產力。新技術的投資決策，應該以不同產業的主張為依歸，其中公部門應該由政府為代表。決策者也應考量整體經濟的進步未來能為公部門帶來哪些價值成長。目前的決策者以及選民，都需要有前瞻性的眼光。我們多半從道路或機場等基礎建設來思考投資，但同樣重要（甚至更重要）的是人力資源投資。我之後會強調現金移轉收入（兒童福利津貼〔Child Benefit〕）對有小孩的家庭有多重要，但這必須結合針對兒童的福利與設施投資一併考量，包括幼兒早期教育與照護、學校營養餐點計畫，以及課後青少年活動方案，再加上提升正式教育體系的品質。就像我之前主張的，考量到跨世代的公平，以及未來生活水準成長率將會走緩，代表我們不應該用過去標準來折算未來，而這應該會提高人力資本投資者所做投資的估值[11]。

基於幾個不同的理由，更好的公共行政應有更高的估值。要創造出更公平的社會，得非常仰賴公共行政績效以及公部門面對人民時的應對進退品質。抑制消極的公共行政成本或許能壓低一些，但要促成公平社會，必須確保公部門（包括稅賦、公共支出、規範與立法等領域）運作公正、透明且為人接受，這必須要投入資源。此外，隨著社會愈來愈富裕，標準也會愈來愈高。要推行的提案會涉及大幅改革政府活動（就像美國1930年代的新政要求設立新制度），也一定需要投資新方法。這一點特別適用於下一章要討論的縮小貧富不均建議：保障就業；保障就業能否發揮促成社會公益的成效，要看相關的方案能否不被侍從主義（clientilist；譯註：指恩庇者〔政府）依據人情將資源輸送給侍從〔企業或派系〕，以換取侍從的政治忠誠度）的利益凌駕其上。受過訓練且獨立的行政服務是必要的。以強化政府效率來說，新科技可能發揮的作用早已廣受認同，但我主張的是在平等面向上的重要性。為了讓新技術進步省下的成本與失去真人接觸的成本當中取得平衡，政府應該捍衛身處弱勢者，而且不只是實際上的弱勢，也包括在面對新科技時成為弱勢的各方。經濟上的不均，通常都伴隨著難以取得或使用資訊通訊科技的知識。對於中產階級來說，線上報稅省時省力，但是對於剛剛失業的人來說，要求他們從線上申請失業救濟，則是一大挑戰。這些面臨困境的人，是最需要真人服務公共行政的人。

制衡的力量

經濟體中的眾多參與者與利益可能都不相同，這早已無須多談，但同一個人卻可能扮演多重角色，有時甚至互相衝突。員工或許樂見薪酬提高，但若因此導致物價飛漲，並讓退休基金要撥付的金額小幅增加，那就值得考慮。在本節中，我要討論不同參與者從個別立場施展出來的力量，以及他們在經濟決策中扮演的角色。我涵蓋的決策不僅和技術變遷走向有關（這是本章到目前為止的焦點），也會更廣泛討論經濟成長帶來的分配益處。

市場力量的平衡

在前一章提過的《美國資本主義》一書中，作者高伯瑞觀察到：「對商業人士與政治哲學家來說……競爭性模型的吸引力，在於其中解決權力問題的方法。」當企業和消費者無法影響市場價格時，他們的力量就會受限。但如果我們放下完全競爭的假設性世界，就必須問一問各決策者是如何發揮市場力量。這也適用於勞動市場，在勞動市場裡，雇主和員工（以及工會）會針對薪資與聘僱條件討價還價；在商品市場裡，企業把價格訂在高於邊際生產成本以上，並決定供應的產品範疇（消費者則很少能展現集體力量）；至於在資本市場裡，企業則必須面對具有市場力量、足以決定資金取得與成本的金融機構。高伯瑞強調，經濟學家自1930年代以來就理解，在「壟斷性競爭革命」（monopolistic competition revolution）之下，模擬市場時需要將企業設定成具有一定程度的市場力量，介於完全壟斷與完全競爭之間。企業面對競爭，但也是價格設定者。世人之所以能進一步了解企業的行為，要歸功於近幾十年來的賽局理論分析，2014年諾貝爾經濟學獎頒給法國經濟學家讓・提霍勒（Jean Tirole），表彰他對於「駕馭強勢企業這門科學」的貢獻，便代表這門學科的成就。

這和貧富不均有何相關？在這裡（以及本書其他地方），我要找的不是超越性的解決方案，我不會討論整個社會應如何分配權力這個終極問題。反之，我會從實務考量出發，討論目前的貧富不均程度太過嚴重，而這個結果有一部分反映的是涉及消費者與勞工的權力受到壓抑。很多人都認同（其中不乏具備專業資格知識），2014年諾貝爾經濟學獎的引言裡提及必須控制強勢企業時所透露出的憂心。這裡的強勢企業指的包括生產者以及（自金融危機之後的）金融機構，這是因為「銀行規模大到不能倒」這個想法背後，實際上體現出正由於金融機構太強大，才會有這種事。因此，我會探討如何轉化市場力量，導向賦權給消費者，並恢復產業工會的法律地位，但我不會嘗試去解出何謂理想平衡這個問題。我的重點，在於力量移動的方向。

透過改變企業動機，讓他們多多考量社會責任，能達成權力平衡的變動嗎？以不受股東掌控的組織來說，實際上可以把目標訂得更高更遠一點，比如下例：「權力應對受其影響者負起責任。評量組織行事最終標準，應是人性尊嚴以及服務他人，而非經濟表現。我們認為相互的責任必須深入整體社群行事當中，並以民主參與及信賴原則提供支持。」（跨國化學公司斯高特巴德聯邦企業〔Scott Bader Commonwealth〕之公司章程。）[12]那麼，較常見的股東掌控型企業又如何呢？企業發展取向之一是遵循長期觀點，這會對分配結果造成間接影響。我們在上一章提過，企業或許已經更短視近利，而這或許能為薪酬的變動模式與管理階層薪資出現上偏現象提供一些解釋。經濟學家米爾頓・傅利曼（Milton Friedman）1970年代曾在《紐約時報》上發表一篇著名文章，當中直指：「企業的社會責任就是要提高自己的利潤」，但重點是我們看的期間是多長[13]。企業在法律與政治架構下運作，長期要能生存（從而創造利潤），靠的或許是在追求短期利益的同時，也必須展現一定程度自制。如果是這樣，那麼股東（尤其是機構投資人）可能會明顯施展影響力，偏向長期觀點。然而我們也必須體認到，股份所有權當中的全球化特質愈來愈高。我們之前也看過，一半以上的英國普通股份都由「世界其他地方」的投資人所持有。「社會責任」的概念適用於特定社會之下，但我們不確定海外股東對於他們投資的國家是否也會許下長期承諾。

1970年代時，肯尼斯・亞洛（參見第三章）曾列出各種將社會責任體現在企業目標上的方法，他列出法律規範（如以下討論）、稅賦（參見前幾章）、施加法律責任（本書中未提及明顯相關部分）以及訴諸道德行為守則（即一般理解的適當行為定義）等。他說，最後幾項「經濟學家不太可能會提」，但他繼續指出「經濟生活能否延續發展，有很大一部分取決於有沒有一定程度的道德承諾。」[14]他也討論在哪些情況下可以建立起道德守則，以及在哪些情況下這些守則得以維繫。他的重點是，道德守則有助於提升經濟效率。我有興趣的是，這類守則是否能導出不同的經濟結果，創造出更公平的分配局面。在下一章裡，我會針對薪資原則提出具體建議。我認同阿隆說的「我們不可期待人類行為出現神奇的變化」，但我相信，自願性的行動可以扮演重要角色。現在已有些跡象顯示，大環境比起亞洛四十年前寫作時更有利：比方說，哈佛商學院2009年畢業班創作出「企管碩士誓詞」

（MBA Oath），這是一份自願性的宣示，即將畢業的企管碩士以及仍在學的碩士宣告要「以負責任且符合道德的方式創造價值」[15]。

競爭政策本身就帶有分配意涵

透過法律干預以限制產品市場裡的壟斷力量，早已行之有年。美國的法律教授強納森・貝克（Jonathan Baker）表示在美國，「最高法院賦予反托拉斯法規接近憲法的地位。」[16]但同樣的，自1890年〈雪曼反托拉斯法案〉（Sherman Anti-Trust Act）之後，這類立法的目的也引起諸多爭議。辯論中一位最有影響力的人士是美國法律學家羅伯・波克（Robert Bork），1978年時他主張：「反托拉斯政策並不理性，除非我們能先回答企業以下這個問題：這類法律的重點是什麼？亦即其目的為何？」[17]他給的答案，以及後來主導美國最高法院決策的想法，是法律的目標應為增進消費者福祉，而且是用經濟效率來詮釋的福祉。

不再顧慮分配效果之後，1980年代以後美國的反托拉斯法脫離最高法院過去的取向，當然也脫離1890年國會通過〈雪曼法案〉時的論調。無論雪曼參議員真正的動機是什麼，但他確實提到分配上的考量：「可能擾亂社會秩序的問題會刺激一般人的心理，在這些問題當中，最具威脅的是財富不均，以及由於資本集中，導致很可能只要一代便會產生大型集團，控制生產與貿易並打破競爭。」[18]在1945年知名的美國鋁業公司（Alcoa）案判決中，勒恩德・漢德（Learned Hand）法官的見解是：「國會1890年的立法目的之一，是因為看到他們眼前人民的無助，因此欲終結大量資本集中。」[19]

這裡的重點是，競爭政策應該體現明確的分配考量。我們知道，消費者的福祉是每一個人利益的加總，但各人利益不同，只有透過某些流程權衡不同群體的環境條件之後，才可以相加。我們可以用一個範例來具體說明。第一章曾提過，貧富不均的源頭之一是有些人無法獲得商品或服務。在本章中，我們也看到無法僅仰賴市場提供消費者喜愛的產品。這裡就有一個分配上的問題。當貧富不均很嚴重，供應商的數目卻又有限時，那麼這些企業很可能就不提供貧窮人家要的較低等級產品，這些家庭也因此被排除在市場之外。街角小店裡再也買不到便宜的小塊肉，所有產品都包成份量過大的大包裝。當然，競爭政策不會鉅細靡遺管到超級市場裡要賣什麼，但會影響企業在市場裡的自我定位[20]。本地小店能否生存，看的是大企業受到哪些規範。針對競爭對手定價，其效果可能會直接影響到消費者可以取得哪些產品。規範機構必須了解競爭政策對於各種收入族群有何影響。很矛盾的是，防範壟斷的措施可能會減少服務，因為推動競爭的主管機關會要求大銀行縮減分行數目讓出空間，銀行就會決定關閉較貧窮地區的營運點[21]。

為了推銷「競爭政策本身就帶有分配意涵」這個概念，我不僅當面反駁美國最高法院，也與質疑是否適合利用法規政策達成分配目標的經濟學論文相抗衡。我發現自己被歸類成亨利・賽門斯（Henry Simons）《自由社會的經濟政策》（*Economic Policy for a Free Society*）書中的「江湖術士」一類；賽門斯是芝加哥學派的經濟學家，在書裡他寫道：「對我們來說，迫切必要擺脫以縮小貧富不均為名，並用各種手段管制相對價格與薪資的莫名其妙措施。在這方面，有能力的經濟學家與江湖術士之間有一大差異，那就是前者有時候會克制自己的情緒，稍稍省思交換經濟體中的各種機制。」我引用的是詹姆士・托賓（參見第一章）論文中的引文，托賓接著評述賽門斯的話，說道：「聰明的經濟學門外漢了解利用稅收與現金移轉收入進行重分配有其實務限制，因此這些人不會滿足於上述的答案。」[22]在這一點上，我和經濟學門外漢站在同一陣線。我完全了解促進競爭的機關推動的行動無法達成微妙的重分配。稅制與移轉所得這些次佳手段能讓分配不均縮小的程度明顯有其限制，而如果我們希望大幅縮小貧富不均，就必須重新導引所有具備拉平所得分配效果的措施（這些措施無法做到完全瞄準）走向。但不管何種形式，所有干預分配的手段都不可能完美。

法律架構與產業工會

當法律學家徐晞林（Shi-Ling Hsu）從律師的角度評論《二十一世紀資本論》時，他先提出一項觀察：「皮凱提本人、他的支持者與批評者都忽略一大塊拼圖：法律在分配財富上扮演的角色。戰爭與經濟衰退會對資本投資造成重大浩劫，這是直覺。但和平繁榮時期幫助富人累積、整合與增進財富的法律機制，在本書的討論中仍是謎樣的黑盒子。」[23]他繼續論述，提到美國的法規與制度本來就偏向於有利資本。他最關心的是反托拉斯（之前討論過）與規範，但與產業工會相關的立法上也有同樣問題。

時至今日，很少有人記得在與產業工會相關的氛圍有過多大變動，尤其是英美兩國。在美國，產業工會的總會員數在1950年代達到高峰，之後就下降，目前民間的工會成員人數很少。喬瑟夫・史迪格里茲（參見第一章）表示：「最明顯的社會變遷，（是）美國賺取薪資、工資的勞工在1980年加入工會的比率為20.1%，但到2010年只剩下11.9%。這導致經濟力量失衡，也創造出政治上的真空。」[24]約翰・愛迪生（John T. Addison）、克勞斯・許納貝（Claus Schnabel）與約亞希姆・華格納（Joachim Wagner）提到德國工會處於「危險狀態」，因為西德勞工加入工會的比率從1980年的

33%，到2004年卻降為22%[25]。

從影響力來說，英國的變化堪稱劇變。1950年代時，倫敦政經學院的產業關係教授班恩・羅伯（Ben Roberts）寫道：「不管是哪一個政黨當權，都會針對每一項造成影響的措施徵詢產業工會，工會在至少六十個政府委員會都有代表，而且多半時候只要他們願意，隨時都可以會見部長級人士。」[26]但情況早已改變，而且如果現在有誰講到「social partner」（同時有社會夥伴與社交伴侶之義）一詞，英國人比較會聯想到約會服務公司，而不是勞資雙方的代表。產業工會影響力漸減，和1980年代期間保守黨政府持續通過立法限制其活動脫不了關係。表4-1列出一連串從1980至1993年實施的法律，這些法規降低英國產業工會的自主性，與採取相關罷工行動的合法性。立法的最後結果是工會的法律地位大幅下降，保障大幅減少。

也因此，英國總工會會在2006年提出新的〈產業工會自由議案〉（Trade Union Freedom Bill），也就不足為奇；時間上的意義，是〈1906年勞資爭議法案〉（1906 Trade Disputes Act）在這一年屆百年，這項法案是產業工會立法的分水嶺，讓工會免於承擔損害責任。「自由」一詞出現提案中，是要容許勞工把參與罷工行動當成最後的手段。本提案將會提供保障，使得參與正式罷工行動的員工不會被解雇，把顯然大多數成員贊成時仍限制工會組織罷工行動的法案簡化，並重新定義哪些因素構成勞資爭議。我認為，這是強而有力的基礎，為產業工會的活動提供更新、更安全的法律架構，也順應了前述的變革趨勢。這不表示情況將回歸1980年之前，比方說，不記名投票（見表4-1）顯然是很合理的規範。

這項議案具體瞄準的是英國，但所有國家都應考慮如何在二十一世紀的勞動市場中達成適當的權力平衡。考量這些因素的結果，有可能不會改

表4-1　1980至1993年英國主要的產業公會相關立法

〈1980年就業法〉 （Employment Act 1980）	賦予工會會員權利，產業工會不可不合理的排除或開除會員；限制員工對抗不公平解雇的權利；限縮合法罷工糾察的豁免範圍；大幅縮小次級罷工行動的豁免範圍；合法關廠必須要有80%的人投票贊成。產業工會與員工可以動用政府資金進行投票。
〈1982年就業法〉 （Employment Act 1982）	縮小產業爭議的定義，禁止雇用契約內僅適用於工會成員或需工會認同的條款以及類似安排的非正式做法；每五年要擴大80%的同意門檻適用範圍，擴及所有關廠行動；容許雇主取得禁制令對抗工會，並針對損害控告工會。
〈1984產業工會法〉 （Trade Union Act 1984）	要求工會在選舉主要的執行委員會以及維持（和累積）政治操作資金時以不記名投票為之；取消未獲得有效同意票的正式罷工行動豁免權。
〈1986年公共秩序法〉 （Public Order Act 1986）	訂定和罷工糾察相關的新違例。
〈1988年就業法〉 （Employment Act 1988）	賦予勞工可無條件脫離工會的權利（或拒絕成為工會會員）。賦予產業工會會員，挑戰未經有效投票的罷工行動，並防止工會懲戒不支持產業活動的會員，就算是投票通過的行動亦然。賦予產業工會成員全力，可指定委員協助成員在訴訟上面對工會。
〈1990年就業法〉 （Employment Act 1990）	撤除最後的關廠法律保障；把非政治行動至於如同正式行動的法律控制之下；撤除所有形式次級罷工行動的豁免權。
〈1993年產業工會改革與就業權利法〉 （Trade Union Reform and Employment Rights Act 1993）	針對產業工會進行法規規定的投票活動加諸更多的義務。訂定新的程序，產業工會必須先遵循這些程序，之後才能合法要求採取罷工行動，其中包括事先通知相關雇主。容許個人取得命令以阻止據稱不合法的罷工行動，不問這些個人是否有因行動而蒙受損失，並可獲得保護工會成員委員的協助，以對抗工會組織的非法罷工行動。進一步擴大〈1988年就業法〉對產業工會自主權的限制，只符合立法中特別規定知識由工會才可以排除或開除個人的會員資格。賦予監管官（Certification Officer）大量的調查權，可查核產業工會的財務事項以及工會依規定必須額外報告之事。

Source: Eurofound website, http://www.eurofound.europa.eu/emire/UNITED%20KINGDOM,and Institute for Employment Rights, *A Chronology of Labour Law* 1979–2008, http://www.ier.org.uk/resources/chronology-labour-law-1979–2008.

變目前架構，甚至還會限制工會權利。我同意，到目前為止其他國家不利於工會的風向並未轉向，也有很多人擔心，由於工會保障自家會員卻犧牲他人，會導致勞動市場形成兩個階級，但完全把產業工會晾在一邊也不太可能是適當的結果[27]。

除了新的法律架構提案之外，英國產業工會的參與社會決策也是一項重要議題。英國的社會政治學家柯林・克洛區（Colin Crouch）2000年時讓大家注意到「產業工會完全缺席」，未參與福利國家改革的討論，他觀察到這似乎是英國特有現象。比方說歐陸國家的情況就不同，在歐陸，產業工會在年金計畫、疾病保險與失業福利等項目中都有正式地位[28]。若政府在設計政策時更願意徵詢各方意見，英國就更有理由成立「社會與經濟諮議局」（Social and Economic Council）這類機構，以因應長期改革的議題（見接下來幾章的提議）。這方面也可師法其他國家的機構，如荷蘭的「Sociaal-Economische Raad」（及社會與經濟諮議局），該機構成立於1950年，代表社會夥伴（及產業工會組織以及勞方組織），並在政策發展上發揮積極作用。英國是歐盟會員國中少數未設置此類機構的國家，著實讓人訝異：歐盟裡總共有二十二個這類單位（比利時有兩個）。現有各單位的成效不一，而且至少有一個諮議會最近已經遭到裁撤（義大利）。這和我給英國的建議一致：所有設有這類機構的國家都該審視其角色與握有的力量，若有必要，請強化其力道。

可以就現有機構的形式打造社會與經濟諮議局，但在我的設想中這是一個多面向的組織，包括非政府機構與消費團體，以及標準的雇主、工會與政府三方。在第一章中，我強調貧富不均的水平面向，因此很重要的是，諮議會也要有性別、種族與世代代表。舉例來說，勞動市場外的人也要參與其中，尤其是目前被排除的年輕人。在接下來幾章，我會針對設想中的社會與經濟諮議局應該考量哪些點，提出幾個項目，而這個機構應該有權直接對國會報告，針對涉及勞動市場、企業規範與社會保障、決定最低薪資以及影響福利水準與提高福利資格的相關立法發表意見[29]。

提案二：公共政策的目標應為在利害關係人之間達成適當的權力平衡，要達此目的，應（一）在競爭性政策中納入明確的分配面向；（二）確保有一套容許產業工會以公平的條件代表勞工；以及（三）成立社會與經濟諮議局這類機構（若目前尚無），並廣納社會夥伴以及其他非政府機構。

這些措施涉及的內涵，會因國家不同而大不相同。以英國來說，就包括要大量設立新法，至於其他國家，可能只需要小幅修正。以歐盟會員國來說，歐盟是一個很重要的面向，但我提的建議和歐盟中央的政策高度互補，尤其是促成競爭以及社群夥伴角色的發展這兩個部分。

1 "The Future of Jobs: The Onrushing Wave," Briefing, *Economist*, 18 January 2014.

2 John M. Keynes, "Economic Possibilities for Our Grandchildren," originally published in *The Nation and Athenaeum* (11 and 18 October, 1930), reprinted in *Essays in Persuasion* (London: Macmillan, 1933), part V, ch. 2.

3 McKinsey roundtable discussion, "Automation, Jobs, and the Future of Work,"December 2014, edited transcript.

4 Remarks by Hunter Rawlings, quoted in American Academy of Arts and Sciences, *Restoring the Foundation* (Cambridge, MA: American Academy of Arts and Sciences, 2014), quote p. 10.

5 Mariana Mazzucato, *The Entrepreneurial State* (London: Anthem Press, 2014), quote pp. 96 and 101.

6 Mazzucato, *The Entrepreneurial State*, quote p. 193.

7 Steven Johnson, *How We Got to Now* (New York: Riverhead Press, 2014), quote p. x.

8 Office of Science and Technology Policy, *American Competitiveness: Leading the World in Innovation* (Washington, D.C.: Domestic Policy Council, 2006), quote p. 4.

9 William J. Baumol and William G. Bowen, *Performing Arts: The Economic Dilemma* (New York: Twentieth Century Fund, 1966).

10 William J. Baumol, *The Cost Disease: Why Computers Get Cheaper and Health Care Doesn't* (New Haven: Yale University Press, 2012).

11 在本書中，我不會詳細討論人力資源投資的必要性，因為這牽涉甚廣，主要和早期兒童發展有關，範例請見James J. Heckman, "Going Forward Wisely," Speech to the White House Early Childhood Education Summit, 10 December, 2014, Center for the Economics of Human Development, University of Chicago.

12 *Quaker Faith and Practice: The Book of Christian Discipline of the Yearly Meeting of the Religious Society of Friends* (London: Quaker Books, 1995), quoted paragraph 23.57.

13 Milton Friedman, "The Social Responsibility of Business Is to Increase Its Profits," *New York Times Magazine*, 13 September 1970.

14 Kenneth J. Arrow, "Social Responsibility and Economic Efficiency," *Public Policy* 21 (1973): 303–318, quote pp. 313 and 314.

15 Website of MBA Oath: http://mbaoath.org/.

16 Jonathan B. Baker, "The Case for Anti-Trust Enforcement," *Journal of Economic Perspectives* 17 (2003): 27–50, quote p. 27.

17 Robert Bork, *The Anti-Trust Paradox* (New York: Free Press, 1978), quote p. 66.

18 Senator Sherman, 21 *Congressional Record* 2728 (1890).本條以及其他參考資料承蒙以下來源提供，特此感謝：Shi-Ling Hsu, "The Rise and Rise of the One Percent: Considering Legal Causes of Inequality" (Florida State University College of Law, Public Law Research Paper 698; FSU College of Law, Law, Business and Economics Paper no. 14–11, 2014).

19 Hsu, "The Rise and Rise of the One Percent," quote p. 24.

20 欲了解市場架構與被排除在商品供給外兩者間有何關係，說明分析請見Anthony B. Atkinson,

"Capabilities, Exclusion, and the Supply of Goods," in Kaushik Basu, Prasanta Pattanaik, and Kotaro Suzumura, eds., *Choice, Welfare and Development* (Oxford: Clarendon Press, 1995): 17–31.

21 關於銀行法規造成的分配效應，分析請見Babak Somekh, "Access to Banking and Income Inequality," in "Income Inequality and Consumer Markets" (D.Phil. thesis, University of Oxford, 2012).

22 賽門斯這段話引自 Tobin, "On Limiting the Domain of Inequality," *Journal of Law and Economics* 13 (1970): 263–277, quote p. 264.

23 Hsu, "The Rise and Rise of the One Percent," quote p. 4.

24 Joseph Stiglitz, *The Price of Inequality* (London: Allen Lane, 2012), quote p. 64.

25 John T. Addison, Claus Schnabel, and Joachim Wagner, "The (Parlous) State of German Unions," *Politics and Society* 28 (2007): 3–18, figures from p. 8.

26 Ben Roberts, "Trade Union Behavior and Wage Determination in Great Britain," in John T. Dunlop, ed., *The Theory of Wage Determination* (London: Macmillan, 1957), 107–122, quote p. 110.

27 參考範例如Bruno Palier and Kathleen Thelen, "Institutionalising Dualism: Complementarities and Change in France and Germany," *Politics and Sonotes* to pages 129–136 : 335 ciety 38 (2010): 119–148; and Patrick Emmenegger, "From Drift to Layering: The Politics of Job Security Regulations in Western Europe," *Politics and Society* (2015).

28 Colin Crouch, "The Snakes and Ladders of 21st Century Trade Unionism," *Oxford Review of Economic Policy* 16 (2000): 70–83, quote p. 77.

29 將福利與稅賦門檻指數化以因應價格與實質所得上漲（或下跌），這是一個重要議題，但本書並未討論。歐洲的研究顯示，指數化使用的數值對於貧窮的影響超過明確的政策改革，請見Alari Paulus, Holly Sutherland, and Iva Tasseva, "Indexation Matters: The Distributional Impact of Fiscal Policy Changes in Cross-National Perspective," University of Essex, December 2014.

第五章

未來的就業與薪資

本章探討就業與勞動所得在縮小貧富不均上的角色。顯然，我們可以推論出要縮小貧富差距與減少貧窮，有一條路是對付失業。畢竟，多數政治領袖都同意必須創造就業。我主張我們需要大刀闊斧，才能有所進展以達成目標，而這也代表僅靠就業是不夠的。有工作不一定保證能脫貧。

本章探討就業與勞動所得在縮小貧富不均上的角色。之前我們已經看過，歐洲在緊接著戰後的幾十年曾縮小貧富不均，當時失業率很低：甚至低至1%（請見圖5-1的英國失業率趨勢圖）。但從1945至1970年中期和之後的四十年非常不同，1975年之後，失業率比較像兩次大戰之間那幾年，水準一直偏高。

顯然，我們可以推論出要縮小貧富差距與減少貧窮，有一條路是對付失業。畢竟，多數政治領袖都同意必須創造就業。確實，在歐盟執委會主席讓—克洛德・容克（Jean-Claude Juncker）2014年的競選宣言中，「工作」便名列必要項目第一項[1]。然而自1950年代以來，「工作」的環境條件已經改變，而且背後理由不只是前一章討論的技術變遷而已。我認為就業的性質已有變化，有愈來愈多的常態全職工作被各種形式的非典型就業取代，以及被從事活動「組合」的人們取代。就業性質的變動，會影響社會保障制度的設計；這部分我稍後會在第八章中討論，目前我關注的是這些變化對於達成完全就業目標來說有何意義。我主張，我們需要大刀闊斧，才能有所進展以達成目標（對多數經合發展組織會員國來說，失業問題自1970年代以來一直是一大難題），之後我會繼續針對「國家保證就業」（state-guaranteed employment）提出論據。而這也代表僅靠就業是不夠的。有工作不一定保證能脫貧。正因如此，本章標題才會有「薪資」二字出現。

就業性質的變動

在經濟學裡，標準的就業模式通常隱含固定的全職工作。人們要不是

圖5-1　1921至2013年英國失業率的變化趨勢

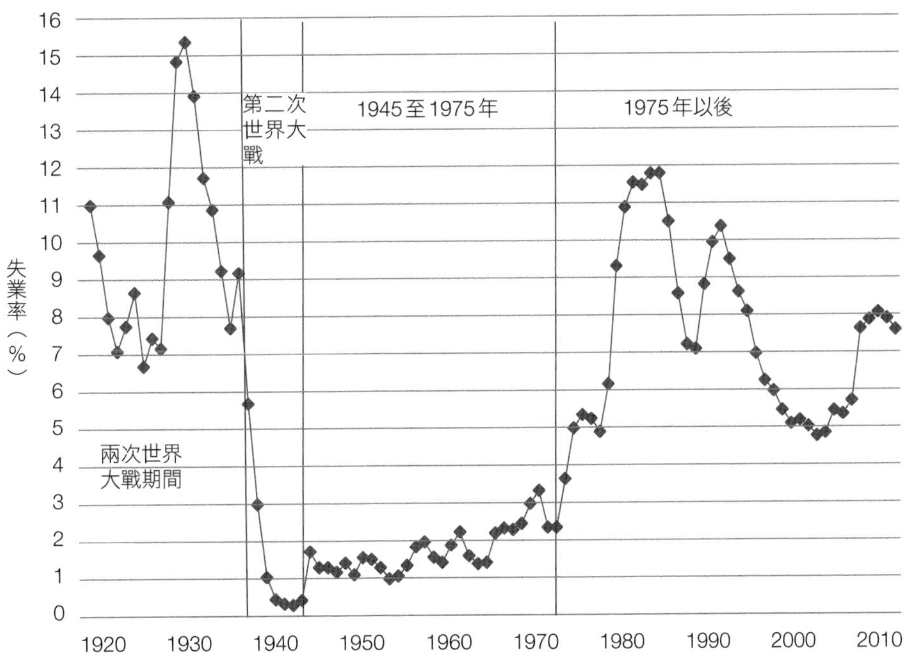

有工作，要不然就是沒工作，就這兩種。這是0與1的問題，而就業政策的目標，就是要把人們從0帶到1。這就是容克說的「工作」。「歐洲2020」進程的前幾大目標之一，就是要讓年紀介於20至60歲的人就業率達75%。

著眼於「工作」，以更早期的人們眼中看來顯然是一件很奇特的事。在工業革命之前，一般人多半過著兼職和自雇混合的生活型態，這是許多鄉村社會的特色，一直到近期才結束。在過去幾個世紀，「失業」與「退休」這些概念意義不大。羅伯・薩來（Robert Salais）、尼可拉・巴斐雷（Nicolas Baverez）和班乃迪克・雷諾（Benedicte Reynaud）等學者在研究法國的失業現象時，以「L'invention du chomage」（意為「失業這種發明」），提醒我們失業是一個相對近期的概念[2]。麻省理工學院的政治經濟學教授麥克・皮歐爾（Michael Piore）曾評論前述三位的著作，他說：「現代的失業概念來自一種和大型、長期性生產機構間的極特殊雇用關係，且在時間上和空間上都和家庭及休閒活動絕對劃分開來。」[3]隨著經濟工業化，愈來愈多人聚居在都市，就業遂變成非有即無的一翻兩瞪眼局面。英國學者萊斯利・漢納（Leslie Hannah）在《發明退休》（*Inventing Retirement*）一書中也提出同樣的觀察，他在本書中主張：「若要充分了解這個新現象，我們必須檢視雇用關係。」[4]更早期的前工業化經濟中沒有退休這種把人生一分為二的事件，那時候「中世紀時獨立性工人隨著年紀漸長，他的工作會減少，產出也會降低，但只要還做得動，他就會繼續工作。」[5]

二十一世紀的非典型工作

在二十世紀，經合發展組織各國的就業型態大致上是固定的全職工作，但到了二十一世紀，就看到有大量的人回到目前認定為非典型的就業形式。兼職工作是最普遍的一種。當我問我的小孫女她的新老師是誰時，她跟我說星期一到星期三是某某某，星期四和星期五又換另一個人。非典型的工作有很多種形式。基斯・拉・布蘭許（Kees Le Blansch）、蓋多・穆勒（Guido Muller）和派翠西亞・維吉恩圖茵（Patricia Wijntuin）說到，除了兼職者之外，非典型工作者還包括：「工作期間有限的約聘人員……居家工作者以及多種其他不同安排的工作者，例如季節性工作、度假打工、電訊通勤工作、家庭工作以及自雇。這些工作群組的主要共同特性是，他們的工作安排不同於『傳統員工』（可以把這種人想成從事約聘期無限期的全職工作者）。」[6]以工作安排的差異來說，有些情況是非典型工作不支薪。在英國，不支薪的實習工作快速成長，年輕的實習生免費工作，寄望的是日後能獲得支薪的職務；另外，有些人拿到的約聘契約是零時契約，這些人被視為有工作，但他們沒有最低工時的保障，有時候可能一個星期都沒有進帳。

非典型工作的數目正在增加當中。古特・施密德教授（Günther Schmid）便說：「過去幾十年來，透過兼職工作、限定期間約聘、派遣工作以及自雇，侵蝕傳統定義下的『標準雇用關係』。」[7]經合發展組織在其〈2014年就業展望〉（Employment Outlook 2014）中寫道：「許多經合發展組織會員國過去二十五年來使用短期約聘的情形大幅增加」，還用了一整章撰述「非固定就業」[8]。麥肯錫全球研究所（McKinsey Global Institute）2012年的報告〈徵才：先進經濟體工作的未來〉（Help Wanted: The Future of Work in Advanced Economies）中也發現：「透過經由網際網路管理員工和約聘工作者，企業現在可以把勞動成本變成更像是變動成本、而非固定成本，有需要時才聘用人員。所有經合發展組織……會員國，自1990年以來，兼職與短期勞工在所有壯年勞工中的占比，比總就業人口的成長速度快了1.5倍到2倍……在我們對美國雇主的調查中，有超過三分之一說，他們打算未來幾年要提高使用機動性與兼職勞工的人數，我們也看到，有大量的中介機構興起，並提供高技術性人力接受短期雇用安排。」他們接著說：「未來會出現的工作，和過去的工作相似度愈來愈低。」[9]

非典型工作數量的多寡會因國家而不同。比方說，荷蘭的兼職工作一向多到聞名，北歐各國的非典型就業率也很高。在英國，從事非典型工作者（定義包括兼職、自雇、限定期間約聘）的比率約為四分之一，如果加入零時約聘工作者以及實習生，還會更高。施密德說，「就連以家庭為中心的就業模式或所謂的保守雇用系統也包括其中，如奧地利、比利時、法國、德國、義大利、西班牙與葡萄牙等國」，非典型就業也正在增加[10]。

他的研究顯示，在調查涵蓋的二十四個歐洲會員國中，大部分（有十六國）的非典型就業率在1998至2008年間都提高，只有四個國家（波羅的海三小國與羅馬尼亞）下降。在德國，從1985至2005年的二十年間，典型就業在勞動年齡人口中的占比從42%降到37%，同期間勞動參與率則從68%提高到76%[11]。此外，非典型工作也有性別差異。在很多歐盟會員國，兼職工作更常見於女性。2011年時，〈2012年歐洲就業基準〉（Benchmarking Working Europe 2012）提到：「有九個國家的兼職工作中至少有三分之一是女性……（在）英國、奧地利、比利時、德國與荷蘭（76.4%）的比例都超過40%。荷蘭是唯一有高比例男性從事兼職工作的國家。」[12]歐盟執委會在其〈2013年歐洲就業與社會發展〉報告中總結，認為兼職工作「是導致女性的約當全職就業率（full-time equivalent employment rate）低於男性的主因之一。」[13]在全職工作當中，多重活動型態也不斷增加。切分任職的情況也愈來愈常見：員工從事多項活動，撥出「片段的時間」分給不同的雇主。在勞動力調查（Labour Force Survey）中，歐元區內十七個會員國裡提報自己有第二份工作的人，2000年有370萬人，到了2013年時增為510萬人[14]。

在我寫到這裡時那一天，英國《衛報》登出一位國會議員候選人的簡歷，此人是一家心理健康慈善事業的支援工，負責照顧殘障人士，但他也在另一家慈善事業任職，還是當地的地方議員[15]。

因此，說一個人有工作或沒工作，愈來愈是一種誤導的說法。就業狀態並非只有「有」或「沒有」這兩種。二十一世紀的勞動市場更趨複雜，而這會影響到我們該如何思考以就業來脫貧，以及如何將完全就業當成協助我們縮短貧富不均的工具。

完全就業與保證就業

這些勞動市場裡的變動，對於設定就業目標以及降低失業率的目標有立即影響。在美國，國會交付一項法定任務給聯準會，要求後者促成「最大的就業量」，但這個目標需要重新詮釋，去考量那些從事多項任務、無法輕易說他們究竟是「有工作」還是「失業中」的人。至於歐洲，安德烈・巴朗多利尼（參見第三章）與艾琳娜・薇薇安諾（Eliana Viviano）主張，我們必須重新思考歐盟的就業目標。衡量標準只是單純的數人頭是不夠的，因為現在大家都有「工作」。他們主張，反之，衡量基礎應該為工作的密集度，並以就業月份以及每月工作時數為基礎[16]。

同樣的，比起緊接著戰後幾十年，當時經合發展組織會員國裡的人民要不是有工作，要不然就是沒工作，如今降低失業的目標更加複雜。我們在經濟危機時就看到這一點。多數人都盯著失業率以及就業率的數字，但很多創造出來的新工作其實都是兼職性質。這究竟要算成就業還是失業，就要看人們是否是自願從事兼職。國際勞工組織就說了：「自願性與非自願性兼職有一個根本上的差異：人們是刻意選擇兼職工作，還是因為他們找不到全職工作，所以只好接受縮短工時的工作。如果是後者，兼職工作就變成一種失業形式。」[17]如果是前者，則目前的統計數據就高估失業；

這些就業數據也和就業目標一樣，都是以約當全職來計算。反之，當人們希望多做一點卻又找不到全職工作，那麼統計數據就低估失業率，因為其中沒有納入目前工作時數低於預期水準者代表的隱性失業。歐盟執委會提出的數據顯示，2012年兼職工作者中的「非自願者」在奧地利（10%）、德國（17%）與丹麥（18%）占相對少數，但在歐元區卻平均超過29%，在希臘、義大利、羅馬尼亞與西班牙更超過50%[18]。此外，還必須加入實習生以及從事其他未支薪工作、同時也在尋找支薪工作的人。

因此，要達到完全就業的目標，要用更巧妙細緻的方式已反映勞動市場的變動本質，但也需要明白說清楚。目前，就業政策的企圖心都從大方向來描述，這和超過二十餘國的央行用極明確的數字來說明通貨膨脹的目標形成強烈對比。以通膨來說，英國訂出精準的量化目標。如果實際情況和目標差距達1%以上，英國央行總裁必須公開致函財政大臣，說明通膨偏離目標區間的理由，以即將行提議採取哪些行動。然而，不管是央行總裁或財政大臣，都無責任去解釋為什麼失業率這麼高（這裡假設不需要用任何公開信函解釋為何失業率很低）。

失業率目標之所以無法比較，是因為這麼目標本身就有一定程度的曖昧不明之處。確實，我們必須問為何美國國會要設法促成「最大的就業量」。為什麼讓更多64歲的人去堆超市的貨架會比較好？進一步說，我們必須分辨設法提高就業的本質理由與實用理由。

實用理由是我在本章中一開始就提過的：就業是讓個人及其家庭脫貧、讓社會貧富不均縮小的主要途徑。上述說法事實上有幾分是真的，也是我接下來要討論的主題。至於本質理由就沒這麼直接了當。為什麼政府應該要把就業水準提高到市場決定好的水準之上？如果歐洲64歲的人決定他們寧願多花點時間陪陪小孫子（或是90歲的高堂父母），不想再從事支薪的工作，為什麼要把這當成失敗？從福利經濟的觀點來說，或許是因為政府希望超越個人的偏好。套用德裔美國經濟學家理查・馬斯格雷夫（Richard Musgrave）引進的概念，這是因為就業就像教育或醫療一樣，或許具備「殊價財」（merit good）的特質：政府賦予這類商品或服務的評價，超過個人的評價[19]。或者以福利為出發點，若市場失靈，則有立場干預。然而，最明顯的市場失靈（指供需無法平衡）證據，也就只是出現非自願性失業，而這指向目標應該是降低非自願性失業才對。

基於上述理由，我認為應該明說針對勞動市場該達成哪些目標；重點不是創造最大就業量，而是要想辦法把非自願性失業降到最低，還要在衡量非自願性失業時，反映出勞動是二十一世紀市場的新特質。如果有人失去本來僅在其從事活動中占一部分的支薪工作，那就應該把他算成部分失業。就業市場的目標應是什麼，要確切明說，不要用沒有具體參考點的混水摸魚式承諾說要達成完全就業。那麼目標應該是什麼？在這裡我毫無疑問同意，政府是否有能力將失業降到特定水準，端賴總體經濟環境而定，以及達到哪個水準才和其他的目標是一致的，比方說前述的英國通膨目標。我並不是想預測要怎麼樣才能求取平衡；反之，我要問的是我們的企圖心有多高。對應2%通膨的就業率要多高？有一個可行的參考點，是緊接著戰後幾十年創下的失業率（請見圖5-1）。以此為基準，將失業率目標訂在2%並未太狂妄。而這顯然將會改變全局。當我寫作本書時，如果以「英國失業率」（UK unemployment）為關鍵詞上網搜尋，會導向資訊供應商「交易經濟」（Trading Economics）的網站，有一張圖的縱軸從5.5%起跳，2%的目標根本不在圖中。事實上，我們必須回溯歷史數據到1971年，才會找到一張從2%起跳的圖表。相信目標失業率可以到這麼低，會拉高這個議題的重要程度。在公布失業率數據時，我們要問的不僅是增加或是下跌而已，而是距離2%的目標值還有多遠。

由公部門推動保證就業政策

無庸置疑，一定會有一些讀者對上述的失業率目標嗤之以鼻，並駁斥「改變全局」不過是空洞的詞藻，就像完全就業的承諾保證一樣都是空話。我的看法是，明確的目標很重要，而改變論述方式是達成目標這條漫漫長路中的一個步驟。但我也接受挑戰，願意回答如何達成目標這個關鍵問題。因此，我在設定明確目標中納入了第二個要素：我提議，政府應該把身兼雇主當成最後手段。

提案三：政府在防止與降低失業方面應該制定明確的目標，並透過保證提供最低薪資的公部門工作給謀職者，以助達成目標。

由公家聘用，是許多國家活化勞動市場方案的一部分。在美國，公家聘僱的歷史由來已久。美國的公共事業振興署（Works Progress Administration）是新政中很重要的項目，從1935至1943年期間曾提供資金，創造出約八百萬份工作。這些預算有一大部分都花在公共基礎建設上，包括三分之一以上的道路與公部門建築物。在1960年代的「對抗貧窮之戰」也將該署列為其中一環，發展出公共就業方案（Public Employment Program），當時預估能創造出四百三十萬份工作[20]。這套方案後來並未實施，但卻引進一些較小規模的促進就業方案，逐漸以弱勢勞工為對象，最後整合成〈一九七三年全面就業與培訓法案〉（Comprehensive Employment and Training Act of 1973）。在卡特總統任內，國會通過〈亨佛萊－霍金斯完全就業與平衡成長法案〉（Humphrey-Hawkins Full Employment and Balanced Growth Act of 1978）下的一般性公部門聘用方案，授權聯邦政府打造「公部門就業庫」。但這也沒有實施，而且隨著雷根總統勝選，他「明白反對直接創造工作的做法」，因此大規模的公家聘僱方案就因此消失[21]。

美國的歷史證明一點，那就是即便雷根總統終止這方面的討論，但美國一度審慎考慮過以保障工作為形式的公部門就業服務。歐洲一直也朝向這方面進行。經濟學家羅伯・賀夫曼（Robert Haveman）1970年代時曾經說過：「荷蘭認真看待聯合國〈世界人權宣言〉（Universal Declaration of Human Rights）中的工作權指令」，並制定社會就業方案（Social Employment Programme），當時該方案創造的工作在總就業中占比達1.5%[22]。

時至今日，幾個歐洲國家仍有至少創造出有限公部門職缺的方案（比方說提供庇護性就業）。圖5-2顯示歐盟統計局（Eurostat）報告2010年時這類方案在各國國內生產毛額中的占比，範圍從比利時的0.33%（如果以英國2014年的國內生產毛額來算，約為55億英鎊）、法國的0.2%和德國的0.05%（如以英國的數值來算，約為7.5億英鎊），占比極低的義大利和英國。從國民所得中的占比來看，德國的費用剛好與美國經濟學家海曼・明斯基（Hyman Minsky）1980年代的提議相當；他建議重新啟動新政下的公共事業振興署以對付長期失業[23]。全球規模最大的公部門就業方案，是印度的「聖雄甘地全國農村就業保障計畫」（Mahatma Gandhi National Rural Employment Guarantee Scheme），保證所有農村家戶每年可以由公部門聘用一百天，但2014年勝選的印度政府卻批評該計畫，並很可能會修改。

圖5-2　英國與歐洲各國花在創造工作上的費用

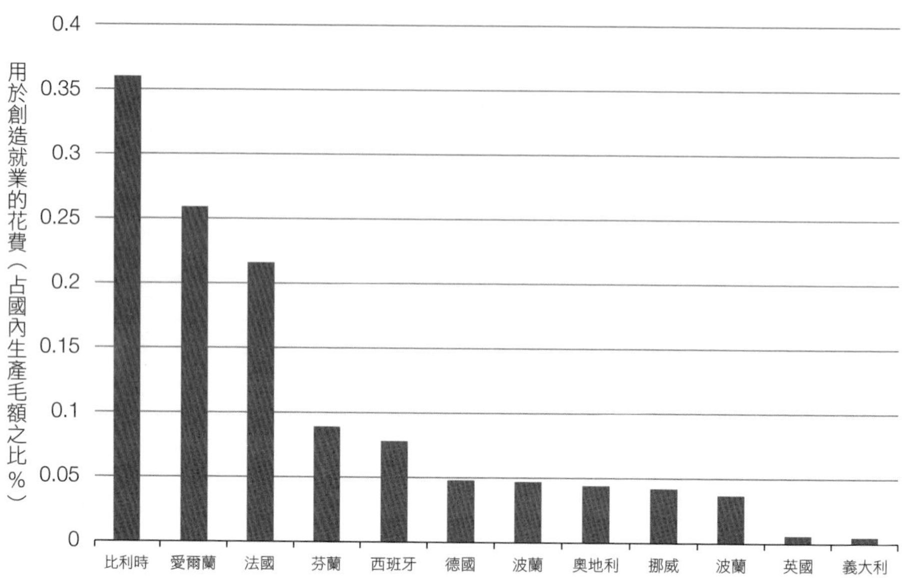

本圖顯示國創造工作方案費用在國內生產毛額中的占比，為2010年的數據（英國的數據為2008年）

本書的提案是，每一個要找工作、而且符合資格（說明請見以下）的人，都可以在公家機關或通過審查的非營利機構得到一份保證工作，每個星期可以工作最低時數（比方說35小時），領取最低薪資。民眾可自由決定是否要申請方案中的公家保證就業，不申請也不會對領取福利（現有的社會移轉收入或第八章要提的參與式所得）造成任何影響。但本提案中有幾項關鍵要素，要先說清楚。首先，著重於「工作」會引來批評，指稱我未考量之前提過的就業性質變化。這是一個很好的切入點，當我們要談社會保障的內部關係時也會引發特定的問題。沒錯，就業性質的改變，是我提議用截然不同的方案替代現有社會保障形式的其中一個理由。

目前，我把焦點放在保障就業本身，以及如何在非典型就業的成長和愈來愈多人從事多樣活動的條件下操作。從勞工的角度來看，這樣的方案是自願性的，代表個人可以根據自己有沒有時間，把公部門僱用的工時加入自己的活動組合當中。但從公部門雇主的角度來看，則必須限制每個人接受公家聘用的時數以及加入的條件。如果某位員工是部分失業，在決定該員工可獲得的公家聘用時數時就要考量其目前的雇用狀態，因此比方說，如果他在某家工廠每週工作25小時，那他每週就可以在公家部門工作保障工時10小時。要能有效運用由公家聘用的勞工，那就要事先確認他們能不能提供服務，這樣一來，公司就不能開出零時約聘；在有公部門保障就業的前提下，雇主就不可能臨時才決定每週要提供多少工時[24]。執行方案的政府行政部門與個人之間一定要簽約；當事人不會只有用人單位和受雇者。1960年代美國「對抗貧窮之戰」中考慮過推行「美國公家聘用方案」（US Public Employment Program），此方案的說明中就建議「例如醫院的勤務員應由醫院支薪，而且醫院不需要知道這名員工是公家聘用方案下的受雇人」，但這樣的做法在本提案三中做不到（因為受雇人可能會有其他工作，因而超過最低35小時工時的限制）[25]。方案的行政作業非常複雜，但現代更形複雜的生活必有的結果之一，是我們再也無法仰賴簡單分類，而這會提高社會機構的營運成本（見前一章討論）。

另一個重要元素，是在這個勞工全球流動的世界裡如何定義「合格」人士。這個問題挑起強烈的政治敏感度，而且不光是在歐盟境內。當然可由整個歐盟為所有歐盟公民提供就業保證，但如果是單一國家要實施這類方案，就必須觀察注意勞工自由流動的原則。條約規定歐盟人民「可以為了就業而留在某個會員國，條件是遵循規範該會員國國民就業的條款。」

因此，英國的就業保障一開始可以先適用於長期失業者：在英國登記有案失業長達十二個月或以上、可以從事全職或兼職以及之前在英國就業、支付過國家保險金至少十二個月的人。所有滿足條件的人都應適用，不論是否為英國國民。在下一個階段，更廣泛的方案可以涵蓋失業期間短於十二個月、但失業之前曾在英國就業的人。在這裡同樣的，資格限制為支付過國家保險金。這樣一來，支付保險金的條件會確保只有持續成為英國勞工者才能獲得就業保障。我並未特別提及年輕人的狀況，但這項提案可以補充或與歐盟青年保證方案（EU Youth Guarantee）合併；該方案的目標，是要確保所有25歲以下的年輕人都有工作、進入學徒制、獲得培訓或持續接受教育[26]。

本提案是讓政府成為雇主當成最後就業手段，因此批評者的重點自然會放在這樣一來政府就要和民間企業競爭，排擠民間就業。這樣的顧慮有其道理。大衛・艾勒伍德（David Ellwood）與伊莉莎白・衛爾緹（Elisabeth Welty）兩位學者在審視美國的經驗之後，總結認為「公部門的雇用服務如果做錯，將是浪費、無效、錯置以及產生反作用。」但他們馬上接著說：「謹慎為之的公部門聘用服務似乎能提高就業，把錯置的比率壓在接近25%，也創造出真正寶貴的成果。」[27]我們也要記住，某些排擠效果是大家所樂見的。如果選擇加入公部門聘僱方案代表個人可脫離私人部門不穩定的零時約聘，或者導致這類雇主把員工轉為固定工作，這也是正面結果。

這類就業保證計畫可以納入哪些工作，而這些工作又真的有生產力嗎？我的答案有一部分來自前一章討論的公共服務應有價值。很多國家刪減公共支出，減少可用的雇用服務，其中只有一部分能以私人購入的服務替代。因此應該聘用人們從事哪些服務，答案便立即浮現：兒童照護、學前教育、學校教育、青年服務、醫療健康服務、高齡照護、送餐服務、圖書館服務與支援警力活動。然而，我不認為創造保證工作方案有急迫性，而且並不是要回歸美國過去的公共事業振興署做法。反之，我相信應該長期審慎發展這類計畫，提供有益的就業，而不只是臨時的權宜之計。基於同一個理由，評估這類方案不應僅以加入方案者後續是否成功回到就業市場來衡量。美國勞動部（US Department of Labor）2000年的審查發現：「大部分來看，早期透過公家聘用方案來因應長期失業問題的做法，最後都證明失敗。參與方案的人很少學到具有市場價值的技能，也很少能在民間找到工作。」[28]但第二段話透露判斷成敗要從特定的觀點出發：這類方案到底能否成為未來就業的踏腳石。這一點很重要，但這類方案立即要關注的，是勞工在參與方案期間所受到的影響。此外，聚焦在「具有市場價值的技能」上，會限縮我們眼界，看不到真正要找的東西。保障就業的關鍵之一，是採用這個方案之後將會改變個人與經濟體之間的關係。這類方案本身的價值，在於這是一個明確的社會接納信號。美國學者雷恩・肯沃斯（Lane Kenworthy）便主張：「這類政策向求職者保證他一定能獲得一份工作，確立工作價值。」[29]本提案要傳遞的訊息正是「沒有人會因為太渺小而失敗」。

但保證就業能否縮短貧富不均？以及特別要問，降低失業率是否真的是對抗貧窮的一大助力？簡單來說，答案既「是」也「否」，正如歐盟執委會的摘要說明：「無業的成人獲得工作之後有一半的機會脫貧。」[30]這段說明的基礎，如圖5-3所示，本圖顯示歐洲每一個會員國人民2008至2009年獲得工作，並因此跨越貧窮門檻的比率。在某些國家，如瑞典、葡萄牙以及波羅的海三小國，脫貧的比率高達60%或更高，但某些國家，例如西

圖5-3　2008至2009年歐盟各國人民有工作之後脫貧的比率

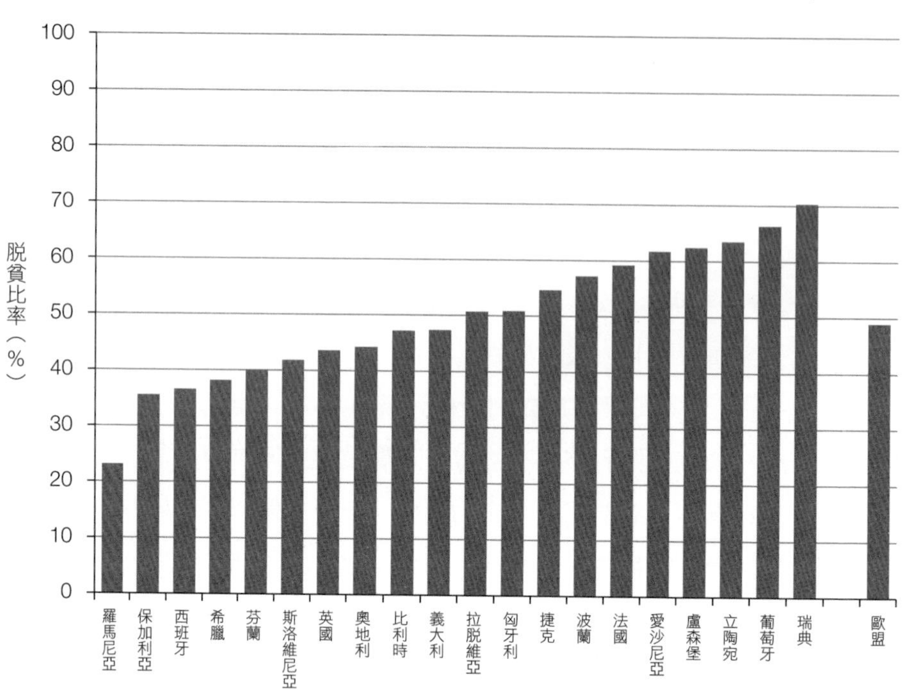

本圖顯示2008至2009年間，歐洲28至59歲的失業者找到工作後的處境。柱狀圖顯示找到工作後脫貧者的比率。約有一半的人（以歐洲平均數為準）有工作之後仍處於貧窮局面。

班牙、希臘、羅馬尼亞和保加利亞，比率則低於40%。要脫貧，工作的薪資必須足以養活一家人，讓他們的生活達到或高於貧窮線。有工作的貧窮是一個很嚴重的問題；埃維・馬爾克斯（Ive Marx）與葛琳達・佛碧絲特（Gerlinde Verbist）兩位比利時學者就說：「在歐洲活在貧窮裡的勞動年齡人口中，有四分之一到三分之一實際上有工作。」[31]也就是說，全國性的就業率和貧窮之間，並沒有單純直接的關係。引用經合發展組織的話來說是：

「事實是很多『窮人』都有工作，至少一年當中某些時候有工作，這一點大可解釋從全國性的角度來說，相對貧窮與就業率之間並無顯著關聯。」[32]

因此，我們必須要從薪資上下功夫。

合理的薪資政策

這表示要干預市場決定的薪資嗎？是的。我之前談過，供需的力量很重要，但這只是訂出特定工作應得薪資的邊界而已。我們拿的薪水並非完全取決於邊際產出，且不高於也不低於邊際產出。目前市場決定的薪資有一大部分都是各方協商力量運作後的結果。如果人們接受不保證薪資的零時約聘，那是因為他們在勞動市場裡毫無力量。就像之前提過的，我們必須採取步驟，確保協商各方達成更公平的平衡，加大消費者與勞工的制衡力量。但我也認為，我們需要做更多。只有建立一套整個社會都可適用的方法來決定收入，才能有所進展，邁向縮小貧富差距的目標。我們需要一套全國性的薪資政策，承認全球化經濟中由供需訂下的邊界，但又不能完全讓市場力量決定確切的薪資水準。

這是什麼意思？我們常用的排名前1%所得者近年來在實質總所得成長中的占比圖，是一個很好的理解起點。確實，後面這個數值（整體所得成長）應該是一場「全國性對話」的起點，各方利害關係人都要參與，理想的對話地點是在社會與經濟諮議局。在規劃未來所得的可能水準時，需要從可能出現的成長出發。在過去的所得政策協商當中，通常都假設所得成長會等於預期生產力成長。但如今，我們不能期待家戶所得的成長率能跟上整體產出的成長率，原因是我們之前討論過的，例如老化人口的需求增加以及氣候變遷等等。也因此，我們更迫切需要舉行一場對話，來考慮如何公平的分配成長。要啟動這場對話，把下一項提案放在議程中：

提案四：應制定全國性的薪資政策，當中包含兩項要素：以能維持生活的薪資標準訂下法定最低薪資，以及一套用於支付高於最低標準薪資的實務守則，這些都要在有社會與經濟諮議局參與的「全國性對話」中達成協議。

需制訂法定最低薪資

薪資政策的第一項要素是要制訂法定最低薪資，這多數經合發展組織會員國都已經採行。最低薪資這個概念由來已久；1906年時，後來成為英國首相的邱吉爾議員在下議院曾說道：「任何階層的女王子民費盡心力得到的回報，若低於能維持生活的所得，那是國家之惡……在這樣情境下的人民，身處所謂的血汗產業，沒有組織協助，沒有平等的談判力量，好雇主則被壞雇主劣幣驅逐良幣……當放眼望去都是這樣的狀況時，我們不只沒有進步的條件，還會面對愈來愈惡化的條件。」[33]

但重點是，最低薪資要訂在哪個水準？這一點便引發原則問題，我會以英國為背景來討論，但這無疑也和其他國家有關，比方說德國；德國2014年7月時首次通過法定最低薪資的規定。我們可以從圖5-4中看出，根據〈國際勞工組織2012/2013年全球薪資報告〉（ILO Global Wage Report 2012/13）中的比較，英國的全國性最低薪資與中位數收入相比的比率，在經合發展組織會員國中約屬於中間。在考慮各種最低薪資水準時，我們應

圖5-4　2010年的經合發展組織會員國最低工資

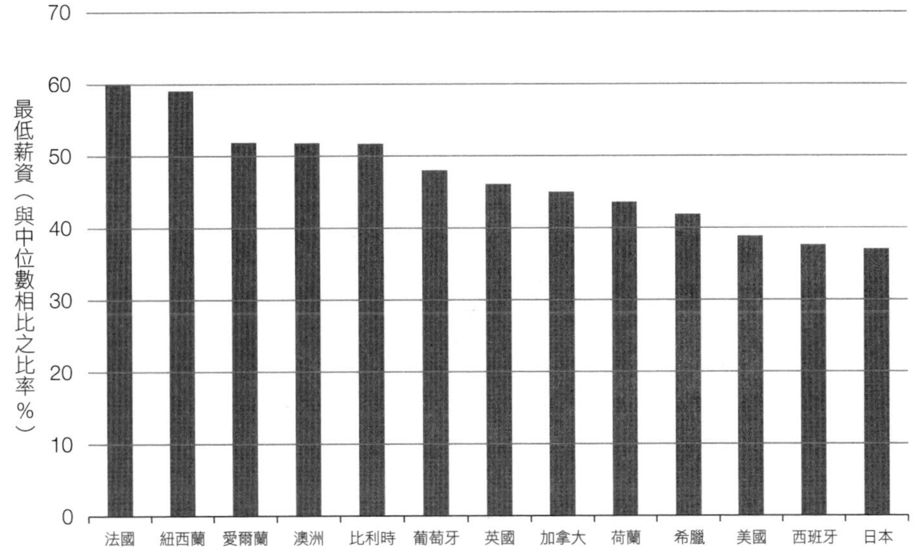

本圖顯示各國2010年最低薪資與全職薪資中位數相比的比率。荷蘭的數據包括假日薪資，葡萄牙包括十三個月薪資，西班牙則包括第十四個月薪資。

該要記住的是，即便是最高值（法國），也低於經合發展組織以及其他機構公布適用的低收入門檻：中位數收入的三分之二[34]。

最低薪資應該訂在哪個水準？英國在決定全國性最低工資時由低薪委員會（Low Pay Commission）提供意見，自1999年4月訂定法定最低薪資以來，該會的評量報告有助於促進社會廣為接受這個概念，也贏得政治上的支持。但當我們閱讀報告時，會訝異於低薪委員會居然把大部分的重心聚焦在勞動市場，而不是去看這對於所得分配有何意義。其關鍵指標是全國性最低薪資的「份量」（bite），亦即最低薪資的時薪和時薪中位數收入相比之下的比率。聚焦在勞動市場可想而知，因為最低薪資的重要考量之一，就是其對於就業的影響（我會在第九章討論這部分），但從所得分配且觀點來說，我要強調的一點是，重要變數不是時薪，而是週薪或月薪，一個星期或一個月能賺多少錢，還要看工作時數而定。此外，最低薪資對於家庭生活水準有何意義，要看家戶條件以及稅賦和福利系統運作而定。英國的獨立機構維持生活薪資委員會（Living Wage Commission）強調的便是這些因素，該會由約翰・森譚姆（John Sentamu）大主教擔任主席。實際上，計算維持生活薪資時會追蹤這對個人勞動所得有何意義，並具體假設特定的工時，以設定家戶可支配所得的水準。我們從第一章的家戶所得指南中可以看出，這是一個相對複雜的過程，因為我們必須考慮所有家庭成員的勞動所得、其他所得來源以及稅制福利體系的影響。但只有徹底檢視整個流程，我們才能了解特定水準的時薪對於生活水準有何影響。或者，把整套流程反過來，我們就可以看到全國最低薪資時薪應該訂在哪裡。

英國維持生活薪資的基本定義，是拉夫堡大學（University of Loughborough）社會政策研究中心（Centre for Research in Social Policy）的研究結果，並結合約克大學（University of York）社會研究組（Social Policy Research Unit），他們提出「最低所得標準」（Minimum Income Standard），憑藉的是以「一般人認為人們必須滿足那些需求目的之社會共識」得出的詳細預算[35]。以「最低所得標準」為基礎，我們就可以得出考量各種家庭類型平均值後的必要時薪（這稱為參考薪資〔Reference Rate〕）。但故事還沒結束：獨立機構維持生活薪資委員會之後會訂出一個「上限」，「最低薪資不能以不切實際的速度成長，致使雇主無力負擔。」[36]最後出爐的維持生活薪資（在倫敦以外的地區）比英國全國性最低工資約高出20%，但也比「未設上限」的計算方式低約20%。要特別一提的是，如果沒有設定上限，英國的最低維持生活薪資所得達中位數的66%，和經合發展組織的低薪門檻一致。

以上分析能成為設定最低薪資（不管是在英國或是其他地方）的基礎嗎？「最低所得標準」能否成為定義低薪水準的基石？我們必須質疑這兩個問題。如果我們檢視「最低所得標準」得出的詳細薪資標準，會發現這個值會因為不同的家庭類型而有很大差異，一對無小孩的夫妻，其適用的維持生活薪資標準是參考薪資的67%（對於這群人而言，他們的維持生活薪資低於全國性最低工資），而單親有三個或更多小孩的家庭則為參考薪資的2倍（這些人必須高於中位數的薪資才能生活）。此外，薪資標準也要視其他影響家戶可支配所得的因素而定，主要是資本收益和社會移轉收入。光靠最低薪資，起不了作用。

那麼，英國的現況如何？現在有明顯的壓力要求英國提高最低薪資對中位數收入的比率，亦即提高其「份量」。低薪委員會在其2014年的報告中提到「新階段的開始——超越近年的漲幅。」[37]如果以自願參與的雇主人數來看，推動維持生活薪資可說是非常成功，而前述的英國全國性最低薪資，也應該拉到這個水準。我們應不應該更進一步，推往更高的「無上限」計算結果，要把這視為整體所得（所得包含了資本收益與社會移轉收入）政策的一環來考量，才會有結論。

薪資與就業的實務守則

英國的全國性最低薪資是法定的，有法律強制力；維持生活薪資是自願性的，同意支付這個薪資水準的雇主，會得到慈善機構維持生活薪資基金會（Living Wage Foundation）的認證。愈來愈多英國雇主加入支付維持生活薪資的行列（其中特別值得注意的簽署方是雀爾喜足球隊〔Chelsea Football Club〕），現在我想的是，自願支付高於最低薪資的實務做法，可能擴大到什麼程度。就像本書通篇強調的，社會正義的議題涵蓋的是從下到上的整體分配。

目前社會大眾對於薪資的興趣，多半是因為許多國家分配上層的薪資近幾十年來呈爆炸性成長。在英國，1970年代勞動薪資排名前10%者比中位數高出三分之二，時至今日則更已加倍。過去前1%的人賺的所得是中位數的3倍，現今是5倍[38]。勞動薪資差距擴大，引發要限縮薪資幅度的壓力。2013年時，瑞士舉行公投，決定是否要限制高階主管的薪資不可高於公司內最低薪者的12倍。這項提案遭到否決，但有高達35%的瑞士選民支持。在英國，獨立機構高薪研究中心（High Pay Centre）曾推動限制最高薪資比率的行動，並直指設限「是認同一項很重要的原則，亦即每一位員工都應分享公司的成就，最高薪者與最低薪及中間薪資者的差距，不應該愈來愈大。」[39]由員工持股的約翰路易斯百貨（John Lewis）已經實施這類薪資政策，在這家公司裡最高薪的總監薪資不可高於平均薪資的75倍；不過這和瑞士公投議案的差別是，倍數（75）以及比較標準（平均薪資）都不同。其他公司也遵循類似政策，只是適用比率不同。以TSB銀行為例，該行用的倍數是65倍。如果以倍數來說，有一個令人訝異的對比範例是公平貿易組織垂德克夫（Traidcraft），該組織表示「不希望本組織英國境內最高薪的員工薪資比最低薪員工的全職約當薪水高6倍以上。」[40]如果最低薪員工領的是最低工資，那麼最高薪者的上限就約為年薪8萬英鎊。以這個範例來說，採行薪資上限正適當反映該組織的特質。在西班牙，蒙德拉貢公司（Mondragon）限制高階主管的薪資不得高於最低薪員工的6.5倍。

在單一企業或組織內實行薪資限制，會引發一些問題。這些問題導致英國政府委外執行一項公部門公平薪資審查計畫（Review of Fair Pay in the Public Sector），由威爾・胡頓（Will Hutton）負責整個專案，得出的結論是若制定公部門薪資的倍數上限，比方說限制主管階級的薪資不得高於組織內最低薪者的20倍，這樣的做法「不太有用，不會成為公部門公平薪資系統的核心」[41]。以2011年來說，設定上限為20倍，高級公務員的薪資將限制在年薪225,000英鎊以下。這不算什麼限制，而這項審查雖然樂見各界公布薪資比倍數，但不支持設下薪資上限。薪資上限會引發幾個問題，細節視乎各公部門的人力資源特質，以及管理階層是否有誘因解雇低薪員工（比方說把相關業務外包）以拉高基準。要因應後面這種反制手法，只要把下限定為最低薪資即可。這樣做的好處是提高透明度，但副作用是提高最低薪資也會導致最高薪資上限跟著水漲船高。

僅限制公部門的薪資上限，代表公部門高層相對報酬沒這麼豐厚，這會引發一個問題，那就是除了透過道德勸說之外，還有哪些誘因可促使民間企業也採行薪資上限政策。可以透過三個管道建議他們也跟進。第一，善用政府身為商品與服務買方的市場力量，將是否採行薪資守則訂成是否有資格為公家機關提供產品或服務的先決條件。第二是強制規定財報內容，要求企業必須公開薪資比倍數。第三是透過企業治理。政府推動薪資守則，將會讓企業裡擔心高階主管薪資過高的薪酬委員會委員們更勇於出手。如高薪研究中心等單位更進一步，提出新的〈公司法〉（Companies Act），要求企業董事「平等看待所有利害關係人的利益，包括員工、客戶、夥伴與供應商和整個社會，以及股東。」[42]這類做法，剛好契合前一章討論的採取行動以營造更大的制衡力量。

薪資守則的原則應規範上下之間的薪資差異，但也應該考慮員工是否同工也同酬。隨著以個案決定薪資的情況愈來愈常見，再加上社會和職場上的人口結構愈來愈多元化，也引發了更多相關議題。一家公司的聘用標準或許算是符合公平機會原則，但以聘用之後的獎酬來看又如何呢？考量現有薪資政策的公平性時，應探究以性別、種族與年齡等等區分的薪資分配狀況。比方說，在英國，為何前1%的所得中女性只分得六分之一？為何性別差異不再繼續縮小？1970年時，女性中所得排名前10%者的所得，為同等地位男性的57%。這個比率在1970年代大幅提高，主因為徹底落實〈薪資平等法案〉（Equal Pay Act）。這個比率繼續提高，一直到1990年代初期才停止，但自此之後就未見改善。過去二十年幾乎沒有成長[43]。針對「董事會裡的女性」有諸多討論，在歐盟則有「性別主流化」（gender mainstreaming；譯註：這是聯合國在全世界推動的概念，把兩性的觀點及需要納入主流考慮，以達到兩性平等）的觀念，但以縮短頂端的薪資差距而言，進展只能用冰河融解的速度來形容。

需舉辦全國性對話

提出自願性的薪資守則時，我刻意不提要回歸用法律干預手段來決定相對薪資；1960年代與1970年代某些所得政策正是這麼做的（例如美國總統尼克森1971年時提出的薪資與價格控制，或是英國的價格與所得政策）。要達成自願性的協議很難，但一旦做到了，在面對政府的更迭時，會比法定控制更容易維持下去。除非獲得大眾支持，不然不太可能有進展。

我認為，最有需要的是舉辦「全國性對話」，討論所得分配，及思考如何分配經濟成長帶來的益處這個更大格局的問題，以及中下階層到底落後多少。這類對話應能實現本章所討論的「合理薪資政策」，也能決定福利水準與資本利得（這兩者是下一章的主題）。這些都代表對國民所得的主張。目前不同類型的所得多半會放在不同的場域中考量，但我認為應該放在一起討論。簡而言之，社會與經濟諮議局的第一場會議，應該是分析所得成長的前景，以及應該如何公平分享。

1 Jean-Claude Juncker, *A New Start for Europe: My Agenda for Jobs, Growth, Fairness and Democratic Change: Political Guidelines for the Next European Commission* (Brussels: European Commission, 2014).

2 Robert Salais, Nicolas Baverez, and Benedicte Reynaud, *L'invention du chomage* (Paris: Presses Universitaires de France, 1986).他們指出，法文和英文的用字上有一個很有趣的差異。法文裡的「失業」起源於一個更早期而且用法不同的字彙，指的是「一天最熱時休息一下」，而根據《牛津英語辭典》所說，「失業」(unemployment) 早在1895年就常用於英國。

3 Michael J. Piore, "Historical Perspective and the Interpretation of Unemployment," *Journal of Economic Literature* 25 (1987): 1834–1850, quote p. 1836.

4 Leslie Hannah, *Inventing Retirement* (Cambridge: Cambridge University Press, 1986), quote p. 21.

5 Isaac M. Rubinow, *Social Insurance* (New York: H. Holt, 1913), quote p. 304.

6 Kees Le Blansch et al., "Atypical Work in the EU," *Social Affairs Series*, SOCI 106 EN (2000), Directorate-General for Research, European Parliament L–2929 Luxembourg.

7 Günther Schmid, "Non-Standard Employment in Europe: Its Development and Consequences for the European Employment Strategy," *German Policy Studies* 7 (2001): 171–210, quote p. 171.

8 OECD, *Employment Outlook 2014* (Paris: OECD, 2014), quote p. 144.

9 James Manyika, Susan Lund, Byron Auguste, and Sreenivas Ramaswamy, "Help Wanted: The Future of Work in Advanced Economies," McKinsey Global Institute Discussion Paper, March 2012, quote pp. 3 and 4.

10 Schmid, "Non-Standard Employment," quote p. 175.

11 Günther Schmid, *Full Employment in Europe* (Cheltenham: Edward Elgar, 2008), Table 5.1. Civil servants and soldiers have been included in the category of "standard employment."

12 European Trade Union Institute, *Benchmarking Working Europe 2012* (Brussels: ETUI, 2012), quote p. 31.

13 European Commission, *Employment and Social Developments in Europe 2013* (Luxembourg: Publications Office of the European Union, 2014).

14 Eurostat website, *Employed Persons with a Second Job* (http://epp.eurostat.ec.europa.eu/tgm/table.do?tab=table&init=1&plugin=1&language=en&pcode=tps00074), downloaded 27 October 2014, series tps00074.

15 *The Guardian*, 28 October 2014, G2, quote p. 12.

16 Andrea Brandolini and Eliana Viviano, "Extensive versus Intensive Margin: Changing Perspective on the Employment Rate," paper for Conference on Comparative EU Statistics on Income and Living Conditions (EU-SILC), Austria, Vienna, December 2012.

17 International Labour Organisation, "Part-Time Work: Solution or Trap?" International Labour Review 136 (1997): 557–578, quote pp. 562–563.

18 European Commission, *Employment and Social Developments*, quote p. 41, Chart 28.

19 Richard A. Musgrave, *The Theory of Public Finance* (New York: McGraw-Hill, 1959).

20 Joseph A. Kershaw, *Government against Poverty* (Washington, D.C.: Brookings Institution, 1970), quote p. 91.

21 Peter Gottschalk, "The Impact of Changes in Public Employment on Low-Wage Labor Markets," in Richard B. Freeman and Peter Gottschalk, eds., *Generating Jobs: How to Increase Demand for Less-Skilled Workers* (New York: Russell Sage Foundation, 1998), quote p. 83.

22 Robert H. Haveman, "The Dutch Social Employment Program," in John L. Palmer, ed., *Creating Jobs* (Washington, D.C.: Brookings Institution, 1978): 241–270, quote p. 243.

23 Hyman P. Minsky, *Stabilizing an Unstable Economy* (New York: McGraw-Hill, 1986). 明斯基估計的成本約為國民生產毛額的0.055%，可涵蓋約200萬名員工。2014年9月，美國的總失業人口為930萬人 (Bureau of Labor Statistics News Release, U.S. Department of Labor, *The Employment Situation—September 2014*, USDL–14–1796).

24 零時約聘是由雇主全權決定員工的工時，範圍從全職到零時均可。我們很有理由抵制這類契約，而不管在任何情況下，這類契約在英國的合法性都受到質疑，請見Ewan McGaughey, "Are Zero Hours Contracts Lawful?" 29 November 2014, http://ssrn.com/abstract=2531913.

25 Kershaw, *Government against Poverty*, quote p. 92.

26 Established in 2014, see http://ec.europa.eu/social/main.jsp?catId=1079.

27 David T. Ellwood and Elisabeth Welty, "Public Service Employment and Mandatory Work: A Policy Whose Time Has Come and Gone and Come Again?" in Rebecca Blank and David Card, eds., *Finding Jobs: Work and Welfare Reform* (New York: Russell Sage Foundation, 2001): 299–372, quote p. 300.

28 Melvin M. Brodsky, "Public-Service Employment Programs in Selected OECD Countries," *Monthly Labor Review* 123 (2000): 31–41, quote p. 34.

29 Lane Kenworthy, *Egalitarian Capitalism* (New York: Russell Sage Foundation, 2004), quote p. 153.

30 European Commission, *Employment and Social Developments*, the heading to Section 5.1 of ch. 2.

31 Ive Marx and Gerlinde Verbist, "The Policy Response: Boosting Employment and Social Investment," in Wiemer Salverda et al., eds., *Changing Inequalities and Societal Impacts in Rich Countries* (Oxford: Oxford University Press, 2014): 265–293, quote p. 271.

32 OECD, *Extending Opportunities: How Active Social Policy Can Benefit Us All* (Paris: OECD, 2005), quote p. 8.

33 Winston Churchill MP, Hansard House of Commons, 24 April 1906 155: col 1888.

34 本定義多半出於低薪資就業研究網（Low-Wage Employment Research）的研究，特此致謝。請見Claudio Lucifora and Wiemer Salverda, *Policies for Low-Wage Employment and Social Exclusion in Europe* (Milan: Franco/Angeli, 1998); and "Low Pay," in Wiemer Salverda, Brian Nolan, and Timothy Smeeding, eds., *The Oxford Handbook of Economic Inequality* (Oxford: Oxford University Press, 2009), 257–283.

35 Centre for Research in Social Policy, "Uprating the UK Living Wage in 2013," CRSP Working Paper 2013, University of Loughborough.

36 Low Wage Commission, *Work That Pays: The Final Report of the Low Pay Commission* (London: Low Pay Commission, 2014), quote p. 22.

37 Low Pay Commission, *National Minimum Wage Report 2014* (London: HMSO, 2014), quote paragraph 37.

38 Anthony B. Atkinson and Sarah Voitchovsky, "The Distribution of Top Earningsin the UK since the Second World War," *Economica* 78 (2011): 440–459.

39 High Pay Centre, *Reform Agenda: How to Make Top Pay Fairer* (London: High Pay Centre, 2014).

40 *Impact and Performance Report for Traidcraft 2013–14*, quote p. 42.

41 Will Hutton, *Review of Fair Pay in the Public Sector: Final Report* (London: HMSO, 2011), quote p. 3.

42 High Pay Centre, *Reform Agenda*, quote p. 17.

43 Evidence from the Annual Survey of Hours and Earnings, ONS website, Table 1.7a, http://www.ons.gov.uk/ons/rel/ashe/annual-survey-of-hours-and-earnings/index.html.

第六章

財富與重分配

在貧富不均原因的經濟分析中，我強調資本收益的角色以及需要重新考量所有權的平衡。和財富有關的辯證焦點通常都放在頂端者握有的鉅富上，但以財富重分配來說，鼓勵底端者小額儲蓄，也和限制頂端者不得富可敵國一樣重要。在本章中，我的焦點是重分配前持有的財富。

在貧富不均原因的經濟分析中，我強調資本收益的角色以及需要重新考量所有權的平衡。當時（現在亦同）我假設經濟體的組成是市場資本主義形式，從事多數經濟活動的是企業，他們在公開市場裡聘用員工，並銷售產品和服務。當時我也主張，在思考資本的角色時，需要區分財富的受益所有權以及透過資本影響經濟決策的控制權。持有確定提撥制（defined-contribution；譯註：確定提撥制是指提撥的比例確定，由僱主和員工從薪資中提撥固定比例到退休金帳戶裡，員工退休時可收取帳戶的收益，收益多寡事先無法確定；反之，後文的「確定給付制」需事先確定以後要給付多少，才決定要提撥的比例是多高）退休基金的人，是該基金持有股份企業的股利間接受益者，但他們對公司決策完全沒有說話的餘地。他們無法換掉管理階層，也無法贊成或反對收購。受益所有權和控制權兩者都很重要。

和財富有關的辯證焦點通常都放在頂端者握有的鉅富上，但以財富重分配來說，鼓勵底端者小額儲蓄，也和限制頂端者不得富可敵國一樣重要。從歷史數據來看，經合發展組織各國前1%的個人財富占比下降，不只是因為針對富人課徵遺產稅以及其他稅賦，也是因為一般人擁有愈來愈多的「普遍資產」（包括但不限於房地產）。我們可以從圖6-1a的英國財富占比變化中看出端倪；本圖顯示從1923至2000年前1%的人與後99%的人實質財富的變化消長（價值已調整到2000年的消費者物價）。前1%者的財富實質價值占比在兩次大戰期間有提高，但在二次大戰之後回到1923年的水準。（當然，我們要記住，這不見得是同一群人或是他們的後代）而影響他們財富占比的因素，有一大部分是1923至1937年間後99%者的財富實質價值大幅成長，以及二次大戰後普遍資產的實質價值不再狂跌。此外，在緊接著二次大戰之後的幾十年，前1%的人財富實質價值持續下滑，99%的人

圖6-1a　1923至2000年英國前1%與後99%實質財富變化

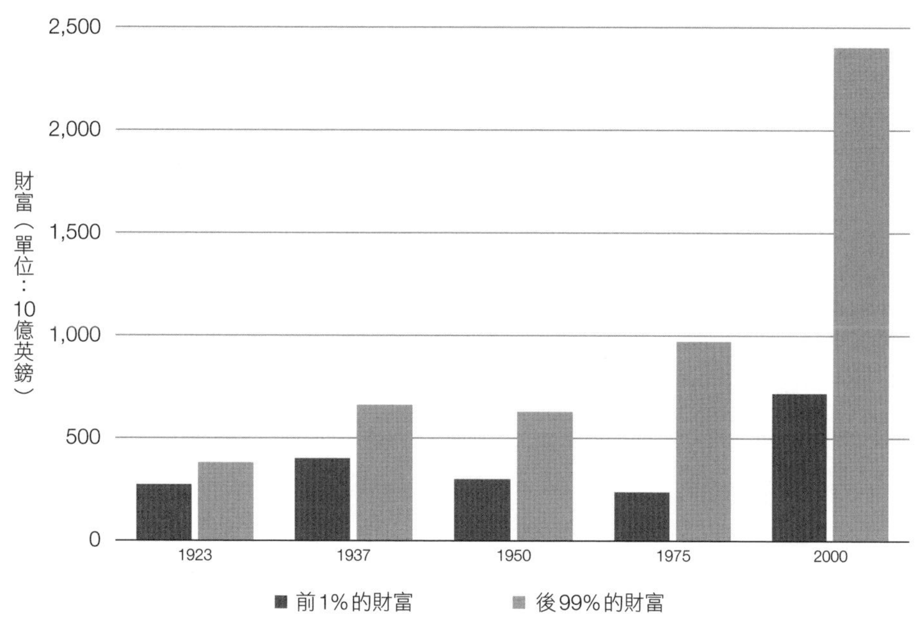

本圖顯示英國前1%與後99%的人實質財富自1923至2000年的變化。財富價值已經根據2000年的物價調整。

則大幅成長。後者很重要。假設後99%的實質財富維持在1950年的水準，前1%者的占比就只會減少5%，但實際上少了12.5%。在二十世紀後半葉整段期間內，後99%的財富成長4倍：1950年代為6,000億英鎊，到了2000年以前已經增為2.4兆英鎊。在思考這些數字時，我們應該記住其中並未包含私人或政府年金，而這兩類財富在這五十年期間大幅成長。

圖6-1b則以另一種方式呈現財富的絕對值，每一個群組的財富都以和國民所得的相對比率來表示。這衡量了實質財富的成長是否有追上經濟成長。財富數量會因人口成長而增加；同樣是前1%，人數就增加了。成長也

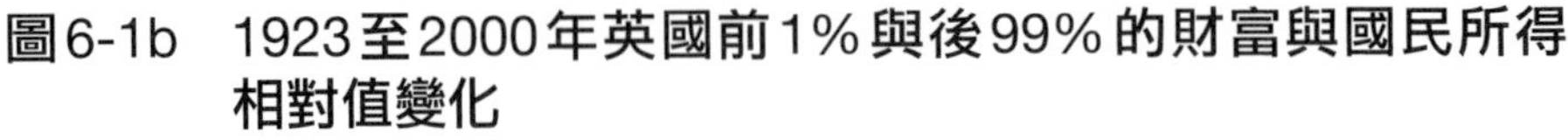

圖6-1b　1923至2000年英國前1%與後99%的財富與國民所得相對值變化

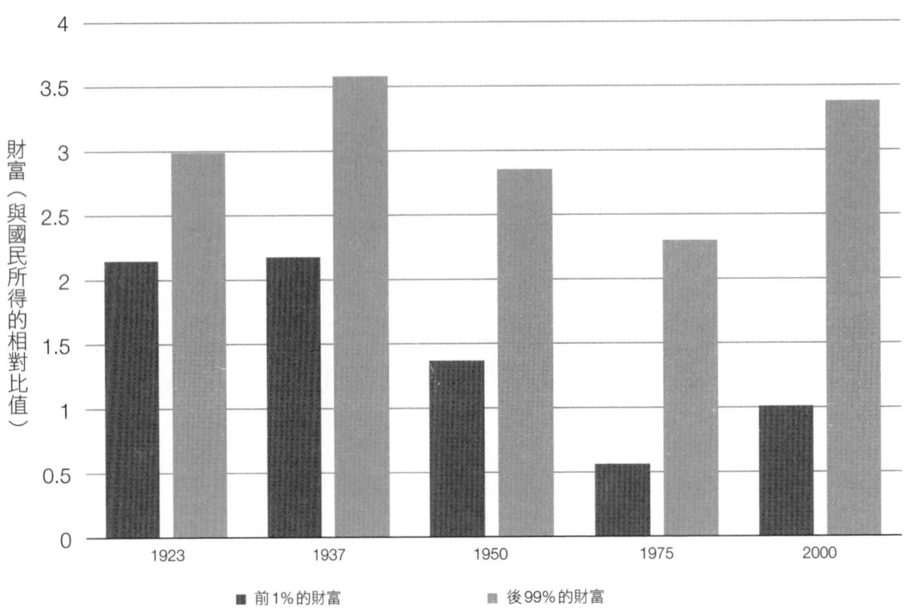

本圖顯示財富與國民所得的相對值變化，以表示個人總財富與經濟成長的關係。舉例來說，1923年前1%者的總財富比當年的國民所得高出2倍（2.1倍）；而1975年時，前1%者的總財富僅約國民所得的一半（0.5倍）。

來自於人均所得因為資本累積和技術進步而有提高。在兩次大戰期間，前1%的實質財富成長速度夠，和國民所得的相對值可以維持在固定比率，但自1937至1945年間，這個比值從原本為國民所得的2倍下滑到剩一半；前99%的相對比率也下降，只是幅度沒這麼大。自1975年算起，兩群的國民所得相對比率都有成長，前1%者原為國民所得的一半，增為約與國民所得相當；後99%的人原為國民所得的2.25倍，增為3.25倍。

在下一章中，我會討論稅收對於財富排名前1%和更高端者的影響。在本章中，我的焦點是重分配前持有的財富。

帶動財富累積的因素

在《二十一世紀資本論》中，皮凱提點出主導財富分配的主要機制是資本投資報酬率（以r表示），還有整體經濟成長（以g表示）。由於此書影響甚遠，這些符號也進入了公共領域，甚至還有人推出印有「r > g」的T恤！當投資報酬率相對高於經濟成長率時，透過累積，財富成長速度就會快過國民所得成長；或者換句話說，投資人不需要從資本收益裡存下太多錢來再投資，就可以追上國民所得的成長。財富的分配，要看個別的r和g而定。我等一下會談到r，現在先從g講起。

對個人來說，一輩子能累積多少財富，要看整體的所得成長而定；但如果我們從長期來看且考慮不同世代，則一個人能得到多少財富，也要思考財富如何分配給後代人數更多的繼承人。為了方便討論，我假設財富會直接代代相傳，不會偏向或跳過某一代，或流落到家族之外。我也將排除因為婚姻而結合財富的複雜問題。假設每一個家庭都採行長子繼承制（primogeniture），每一次把財富傳給下一代時都只給一個人（多半是長子），那總財富就不會改變。再假設財富不會遭到侵蝕。當總人口成長時（人口成長是國民所得成長的源頭之一），其他年紀較小的孩子什麼都分不到。現實中，當人口成長時，總人口中能夠繼承到財富的人比率又更低，從這個角度來看，財富集中的現象更是明顯。嚴格的長子繼承制下便是這樣；但即便是十八世紀的英格蘭，也只遵奉一部分的長子繼承制，年紀較輕的兒子還是可分得財富。在珍・奧斯汀的小說《曼斯菲爾德莊園》中，艾德蒙・貝特倫（Edmund Bertram）是富裕的湯瑪斯・貝特倫（Thomas Bertram）爵士次子，但在他接受聖命之後，也無法成為教區牧師並享有俸祿，因為哥哥大肆揮霍又負債，讓父親付不出原本要留給他的牧師薪水；若非如此，他本來可以享有新的人生起點。在英格蘭與威爾斯以外，很多國家不容許個人自由分配遺產。在蘇格蘭的法律體系下，立遺囑的人也不能全權自行分配遺產。在法國，遺產中的「特留分」是留給特定類別繼承人的保障。特留分的金額，要看家庭環境而定：有一個孩子的特留分是遺產的一半，有兩個孩子特留分是三分之二，有三個孩子或以上，則是四分之三。在法國與其他國家，不允許個人把所有財富全捐給慈善機構。

若是把遺產分給後代所有子孫，那麼每個人可以繼承到的金額，就和家庭規模有關（這就是個人面向的成長率g）。確實，就算所有家庭的規模相同，在其他條件不變之下，分配也會分割大額財富；人口成長愈快的地方，分割速度就愈快。如果富有家庭多子多孫，將會縮小貧富不均；我的恩師詹姆士・米德（見第三章）就說過：「如果富人比窮人生養更多小孩，大量資產會愈分愈散，致使相對規模變小，小量資產則會因為愈來愈集中在少數幾個孩子手裡而擴大規模。」[1]但情況也可能相反。英國陶瓷之父約書亞・瑋緻伍（Josiah Wedgwood）在成為家族陶瓷事業常務董事前寫過一篇經濟學論文，他研究的是富裕人士的繼承模式：「中上階級家庭的規模平均只有一般勞工階級的三分之二。因此，若無婚姻、累積新資產與稅賦造成的影響效應，資產的分配可能會愈來愈不平等。」[2]更近期，傑佛瑞・布倫南（Geoffrey Brennan）、戈登・曼西斯（Gordon Menzies）與麥克・孟吉（Michael Munge）主張，從歷史來看，家庭規模和資源間有正面相關性，但這種情形自十八世紀末期開始轉變。這導出了目前的負面關係：富裕的家庭子女數較少，因此加速貧富不均擴大的趨勢[3]。

婚姻會進一步影響財富移轉，是好是壞要看是誰和誰結婚，以及離婚和再婚的頻率。婚姻本身可以是聚集資產（或者負債）的機制，同樣也可以有拉平的作用。但如果是門當戶對的婚配，拉平效果就很有限：亦即富有的人多半會和同樣富有的人成親。以收入為例，社會學家克莉絲汀・舒瓦茲（Christine Schwartz）摘要美國的情形如下：「1970年代晚期之前，夫妻勞動所得的相關性為負，賺得多的丈夫通常娶的是賺得少的妻子，但自1980年代起，其間的關係轉為正相關，而且相關性愈來愈大，賺得多的丈夫通常娶的是賺得也多的妻子。」[4]約翰・愛密許（John Ermisch）、馬可・法蘭西斯柯尼（Marco Francesconi）和湯瑪斯・席德勒（Thomas Siedler）則根據德國和英國的家庭收入數據，得出結論指出：「門當戶對的婚配顯然是影響跨世代經濟地位移轉的主要原因。」[5]勞動所得和收入並不等同於財富；但克文・查爾斯（Kerwin Charles）、艾瑞克・赫斯特（參見第一章）和亞歷珊卓・基勒瓦德（Alexandra Killewald）研究美國父母財富的影響，檢視配偶間的相關性（不過他們是以子女自己提報的父母財富為基準，會附帶衡量誤差的問題）後發現，配偶間財務的相關係數約為0.4，並指出這個數值和跨世代財富的相關性相似[6]。某種程度上，這番結論暗示人們多半和同一財富階級的人婚嫁，能拉平財富分配的效果很少。

透過g運作的力量，充滿人的因素，這或許可以解釋部分的財富分配變化，但無法真正指向可行的政策建議。要找到政策，我們必須回到r這一邊尋求平衡。

報酬率與投資組合

許多《二十一世紀資本論》的讀者對該書強調報酬率勝於成長率都深感困惑。向發薪日貸款業者（pay-day lender；譯註：國外一種小額貸款形式，發薪日即為償付日）借貸的人或許認為利息太高，但小額定存投資人賺到的利息很低，甚至根本沒有。目前的利率極低（我的銀行帳戶利率為年息0.15%），這表示以實質面來看，目前英國的物價年增率約2%，意即存款人的投資報酬率為負值。

皮凱提的讀者會有這樣的困惑，並不足以為奇。因為我們必須區別各種不同的投資報酬率。資本報酬（經濟體中生產面創造出來的要素價格）並不等於個別家戶拿到的投資收益報酬。我們在第三章中就曾看過，除了支付給家戶的債券利息與股東股利之外，還有其他人也可以瓜分企業的營運利潤。這些要分一杯羹的包括政府稅賦，還有如果是國營事業，利潤則會直接進入國庫。企業利潤中有一大部分會保留起來供再投資。在企業和家戶之間另外還有很多重要的中介機構，例如銀行、退休基金和投資基金。上述以及金融服務業裡的其他機構會拿走一部分資本報酬。

這隱含財富的分配要視如何投資財富而定。對於後99%擁有房子的人來說，他們最寶貴的資產可能就是自有住宅；愈來愈多人擁有房屋財富，是普遍財富成長的主要理由。尤其是1990年代中期到2000年代中期許多國家（如美國）房價大漲。法蘭西絲卡・芭絲塔格里（Francesca Bastagli）和約翰・希爾斯（John Hills）便表示，在英國「1995至2005年間，總財富的變化，大受房屋財富變動的影響。這段期間內房價大幅上漲，以實質價格來說至少漲了2倍。」[7]房屋財富的分配不均不像整體財富整麼嚴重，但是無殼的弱勢族群卻無法從房地產中獲益。芭絲塔格里和希爾斯估計，1995年時英國每家戶的房屋淨財富為27,000英鎊，到了2005年時增為100,200英鎊（均以2005年的價格計算）。房屋財富的吉尼係數1995年時為65%，到了2005年時降為56%[8]。下跌幅度很驚人，但係數值仍然很高，超過可支配所得的吉尼係數。這反映英國後10%的人房屋淨財富接近於0。社會住宅的租屋客及私有房屋的房客，都沒趕上房市榮景。確實，他們反而因為房租高漲承受負面影響。

英國的經驗可以廣泛推論，因為自有住宅比率高的並不只是英國而已。歐元體系家戶金融與消費調查（Eurosystem Household Finance and Consumption Survey）顯示，雖然奧地利和德國的自有住宅率低（分別為44%與48%），但各國平均自有住宅率仍高達60%，西班牙與斯洛伐克亞則超過80%[9]。英國更做實驗推動大型的資產重分配方案（有權購屋方案〔Right to Buy programme〕），但是人們未必真了解此方案的規模有多大。最早推出有權購屋方案的是1980年的保守黨政府，允許社會住宅的房客買下現住的房子，而且差價極大。由當地權責機關將國宅賣給現任房客並無新意，但是這套計畫規模很大，原因是政府明確表達要提高自有住宅率。過去的法律規定折扣為27%，1981至1984年時提高到42%，1993至1995年更下殺50%。到2003年之前，英國已經有280萬棟住宅根據有權置產方案售出，銷售額3,680億英鎊[10]。這是很龐大的數字。約翰・希爾斯和豪爾・格蘭納斯特（Howard Glennerster）便說：「這些折扣背後代表的房地產財富累積價值極大……這種『來自政府的禮物』不管從哪一個角度來算都是大禮，在所有家戶財富中占了3至4%。」[11]以2010至2012年的價值來算，金額是2,000億英鎊。

根據有權置產方案從政府移轉給家戶的財富，大大提高後99%的財富占比，但代價是導致這一群人彼此間的貧富差異擴大。這回過頭來又影響貧富不均。雷金納瑞顧問公司（Regeneris Consulting）與牛津經濟研究機構（Oxford Economics）2010年的報告發現：「能進好學校、住在低環境汙染區、有便利的交通以及其他公共基礎建設等因素，市場均已將其計入房價當中。隨著平均房價相對於收入節節上漲（主要是因為房屋供給不足），比較不那麼富裕的家庭則發現自己因為付不起高房價，而逐步被擠出優勢地區。這導致以人生機運上以及爭取各種機會，如教育、醫療或就業等等來說，相對貧窮造成的影響更大。」這份報告繼續指出：「房屋資產在不同世代間的分配也非常不均……舉例來說，以每人房屋財富來看，65歲以上者的財富是45歲以下者的10倍以上，45至65歲的人則是45歲以下者的將近8倍。」[12]

不管是英國還是其他國家，都有很多措施有助於縮小自有住宅屋主與房客間的差距，包括大興土木增建住宅，以及提供更多社會住宅。但另外還有兩個措施，是我在之後幾章所提建議的一部分。在第七章中，我會討論英國保守黨政府二十五年前的重大地方稅制改革。這項改革廢除原本稅賦大致上和房地產價格相關的地方房屋稅（domestic rate），轉向累退制的住屋市政稅（Council Tax），並降低當地高價房地產要支付的稅金。這樣的效應會轉化成資本效應，反映在更高的房價上（由於地方稅賦減輕，人們就願意支付更高的價格買房子），導致房價高漲。我在第七章中針對英國提的建議，是針對房地產價值課徵比例稅，對更高價的房屋、公寓加稅。這也很可能轉化成資本效應，反過頭來拉低房價。這類措施會影響財富的分配，而且是往累進的方向邁進。

第八章中會討論第二項相關的政策提議，這和政府年金計畫有關。這個主題看起來或許和房市不太相干，但其實兩者之間有清楚的連結。英國有一連串的政策措施削減政府年金的金額，也把支應退休生活的責任轉向個人，使得很多人尋找適當的替代資產。貸款買下房屋出租，貸款利息可以扣抵所得，再加上其他有利於房東的租屋法規變革，導致買房出租變成極具吸引力的選項，為房價加柴添薪。我期望，第八章中所提的強化保障退休生活措施可以降低買房出租的需求，從而壓低房價。

存款人與金融服務業

未投資房地產的小額存款人，多半都投資金融資產與年金。不管是哪一種，他們都要仰賴金融服務業；金融服務業是近幾十年來英國經濟體中大幅擴展的產業之一。要支付金融服務費用，是導致資本報酬率與存款人獲得的報酬率有落差的主因之一。

在某些情況下，落差很明確。如果存款人持有一單位的信託基金，那麼管理公司會對積極管理的基金以淨值的百分比收取年度管理費，比方說每年0.75%。另外可能還要支付審計費或信託費。確定提撥制退休金方案也有類似收費標準，這些費用會減損最終給付的年金金額。英國的公平貿易署（Office of Fair Trading）研究英國職場裡的確定提撥年金後，強調手續費的影響：「加入方案的成員必須支付各種費用，包括行政管理費以及投資管理費。方案的收費標準只要有小幅差異，就會大大影響成員退休時能累積到的年金價值。比方說，員工在工作年限期間每年都要繳交0.5%的年度管理費用，會使得其退休時的存款減少約11%，1%的年度管理費用則使存款減損約21%。」[13]在多數國家，民間企業已經愈來愈少見的確定給付制

（defined-benefit），退休時支付的年金金額是確定的，和最終或是平均薪資有關。這樣一來，退休基金的受託人以及雇主便馬上擔心起投資報酬率，存款人反而老神在在。然而，基金管理公司收取的費用會導致提撥金額提高，或年金福利減少，因此對存款人造成負面影響，有一部分甚至還會導致雇主（包括民間企業和公家單位）退出退休基金。

那金融產業的成果究竟如何呢？存款人一定會好奇自己（泛指客戶群）到底付錢買了什麼；基金公司的績效多半以相對指標來衡量，而非絕對報酬。如果某一檔投資基金由於選股選得好因此勝過另一檔，這是否代表在交易裡的輸家就是另一檔基金？金融服務業怎麼樣才可以變成一個多贏的局面，而不是落入必有輸贏的零和賽局？這些都是很好的問題；要怎麼樣衡量金融服務業的成果，以國民所得帳來說，也確實是一個難題。以汽車產業來說，我們可以清楚看到車廠賺了多少營收，生產多少輛車：看看有多少汽車被運出工廠大門就好。至於金融服務業，我們可以看到他們賺得多少收入，但不太清楚他們有哪些成果。在某些時候，我們可以找到成果，比方說銀行針對特定服務收取費用，像是保管文件或安排貸款。但有時候，支付費用的方式卻隱而不見。只要你在銀行帳戶裡有餘額，事實上就已支付銀行處理相關帳務的費用。我說「事實上」，意指你放棄如果把錢放在他處可以賺到的利息（或是你接受帳戶支付的較低利息）。如果銀行給活存帳戶的利率是每年0.5%，儲蓄帳戶則支付年息2%，那你損失的利息就是每年2%。這樣的概念支持了「聯合國系統國民經濟會計制度」（United Nations System of National Accounts）的處理方式。這套會計制度是國際認同的衡量經濟活動標準，現在則包含「間接衡量之金融中介服務」（Financial Intermediation Services Indirectly Measured）：「以參考利率計算的利息，與實際支付給存款人和向借款人收取的利差，便是間接衡量的金融中介服務費。」[14]聯合國系統國民經濟會計制度處理金融服務業活動的方式提供了統計上的答案，但並未解答另一個一般性的問題：金融業增添的附加價值性質是什麼？存款人得到什麼？經濟學家兼《金融時報》專欄作家約翰・凱伊（John Kay），在他的書《別人的錢》（*Other People's Money*）裡問道，為什麼金融服務業這麼賺錢：「常識認為，如果一個封閉迴圈裡的人不斷和別人交換一些紙片，這些紙片的價值就算不是完全不動，也不會有太多改變。如果封閉迴圈內某些成員獲利豐厚，那麼這必是同一迴圈內其他人付出的代價。」他繼續做出結論，表示常識觀點沒有什麼大錯[15]。

豐厚獲利的來源之一，是針對某些形式貸款收取的利率，尤其是發薪日貸款業者收取的高額利息。我在2015年1月2日上網搜尋英國的利率比較，只有一種短期貸款的利率低於1000%（指年利率），最低的利率是154%。r的值顯然高於g。同樣道理也適用於信用卡收取的利息，只是幅度較為溫和。同樣是前述那一天，比較網站上最普遍的信用卡利率是18.9%，而這讓我思考債務的問題。

一般人多半會從和總體經濟間的關係來談債務，但債務對分配造成的影響更值得關注。後端者的財富占比之所以這麼低，很多都和減值項的負債有關。荷蘭經濟學家伊恩・彭（Jan Pen）把所得分配描述成排序，讓人們根據所得高低一個一個往下排，他指出，在隊伍前方的人有一些正在從前往後走，因為他們有「負」收入項（比方說他們的企業倒閉）[16]。如果我們檢視淨財富（資產減去負債），會看到更多人由前往後。美國經濟學家愛德華・瓦爾夫（Edward Wolff）分析從聯準會美國消費金融調查中得到的數據發現，2007年有18.5%的美國家戶淨財富為0或負值，後40%家戶在總淨財富中的占比基本上是0（0.2%）[17]。當然，負債有很多種。最大宗的家庭負債是換取房屋所有權的房貸，亦即用來買房子。房貸利率和發薪日貸款的利率大不相同。2013年美國消費金融調查的報告顯示，三十年期房貸的利率一般是3.5%（信用卡則是11.9%）[18]。當然，這種情況是因為房貸有資產擔保，而且只有發生整體房屋淨值「權益為負」時才會有風險。但無房屋資產擔保的個人信貸也很重要，某些形式的個人信貸更是成長飛快。2013年的美國消費金融調查發現「美國家庭背負的助學貸款過去十年來已經大幅增加」，以及「約有24%背負學貸的年輕小家庭每年的所得不到3萬美元」[19]。擔憂這番發展趨勢造成的影響，在很多國家獲得共鳴。

這裡提到的兩個議題（發薪日貸款的借款人要支付天價的利率以及助學貸款金額不斷攀高），指向要仔細檢視家庭的借貸條件。決策者一直聚焦在企業如何借貸，但家戶面對的可能是更嚴重的問題，而且會對貧富不均造成更嚴重的後果。有鑑於此，我建議：

欲推動之構想：全面檢視家戶在信貸市場從事的非房屋擔保借款。

在此同時，前述的考量也是我提出以下「最低承襲資產」（minimum inheritance）提案的背後動機。

小額存款人的實際報酬落差

2014年，當歐盟執委會主席容克針對新一任歐盟執委會提出政務指引時，他宣告：「我是社會市場經濟的虔誠信徒。在危機期間，船主和投機份子愈來愈富有，領年金的人卻再也養不起自己，這和社會市場經濟並不相容。」[20]領年金的人之所以再也養不起自己，是因為他們的存款報酬率太低。《二十一世紀資本論》出版英文版的同一個月，國際貨幣基金的《世界經濟展望》（*World Economic Outlook*）指出，（美國）股票的實質報酬率與實質利率之間的差距自2001年來愈來愈大：「全球實質利率自1980年代以來大幅下滑，現在已經落到稍微低於0的地步。」[21]在英國，實質利率實際上已是負值，如圖6-2所示的兩類存款（固定利率債券與隨時可提取的帳戶）適用利率，而且基本上負很多年了。除非存款人用新的存款投入其他投資，不然他們以前述兩類形式持有的財富都會縮水。

以一般的金融資產來說，報酬率（也就是皮凱提說的r）與小額存款人實際收到報酬間的落差，是金融服務業的收入來源，這個落差本身的分配也很不平均，而且大大有助於提高頂端者的所得占比。而在本書中，我考量的是r的差異對小額存款人來說有何意義，以及對擴大不均有何影響。就像詹姆士・米德說過的：「小型資產的報酬率遠低於大型資產。」[22]那麼，我們可以做些什麼以重新調整經濟，使其偏向有利於小額存款人？要怎麼做，才能讓小額存款的報酬率更貼近資本報酬率？市場競爭並不足以創造出這個結果。之前提過的英國公平貿易署做了研究，總結道：「光靠競爭無法拉高確定提撥制（企業）年金市場裡所有存款人的資產價值。」有一個可用的機制是規範，針對提供年金的金融業者設定管理費上限。英國政府正在採行這種做法，已經宣布退休基金的管理費用上限為0.75%。然而要確保適當報酬，更直接的方法是由國有的金融機構參與競爭。有鑑於此，我提出以下建議：

圖6-2　1996至2014年的英國利率變化

本圖顯示固定利率債券與隨時提領帳戶的實質利率變化（名目利率根據通膨調整），期間為1996至2014年。提報利率為每年1月1日的數值。

提案五：政府應以國家存款債券為工具，保證存款能得到正值實質利率，但限制每一個人持有的上限。

這個想法並不激進。美國獨立戰爭期間，麻州就曾在1780年時發行通膨指數債券[23]。在過去，愛爾蘭、英國以及其他政府就曾針對小額存款人發行指數連動的存款憑證。英國最初稱為「老奶奶債券」（Granny Bond），因為最早只限於超過退休年齡以上的人才能持有，而國家存款指數連動存款憑證（National Savings Index-Linked Savings Certificate）則要到2011年才有。這類憑證不僅保證存款的購買力，也會支付1%的年息，因此實際上有獲利。我們或許可以從圖6-2可以看出，重新引進這類工具保證一定的報酬，代表小額存款人的報酬率從那時候開始大有改善。

給小額存款人的保證利率應該設定在什麼水準？這顯然是前一章所提社會與經濟諮議局議程中應討論的問題。要找到答案，我們或許應該注意到過去英國的實質利率曾高至1.35%。這可以當成對應的中期人均家戶所得預期成長率，就像之前提過的，我們要考慮到不能期待家戶所得和國民所得等速成長。如果可以透過這種方法，保證小額存款人可以拿到的實質利率和成長率有一定對應關係，那他們的存款就不會縮水太嚴重。

但，要怎麼開始？

所有人都能承襲資產

1797年，英國哲學家兼革命家湯瑪斯・潘恩（Thomas Paine）在其〈地權公義〉（Agrarian Justice）小冊子裡訂出一套方案，「要設立一個全國性的基金，用這筆錢付給每一個人，當一個人21歲時，可以達到15英鎊，這當成是補償的一部分，彌補他因為房地產制度而失去本來應能承襲的天然資源。」[24]根據彼得・林德特（Peter Lindert）與傑佛瑞・威廉森（Jeffrey Williamson）兩位經濟學家的估計，1797年時，15英鎊在英格蘭和威爾斯約是農民年收入的一半[25]。

以資產為基礎的平等主義是潘恩提案的現代版，由布魯斯・阿克曼

（Bruce Ackerman）和安・阿絲托特（Anne Alstott）在美國提出。他們主張，每一位美國公民都有權分享祖先累積下來的財富，並說「湯瑪斯・潘恩提過的創新做法，其成就是幾千種彆腳政策都無法達成的效果。」[26]在英國，政治經濟學家瑟德瑞克・史丹佛（Cedric Sandford）曾在1960年代提出在人民成年時可拿到一筆「負資本稅」（negative capital tax）；在我1972年出版的《不公平的占比》（*Unequal Shares*）一書中，我提出一個概念，就是政府的退休金計畫中，要全面性的給付資本給所有人[27]。史丹佛的提案出自於朱利安・拉・格蘭（Julian Le Grand），最初形式是給年輕人的創業基金[28]。這個概念生了根，2003年時英國政府以兒童信託基金（Child Trust Fund）為形式付諸實行。政府一開始給每一位2002年9月1日或之後出生的孩子250英鎊現金券，到後來又補助低於排富條款門檻的家庭。家長也可以提撥到這個基金裡，一直存到孩子年滿18歲為止。孩子最後可以領到多少，要看父母多存多少，以及父母在這個過程中如何投資。成年時，所有人可以提出存款，用途沒有任何限制。聯合政府於2010年廢止這項方案。

繼承通常被視為富有者可以保有身在分配前端的機制，但繼承本身並無任何本質上的錯誤，唯一的問題是繼承非常不公平。如果每一個人都繼承同樣金額，那賽局就公平了。要朝向這個方向，有一點是要確保每一個人都能得到最低的承襲資產，也因此我提出以下建議：

提案六：所有人成年時都應得到一筆資本稟賦（亦即最低承襲資產）。

提案必須要有內容，也因此引發幾個重要問題：何時支付？要不要分階段？誰有資格領取？金額多高？如何籌資？用途上應有哪些限制（若有的話）？

資本稟賦

首先，何時該支付這筆錢？在本書中，我已經提過跨世代的所得分配，以及如果未來的家戶所得成長比我們過去預期速度更慢，世代之間的貧富不均就會擴大。在這些考量下，解決方式指向要用最低承襲資產作為重新調整世代平衡的工具。因此，我的討論會立基於在成年時給付這筆錢，而不是我1972年提議的退休時給付。就像是美國歌手巴布・狄倫的歌詞裡說的：「那時我甚年老／如今我年輕更勝於當年。」另外，就是最低承襲資產要不要分階段給付的問題。2002年9月1日以後出生的孩子可以拿到一大筆錢，2002年8月31日以前出生的人卻兩手空空，顯然不太公平。回過頭來，這又和資格的定義有關。如果某個人在18歲生日時才第一次踏上英國的土地，他就不應該有請領最低承襲資產的資格。有鑑於此，我提議最低承襲資產的資格應該要和過去領取兒童福利津貼的資格掛勾：一個人從一開始如果有資格請領x年的兒童福利津貼，那就有權領取x/18的最低承襲資產[29]。當然，條件會自然與時俱進。

最低承襲資產的金額應該是多少，資金又應該從哪裡來？前述阿克曼和阿絲托特提出的美國版本（1997年），設定的金額是一個人8萬美元，資金來源是從個人財富中徵收的2%稅金。他們所提的金額約是當時家庭年所得中位數的2倍；如果英國的兒童信託基金能延續下去的話，英國給付的金額也遠不如美國。拉・格蘭在針對英國提建議時，他說的話恰好應和了戲劇《賣花女》（*Pygmalion*）裡的角色阿佛瑞德・杜立德（Alfred Doolittle）說的，錢如果太少比較可能被亂花，他（2006年）建議的金額是10,000英鎊[30]。（杜立德說，如果給他5英鎊，他就只能「好好玩樂一番」，但如果給他10英鎊，「就會讓一個人變成聰明人」）拉・格蘭建議，要從調高遺產稅來籌得資金。在下一章，我會提議徵收一種收取資本終生稅（lifetime capital receipts tax），徵得的稅收應該分配用作發放資本稟賦的資金。雖然有很多人反對收取一般的質押稅（hypothecation of tax；譯註：指有特定用途的稅收），資本稟賦制是很適合讓稅收與福利直接連結的方式。英國每年約有75萬人滿18歲，現有的遺產稅收入能支應的資本稟賦比較接近5,000英鎊而不是10,000英鎊，因此（為了封住杜立德的抱怨），從新稅項上收到的稅金一定要更高。

我不考慮要限制最低繼承資產的用途。設限顯然會大幅提高行政成本，但我們可以主張要達到一定程度的「撙節」。最明顯的限制是投資教育訓練，但如果沒有全盤思考學費問題，就不可能妥善處理。在此同時，我們很有理由不限制資本稟賦僅能用於正規教育，應也容許他用，比方說學徒制。其他「許可用途」可以包括房屋公寓頭期款，或是小企業的創業金。

國家財富與主權財富基金

現在我要從個人財富轉向國家財富，即一國國民集體共有的財富。國家財富是分配領域裡被忽略的部分。確實，常常有人辯證公共財政問題，卻少有人去談國民所得帳裡的資產部分。我們看到的財政問題通常都是負債和赤字。為了減少國家債務，政府必須有盈餘。稅收必須超出政府支出（以及要支付的債券利息），才夠還債。多年前，美國艾森豪總統說過：

「我覺得，只要國家有負債，不管剩多少錢都很難稱得上是『盈餘』。我寧願想成是『減少子孫承襲的貸款』。」[31]

但艾森豪總統只把焦點放在國家負債上是錯的，因為除了債務之外，我們也會把以下這些傳給子孫：

- 政府的退休金負債；
- 公共基礎建設及實質財富；
- 公共財政資產。

重點是，我們應該檢視完整的公部門資產負債表，不能光看國家負債。部分理由是，只看負債會讓局面看起來很糟糕，因為除了現有國家負債之外，政府還有責任要支付未來的退休金。多數經合發展組織會員國已經累積的政府退休金規模十分龐大。另一方面，在資產負債表正項上還有公共資產，包括實質資產與金融資產。艾森豪總統說過前述那段話之後，在接下來那一次，也是他最後一次的國情咨文中說的話，最能清楚解釋什麼叫實質資產；他得意的細數自己對興建有功的洲際高速公路，以及許多其他重大公共投資。1961年聽他演說的聽眾，他們的子子孫孫如今都在這些道路上馳騁。這類資產的價值或許難以衡量，但在決定政府淨值時，顯然應該有其地位。

完整檢視資產負債表是很重要的，每一個國家如果都和英國一樣，有像圖6-3所顯示的這類統計數字，那是一件好事。該圖顯示公部門的淨資產相對於國民所得的比率（數字中並未計入政府的年金責任。）圖中有幾個明顯的階段。1957年時，國家負債超越國家資產的價值，差額達到國民所

圖6-3　1957至2012年的英國公部門淨值

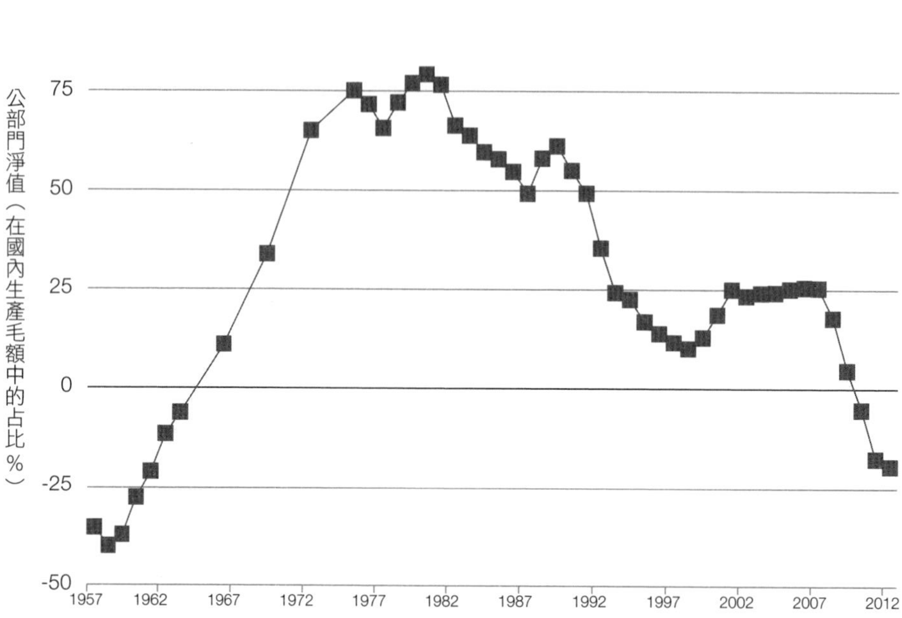

英國公部門的淨值（資產減去負債）相對於國內生產毛額的比重不斷變化。1979年後的下滑，有部分理由是因為資產移轉，包括將國民住宅出售給居民以及公有事業民營化（例如英國電訊和英國天然氣）。

得的三分之一。

隨著時間過去，淨值部位已有改善，到了1960年代初期已轉為正值。好轉的趨勢延續到1970年代，到那時，政府淨資產已經達到國民所得的四分之三。但在1979年之後，政府淨值開始滑落。事實上，政府將許多實質資產的權力轉給個別家戶。我們之前已經看過，有權購屋方案大降價出售國民住宅，大量將資產移轉給民間，而政府大拍賣將英國電訊（British Telecom）和英國天然氣（British Gas）等公有事業民營化也有同樣作用[32]。

到了1997年，公部門淨值降至比0高不了多少。工黨政府上台前幾年有好一些，但自2007年以後又開始下滑，到了聯合政府時代趨勢仍持續。

我認為，我們應該要看政府整體淨值，而非只看國家負債。適當的財政政策目標，應該是回歸到政府擁有大量正值淨財富的狀態。當然，減少國家債務有助於達標，但那只是其中一面。另一面是要累積資產。透過持有資本與分享技術發展的果實，政府可以善用從中得到的收入，推動創造出一個貧富不均程度較小的社會。基於之前分析過的影響所得分配經濟力量，這一點更形重要。以「誰擁有機器人」這個問題來說，有一部分的答案是，它們屬於我們所有人。

主權財富基金

在某些國家，政府以「主權財富基金」（sovereign wealth fund）的形式累積財富；這是一種由國家擁有的投資基金。這類基金的歷史由來已久。1854年，德州立法院提撥200萬美元成立德州永久學校基金（Texas Permanent School Fund），明白宣示要嘉惠德州的公立學校。之後1876年的德州憲法劃出某些土地，規定出售這些土地的所得有一部份要納入該基金。德州的大學體系也有類似基金。到了更近期，各國成立的主權財富基金規模更大，如圖6-4所示，本圖以管理資產總值相對於國內生產毛額的比率來表示。很多時候，這些基金的資金來源是石油收益，但我們也應該注意中國與新加坡的地位。

最近期才成立的主權財富基金中，有一檔是2008年的法國主權財富基金「Le Fonds strategique d’investissement」（結構性投資基金）。這檔基金是漫長歷史中的一部分：管轄該基金的是1816年時成立的法國發展銀行

圖6-4　2013年全球各國主權財富基金與國內生產毛額比

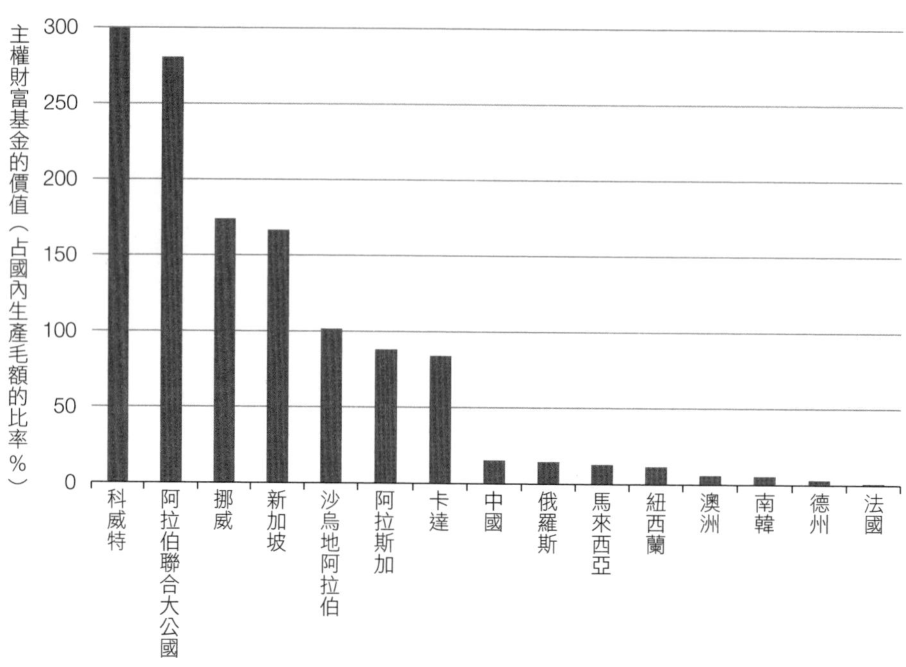

主權財富基金資金多半來自石油所得，但不必然如此。本圖顯示各國2013年時主權財富基金管理資產總值對國內生產毛額比。

（Caisse des Dépôts）。該基金有責任接受國會質詢，是為大眾牟利的長期投資者。以下是其他國家可以遵循的模式建議：

提案七：應成立公家投資單位（Investment Authority），經營主權財富基金，目的為透過持有對企業與資產的投資來累積政府淨值。

法國成立結構性投資基金之時，同年英國實際上也設立英國金融投資公司（UK Financial Investments），負責管理政府在重新調整銀行資本時所作的投資（以及政府對英國資產解決公司〔UK Asset Resolution〕的投資），資產總值要視股價與股東保留權益有多少而定。（2014年3月31時為4,000億英鎊。）英國聯合政府的政策一向是要出售這些資產（並持續把其他國有資產民營化，例如英國皇家郵政〔Royal Mail〕），但我相信應該扭轉趨勢（這也契合我著重資產負債表的資產面想法）。國家應該設法透過持有公司和資產的股份來累積淨值。換句話說，國家的淨資產是我們代代相傳的工具之一，成立主權財富基金便是達成跨世代公平的方法。

以挪威為例，成立主權財富基金是為了確保可以從北海的石油產出受益，不只是這一代，更是為了後代著想。該基金制定規則，限制每年平均開銷為4%。受到北海石油恩澤的國家不僅只有挪威；假設英國在1968年也成立類似基金，也只花掉實質報酬（也就是說，基金收益不只能累積國家的收入，而且足以維繫國家的購買力），那會怎麼樣？這個問題是很有趣的歷史推測。挪威從基金中拿出來花掉的，大致相當於近年來的實質報酬[33]。圖6-5顯示，若有這類基金，會如何改變圖6-3所示的英國國家淨財富（加上主權財富基金之後的新線為虛線）。累積出來的資金將非常可觀（約為3,500億英鎊，或相當於挪威基金的60%）。英國是一個大國，因此基金在國民所得中的占比較低，但也能提供絕佳的緩衝作用。若早有這類基金，2012年時英國的國家淨值將成正值，而非負值。如果我這一代的選民支持明智的財政措施而不是減稅，又會如何！

但提議成立主權基金，是否只是開個後門行國有化之實？在這裡，重點是要區分兩個不同的面向：國有企業的「控制面向」，指的是政府（不管中央或地方）可以直接影響企業政策，另外一面是「受益所有權」，這兩者

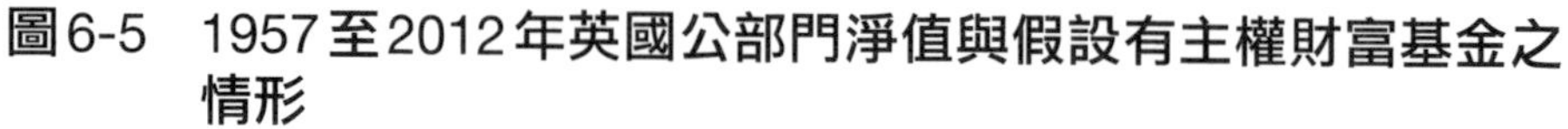

圖6-5 1957至2012年英國公部門淨值與假設有主權財富基金之情形

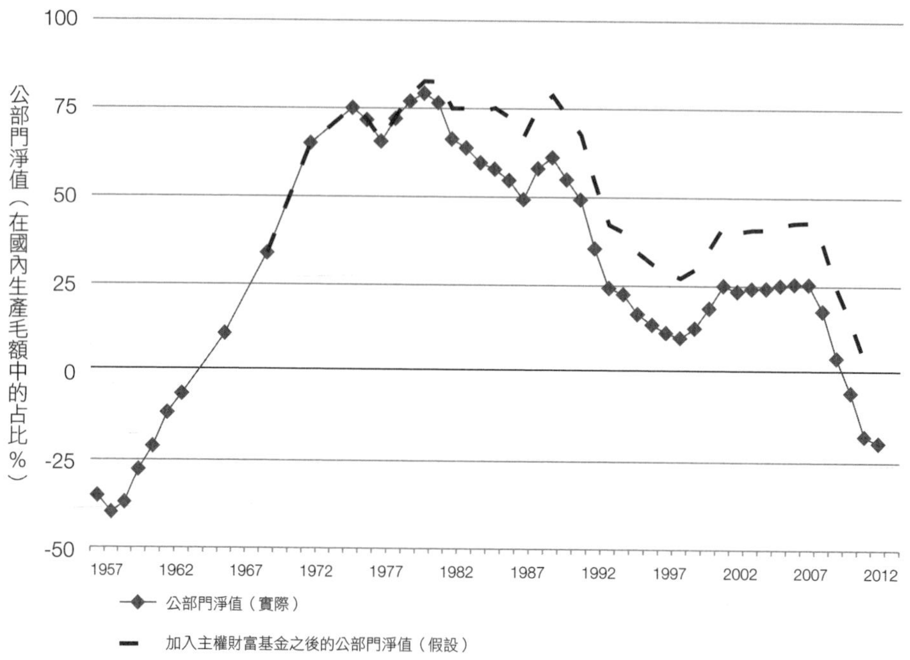

實線為英國公部門淨值相對於國內生產毛額之比，虛線顯示假設1968年時成立主權財富基金且指花掉實質收益的話，英國公部門淨值（相對於國內生產毛額之比）會成長的幅度。

是可以區分的。透過特別股，國家可以保有對企業的控制權，但也讓私人股東賺取大量利潤。或者，國家也可以擁有可觀持股，收取財務益處，不對企業政策施展任何影響力。我主要大力支持後者，亦即受益但不控制。以英國為例，政府（2014年時）持有80%的蘇格蘭皇家銀行（Royal Bank of Scotland）股份，因此至少在理論上，英國政府對該行的受益權和控制權應該相當；但我之前提議由英國投資局持有多家公司的少數股份，收取收益但不施行控制，也是可行的做法。比方說，投資局可瞄準從政府出資研究中獲利的企業（如第四章中討論過的），買下這類企業的股份，這是很理所當然的操作。況且我的提議並無新意，三十年前，詹姆士・米德便力促要提高稅收：「為大眾取得不受制的權利，分得完全由民間管理企業的利潤，能為政府提供延續性的淨收入，可有助於減輕社會分紅（social dividend）的成本（這是第八章要談的參與式所得）」[34]。

正式成立財富主權基金，不代表回歸上一個世紀的國有化。在此同時，我也不贊成成立完全被動型的投資單位。該機構的投資應遵循企業營運的道德標準，以及對更廣大社會責任（比方薪資政策）的敏感度。曾有一檔非英國的主權財富基金據稱受到資本可增值的誘惑，在倫敦大買房地產，正好凸顯前述論點。如果英國投資單位要做這類投資，我們的期望是該機關會同時權衡更廣泛的社會影響層面（房屋的供給）與短期利潤。同樣的，這個機關應該是基礎建設投資以及減緩氣候變遷等行動的資金來源。在不同世代間創造出更公平的分配，更是這個機關責無旁貸的任務。

1 J. E. Meade, *Efficiency, Equality, and the Ownership of Property* (London: G. Allen and Unwin, 1964), quote p. 48.

2 Josiah Wedgwood, *The Economics of Inheritance*, new ed. (London: Pelican Books, 1939), 115–116.

3 Geoffrey Brennan, Gordon Menzies, and Michael Munge, "A Brief History of Equality," *Economics Discipline Group Working Paper* 17 (2014), UTS Business School, University of Technology Sydney.

4 Christine Schwartz, "Earnings Inequality and the Changing Association between Spouses' Earnings," *American Journal of Sociology* 115 (2010): 1524–1557, quote p. 1528.

5 John Ermisch, Marco Francesconi, and Thomas Siedler, "Intergenerational Economic Mobility and Assortative Mating," IZA Discussion Papers 1847, Institute for the Study of Labor, Bonn, 2005.

6 Kerwin Kofi Charles, Erik Hurst, and Alexandra Killewald, "Marital Sorting and Parental Wealth," *Demography* 50 (2013): 51–70.

7 Francesca Bastagli and John Hills, "Wealth Accumulation, Ageing, and House Prices," in John Hills et al., eds., *Wealth in the UK* (Oxford: Oxford University Press, 2013): 63–91, quote p. 65.

8 數據來自 Bastagli and Hills, "Wealth Accumulation," Table 4.1.

9 European Central Bank, "The Eurosystem Household Finance and Consumption Survey: Results from the First Wave," *Statistical Paper Series* 2 (2013): quoted Table 1.2.

10 Colin Jones and Alan Murie, *The Right to Buy* (Oxford: Blackwell, 2006), quote pp. 178 and 179.

11 John Hills and Howard Glennerster, "Public Policy, Wealth, and Assets: A Complex and Inconsistent Story," in Hills et al., *Wealth in the UK*, 165–193, quote p. 187.

12 Regeneris Consulting and Oxford Economics, *The Role of Housing in the Economy: A Final Report by Regeneris Consulting and Oxford Economics* (Altrincham: Regeneris Consulting Ltd., 2010), quote pp. 8 and 71.

13 Office of Fair Trading, *Defined Contribution Workplace Pension Market Study* (London: Office of Fair Trading, 2013), OFT1505, quote p. 16 and Figure 6.2. 本研究發現，2013年時契約式與組合信託式方案的費用（根據資產別分類）中位數是0.71%。

14 如英國國家統計署（UK Office for National Statistics）所述：Karen Grovell and Daniel Wisniewski, *Changes to the UK National Accounts: Financial Intermediation* notes to pages 165–169 *Services Indirectly Measured* (London: Office for National Statistics, 2014), quote p. 2.

15 John Kay, *Other People's Money* (New York: Public Affairs, 2015). 感謝凱伊慷慨允諾我使用發表前的版本。

16 Jan Pen, *Income Distribution: Facts, Theories, Policies*, trans. Trevor S. Preston (New York: Praeger, 1971), 50. 如果用總收入的累積占比來計算分配，後端群體的負所得算出來的占比即為負值。這代表由不同群體的總收入累積占比組成的曲線（名為羅倫茲曲線〔Lorenz curve〕）起點為0以下。在衡量財富分配不均時這一點特別重要，這會導致算出來的吉尼係數更高。如果財富為負值的人很多，理論上，吉尼係數會超過100%。

17 Edward N. Wolff, "Recent Trends in Household Wealth in the United States: Rising Debt and the Middle-Class Squeeze—an Update to 2007," Levy Economics Institute of Bard College, Working Paper

589 (2010), Tables 1 and 2.

18 Jesse Bricker et al., "Changes in U.S. Family Finances from 2010 to 2013: Evidence from the Survey of Consumer Finances," *Federal Reserve Bulletin* 100 (2014): 1–41, quote p. 3.

19 Bricker at al., quote p. 26.

20 Jean-Claude Juncker, *A New Start for Europe: My Agenda for Jobs, Growth, Fairness and Democratic Change: Political Guidelines for the Next European Commission* (Brussels: European Commission, 2014), quote p. 8.

21 International Monetary Fund (IMF), *World Economic Outlook (WEO) April 2014: Recovery Strengthens, Remains Uneven. World Economic and Financial Surveys*, quote p. 1.

22 Meade, *Efficiency, Equality*, quote p. 44.

23 感謝Robert J. Shiller, "The Invention of Inflation-Indexed Bonds in Early America," *NBER Working Paper* 10183, December 2003. 據其觀察，可能還有更早期的前例。

24 請見美國社會安全署（U.S. Social Security Administration 網站中的「社會保險史」（Social Insurance History）項(http://www.socialsecurity.gov/history/paine4.html).

25 Peter Lindert and Jeffrey Williamson, "English Workers' Living Standards during the Industrial Revolution: A New Look," *Economic History Review*, sec. ser.36 (1983): 1–25, quoted Table 2.

26 Bruce Ackerman and Anne Alstott, *The Stake-Holder Society* (New Haven: Yale University Press, 1999).

27 Cedric Sandford, *Economics of Public Finance* (Oxford: Pergamon Press, 1969); and Anthony B. Atkinson, *Unequal Shares* (London: Allen Lane, 1972), ch. 11.

28 Julian Le Grand, "Markets, Welfare and Equality," in Julian Le Grand and Saul Estrin, eds., *Market Socialism* (Oxford: Oxford University Press, 1989); and Julian Le Grand and David Nissan, A Capital Idea: Start-Up Grants for Young People (London: Fabian Society, 2000).

29 2014年時，（英國）領取兒童福利津貼的資格限於滿足「停留及居留條件」的家長與孩子，申請人則必須滿足「居住權條款」(right to reside test）。

30 Julian Le Grand, "A Demogrant," in *Motivation, Agency and Public Policy* (Oxford: Oxford University Press, 2006), 120–136.

31 President Dwight Eisenhower, *State of the Union Message* (January 1960).

32 John Hills, "Counting the Family Silver: The Public Sector's Balance Sheet 1957 to 1987," *Fiscal Studies* 10 (1989): 66–85.

33 See Samuel Wills, Rick van der Ploeg, and Ton van den Bremer, "Norway is right to reassess its sovereign wealth fund" (VoxEU) http://www.voxeu.org/article/norway-right-reassess-its-sovereign-wealth-fund.

34 James Meade, "Full Employment, New Technologies and the Distribution of Income," *Journal of Social Policy* 13 (1984): 129–146, quote p. 145.

第七章

強化累進稅制

如果調降最高所得稅率是擴大所得差距的理由之一，那我們該不該回歸到累進效果更強的稅制？在本章中，我會提出一套建議，包括累進效果更強的個人所得稅、勞動所得的優惠待遇、激進的遺產稅改革、房地產稅現代化、重新開徵年度財富稅以及全球性稅賦。

想從頂端所得者身上收到更多稅收嗎？如果調降最高所得稅率是擴大所得差距的理由之一，那我們該不該回歸到累進效果更強的稅制？在本章中，我會提出一套建議，包括累進效果更強的個人所得稅、勞動所得的優惠待遇、激進的遺產稅改革、房地產稅（以英國住屋市政稅為例）現代化、重新開徵年度財富稅以及全球性稅賦。在《不可兒戲》一劇中，家庭教師裴瑞絲小姐（Miss Prism）對她的學生說，她要跳過經濟學教科書裡講盧布貶值那一章，因為那「太讓人激動了」；我不確定她會對這一章有何看法，但這句話還蠻有道理的。

以整體稅制來說，針對收入、資本和財富移轉加稅的建議，和近年來針對消費（附加價值稅）以及勞動所得（社會安全捐）加稅的趨勢剛好相反。本章中的提議是一種手段，希望用更公平的方法來分攤政府運作時的融資成本，並增加稅收以取得資金進行財務重分配。

回歸累進所得稅

圖7-1是我十年前所提建議的更新版；當時我和皮凱提針對頂端所得編輯一套兩本書，這張圖是用在上冊封面。本圖勾畫英國在兩方面的長期變動：（一）過去百年來所得前0.1%者在總所得中的占比變化，以及（二）最高的個人所得稅稅率。更精準來說，後者顯示適用最高所得稅率者每多賺1英鎊能留下來多少錢，我把這稱為「邊際留置率」（marginal retention rate）；如果最高稅率是45%，那這個人的邊際留置率就是55%。如果把過去十五年的留置率加以平均，就可以拉平稅率大幅變動的效果，並印證

圖7-1　1913至2013年英國頂端收入者的所得占比與稅後留置率

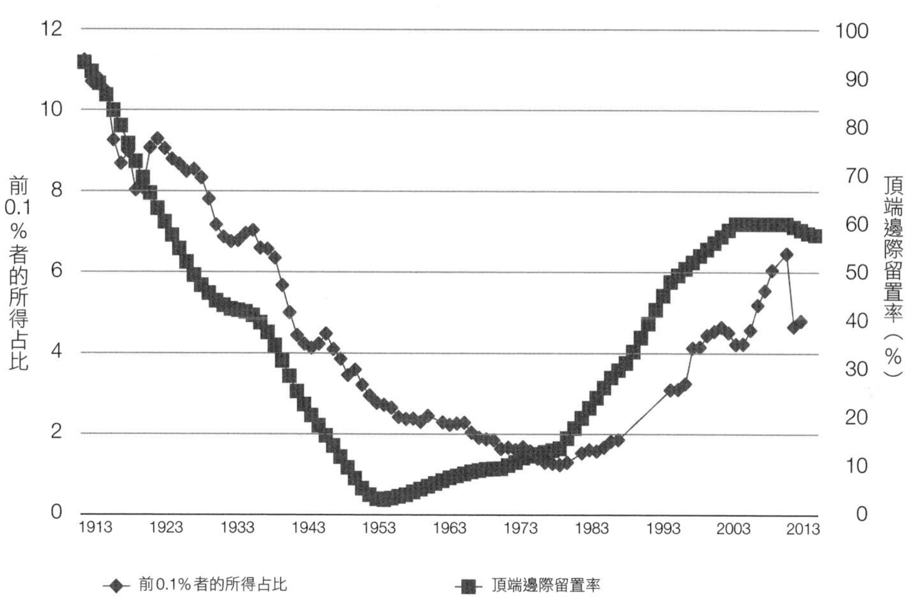

菱形（使用左方座標）顯示前0.1%（及前10%當中的1%）的所得占比以2011年為例，他們的所得占比為4.8%，這代表著他們拿到的所得占比超過按比例來算的48倍。方塊（使用右方座標）顯示邊際留置率，或者說是支付最高稅率的人多賺1英鎊後能留下多少錢，2000年代幾乎達60%，1960年代則不到10%。邊際稅率為十五年的平均值。

「今天頂端者的所得占比時受過去稅率影響」的推論。這項推論假設，稅率會影響頂端的所得占比，但當然因果關係也可能相反：目前的頂端所得占比或許可能影響目前及未來的稅率。圖7-1中最明顯的特徵，是兩條曲線均呈類似的「V」型。兩條線並非完全一致，留置率曲線的底部已較早出現，但兩條線的形狀透露出很多訊息。在看這張圖時，很重要的是要記住所得占比指的是在「總所得」中的占比；顯然我們預期「淨所得」的占比會跟著留置率變動[1]。占領行動（Occupy Movement；譯註：金融風暴之後美國有「占領華爾街」，抗議經濟社會不公，之後傳到世界各地，形成占領行動）的標語牌中會出現這類圖表，從比較學術的層面來看，最高稅率和頂端所得群占比之間的關係，一向是很多人的分析主題。

柴契爾政府時代降稅幅度尤大；柴契爾1979年主政，將勞動所得適用的最高稅率從83%調降至60%。之後1988年時，奈吉爾・勞森（Nigel Lawson）擔任財政大臣，他進一步調降最高稅率，來到40%。政府在財政預算報告中宣布降稅時，保守黨的國會議員大聲喝采歡迎，據說其中有一人說他的計算機位數不夠，算不出來他因此能省多少稅！（至於我有什麼反應，請見第十一章。）大力改革稅賦政策的不只英國。在美國，最高稅率同樣也砍了一半：從1980年的70%降為35%，邊際留置率因此從30%增為65%。這兩國是極端，如圖7-2所示；這張圖顯示頂端所得占比的變化（以百分比衡量，因此縱軸為「2」，代表變化2%，比方說從6%增為8%），以及最高邊際留置率的變化[2]。以每一個國家來說，都是以1960至1964年的五年平均值和2005至2009年的平均值相比。有些國家的最高稅率在這段期間少有或者沒有變化，例如丹麥（最高稅率稍微調高）、德國、西班牙和瑞典。有些國家的變動雖然不像英美這麼極端，但幅度也很大，比方說加拿大、日本和挪威。

這兩張圖透露出很多訊息：留置所得的比率提高（因為調降最高稅率所致），看來和頂端所得占比成長有關。然而，光是比較兩個序列（不管是跨國比較或是跨時間比較），顯然不足以得出任何稅率和收入占比之間的因果關係。在跨國比較時，有很多其他因素可能會影響到頂端所得占比的變化。有些國家與全球經濟的整合度較高，頂端所得者占比因此提高，但他們也必須透過減稅來吸引勞工。在這種情況下，因果關係就不是稅賦體系影響到頂端所得占比，而是全球化分別影響每一個因素。長期來說，在

圖7-2　1960至2000年代全球各國前1%所得者的所得占比與稅率變化

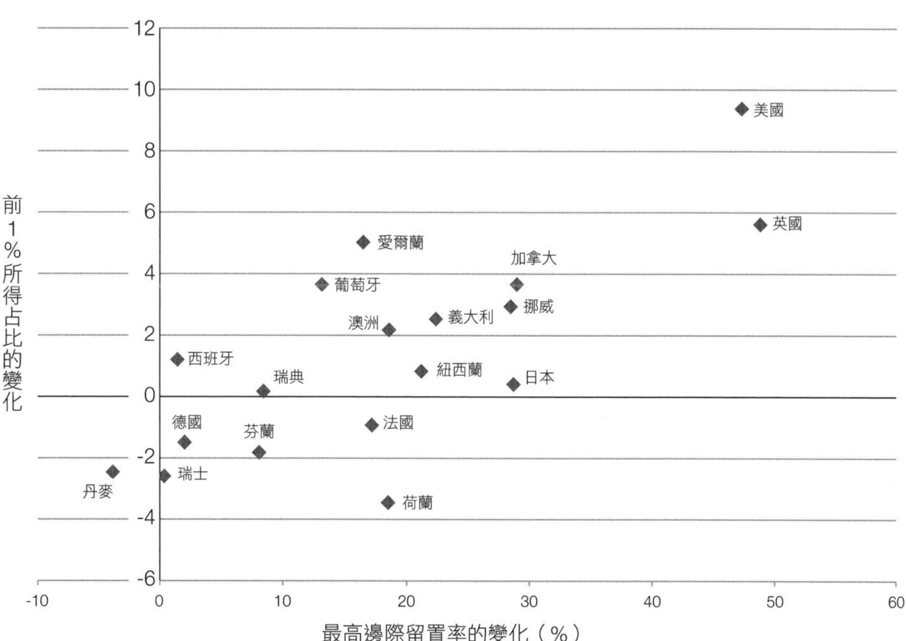

本圖顯示前1%所得者的所得占比變化以及收入最高者的稅後留置率變動，時間為自1960年代（1960至1964年平均值）至2000年代（2005至2009年平均值）。以每一個國家來說，前1%在總所得中的占比變化以縱軸表示。高於0的國家，表示其前1%者2005至2009年的平均所得占比高於1960至1964年，低於0的國家表示其前1%所得者在這四十五年期間所得占比有減少。橫軸表示以1960年代與2000年代相比，收入最高者稅後可以多保留多少錢（及最高稅後留置率，請見圖7-1與內文說明）。因此，一個國家的落點在愈右邊，表示其稅後留置率的成長幅度愈高（亦即最高稅率的減稅幅度愈大）。

同一個國家裡，也有別的因素可能會影響所得占比和稅賦體系。保守黨／共和黨／自由派的政府制定的稅率，很可能低於工黨／民主黨／社會主義派的政府，但同一個政府採取的其他行動很可能導致頂端所得占比提高，例如民營化。1980年代英國柴契爾政府與美國雷根政府正是如此。此外，政權更迭與預期更迭，會讓局面更形複雜，很可能導致所得占比創下新紀錄，卻對不上生產所得變動。知道保守派政府會調降稅率，可能會使企業在保守派當道時多發股利給股東，並在左派政府贏得選舉時少發股利，以避開預期中的加稅行動。若是這樣，稅率低時所得稅的數據應該會記錄到頂端所得者的占比提高，但背後利潤可能並無變動（兩者之差即為保留盈餘，請見圖3-1）。

估計最高稅率的效果

經濟學研究中常用一種方法，就是讓其他條件維持不變，這稱為「差異中的差異」，其本質很簡單。提高最高稅率時頂端所得占比的變動（第一種差異），拿來和其他不受最高稅率變動影響群體的所得占比變動（第二種差異）做比較。在隨機性的試驗中，後者是對照組。1960年代末期與1970年代初期美國進行負所得稅實驗時，早期研究就是用這種方法來探討邊際稅率的影響。負所得稅（下一章會詳談）涉及要付錢給低於納稅門檻的人民，給付金額會隨著所得愈來愈接近門檻而下降。這樣一來，這些人會適用一種相當於稅率的「邊際回收率」（marginal rate of withdrawal；譯註：當適用福利方案者的收入提高，政府會按照一定比率收回福利，即為回收率），而且他們的處境也會因此改善。在負所得稅實驗中，有些家庭可以拿到錢（實驗組），有些則沒有（對照組）。這些先驅把田野實驗的方法用在經濟學裡，凸顯出本書的一項主題：我們必須從整體考量分配。所得底層也有高邊際稅率的問題，和所得高端處一樣。

設想所得頂端者對於政府宣布要進行田野實驗會有何反應，是一件很有趣的事，不過不管是美國紐澤西或英國濱海克拉頓（Clacton-on-Sea），要調降隨機中選的頂端收入者稅率，是不太可能的任務。因此我們只能仰賴「自然試驗」，在自然而然的環境中找到一群不受稅率變動影響、但其他條件都一樣的群體。麥克・布留爾（Michael Brewer）、伊曼紐爾・賽斯（參見第一章）與安德魯・薛波德（Andrew Shephard）等學者寫到英國的情形，主張最高邊際稅率的變動基本上影響到前1%的人，因此可以把接下來4%的人當成對照組[3]。因此，當他們在考慮1988年預算案的效應（將最高稅率從60%調降到40%）時，不只看前1%所得者的占比在1986至1989年間的變化，也看這個變化和之後4%的人占比變化有何差異。研究人員從中得出「差異中的差異」，估計出總所得如何反映最高稅率的變動。他們以「彈性」來表示總所得的反應，估計值約為0.46（準確的估計如下文討論）。這個彈性是什麼意思？這表示，如果留置率提高10%（意即最高稅率調降10%），總所得會提高4.6%。反過來說，如果留置率減少10%，總所得就會減少4.6%。（應注意的是，不可將比率值和變動比率兩個數字混淆：比方說留置率提高10%，可能是從50%變成55%。）

這些顯然深奧難懂的計算卻和辯證息息相關，因為數據回答一個問題：提高最高稅率能否帶來更高稅收？留置率下降有一部分效應導致總所得下降，因為稅基變小。提高稅率，一方面能帶來額外稅收，一方面卻會導致稅基流失，布留爾、賽斯與薛波德的結論是，要在這兩者之間找到平衡，讓稅收達到最大的最高稅率是56.6%[4]。表面看來，這代表英國目前最高稅率（45%）還有上調空間。但他們在計算邊際留置率時考慮範圍比前述更廣，包括雇主與員工提撥的社會安全捐，以及花掉所得時的應付加值稅。他們計算的，是雇主支付1英鎊可以支應的總消費金額。如果容許這些其他稅賦，他們得出可讓稅收達到最大的最高所得稅率為40%。

由財政研究所委託進行、並由詹姆士・米爾利斯爵士（Sir James

Mirrlees）主事的英國稅制體檢中，也考量了這些研究結論。米爾利斯稅制檢視（Mirrlees Review）又影響了英國的財政大臣喬治・奧斯本，讓他在2013年初宣布，英國的最高所得稅率將從50%再調回為45%：「（當最高稅率從45%調到50%，）直接多收的稅金每年僅1億英鎊。確實，（英國的稅務機關）皇家國稅局（Her Majesty's Revenue and Customs）計算過，由於調高稅率而損失的其他稅收可能會抵銷前述金額。換言之，加稅……可能完全無法增加稅收。」[5]

主張加稅的三個理由

但我認為英國應該反其道而行，亦即應將最高稅率提高到65%，而且同樣的主張亦適用於其他國家。我為何公然與數據作對，不顧證據指向可創造最大稅收的最高稅率是40%？

第一個理由是，估計稅收彈性時有很多不確定性。布留爾、賽斯與薛波德所做的研究，是眾多嘗試估計相關彈性的研究之一，這三位作者自己也強調：「我們得出的彈性估計值是試驗性的，估出的最適最高稅率亦然。」[6]米爾利斯稅制檢視的報告中也明說：「估計出能創造最大稅收的最高稅率是40%，計算當中無法避免諸多不確定性。」[7]可見誤差幅度很可觀。以統計術語來說，在95%的信賴區間下估出來的彈性係數為0.47，其涵蓋範圍很廣，再加上之前對計算中考量的其他稅賦所做的假設，能創造最大稅收的最高稅率低可至24%，高可達62%。從這個角度來看，結論就沒那麼確定：多數政治人物提議的稅率，應該都在這個範圍內。

第二個該用不同觀點來看的理由是，米爾利斯稅制檢視中計算出最高稅率該從56.6%降到40%的方法說服不了我。他們所有假設都朝向要讓其他稅收達到最大，也因此把所得稅加稅的空間壓到最小。不過如果我們做出其他假設，比方說多賺的勞動所得都來自於自雇或透過第三方公司支付，因此納稅人不用支付所有社會安全捐，那會怎麼樣？而且，適用最高稅率的納稅人可能不會把全部所得都花在要支付附加稅的貨品上。假設他們把多餘所得存起來，或者拿到海外花掉，那會怎麼樣？那麼以相同的信賴區間來說，能收到最大稅收的最高稅率就從46%跳到74%。

第三個理由和估計重要彈性參數的「差異中的差異」時背後假設有關，亦和經濟學家分析個體行為時使用的方法核心有關。估計最大稅收時的彈性時，假設不同人所得之間沒有任何相關性。也就是說，估計時以會受到最高稅率調降而影響所得者（前1%），與接下來4%不受最高稅率影響者相比，然後比較兩群人的所得相對變動，並假設後面這一群由於稅率不變，因此所得不變。但實際上可能會產生溢出效應（spillover effect）。意即如果調降前1%者的稅率，會導致他們更努力經營企業，因此提高收入，同時為他人創造就業機會，那麼從其他員工身上多徵收到的稅收，便應計為降稅的稅收效應。這是調降稅率的好理由。但就我來看，這兩群人的相關性比較可能是反向的：所得前1%者因降稅而增加的收入，是其他納稅人付出的代價。以企業活動來說，他們全都在同一個池子裡釣魚，因此前面的人所得提高，意味著後面的人機會變少。

管理階層的薪酬正是一個負面溢出效應的具體範例。過去邊際稅率提高時，企業高階主管便無誘因去協商出更高的薪資。反過來，他們會要求無須納稅的其他福利，或是大肆浪費企業支出，而且他們也樂於將利潤用來再投資，以求快速擴張企業。1980年代英國調降最高稅率，意味著他們有動機再度花費精力提高自己的薪資或紅利，付出代價的便是股東。也就是說，提高管理階層的薪資代表必須減少支付給股東的報酬，這意味著（如果方式是減少股利的話）稅收會減少。這是皮凱提、賽斯和史黛芬妮・絲坦契娃（Stefanie Stantcheva）找到的磋商效應（bargaining effect）實例，他們證明，如果把薪資磋商談判納入考量，能達到最大稅收的最高稅率要高很多，具體來說是83%，而不是我們一開始講到的56.6%[8]。

最後，我認為社會目標應有更大的格局，而不只侷限於創造最大稅收。這會讓我們離題太遠，但我在此只想提一個到目前都忽略的考量：「公平」的概念同樣要用到稅制上。我們常常聽到一般人抱怨稅制「不公平」。邊際稅率關乎的不只是激勵誘因而已：勞動所得提高後能多留下多少可支配所得，也是判斷制度本質上是否公平的條件之一。公平與否，涉及認知上努力和報酬應該有什麼關係：當人們多賺的錢是來自於努力加班、擔負更多責任或做第二份工作時，至少應該能留下一定比例。稅率與可支配所得間關係的誇張版叫「貧窮陷阱」（poverty trap），說的是低薪的人無法改善自身處境，因為他們多賺的錢不但不足以支付多出來的稅金，還要損失所得低時可領得的福利。當他們多賺點錢的同時，也要面對隱性的高邊際稅率。多賺得的所得適用的是邊際稅率，這和用總稅金除以總所得的平均稅率並不相同。反對製造出貧窮陷阱不僅因為這不利於工作（和儲蓄），更因為這讓人們能留下的額外收入少之又少，這不公平。

這類公平的考量應普遍適用，不僅用於思考是否會造成低所得者的貧窮陷阱，也包括審視各個所得範圍。符合公平的最高邊際稅率指的是一個人努力多少就收穫多少，每一個人都應一視同仁。應用這個原則，指向我們要用大不相同的標準來訂定最高稅率：所得分配頂端的邊際稅率，應等於所得分配底端的邊際稅率。在英國，政府引進新的統一津貼制度

（Universal Credit），這是一種有排富限制的低收入戶移轉所得方案，就明訂政府的（福利）回收率以65%為上限。

所得稅率建議

基於前述這些考量（尤其是最後一項），我提議英國的最高所得稅率應為65%。與2015年的最高稅率45%相比，這是很大的漲幅，但以歷史標準來看並不算太高。過去一百年，英國有將近一半的時間最高所得稅率高於65%，而且這百年裡有一半以上的時間由保守黨人擔任首相。65%這個數字或許無法直接套用到其他國家，但類似的因素都通用。同樣的考量也適用於設計稅率表，得出最高所得稅率。在這裡，我們需要考慮高邊際稅率的目的何在。多年來，對高所得適用高邊際稅率，一項被視為累進稅率政策的標誌。但根據由威廉・維克瑞（William Vickrey）和米爾利斯開先河的稅制設計數學分析來看，得出的結果是如果決策者在乎稅後所得的分配，那麼高邊際稅率的目的應該是拉高高所得者支付的平均稅率[9]。一個人適用的平均稅率，是指他支付的總稅金除以總所得，平均稅率要看的不僅是此人適用的邊際稅率，也要看更低所得適用的邊際稅率。這表示，要提高富人的平均稅率，也要一併提高更低所得適用的邊際稅率。以英國為具體範例，我在第十一章中提議的邊際稅率從25%開始（勞動所得則為20%），並以10%為一階往上提高，一直到65%。

提案八：我們應該回歸累進效果更強的個人所得稅制，提高應稅所得的邊際稅率，一直到最高稅率65%為止，同時要擴大稅基。

如下文所言，在英國，要擴大稅基包括要消除下文所列的投資者減稅措施，並針對雇主提撥到私人年金計畫的款項徵收國家保險捐（National Insurance Contributions）。

擴大稅基以增加福利津貼

不管是哪一個國家，所有稅制改革報告幾乎都一定會高聲疾呼要擴大稅基，並批評政府「對愈賺愈少的人收愈來愈高的稅。」在幾個政府相繼引進不符任何所得原則定義的租稅優惠之後，稅基就因此縮減；而這些租稅優惠就像寄生的藤壺一樣，附著在財政這艘船殼上，怎麼也扒不下來。這些租稅優惠通常是「稅式支出」（tax expenditure），在預算上相當於現金費用。舉例來說，政府可以選擇給付每位孩童特定金額Y的兒童福利津貼，或者，也可以讓納稅義務人從應稅收入中扣抵特定金額Z。假設他們支付的邊際稅率是25%，那麼如果Z的25%等於Y，這兩個系統的財務效果就是一樣的。但前者是政府要確實把錢花出去，後者則是稅收減少。稅式支出便是透過租稅系統傳達的福利。而且邊際稅率愈高（代表應稅所得愈高），這些福利的價值就愈高。當一個人適用的邊際稅率50%，從應稅所得中扣抵Z，其價值就是Z乘以50%。也因此，曾任美國財政部助理部長的史丹利・瑟瑞（Stanley S. Surrey）主張，這類租稅優惠福利是「上下顛倒的補助」（upside-down assistance）[10]。

在英國，稅式支出項目包括以下各項：企業投資方案（Enterprise

Investment Scheme），用意在於鼓勵投資小型未上市公司；企業管理誘因（Enterprise Management Incentives），提供租稅優惠協助小企業以選擇權獎勵員工，每人最高金額為25萬英鎊；股份誘因計畫（Share Incentive Plan），允許個人拿出所得購買自家公司的股份，這部分免繳交所得稅且免提撥國家保險捐；以及創投信託免稅（Venture Capital Trusts relief），購買這類信託的新發行股份時可減免所得稅，投資上限為20萬英鎊。在這裡，我提議要擴大個人所得稅的稅基，並廢止上述的投資者所得稅與國家保險捐優惠，這些成本在2013至2014年時預估為7.95億英鎊[11]。

英國有一項大宗稅式支出和民間的退休金有關。米爾利斯委員會（Mirrlees Committee）根據租稅待遇把不同的退休金以及存款分類，用顯然很神祕的EET與TTE等代號稱之，但這些分類有助於釐清基本問題。「T」表示要課稅（Taxed），「E」則代表免稅（Exempt）。在所得稅制之下，員工與雇主提撥到私人退休金的金額，目前都不算在應稅所得裡面，這些都是免稅的（因此第一個字母是E；如果算在應稅所得中，那第一個字母就會是T）。如果這些提撥金額是放在所得（包括資本利得）免稅的基金裡，第二個字母也會是E。退休金給付是要納稅的，因此第三個字母是T，不過一個人有25%的免稅額，因此或者應該寫成t。英國這套系統叫所得稅制，但這類所得目前在稅務處理上也算是一種支出稅（expenditure tax），因為只有在錢最後交到存款人手上時才要課稅。我們可以拿「一般」存款的「TTE」待遇來作為對照：這是一般人從應稅所得（T）中存下來的錢，存款收取的利息或股利要課稅（T），之後要花這些錢時就沒有其他稅項了（E）；或者，還有其他可以獲得「TEE」待遇的「優惠存款」，例如個人存款帳戶，這類的利息免稅。

認為應該針對費用徵稅的人，樂見以支出稅為基礎來看待私人退休金帳戶中的存款，但對於我們這些支持所得才應該是個人稅賦基礎的人來說，自然會問有沒有其他的所得稅可選[12]。至少，以確定提撥退休金方案來說，每一個人都有個人帳戶，採用目前適用於所得稅下優惠存款的TEE待遇，是可行的。員工必須為自己和雇主提撥到退休金裡的金額支付所得稅，但領取退休金福利時就免稅（退休基金的投資所得也免稅）。當中一定要有一些過渡性的安排，設法在目前的EET制下也能對退休提撥金課稅。根據「E」和「T」所順序來看，從原本的「EET」制變成「TEE」制，將可帶來更多稅收。如果把退休提撥金的稅收用來當作國家投資局的資金，那麼隨著投資資金從私人手中轉到公家，稅賦政策也應該有所轉變。私人退休金的規模會隨著稅後提撥金減少而縮小，但由於之後的退休金給付免稅，這也代表存入較少的資金便可獲得同樣水準的所得。我在此不做確切的建議，但提出一個議題供討論：

欲推動之構想：檢驗以「所得稅基礎」待遇來處理私人退休提撥金的論點，考慮沿用目前的「優惠」存款方案制度，提前徵到稅收。

不僅是應拓展個人所得稅的稅基，國家保險捐也應該這麼做；由於國家保險捐是由雇主和員工共同提撥，因此更添複雜。在英國，如果員工提撥到私人退休金，就不能免繳國家保險捐（員工從所得中提撥金額到私人年金，也從所得中繳交國家保險捐），但退休基金或退休金給付就不用繳交國家保險捐。以國家保險捐來說，員工提撥的私人退休金是「TEE」制，之前我們討論所得稅的「所得稅基礎」待遇時已經談過了。但是，若是雇主，他們提撥到私人退休金的提撥金免課國家保險捐，其他方面的待遇則相同，所以是「EEE」制。預估2013至2014年國家保險捐的缺口達10億8千萬英鎊，因此政府很有動機鼓勵雇主多提撥一些[13]。從這個角度來說，本書所提的建議有一部分是要消除員工與雇主提撥金的差別待遇，取消雇主提撥到私人退休金免徵國家保險捐的優惠。這種做法會被批評為鼓勵雇主少提撥退休金，但不管是少哪一個「T」都是站不住腳的，而且米爾利斯稅制檢視中，也建議消除「雇主在提撥退休金時能比員工能享有更大幅租稅優惠的不一致。」[14]

可引進勞動所得折扣

資本收益占比提高，因此引發針對資本加稅的呼聲。以下我要討論財富的稅賦問題，首先要來談資本收益的稅賦。過去，很多國家都將資本收益納入個人所得稅中課稅，稅率高於勞動所得；若回歸這種做法，稅賦的平衡將可偏重在資本收益。1984年以前，英國有徵收投資收益附加稅（investment income surcharge），把投資收益的最高稅率拉到15%。適當時刻，我會回過頭來談1973至1974年之前，英國曾經有過「勞動所得免稅額」（earned income relief）得當時情形。我認為，「勞動所得折扣」（Earned Income Discount）是很值得推薦的系統，不管是英國還是其他地方都一樣。使用勞動所得折扣與使用投資收益附加稅的差異是，勞動免稅額制下的勞動所得適用的最高稅率會和投資收益一樣（均為65%），因此以最高邊際稅率來說，兩者不分軒輊，但勞動所得的起始邊際稅率會較低。所得稅制中要能創造出這種效果，所有的免稅所得總額應為個人扣除額再加上勞動所得折扣，比方說扣掉勞動所得的20%（勞動所得要包括自雇所得以及年金所得）。舉例來說，假設要繳納所得稅的門檻是8,000英鎊，一個人如果只有勞動所得，因此還沒有達到10,000英鎊之前都無須繳稅。超過這個門檻之後，勞動所得（由於折扣之故）稅率就會變成非勞動所得的80%。勞動所得折扣和勞動所得免稅額不同，前者在勞動所得水準達到一定程度之後會慢慢收回折扣，因此把減稅的效果限制在中低所得者。假設政府設定的回收率是40%（比折扣高2倍）之後，等到所得高於特定水準1.5倍以上時，額外的免稅額則為0。總勞動所得較高的人，應付的勞動所得稅就和賺得投資收益時一樣。等到當勞動所得水準到達折扣要回收的水準時，實質邊際稅率就會提高：舉例來說，在回收率為40%的條件下，原本適用25%稅率者，就變成要適用35%。

我提的勞動所得折扣和美國的勞動所得租稅抵減（Earned Income Tax Credit）相似（美國1975年開始實施勞動所得租稅抵減，就在英國撤銷勞動所得免稅額幾年後）。但勞動所得折扣的差別在於沒有退稅，而且和家庭狀況脫鉤。下一章會談為何有這些差異；這項提案應與本書建議的其他措施一併檢視。勞動所得折扣的目的，是要引進累進稅制之後，不會導致低所得（以及低退休金）者也要適用更高的稅率，這是一種並非所有勞動所得水準都能享有的福利。這樣的制度給予低勞動所得者適度協助，但擁有投資收益的人無法受惠。從這兩方面來說，這和再設更低的納稅級距做法不同，後面這種做法會同時嘉惠高所得者以及有投資收益的人。

提案九：政府應在個人所得稅中引進勞動所得折扣，但限適用於第一級所得級距。

遺產稅與房地產稅

課徵財產稅，可以定期徵收（例如年度財產稅），或是在移轉時徵收（例如在所有人過世時徵收遺產稅），但這也包括在世者之間的移轉，稱為贈與（gifts inter vivos）。我要先從財富轉移時課稅談起，有很多人對這個主題很有看法。有些人熱切主張廢除遺產稅，美國也確實在2010年時通過廢除遺產稅的法律（但之後又恢復）。有些人則相信，隨著繼承財產的成長，財產移轉稅應能為政府預算提供更大助力。

針對財富移轉徵稅

在目前的英國，遺產稅的收入很有限。在2013至2014年間，在所有所得稅中占約2%；五十年前，這個占比約為9%[15]。當然，占比下滑可能反映的是繼承在現今社會的重要性不如以往。倘若1975年對富人課徵的遺產稅到今天仍有效，我們也可預期，這方面的稅收很少。但皮凱提針對法國所做的研究顯示，繼承又捲土重來，變成一股強大力量。在法國，十九世紀時每年移轉的財富約占國民所得的20至25%，但到了1950年掉到約為2.5%。然而1950年後占比提高，2010年時約占國民所得的20%[16]。在英國，占比提高幅度沒這麼大，但繼承的財富也從1977年占國民所得的4.8%，到2006年增為8.2%[17]。

如果把遺產稅改成收取資本終生稅，或者取消遺產稅，改以在個人所得稅項下針對遺產課稅，英國的財富移轉稅會更有效。後面這一項有多重吸引力，更別說這代表了可以完全廢除另一種稅項。加拿大卡特委員會

（Carter Commission）1960年代確實曾提議要將遺產稅整合納入所得稅，這是其稅制改革的一部分：贈與和繼承應「視為受贈者的所得予以課稅，和收到工資薪水所得、股利、權利金以及其他類似應稅所得項目的立足點相同，同時任何從贈與者應稅所得中移轉出來的金額均不容許抵減。」[18]最後一點很重要。移轉財產的本意，並不是要讓贈與者抵稅用。如果是這樣的話，可能會使稅收減少，而且在任何情況下提出徵稅建議時，都是要針對使用所得（而非移轉所得）徵稅。當然，我們也必須承認收取這類資本時有一個特性，那就是金額通常都很大筆，因此必須要用平均化的方式來處理。在英國的所得稅制中，針對作家和藝術家這類所得變動大的人士訂有條款，容許他們在後續幾年平均分配所得，因為若不這麼做，他們在好光景那幾年就要支付很大筆的稅金，不順利的時候則支付很低的稅金或根本不納稅。以繼承來說，用來平均分配的期間要更長。不然若假設一個人繼承了一棟價值25萬英鎊的房子，他會發現自己要支付高達65%的所得稅（以本章之前建議的稅制來算），說不定繼承的財產剛剛好拿去繳稅。但如果可以把收到的這筆財產平均分攤到一定的期間內，比方說十年，那麼遺產稅就可以和所得稅整合在一起，開始比較接近終生稅的概念。

我本人比較偏好用課徵收取資本終生稅取代遺產稅。收取資本終生稅並非創新的想法，一百多年前英國經濟學家約翰・史都華・米爾（John Stuart Mill）就曾提議「應對於超過某個最低額度的繼承金額，分期課徵沉重的繼承稅，讓這筆錢能有助於個人努力，但又不至於讓人因此完全不用奮鬥。」[19]在這樣的稅制下，從要開始課稅那天就要記錄一個人獲得的每一分遺產或贈與，應付稅金則由迄今收取的金額來計算。所有高於適度年度免稅額的贈與都要課稅，但配偶或民事伴侶關係間的移轉則無需課稅。舉例來說，假設有一個人在第一年從姑姑處繼承5萬英鎊遺產。假設這個金額低於門檻（納稅門檻是每人10萬英鎊），那他就不用為了這筆遺產支付稅金。但五年後，此人又得到8萬英鎊的贈與。這樣一來，總金額就是13萬英鎊，比門檻高出3萬英鎊，因此有3萬英鎊要繳稅，假設稅率為20%。後來又有一位叔叔給他2萬英鎊，這筆贈與就完全都要課稅。如果叔叔轉而把這筆錢贈與此人的弟弟，弟弟之前沒有繼承任何遺產（或收到任何贈與），那他也無須為了這筆贈與繳稅。

提案十：應以累進的收取資本終生稅來課徵收到的遺產或贈與。

要設計資本終生稅制時，英國顯然可以師法愛爾蘭海另一邊的經驗，參考愛爾蘭1970年代引進的資本取得稅（Capital Acquisitions Tax），這包括對贈與和繼承課徵的稅項，以及適用於全權委託信託基金（discretionary trust）的稅項。農民與企業專屬的遺產稅優惠是一大問題；在英國現行遺產稅之下，2013至2014年這類租稅優惠的成本預估為8億英鎊[20]。羅賓・包德威（Robin Boadway）、艾瑪・查柏蘭（Emma Chamberlain）與卡爾・愛默生（Carl Emmerson）說目前的優惠「效果讓人很不滿意也太難以捉摸。租稅優惠應該更精準設定目標。」[21]他們將愛爾蘭的經驗以及該國僅限於仍在工作中的農民才能享有優惠作為舉證。愛爾蘭的遺產及贈與稅租稅門檻要看贈與者與受贈者的關係而定，猶如英國過去適用、但已於1949年廢除的傳承與繼承稅（Legacy and Succession Duties）。本書不考慮這類條款，而且英國任何新法律都不太可能遵循愛爾蘭模式，制定「受寵姪甥子女租稅優惠」！

我在第六章中曾提議，英國收到的資本收取終生稅收應該用於給付最低承襲資產。（以英國來說，如何平衡我在本書中提過的所有提案資金需求，將在第十一章討論。）現行英國的遺產稅稅收，再加上大幅縮減給農民與企業的租稅優惠，可以成為資本稟賦的資金來源，讓所有符合資格者在年滿18歲時領到約5,000英鎊。我所提的新收取資本終生稅能有多少稅收，則還難以預估。新稅制中稅基會擴大，所有的贈與都要繳稅（目前如果贈與者贈與後至少還存活七年，這筆贈與就不用課稅；如果贈與者存活三至七年，適用稅率也比較低）。但另一方面，這種稅是針對收到的金額課稅，而繼承金額可由立遺囑人全權決定。原則上，富有的人可以在不支付一毛稅金的條件下完全移轉遺產，只要所有受贈者的金額都低於課稅門檻即可。因此在選擇門檻與稅率架構時，就必須平衡上述考量。目前英國遺產稅是單一稅率，一旦超越門檻，便以單一的40%課徵遺產稅，所以我建議要以分級稅率取而代之，類似之前針對個人所得稅所提的建議，不過以繼承財富來說，我們很有理由將最高邊際稅率訂在65%以上。

遺產稅制目前在英國不受歡迎，我提出建議的目的，便是要改變世人面對稅賦的心態。收取資本終生稅提案中的重點，是應該針對人們收到的財產課稅，而不是像目前系統針對遺留下來的財產課稅；這是要把在贈與時課稅的做法改成在接受時課稅。（將收取贈與和遺產放在所得稅下課徵所得稅，也是同樣的道理）在累進稅制的架構之下，這樣的改變會提供直接誘因，有助於財富更廣為分配。如果受贈者到目前為止的終生資本收取額度很少，他就可以在無人需要繳稅的條件下接受移轉的財富。這樣一來，將有助於縮小性別間的不均以及世代間的不均。更重要的是，新稅制明確瞄準設法創造出更公平局面的目標，因此有助於減少機會不均；我們在第一章中討論過，這是一個廣受眾人支持的目標。

自有住屋的課稅問題及住屋市政稅改革

現在我要來談一談地方房地產稅；這可不是一個前景光明的主題。倫敦政經學院創校不久之後，埃德溫・坎南（Edwin Cannan）曾於1895年時在該校教授「英格蘭地方稅率史」（The History of Local Rates in England）這門課，他坦承「研究這麼枯燥的主題很荒謬，更別說這個主題讓人反感，除了實用目的之外，地方稅率別無他用。我們研究這些主題，並非出於抽象的真理之愛，也不是為了逃避陰雨的週日午後，而是因為……我們但願能從中有所體會。」[22]若將英國當成研究個案，我們確實可以學到很多和財政重分配相關之事，以及改革如何才能（或者不能）生效。英國地方財產稅事實上有非常多變（而且戲劇性）的歷史。

多年來，若只考量當地的納稅義務人，英國地方政府的財政資金來源就是地方房屋稅，稅賦大致和房地產的價值有關。保守黨政府1980年代時用另一套大不相同的系統取而代之：那是一種單一稅率制，正式說法是社區稅（Community Charge），比較普遍的說法叫「人頭稅」（poll tax）。這種累退效果極強的社區稅曾引來廣泛抗議與納稅人反抗。英國各大城市騷動不斷。後來柴契爾首相辭職，她的繼任者便宣布廢除人頭稅。1993年引進市政住屋稅取而代之，針對英國的房地產住客徵稅（北愛爾蘭仍持續適用地方房屋稅）。在英格蘭和蘇格蘭，房屋相關的稅項分為八個級距（最低級者為A級，最高級者為H級），以1991年4月1月的估計市價為準[23]。住屋市政稅整體來說是地方稅，但每一級要課徵的稅率則由中央決定。市政住屋稅稅率呈現累退架構。落在H級起始點的房屋價值（1991年的值）比

D級的起始點高出4.7倍，但稅金只多2倍。如果這種新的地方稅是以福利原則為基礎，而不是之前比較接近是按能力付費的地方房屋稅，那麼採取累退稅就有道理。稅賦有兩套原則，分別是福利原則與按能力付費原則，兩者大不相同。前者隱含稅賦應該和當事人從政府支出當中收到的福利有關，後者則隱含稅賦應該和收入、財富或者其他付費能力相關。現在多數人都已經忘記英國的地方稅已經轉向福利原則，這無疑是因為之前的稅制（人頭稅）累退效果更強。但是，比起按房地產價值比例做為明顯指標課稅，改為住屋市政稅確實使得稅後所得分配更不公平。

很多國家都按照房地產價值的比例課稅，而不採用累退稅制。美國多數地方政府都徵收房地產稅，且通常都是固定稅率，即房地產市價的特定比率。米爾利斯稅制檢視報告中，也建議英國應該以房地產價值的比例課稅，其估計若稅率為房地產現值的0.6%，在2009至2010年時將可達成稅收中性（revenue-neutral；譯註：指稅制變動不會導致總稅收變動）。該報告也主張，採行這種稅制時要搭配房地產重新估價：「現狀的荒謬之處愈來愈顯而易見。任何房地產稅都需要定期重估，而且要及早展開這套流程。」[24] 如果把他們的分析更新到2014至2015年，有鑑於住屋市政稅的平均稅額為1,468英鎊，而平均房價為271,000英鎊，稅率應調整為0.54%[25]。圖7-3顯示在2014至2015年時，若房屋住客根據房價支付房地產稅，與住屋市政稅下的稅金有何差異。我們可以看出，在房價達到50萬英鎊以上時，兩者差異非常可觀。其中涉及的金額引起喜劇演員葛瑞夫・賴斯・瓊斯（Griff Rhys Jones）注意。很明顯，他位在倫敦費茲羅伊廣場（Fitzroy Square）的房子價值約為700萬英鎊（遠遠超出圖7-3的右方範圍），如果以0.54%的稅率計算，稅金就是38,000英鎊。這確實是一筆大數目，而且以高價房地產來說，

圖7-3　2014至2015年英國房地產稅之演變（住屋市政稅與本書所提的比例制房屋稅）

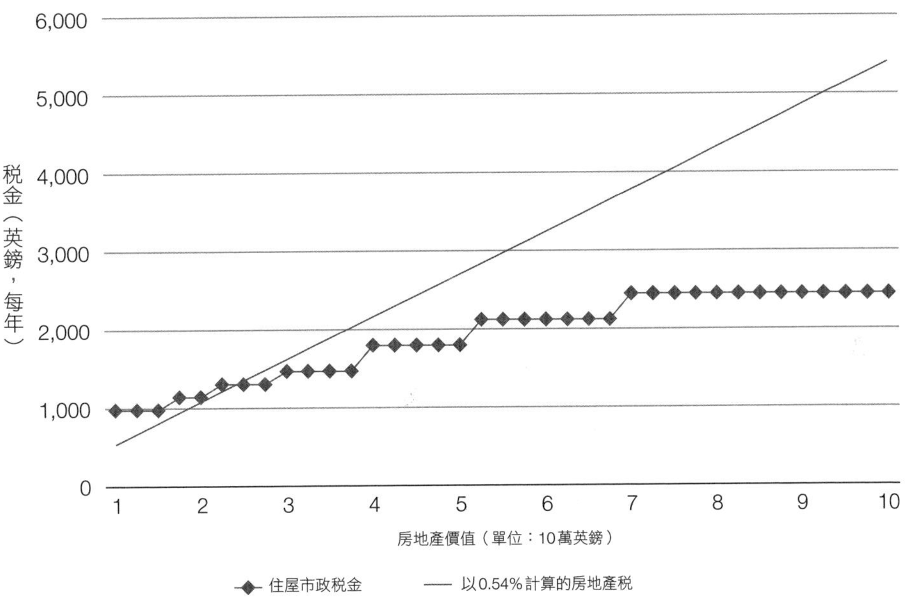

本圖顯示目前屋主支付的住屋市政稅以及若以房價0.54%稅率計的應付房屋稅金。若住在一棟價值200萬英鎊的房子裡，在現行住屋市政稅下要支付的稅金每年不到3,000英鎊，若以本書所提的比例制房屋稅計，稅金則為100,800英鎊。

應有條款可以規定房價的股權投資（equity participation；譯註：不動產證券化後可以發行股份，供他人投資）支付稅金。這類條款可以幫上某些人的忙，比方說住在豪宅裡但現金收入相對有限的領取退休金人士。當然，如果用這種方式改變地方房屋稅制，可能會使得很多高價房屋的價值下跌：意即稅賦負擔變重；但這會落在現有屋主身上，而不是日後以較低價格買進房屋的人。（經濟學家稱這是稅制改變的「資本化」）以目前的住屋市政稅制度來說，倫敦市中心一棟價值700萬英鎊、有七個房間的房子要付的稅金是

2640.96英鎊，約為房地產估值的0.04%，顯然非常低[26]。從不同角度來說，前述所提的0.54%稅率，比過去地方房屋稅率低很多：1940年代開始實施地方房屋稅時，平均稅率超過房地產價值的1%[27]。

圖7-3中的兩條線顯示之前提過的重點，亦即與之前大致上以房價比例徵收的地方房屋稅相較之下，英國的地方稅一開始轉換成人頭稅、後來再改為住屋市政稅的前後差異。地方稅的變動，是造成1980年代出現「貧富不均轉折點」的原因之一。稅制從按能力付費原則轉向福利原則，也擴大貧富不均程度。如果目標是要創造一個分配不均沒那麼嚴重的社會，那麼讓英國的地方財政回歸更看重社會公益的原則，顯然將有助益。

提案十一：應制定比例制或累進制的房地產稅，並以最新房地產估值為準。

以英國來說，我要提出的具體建議是，住屋市政稅應該是單一稅率、稅收中立的房地產稅，並以重估的房地產價值為準，同時當稅金很可觀時，要考慮可用房屋價值的股份權益來支付。

重新檢視年度財富稅

現在我要來談年度財富稅，現在這個議題在很多國家又重新引發關注。1970年代時，英國曾經檢視過這個概念，但當時的工黨政府並未大力推動。時任財政大臣的丹尼斯・希利（Denis Healey）在自傳裡提到從中學到的教訓：「除非你很清楚實務上將如何運作，否則人們永遠都不應該傾全力支持新稅制。我們當時大力支持財富稅，但五年之後，發現根本提不出一套適當草案，讓收到的稅收足以支應行政成本與政治上的麻煩。」[28] 但時代變了，而且誠如擔任英國央行理事的經濟學家馬丁・惠勒（Martin Weale）所說：「我們有理由認為，以目前的環境來說，或許可用不同方式提出1970年代的主張……我們可以猜測，如果三十年前也有這樣的條件，1970年代的工黨政府或許就不會這樣輕易放棄。」[29]

在現今的英國比四十年前有更多理由考慮偏向課徵年度財富稅，其中包括所得分配不均更嚴重，以及個人財富在國內生產毛額中的占比節節升高。二次大戰之後，這個比率曾發生幾次重大變化。在緊接著二次大戰後的幾十年，個人財富對國內生產毛額的比率下滑，但自1980年代初期以來又再度升高，2000年代個人財富已經比國內生產毛額高約5倍之多。上漲理由在哪？英國人是否也和中國人一樣，儲蓄率快速成長？沒錯，從1950至1970年代，英國的家戶儲蓄率有增加，但從未超過14%，之後就開始下跌：「在1995至2007年期間，多數時候家戶存款與所得間的比率都穩定下降。」[30]艾森・柯曼（Ehsan Khoman）與惠勒這兩位經濟學家則表示：「家戶的儲蓄顯然並非累積家戶財富的要角。」[31]他們的評估是，帶動個人財富成長的因素是資產價格上漲，提到在這段期間內房價的年成長率比可支配總所得還高3%，債券價格亦隨著利率下滑而成長，股價實質成長率亦達每年4.7%。前一章中，我們看到1980年政府以大幅折扣出售國有房屋（國宅），國有企業也民營化，嘉惠英國家戶。就像前一章討論過的，這些代表高額移轉所得，並大幅降低公部門資產淨值。

財富增加是來自資產重估，正好有理由主張「有鑑於財富的來源，此時課徵更嚴格的資本利得稅或許比財富稅更適合。」[32]然而，這種做法比較像是事後諸葛、亡羊補牢。因此，我們很有理由去重新檢視是否可能在英國引進年度財富稅。重新檢視時，我們一定要考慮自1970年代以來，英國的經濟環境在全球化面向上有哪些改變。有一個很重要的問題是，少了歐盟的集體行動與更強大的資訊交換協議之下，各國政府實際上能在這種稅項之下徵得多少稅收。我們可以從法國開徵「Impot de Solidarite sur la Fortune」（即法國的年度財富稅）經驗中得到很多心得；皮凱提認為，這項措施成敗皆有[33]。他偏好全球財富稅，這部分我會在下一節詳談。

欲推動之構想：重新檢視課徵年度財富稅的理據，以及能成功引進新稅制的必要前提。

全球課稅與企業最低稅賦

在《二十一世紀資本論》倒數第二章中，皮凱提主張我們需要用新工具來縮小貧富不均。他說：「最理想的工具，是針對資本課徵全球性的累進稅，並讓國際財務透明度達到極高的程度。」[34]他提出一個範例，說明如何從區域開始著手，並以歐洲為背景條件，訂出課稅門檻為100萬歐元，針對100至500萬歐元的財富課徵1%稅率，以上額度課徵2%，預估稅收約相當於國民所得的2%。英國的慈善機構樂施會（Oxfam）力促針對財富全球課稅，設定的課稅門檻為10億美元，稅率為1.5%，預估將為全球多帶來740億美元的稅收[35]。

皮凱提說這樣的全球性稅是「烏托邦式的」，「需要高到不切實際的國際合作。」[36]然而，經合發展組織主導之下，從現行幾項掃除有礙國際稅制運作的行動（第十章會進一步詳談）推展至創立全球稅制行政署（World Tax Administration）這類單位看來，並非無法想像。這類全球稅制行政署可從設計適用於個人納稅義務人的「全球性稅制」著手。2004年我到新國際金融貢獻勞德工作小組（Landau Working Group on New International Financial Contributions）做簡報時，建議要制定一種「全球性納稅人」的身分，容許個人申請不繳納全國性（與全國性以下的層級）的所得稅、資本利得稅與財富稅，改為適用全球性稅制[37]。將全球納稅人的概念與全球資本稅合併，然後訂出最低的適用財富淨值標準（至少為10億美元），課以有最低稅賦的累進財富稅。參與條件要以各方都同意的淨財富估值為準，這項資訊也必須公告周知。正如皮凱提指出，前述的淨財富稅制通常涉及大量稅金：「在法國、美國以及我們研究的其他所有國家，所得稅申報書中最高所得，通常不超過幾千萬歐元或美元。」[38]我建議，稅收要由納稅人所在國、其他參與國以及發展融資和全球公共財共享。

要不要加入全球性的稅制，個人和國家都可自由決定。我們已經看到，這項提案可望提高稅收，並有利於國家；但（如果是國家獲益的話）納稅義務人又有何動機要加入？要怎麼做才能營造出多贏局面？實際上，如果納稅義務人只需要面對一個稅捐權責單位，對他來說絕對有好處，而這樣的稅制能讓稅賦的責任更確定。此外，就像我們看到的富比士排行榜、時報週日版英國富人名單或類似的公開排行榜一樣，成為全球性納稅人也能有助於名聲。

針對跨國企業課稅

「某公司的營業額高達幾十億，但只付出區區幾百萬企業營利事業所得稅。」是近年來經常出現的新聞標題。有很多人憂心跨國企業在某個國家賺得大量營收卻未繳稅，反而把利潤挪移到營利事業所得稅較低的國家。這很重要嗎？有一種看法認為，營利事業所得稅只是預扣稅金，反正之後將由個別股東或債券持有人支付全額所得稅。如果營利事業所得稅只有這個功能，那麼就不用擔心企業有沒有預付這一小部分的所得稅，因為擁有該公司股票或債券的人，會在各自的居住國支付全額所得稅。如果持有股票或債券的全是外國人，那麼就算該公司在該國營業額極高，本來也就收不到稅金。

但這樣的回答不可能讓注重稅賦公平的人滿意，而且不滿意也很合理。企業之所以要繳稅，不只因為他們是徵收個人所得稅的代理人，也因為企業的地位享有特權，尤其是責任有限公司。營利事業所得稅是針對企業因優勢地位所獲利益而課徵的稅項，也是用來支應重分配資金需求的收入來源，理查與佩姬・瑪斯葛瑞夫（Richard and Peggy Musgrave）夫婦在其公共財政學教科書裡便詳述這樣的情況；他們說，企業「是一獨立自主存在的法人實體，會對經濟與社會決策造成極大影響……企業身為獨立實體，也具備獨立納稅能力。」[39]他們接著馬上駁斥這種看法；但這樣的觀點非常能打動人，而且比起他們寫書時的1989年，在今日跨國企業盛行的時代有更多人認同這樣的想法。從更一般性的角度來說，企業會因銷售國的基礎建設而受惠：包括實體資產（如道路）、法律架構以及政府機關。以營業額的0.1%計，或許還不足以回饋這些基礎建設對企業獲利能力的貢獻。

要怎麼做，才能確保在一國享有優越經濟地位的企業合理回饋該國的公共財政？美國各個稅務機關在1960年代課徵所得稅時就面臨類似的問題。喬治・布雷克（George Break）與喬瑟夫・貝克曼（Joseph Pechman）

便說了：「1969年初，一樁事件戲劇性揭露了有人（21人）所得超過百萬美元卻未支付任何聯邦所得稅，在這次的刺激之下，國會在所得稅法中增加一項制度，成為控制過度避稅的重要工具。」[40]這項制度便是「最低稅賦」，對個人和企業可享有的免稅優勢設限。布雷克和貝克曼繼續說：「很多人認為最低稅賦是以軟弱無力且不適當的方法反擊稅務優惠。」但這在美國稅賦系統中持續扮演重要角色。最低稅賦確實指出一條路，未來也可用這類最低稅賦限制企業竭盡所能避稅。除了出手限制避稅活動之外，也可以制定全國性的最低稅賦，以限制利息以及其他抵減項目的稅賦優惠。最低稅賦的金額，標準可用企業息稅折舊攤提前的利潤（earnings before interest, tax, depreciation, and amortisation）來訂定。之後便可以要求企業，要不支付較高額的一般稅賦，要不就支付最低稅賦。或者，也可以根據稅賦管轄區內的銷售量來訂定最低稅賦。被指稱在營運所在國不支付營利事業所得稅的企業，永遠都辯稱他們履行財政法規下的所有稅賦義務；這代表我們必須改革法律，而引進替代的最低稅賦是其中一項可行之道。

欲推動之構想：以總財富為基礎訂定適用於個人納稅義務人的全球性稅制，並針對企業訂定最低稅賦。

1 更準確來說，是稅後所得占比會跟著平均留置率變動。

2 本圖為更新版，原始版本請見Figure 4 in Facundo Alvaredo, Anthony B. Atkinson, Thomas Piketty, and Emmanuel Saez, "The Top 1 Per Cent in International and Historical Perspective," *Journal of Economic Perspectives* 27 (2013): 3–20.

3 Michael Brewer, Emmanuel Saez, and Andrew Shephard, "Means-Testing and Tax Rates on Earnings," in Stuart Adam et al., *Dimensions of Tax Design: Mirrlees Review*, vol. 1 (Oxford: Oxford University Press, 2010), 90–173.

4 Brewer, Saez, and Shephard, "Means-Testing,"quote p. 110. 計算不僅涉及彈性，也和所得分配的型態有關，請見他們的描述，亦請見Anthony B. Atkinson, *Public Economics in an Age of Austerity* (Abingdon: Routledge, 2014), ch. 2.

5 2012 Budget Speech, *Hansard* 31 March 2012, column 805.

6 Brewer, Saez, and Shephard, "Means-Testing," quote p. 110.

7 James Mirrlees et al., *Tax by Design: Mirrlees Review, The Final Report* (Oxford: Oxford University Press, 2011), quote p. 109.

8 Thomas Piketty, Emmanuel Saez, and Stefanie Stantcheva, "Optimal Taxation of Top Incomes: A Tale of Three Elasticities," *American Economic Journal: Economic Policy* 6 (2014): 230–271.

9 William S. Vickrey, "Measuring Marginal Utility by Reactions to Risk," *Econometrica* 13 (1945): 215–236; and James A. Mirrlees, "An Exploration in the Thenotes to pages 189–195 : 341 ory of Optimum Income Taxation," *Review of Economic Studies* 38 (1971): 175–208.

10 範例如Stanley S. Surrey and Paul R. McDaniel, "The Tax Expenditure Concept and the Budgetary Reform Act of 1974," *Boston College Law Review* 17 (1976): 679–737, reference on p. 693.

11 HM Revenue and Customs, *Estimated Costs of the Principal Tax Expenditure and Structural Reliefs*, Table 1.5, 2013–14 figures.

12 請見 Mirrlees Review, *Tax by Design*, p. 335.

13 HM Revenue and Customs, *Estimated Costs* (2013–14 figures),quoted Table 1.5.

14 Mirrlees, *Tax by Design*, quote p. 490. 這份檢視提議（pp. 338–340）的替代方案，是讓員工提撥到私人退休金的提撥金免徵國家保險捐，讓他們和雇主在提撥金上享有同樣的立足點，即同樣為「EEE」制。但由於該檢視亦認同少了任何「T」都站不住腳，因此進而提議要在給付退休金時徵收國家保險捐（以所得上限來說，2011至2011年的稅率為21.1%），因此讓兩邊的提撥金均為「EET」制。本提案的價值在於讓兩方的提撥金均享有相同基礎，但該檢視也承認，對於已經支付國家保險捐的人來說，這樣的稅制並不公平（這群人實際上處於「TET」制）。因此建議階段式針對退休金課稅。但階段式會讓另一個問題更惡化，因為這樣的改變會讓稅收大幅延後，而當時預算問題已經很嚴重。

15 HMRC tax receipts website, https://www.gov.uk/government/statistics/hmrc-tax-and-nics-receipts-for-the-uk;and *Inland Revenue Statistics* (London:HMSO, 1987), Table 1.1.

16 Thomas Piketty, "On the Long-Run Evolution of Inheritance: France 1820–2050," *Quarterly Journal of Economics* 126 (2011): 1071–1131.

17 Anthony B. Atkinson, "Wealth and Inheritance in Britain from 1896 to the Present," CASEpaper 178 (2013): 1–40, STICERD, London School of Economics.

18 Gerald R. Jantscher, "Death and Gift Taxation in the United States after the Report of the Royal Commission," *National Tax Journal* 22 (1969): 121–138, quote p. 122.

19 Quoted in Robert B. Ekelund and Douglas M. Walker, "J. S. Mill on the Income Tax Exemption and Inheritance Taxes: The Evidence Reconsidered," *History of Political Economy* 28 (1996): 559–581, quote p. 578.

20 HM Revenue and Customs, *Main Tax Expenditures and Structural Reliefs*, Table 1.5, https://www.gov.uk/government/uploads/system/uploads/attachment_data/file/302317/20140109_expenditure_reliefs_v0.4published.pdf.

21 Robin Boadway, Emma Chamberlain, and Carl Emmerson, "Taxation of Wealth and Wealth Transfers," in Adam et al., *Dimensions of Tax Design*, 737–814, quote p. 798.

22 Edwin Cannan, *The History of Local Rates in England*, 2nd ed. (Westminster: P. S. King, 1927), quote p. 1.

23 這適用於英格蘭和蘇格蘭。至於威爾斯，就我所知，2005年4月時已重新估價（以2003年4月的房地產價值為基礎），並有更高的第九級。

24 Mirrlees, *Tax by Design*, quote p. 383.

25 Average Council Tax bill from Department for Communities and Local Government, "Council Tax Levels Set by Local Authorities in England 2014–15 (revised)," *Local Government Finance Statistical Release*, 23 July 2014.

26 數字出於 Andy Wightman, "Listen Up, Griff Rhys Jones, the Mansion Tax Is the Soft Option," The Guardian, 5 November 2014.

27 John Flemming and Ian Little, *Why We Need a Wealth Tax* (London: Methuen, 1974), quote p. 33.

28 Denis Healey, *The Time of My Life* (London: Penguin Books, 1990), quote p. 404. 他接著說：「我想，保守黨應該更不滿意，因為柴契爾首相承諾要廢止（地方住宅）稅制時完全沒想到這麼做會讓他們落入何種處境。」現實中，最後答案是她要因為人頭稅下台一鞠躬。

29 Martin Weale, "Commentary," in Adam et al., *Dimensions of Tax Design*, 832–836, quote p. 834.

30 Stuart Berry, Richard Williams, and Matthew Waldron, "Household Saving," *Bank of England Quarterly Bulletin* 49 (2009): 191–201, quote p. 191.

31 Ehsan Khoman and Martin Weale, "The UK Savings Gap," *National Institute Economic Review* 198 (2006): 97–111, quote p. 105.

32 Weale, "Commentary," quote p. 834.

33 Thomas Piketty, *Capital in the Twenty-First Century* (Belknap Press of Harvard University Press, 2014), quote p. 533.

34 Piketty, *Capital*, quote p. 515.

35 Oxfam blog, "Number of Billionaires Doubled since Financial Crisis as Inequality Spirals Out of Control," http://www.oxfam.org.uk/blogs/2014/10/number-of-billionaires-doubled-since-financial-crisis-as-inequality-spirals-out-of-control, 29 October 2014.

36 Piketty, *Capital*, quote p. 515.

37 Groupe de Travail sur les nouvelles contributions financieres internationales, *Rapport a Monsieur Jacques Chirac, President de la Republique*, Paris, December 2004.pp.

38 Piketty, *Capital*, quote p. 525.

39 Richard A. Musgrave and Peggy B. Musgrave, *Public Finance in Theory and Practice*, 5th ed. (New York: McGraw-Hill, 1989), quote p. 373.

40 George F. Break and Joseph A. Pechman, *Federal Tax Reform* (Washington, D.C.: The Brookings Institution, 1975), quote p. 78.

第八章

全民福利國

福利國過去在縮小貧富不均上曾扮演重要角色。這是一種很重要的工具，確保全民都能享有最基本的資源。我們基於一個明顯的理由需要重新思考福利國：這個世界正在改變。因此，我要從社會移轉的結構開始談起，而這也是和所有國家都相關的議題。

福利國過去在縮小貧富不均上曾扮演重要角色。這是一種很重要的工具，確保全民都能享有最基本的資源。最近幾十年貧富不均之所以一再擴大，原因之一是社會保障的規模不斷縮小，但人民的需求不降反升。伊夫・馬克思（Ive Marx）、布萊恩・諾蘭（Brian Nolan）與傑菲爾・奧利維拉（Javier Olivera）審視富裕國家的抗貧政策時總結道：「不管任何一個先進經濟體，都無法以低水準的社會性支出（social spending；譯註：指政府或民間機構在個人或家戶的福祉遭受負面衝擊時的提供的現金或實物福利，詳見第十章）達成低度貧富不均，及／或低度相對所得貧窮的局面，無論該國在其他抗貧面向上做了多少努力都一樣。」[1]我認為，要縮小貧富不均，就要用第七章所述的各種措施增加稅收，為擴張社會保障的支出提供部分資金，這是提議中很重要的一環。

多收的稅收應該怎麼花？一部分重點是有幾個國家要恢復過去刪減的福利。以英國來說，1980年代後半葉整體貧富不均快速擴大，剛好對應到社會安全福利大幅縮減。基本的政府年金減少，與平均可支配薪資相比之下，約少了五分之一，這不僅擴大領取年金人士和勞動人口之間的所得差距，也把另外可領取民間企業私人退休金的相對富裕人士，和只靠政府年金維生的這兩個族群愈拉愈遠[2]。反轉相關的社會福利決策以及在更近期內因應樽節開支的其他措施，是成功縮小貧富差距以回到過去水準的重要步驟。

但光是提高福利還不夠，我們還需要善用機會重新思考福利國的架構。許多國家近幾十年大刀闊斧改革社會福利，特別是縮小福利涵蓋範圍以及拉高排富門檻。這類發展趨勢的目標，通常是希望能更精確瞄準對象，提高發放給所得分配底層人民的福利比率，但這樣一來卻助長貧富不均擴大，只是一般人都並未充分認知到後面這一點。這麼做或許可以降低發放不合理福利的錯誤，但卻會提高製造另一種錯誤的機會：無法協助真正需要幫助的人。我認為，唯有採取不同的方法，對抗貧窮才會有進展。

我們基於一個明顯的理由需要重新思考福利國：這個世界正在改變。以南美洲為例，在這裡，有助於縮小貧富不均與減少貧窮的新社會移轉方案，已經跳脫傳統社會保險體系，因為原本架構已經跟不上快速變動的勞動市場。我在第五章中曾經主張，經合發展組織各會員國必須適應瞬息萬變的勞動市場，而這顯然要改革既有的社會保險體系，因為舊制度假設人們從事單一全職工作。因此，我要從社會移轉的結構開始談起，而這也是和所有國家都相關的議題。

社會安全體系的設計

我曾經規劃要寫一篇論文，標題裡沒有任何詞彙，篇名就叫〈SI vs SA vs BI〉。我的用意是要比較三種主要的社會安全體系形式：社會保險（social insurance, SI）、社會救助（social assistance, SA）以及基本所得（basic income, BI）。在多數國家，維持基本所得的系統會同時包括以上三套做法，也有些人可以同時從三套體系中獲得協助。但不同方案之間的平衡很重要，而平衡也會隨著時間改變。

這三大體系的主要特色摘要如表8-1，表中並標示出重要差異。應注意的是，並非所有福利都可以歸類成這三類其中之一，殘障福利就是其中一項被遺漏的重要項目。讀者無疑都很熟悉社會保險與社會援助，但基本所得的概念則需稍加解釋。基本所得是一種支付給所有人民的福利，無論他們在勞動市場裡的表現如何；其資金由一般稅收支應。這個概念聽起來可能有點奇特，但事實上很接近所得稅裡的個人免稅額。大部分的個人所得稅制都設有一定免稅門檻，跨過門檻後才要繳稅。英國在1799年引進個人所得稅制時，年所得低於100英鎊以下者無須納稅。當時，如果一個人的年所得超過100英鎊，那麼全部所得都會變成應稅所得，但之後改為超過門檻以上的所得才要繳稅。這意味著門檻攸關所有納稅人的利益。如果稅率是30%，那麼以100英鎊為門檻，可為納稅人省下30英鎊稅金。但對於所得低於門檻的人價值就沒這麼高：年所得50英鎊的人省下15英鎊。因此有人提議應該用統一的現金津貼代替所得門檻，但所有所得都要課稅。這種現金津貼就是一種基本所得，在美國稱為「負所得稅」，提出建議的分別是美國兩位政治立場爭鋒相對的諾貝爾經濟學獎得主：貨幣學派的雷根總統顧問米爾頓・傅利曼，及凱因斯學派的甘迺迪總統顧問詹姆士・托賓。所謂「負」所得稅，是指低於門檻的人不僅無須繳稅，反而還會收到補助。

長期下來，不同類型的社會移轉所得之間的平衡會改變，圖8-1所描述的英國情形便可做為說明。社會保險（國家保險）的占比從將近四分之三（72%）縮成不到一半。占比下滑，一開始是因為1970年代初期保守黨政府提高社會救助的比重，包括針對有兒童的家庭引進附排富條款的福利（最初為家庭所得補助〔Family Income Supplement〕，後來變成家庭津貼〔Family Credit〕），一般認為以保守黨1970年代的提高家庭津貼選舉承諾來說，這是讓人不盡滿意的替代做法。1974至1975年，工黨政府提高家庭津貼，並把家庭津貼與兒童稅金津貼納入現行兒童福利津貼，這是以兒童為對象的基本所得。不過社會保險的占比在之後的保守黨政府時代大幅下

表8-1　不同社會安全制度的重大差異

	社會保險（SI）	社會援助（SA）／稅金津貼	基本所得（BI）
請領權利基礎	以是當事人否有提撥社會保險捐為基準	以當事人的現有資源（所得與資產）為根據	公民權（？）[a]
資格條件	視在勞動市場的狀況而定	視在勞動市場的狀況而定	不管在勞動市場的狀況如何
接受評估的單位基礎	個人（可能支付額外金額給受扶養人）	家庭（或家戶）	個人
資金來源	大部分來自於提撥	一般稅收	一般稅收

a 針對基本所得權利插入問號的原因，請見下文討論。

滑，從1979年的62%跌至1997年的49%。在1997至2010年執政的工黨政府一開始有提高兒童福利津貼，但附排富條件福利整體成長到44%，反映稅金津貼成長。最近的創新，是聯合政府任內提出的統一津貼制度（參見第七章）。

目前各種社會安全系統廣泛制定排富條款，我能理解這種做法的短期吸引力，但我認為長期來說這個方向是錯的。

排富條款為何雙重失敗

基於兩大理由，排富原則是錯誤的做法。第一，如果當事人因為排富條款而遭到排除，再搭配現有的所得稅率與社會安全捐，將會引發高邊際稅率效應。當一個人總勞動收入增加，卻難以提高可支配所得時，就會有這種情形。米爾利斯委員會針對英國計算出來的貧窮陷阱，是很好的說明範例：「一旦個人的年收入達到6,420英鎊（相當於以全國最低薪資每週工作22小時），請領稅金津貼的權利就開始減少，這會導致（邊際稅率）提高39%，達70%……若以一位全職工作者與兩個孩子的家庭來說，在有

圖8-1　1963至2010年的英國社會安全支出組成

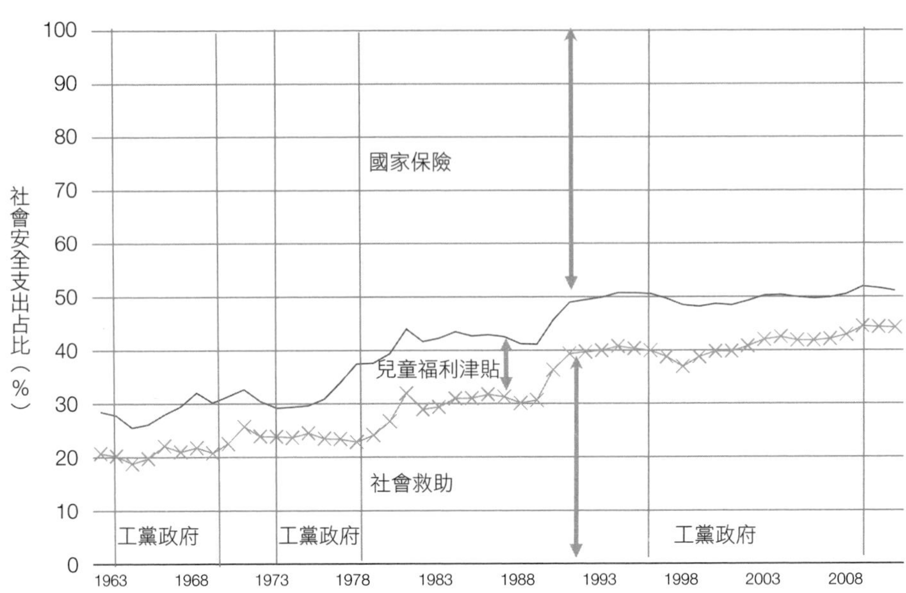

本圖顯示國家保險、兒童福利津貼與社會救助在總社會安全支出中的占比。未標示為「工黨政府」的期間由保守黨政府執政，但2010年後除外，當時由保守黨和自由民主黨組成聯合政府。

稅金津貼之下，當全年總收入達28,150英鎊，則邊際稅率便從70%回到31%。」後面的所得水準，相當於以全國最低工資2.5倍的週薪每週工作40個小時，這個範例證明排富條款的影響橫跨很多勞動所得級距[3]。自此之後，福利系統改為發放統一津貼，但是淨勞動所得適用的回收率為65%。假設有一個人又要繳交所得稅又要提撥國家保險捐，累積的邊際稅率會達76.2%，這仍然是一道貧窮陷阱。

過去，高邊際稅率並不足以影響收入分配底層的就業狀況，因為很多人都很難自行決定工時或工作量。但過去已成往事，現今勞動市場狀況彈性大，愈來愈不一樣了。由於自雇工作型態大幅成長，排富條款變成更可能造成反激勵效應的理由之一。其他考量也強化這一點。前述範例假設一個家庭有一個全職工作者，但在現今社會裡比較常見的是夫婦雙薪，兩人都會受到高邊際稅利效應影響，潛在的反激勵效應也擴大兩倍。還有，就像上一章討論的，邊際稅率關乎的不只是激勵誘因而已：收入提高後可支配所得能增加多少，也是判斷制度本質上是否公平的條件之一。公平與否，涉及認知上努力和報酬應該有什麼關係：當人們多賺的錢是來自於努力加班、擔負更多責任或做第二份工作時，至少應該能留下一定的比例。

第二，我們之所以擔心排富條款愈來愈常見，是因為很多有權領取的人未請領福利。和社會保險、兒童福利津貼不同的是，附有排富條款的福利通常並非所有人都適用。有很多有權請領的弱勢族群都沒有去領。〈2008年歐盟社會狀況〉（The Social Situation in the European Union 2008）報告中就總結：「到處都有未請領的福利」，並引用奧地利、丹麥、芬蘭、法國、德國、希臘以及葡萄牙的數據佐證[4]。馬諾斯・馬薩格尼斯（Manos Matsaganis）、阿拉瑞・保盧斯（Alari Paulus）與荷麗・桑德蘭（Holly Sutherland）檢視歐洲提報的各種排富條款福利請領率，荷蘭的使用率為72至81%，葡萄牙為72%，法國為65至67%，芬蘭為50至60%，奧地利低至44%，德國33%，愛爾蘭則為30%[5]。在美國，針對勞動所得租稅津貼所做的研究發現，2005年的請領率為75%[6]。《貧窮與最貧窮》一書中的重大結論之一，就是發現1965年英國之所以社會動盪，且後來更催生出兒童貧困救助會（參見第一章），背後理由就是很多人未領取可得的福利[7]。請領率之後有改善，但中央政府2010至2011年時估計，英國兒童稅金津貼（Child Tax Credit）的請領率仍僅有83%。這表示符合資格請領者中有很多人（120

萬個家庭）並未從這項方案當中獲益[8]。雖然全國與地方都大力宣傳這些福利方案，但還是很多人沒有請領。

未請領的福利持續存在，讓人強烈質疑起附排富條款的抗貧政策。未請領很可能是因為誤解。請領人可能之前被拒絕過，然後認定自己沒有資格，但請領標準或是請領人的環境很可能會改變，因此現在可能有資格。還有，排富條款本質上的缺點本來就會拉高未請領比率。其一，排富條件本身很複雜，因此形成請領障礙。任何申請過福利的人都知道，填寫複雜的表格有多麻煩，尤其是那些識字不多的人（也包括電腦不太行的人）。2013年時，若要申請英國的兒童稅金津貼，要填的表格長達10頁，再加上附註說明則共有18頁。請領時需要申請人雇主的相關資訊，也需要兒童照護中心的註冊資訊。整合相關資訊後填妥表格需要時間，而時間正是稀有的資源。對於發現自己「沒有時間」的家庭來說，不請領或許是合理反應[9]。第二個根本的理由是，領取排富條款的福利和領取全體適用性的福利不同，前者會帶來汙名。這個問題在英國由來已久。1824年時，勞工薪資選擇委員會（Select Committee on Labourers' Wages）詢問一位名叫湯瑪斯・史馬特（Thomas Smart）的農民是否申請過薪資津貼時，他回答：「沒有，我才不要，我一向努力不靠補助過活。」[10]現在時代不同了，但移轉所得是否能提供有實效的所得補助，仍要看可能的受益人如何看待補助，這一點至今未變。媒體上對於請領福利者的負面宣傳以及政治人物的惡意批評，讓問題更加嚴重。若請領福利被視為不幸的失敗標記，如果落實福利時的方式和二十一世紀重視人性尊嚴的概念不一致，那這樣的系統就不算達成目的。沒人請領的福利就好像是礦坑裡預告會出現災變的金絲雀一樣：這是代表社會安全系統嚴重出錯的警告。

需研究其他可長可久的解決方案

我應該清楚說明我的意思是什麼，及不是什麼。我並不認為所有附排富條款的移轉所得方案一定無效。在很多國家，這類福利方案是降低風險與減少貧窮的重要力量。以英國來說，少有疑問的是，若非1997至2010年的工黨政府擴大附排富條款（以家庭所得為準）的稅金津貼，就無法大力掃除兒童貧窮問題，貧富不均也會比現在更嚴重。即便有排富條款，但有移轉所得方案總比沒有好。然而，我相信設定排富條款是錯誤的，而且若要制定可長可久的解決方案，我們需要研究其他可能的方案，以改革過的社會保險或基本所得取而代之。二次大戰後在英國一手打造福利國的推手威廉・比佛列治（William Beveridge）也認為，在他的規劃中，社會保險是基石，搭配沒有任何排富條款的「權利型」福利，並強調「一般人非常反對任何排富條款」[11]。而我會先考慮以基本所得作為替代方案，之後才談社會保險。

兒童福利津貼扮演的重要角色

很多國家實際上都有基本所得制度：給付兒童津貼時不考慮其家庭在勞動市場的狀況或能動用的資源，而這也就是給兒童的基本所得。我認為高額的兒童福利津貼是所有縮小貧富不均方案的中心。在提出以上論點時，我並不是指撒鈔票就好，而不用提供其他的服務。我相信，兒童福利津貼要搭配以兒童為目標的基礎建設及服務投資，並同時改善現金移轉所得以及實物福利。芝加哥大學的諾貝爾經濟學獎得主詹姆士・海克曼（James Heckman）就主張：「我們今天為弱勢兒童所做的投資，有助於促進社會流動，可創造機會，並孕育出一個更有活力、健全且包容的社會與經濟。」[12]他適切點出投資優質的早期兒童福利津貼方案，未來能有哪些報酬；但在此同時，我們必須考量兒童及其家庭的現狀：他們現在也需要錢。

對於像美國這類尚無統一兒童福利津貼方案的國家來說，兒童福利津貼提案是一大挑戰。提摩西・斯密丁（參見第一章）和珍・沃德佛格（Jane Waldfogel）曾經說過，比較英美兩國兒童貧窮的趨勢，就更凸顯這項挑戰。圖8-2更新他們兩位之前畫的圖，顯示兩國的兒童貧窮率趨勢並不相同；衡量貧窮率的指標是購買力固定的貧窮門檻。在他們的研究中，美國的門檻是官方貧窮指標，為1998至1999年中位數所得的30%，顯然低於英國中位數所得50%的標準[13]。但我們應把焦點放在長期變化。英國的兒童貧窮率在1990年代大幅下滑；反之，美國則未明顯降低。美國有幾段期間的兒童貧窮率下降（柯林頓總統主政期間），但整體情況卻讓人嘆息。2013年時，美國的兒童貧窮率比1969年時還高出三分之一。諸如勞動所得稅金津貼等現有政策並未成功讓兒童脫貧，因此必須提出新措施。

很多國家都面臨兒童貧窮的挑戰（圖8-3）；比較常用的相對貧窮標準，是當期中位數所得的60%（由於定義不同，因此本圖中英美兩國的貧窮率數值高於圖8-2）。2010年時，圖中有一半國家的兒童貧窮率達20%，甚至更高。要因應讓兒童脫貧的挑戰，我相信必須大幅提高給予有兒童家庭的現金補助。應該用什麼形式？面對兒童貧窮的問題時，自然的反應是主張提供目標式福利，對象為低收入家庭。然而，我們已經看到設定排富條款的做法有缺失，而且除了這些問題之外，我還要另外強調世代及性別

圖8-2　1969至2014年英美兩國的兒童貧窮率

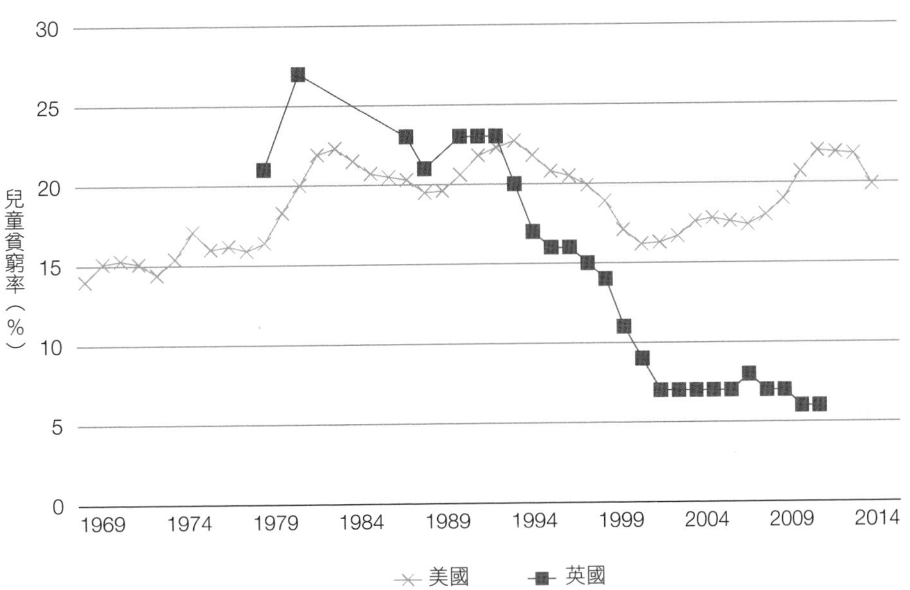

本圖顯示兩國生活在貧窮當中的兒童（18歲以下）比率。在美國，貧窮指的是官方的貧窮線。在英國，貧窮的定義為1998至1999年中位數所得（以實質條件不變計算）的50%。

公平的考量（詳見以下）。基於這些理由，我相信所有兒童都應該獲得兒童福利津貼，不管他們的家庭收入有多少。以英國來說，我們應該廢除目前排除所得較高家庭的做法；這項規定使得約七十萬兒童無法享有兒童福利津貼[14]。在此同時，我偏向把兒童福利津貼列為應稅所得，用這種方式作為排除機制。高所得家庭應該獲得福利，但也應該支付所得稅。如果夫妻是分開報稅而非合併，那麼兒童福利津貼所得的納稅義務人應該就是收取人（通常是母親）。高額但要記為應稅收入的兒童福利津貼，搭配前一章提議的累進稅率架構，可有效確保所有家庭都認知到自己的責任，又能讓低收入家庭裡每個孩子能多得些福利。如果所得稅率逐漸從25%調漲到65%，富裕家庭得到的淨兒童福利津貼就不到適用最低邊際稅率家庭的一半。

兒童福利津貼的理據

倡導統一（但要課稅）的兒童福利津貼，顯然有違經濟學的建議；以經濟面提出的建議來說，多數國家都偏向要設排富條款的家庭福利。在英國，財政研究所提出的是整合家庭補貼方案（Integrated Family Support scheme），透過排富條款瞄準低收入家庭。他們針對米爾利斯爵士主持的稅制檢視委員做了研究，並善用他撰寫的一篇談設計最佳所得稅制與維持基本所得的極具影響力文章[15]。排富條款相當於提高邊際所得稅率，因為一個人每多賺一塊錢，就是少領一些家庭福利，到最後福利都會被收回去。以統一的福利搭配課稅，一來可以限制福利成本，二來也可在無須對高所得者大幅加稅的條件下，協助有工作的窮人。設有排富條款的策略和我所提的兒童福利津貼策略相比，差異在於面對最高邊際稅率的人不同：若設有排富條款，會由低收入者來承擔最高的邊際稅率；然而若是我在本書中提議的替代方案，則會是中高所得者的邊際稅率提高。（很重要的是謹記邊際稅率較高，並不意味平均稅率較高，而且很多中等收入的人就算要面對更高的邊際稅率，也比沒有福利時更好。）米爾利斯的最適稅制方案指出，如果適用高邊際稅率的人數相對少，或者是適用的人相對無感，那麼邊際稅率就應訂高一點。某一項策略是否優於另一項，要視實務結果（所得分配的變動，以及人民有哪些反應）而定，實證研究確實發現，當一個人的所得提高時，他的勞動供給反應敏感度就沒這麼高，暗示著邊際稅率應該隨著所得提高而增加，正如本書的建議[16]。

圖8-3　約2010年某些國家的兒童貧窮率

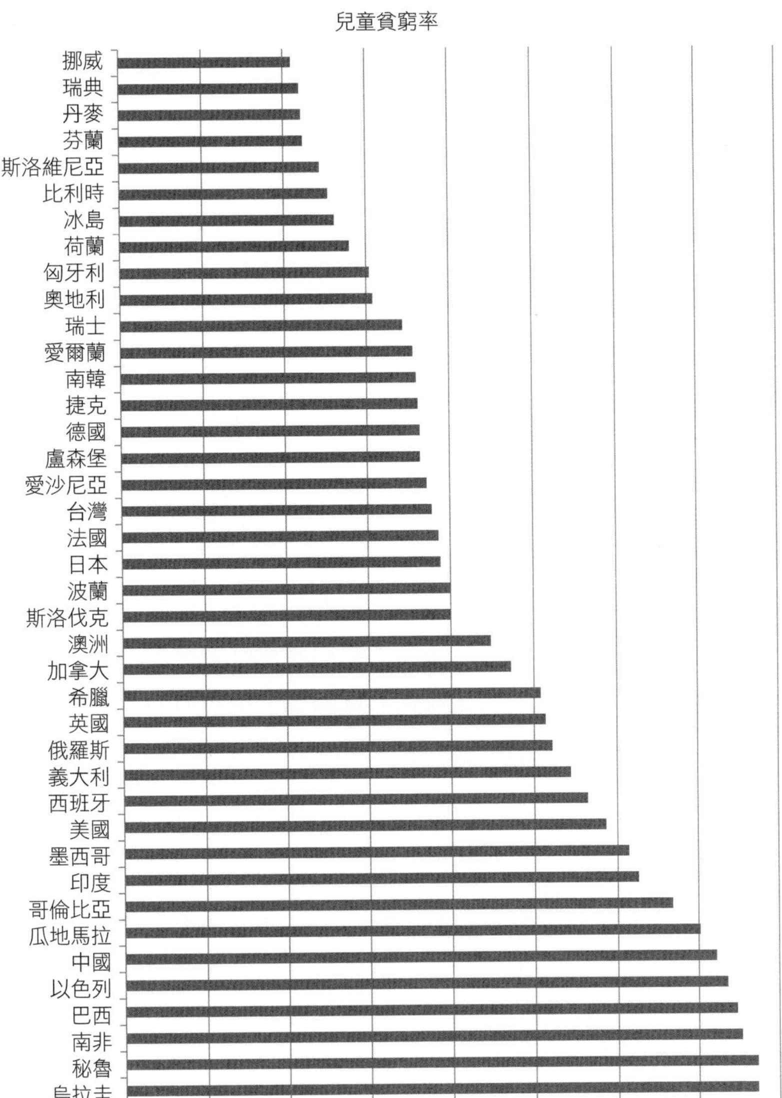

本圖顯示生活在貧窮當中的兒童（未滿18歲）比率，貧窮的定義為各國均等化可支配所得中位數的60%。

這兩類方案還有第二項差異：只要是有小孩的家庭，不論家庭所得多高，都會持續拿到我提議的兒童福利津貼。這表示我們必須考慮各種公平的議題，不單是貧富，也要考慮有兒童和沒有兒童家庭之間的公平與否。我們必須檢視社會如何評價有兒童與沒有兒童的家庭；這是經濟學分析裡不會討論的典型議題。在其他條件相同下，我們應該認為有小孩的人多拿到的一塊錢，要比沒有小孩的人更有價值嗎？有些人會說「不」，主張在今天，有沒有小孩是個人的「生活方式選擇」，一個人為人父母時獲得的待遇，應該和他選擇不生兒育女時沒有差別。這麼想的人，比較樂見的分配政策是取消高收入者的兒童福利津貼，因為被收回津貼的人平均來說是過得比較好的人。然而，這種「生活方式選擇」的觀點完全不顧兒童的福祉[17]。很多人無法接受這一點；社會判斷中當然應該考量兒童本身的權利，一個人帶著一個孩子就應該算成兩個人。「生活方式選擇」這個觀點，和分配分析中常用的根據家庭組成調整家戶所得的做法（如第一章的討論）相衝突。今天就要把今天的孩子們算進去，他們可是社會未來的主人翁。我們要拉平跨世代的不均，這一點又強化上述觀點。綜合以上，所有考量代表每一個有兒童家庭都應該拿到移轉所得，而且不分家庭所得水準。

「兒童應該算一份」的觀點顯然已經在公共辯論中浮出檯面。報紙上有一篇文章列出為什麼有些父母只生一個小孩，有一位收入太高、因此無法享有現行兒童福利津貼的英格蘭母親說：「我們覺得被政府處罰；我們什麼也拿不到。沒有兒童福利津貼，沒有就業租稅津貼（working tax credit），沒有免費兒童照護時數，什麼都沒有。我們得靠自己。」[18]她也指出一個重點，提到兒童福利津貼中有一個很重要的面向：性別。社會移轉所得的目標之一，是要消弭許多女性在勞動市場裡所面對的不利條件。英國制定兒童福利津貼制度時，有一個特定政策目標就是要協助女性，因此福利今天第一優先給付對象是母親。兒童福利津貼確保母親有一個獨立收入來源，這是以夫妻合併所得為依據的附排富條款型福利無法辦到的。

基於這些理由，我相信給付給所有孩子、但要課稅的兒童福利津貼，並且給付金額要足以能大有助於降低兒童的貧窮率，在任何縮小貧富不均的政策中都應扮演重要角色。

提案十二：應給付給所有兒童高額福利津貼，但應當成所得課稅。

應給付公民所得

那成人呢？成人也應該有基本所得，或者用現代比較常用的說法來說，叫公民所得（citizen's income）。常有人提到的一個版本（但並非本書主張）認為，公民所得應給付給個人，並根據性別或失能／健康等條件調整金額。這種類型的所得和個人在勞動市場裡的狀態無關，也不以是否有提撥社會安全捐為條件（實行基本所得制之後會廢除社會安全捐）。公民所得和其他所得無關，但全部所得都要列入個人所得課稅，並且要取消個人免稅額。以最純正的形式來說，公民所得可取代所有目前的社會移轉所得：不再有社會保險或其他附排富條款的福利。（當然需要做一些過渡性的規畫，比方說要尊重之前的領取勞動所得年金權。）

此一構想獲得政界的支持。當喬治・麥高文（George McGovern）1972年競選美國總統時，他就提出每年要給付1,000美元的全民補助（即基本所得），由擴大稅基的所得稅收支應。這件事的發展是，他在競選中途發表此一聲明，卻沒有先回去請教他的經濟顧問，稅率要調高到哪裡。他的顧問是我們之前提過的詹姆士・托賓，據說托賓回答，如果你支應其他政府支出需要課徵x%的稅率，而全民式補助的費用為平均所得的y%，這表示稅率就是（x+y）[19]。我之前保證過本書正文不會有數學式，但（x+y）這種含糊其辭的表達方式，並未適當描繪出設計基本所得時要面對的取捨。具體來說，這是指如果需要徵收20%的稅收才能支應政府其他支出，在單一稅率33.33%之下，要用剩下的來支應基本所得，因此水準僅能達平均所得13.33%，這看來很難取代各種現行的社會移轉所得。就算單一稅率高達50%，能支應的基本所得水準也僅有平均所得的30%。

何謂參與式所得 —— 一種公民權利

基本所得與稅率之間難以抉擇的取捨，使得人們去尋找單純基本所得的變化型。因此我接著就要提出另一種版本的公民所得，和上述基本型態有兩項不同之處。其一，我的版本是要補足現有的社會移轉，而非取代。領取政府年金的退休人員，從年金或公民所得當中擇高者領取。如果領年金的人也領附排富條款的年金津貼（Pension Credit；譯註：類似最低年金保障），除非公民所得金額大到足以讓年金津貼減至零，不然他們領取的淨金額不會有任何增加。如果一對夫婦都領年金，那在計算他們的津貼時就要以兩人領取的公民所得總額為基準。給付給所有成人的基本所得金額應該都相同，但可針對殘障或其他特殊條件提高金額。這種參與式所得會取代所有個人免稅額，但勞動所得折扣除外（請見提案九的介紹），因此全部的參與式所得都要扣稅。

其次，我不建議用是否具有公民權當作領取權力基準，而是以「參與」為主，因此這是一種「參與式所得」。「參與」可以廣泛定義為對社會有貢獻，以勞動年齡的人來說，是要從事全職或兼職的有薪工作或自雇，接受教育、訓練或積極尋找工作，在家中照顧老弱，或者定期去受認可的機構擔任志工。罹病或殘障者而無法參與者則應另訂定規範。貢獻的概念應該從廣義來看，考量一個人參與的各種活動。對照第五章介紹過的二十一世紀勞動市場特色，參與的定義應訂為人們從事各種不同活動的總時間需超過一定門檻，比方說一星期35小時，但如果有些人僅達到其中一部分時間要求，應該也要有資格。

參與的標準該怎麼訂會引發爭議。批評者說，這是用「有條件」的福利取代「無條件」的福利，因此有損基本所得這類方案的核心原則。針對這一點，我的回答是，雖然通常都說基本所得是「無條件」的方案，但不管怎樣一定設有資格條件。海外的觀光客就不能跑來請領基本所得。英國公民所得信託機構（UK Citizen's Income Trust）網站上就寫說，他們提的是「無條件、不可撤銷的所得，支付給所有人，當成一種『公民權利』」[20]。因此，我們必須權衡的是：公民權與參與這兩種條件何者為宜。仔細思考之後，我比較偏向後者。我認為，以公民權做為支付基本所得的標準太過廣泛，但同時限制也太多。說太廣泛，是因為這樣會納入所有公民，卻不問他們人在何處。我們不希望英國政府籌得的資金用在給付移轉所得給海外英國公民，這些人的人數難以估計（預算成本也是）。從政治的角度來說，把公民所得發給沒納稅（這是支應方案的必要資金來源）的人，這也讓人不太能接受。說限制太大，是因為在歐洲的環境下，一個國家無法排除其他歐盟會員國公民前來工作。根據〈歐盟運作條約〉（Treaty on the Functioning of the European Union）第四十五條，這些人應享有「等同於國民的待遇，獲得就業、工作條件以及其他所有社會與稅收優勢。」英國政府或許可以設法重新詮釋最後一句，但顯然無法將各種勞動年齡應享的福利僅給付給英國公民。

行政的三難困境

批評者說，實行參與式所得將涉及複雜的行政流程，而且必須仔細載明相關標準，特別是和跨境人民有關的部分，他們在這方面是對的。尤爾根・德・偉斯佩拉爾（Jurgen De Wispelaere）和林賽・史托頓（Lindsay Stirton）曾合寫一篇論文〈從公共行政來看反對參與式所得的理由〉（The Public Administration Case against Participation Income），他們在文中主張，行政上面對的是一個三難的局面：「第一個問題是，參與式所得的標準必須廣納……（第二個問題是）受益人必須滿足真正的參與標準，第三個問題則涉及……和行政相關的經濟與人性成本。會出現三難局面，是因為參與式所得最多僅能同時解決三個問題當中的其中兩個。」[21]申請時的資格分類，確實會引起舉證責任、參與程度、在多元化社會中詮釋不同活動，以及受益者／行政人員關係權力平衡等重要議題，但我相信如果我們能解決前兩項問題，第三項問題造成的損害就不像這兩位研究人員說的這麼嚴重。福利行政體系中早已設有某些資格認定標準，比方說，在英國，有照護責任與否可以決定申請求職津貼（Job-Seeker's Allowance）者能否限制可工作的時數，而是否參與志工也可決定一個人能否延後接受提供的工作職位。與目前的附排富條款方案相比，參與式所得有資格分類的問題，但無須評估受益人的所得與資產，後面這些任務會讓行政工作更添複雜。由於只須做分類判定，參與式所得會比目前的附排富條款福利方案單純，而且如果我們能降低對後面這類方案的依賴度，就能挪出行政資源分配給參與式所得方案。更重要的是，我要回過頭去提第四章的一個主題：政府應該投資建設更優質的社會行政體系，體認到這需要更多人力投入，多強調服務品質，而非一味衡量成本效益。同樣值得一提的重點是，參與式所得會減少領取排富條款福利方案的人數。當然，同樣說法也適用於社會保險，而讀者應記住的是，我提出參與式所得，就是做為改革社會保險的替代方案。

三大問題中的第一點難以完全避免。我之前主張，純粹的統一式福利是妄想。任何實際上的方案都會涉及資格的條件，因此會有人遭到排除。那麼，參與式福利應該排除那些人？標準是，應該排除把人生完全花在享樂上的人。比利時哲學家菲利普・范・帕里斯（Philippe Van Parijs）寫過一篇著名的文章，名為〈為何應該餵飽衝浪者：支持無條件基本所得的自由派論據〉（Why Surfers Should Be Fed: The Liberal Case for an Unconditional Basic Income）。我支持參與式所得，但立場和這位哲學家完全相反。我認同的是約翰・羅爾斯，他說：「一整天都在加州馬里布海灘衝浪的人，要想辦法養活自己，他們沒有資格使用公共資金。」[22]現實中，會遭排除的人數相對為少（第十一章中討論到的成本並未計算辨識出這些衝浪者的成本。）我認為，參與條件應從正面詮釋。這回答了一個問題：誰有權獲得基本所得？我的答案傳達出「互惠」的正面訊息；這樣的訊息本來就合乎公義，也比較可能獲得政界的支持。

歐盟可以成為先驅

到目前為止，我都是從國家層次出發討論參與式所得，但我相信歐盟也應該把這類方案放入他們的考量中。推出全歐盟的參與式所得方案，從政治上來說將會是非常大膽的行動。提出這類方案，顯然明白指向歐盟幾十年來在調和社會安全上毫無進展，完全失敗。然而，參與式所得有一個完全不同的特質：這是一種新的社會安全制度。這並非套用目前以國家為基礎的模式，因此歐盟可以打開新局。

歐盟可以採行的第一步，是建立兒童基本所得制度。歐盟制定的兒童福利津貼必須要求各國提高現有兒童補助方案金額，達到歐盟規定的標準。（至於政策方案已經超過歐盟規定的國家，就無須其他行動。）計算兒童補助方案金額時，應納入全部已領取的移轉所得稅前總額。（這表示英國不一定要提高兒童福利津貼的金額，就能讓適用65%稅率的家庭支付更高的淨稅金！）根據輔助性條款（subsidiarity provision；譯註：指歐盟為輔助性的角色，協助其他國家行事，而不採中央集權制），這套方案將由各會員國自行負責行政事務與資金籌募。這將讓歐盟得以投資自己的未來，並促成跨世代的平等（細節會不斷精益求精）。此外，兒童基本所得第一優先支付對象是母親，也將有助於彌補目前的性別不平等。不過全歐盟的兒童基本所得標準水準應該訂在哪裡？有一個理所當然的基準指標，是以歐洲的貧窮風險門檻為中位數所得的69%，搭配經合發展組織修正尺規（參見第一章）給每個孩子的權重為0.3，隱含歐盟會員國裡每個孩子的基本所得標準應為均等化中位數所得的18%。英國目前給長子長女的兒童福利津貼約為中位數所得的7%，更小的孩子則不到5%。因此，採行歐盟的目標涉及要大幅提高金額，如前述提案。

歐拉西奧・利維（Horacio Levy）、克莉絲汀・露姿（Christine Luetz）和荷莉・桑德蘭研究歐盟兒童基本所得的影響，以及對降低歐洲兒童貧窮率的貢獻，他們使用EUROMOD稅賦福利模擬模型（第十一章會詳細討論），並運用當時涵蓋歐盟十五國的家戶調查數據。他們考慮不同的歐盟最低兒童福利津貼水準（以國民所得中位數相對比率表示），並假設所有國家都以相同的單一稅率所得稅來支應資金。這隱含跨國重分配，因為每一國人口中的兒童人數不一，現有的兒童津貼福利水準也不同。本書提案則並未考慮跨國重分配，完全在輔助原則下運作[23]。他們的研究中，第一項有趣的結論和必要的稅率有關，雖然假設不相同，但這一點也剛好透露出本書所提建議的可行性。如果兒童福利津貼訂在國民所得中位數的10%，單一所得稅率應為0.52%；若提高到中位數所得的20%，稅率則要增至2.35%。這些措施能否使得兒童貧窮率明顯下降？利維、露姿和桑德蘭估計，福利水準若為所得中位數的10%，歐盟十五國的兒童貧窮率可從19.2%降至17.8%，若為20%，則可進一步降至13.5%。超過5%的降幅，確實堪稱明顯。所有國家降幅都可達4%以上，但比利時、丹麥、德國和英國除外。

從這些結論中，我推論出若要明顯降低兒童貧窮率，需要高額費用，但這可能做得到。我們有必要進一步考慮籌資方式，因為結果顯示他們研究中的方案會因為課徵單一稅率把某些家庭推進貧窮，這是一項警示，告訴我們應該尋找累進效果更強的財源。

提案十三：應在國家層級實施參與式所得方案，輔助現有的社會保障，並搭配可能的全歐盟兒童基本所得方案。

新版的社會保險系統

如果不考慮社會救助，原則上取代基本所得的替代方案，就是改革新生的新版社會保險系統，當中要包含兩大要素：（一）讓社會保險方案恢復過去的角色，及（二）要能因應二十一世紀的勞動市場。1969年，我寫的第一本書是談英國的社會安全改革，我把當時提出的建議稱為「回歸比佛列治」計畫，這個說法到今天或許仍能適用，因為這代表要回到保險的原則，並且不再以家庭所得條款做為能否獲得社會保障的主要因素。我提出的建議也落實以兒童福利津貼為有兒童的家庭提供協助的目標，這正是比佛列治當初計畫的重要元素。但比佛列治本人若仍在世，應也會與時俱進，因此我們必須考量現代正在發展的新就業型態，而這一點又讓我們重新思考，維持基本所得與勞動市場間的關係。

社會保險需不需要改革，因國而異，得取決於各自的制度架構與特殊環境。但空泛論述是不夠的，必須要有具體提案，因此我以英國做為案例研究。這麼一來，我很清楚他國讀者可能會覺得我的論述中英國氣息太重，且反映的是英國獨特的福利國歷史。確實如此，因為第一項要素便是要回歸英國福利之父比佛列治的計畫。英國已經頒布新的政府年金方案，並且自2016年4月起生效，用意在於為所有人民提供保證定額給付的社會保險年金，設定水準也大幅高於目前的基本國家年金（約高出25%）。一個人實際上能領取多少，要看他符合資格的年資（滿足國家保險捐提撥條件的年資），並以三十五年為上限。在新制生效之前的過渡時期，政府會計算個人到新制生效當天為止的各種應計政府年金權益「結算金」。一個人在新制中能請領多少年金，便要視「結算金」以及2016年4月以後的合格年資而定，因此一個人如果在2016年4月過後的x年達到領取年金的年紀，那時他可以領到結算金，再加上新制年資比率（x年除以三十五年）乘以新制的政府年金金額。

新式的政府年金更簡化，且長期來看將能大幅提高年金。但建立這樣的新制度速度很慢，而且不會改變目前1,300萬領取年金人士的處境。從這個角度出發，我提議應該以「最低年金保證金額」為名，立即將政府年金的金額提高25%達「新制金額」。對於現在已經退休的人來說，這麼一來將會提高他們的年金金額，並補足新制金額和現領年金總額（包括政府年金以及任何就業年金）之差額。因此，沒有其他年金收入的人，會得到整整25%的差額，但如果過去的雇主會支付每週20英鎊的年金，那他領的差額就會少20英鎊。如果是正要退休的人，就要計入政府的年金福利加就業年金，並考量提領年金存款（包括當時或之前）時享有的所得稅寬減額。這麼做時，代表我提議的最低年金保證金額制度的篩選制度是「年金條款」（pension test），而不是排富條款[24]。最低年金保證金額特別能協助目前有資格但未請領年金補助（pension credit）的人；年金補助是一種附加排富條款的政府基本年金。官方估計，2009至2010年間，有32至38%有資格的人未請領這項福利。也就是說，這套方案未能幫助三分之一有權利的領取年金人士，或者換算下來約為120至160萬人之間。

其他國家無人請領保險福利的金額同樣也很高，而這一點正是大幅提高保證年金金額的強力論據。彼得・肯威（Peter Kenway）做了一項很有趣的三十年比較研究；從1948至1978年，英國國家保險失業福利（目前已經改為求職津貼）的實質價值成長率和人均實質消費金額一致（兩者均成長約75%），但從1978至2008年，人均消費實質金額成長超過兩倍，但失業福利的實質金額卻仍只相當於1978年的水準[25]。這呼應第二章中研究歐洲各國戰後期間所發現的分歧情況：戰後幾十年整體貧富不均縮小或至少維持穩定，但自1980年以後貧富不均趨勢反轉，逐步擴大。圖8-4用另一種方式顯示這兩段期間的大幅差異：失業福利以在平均家戶人均消費支出中的占比表達[26]。戰後一開始，一個人能得到的國家保險失業福利約為平均消費的40%，這樣的關係一直維持到1980年代初期。但自此之後，這項提供給失業者的保險福利跟不上所得成長，如今不到人均消費的四分之一。我們也可以透過另一種方式來表現變化，那就是1948年的失業福利金額等於退休金，兩者間的等號關係一直維持到1970年代，但之後失業福利金額就落後，時至今日只等同於政府基本年金的64%。這種情況並未引來太多爭論，而且不管是保守黨還是工黨執政，減少幅度都大致相同。引用肯威的話：「雖然過去工黨政府的紀錄讓人期待或許會改變這樣的政策，但從統計數據找到的延續效果證明，事實上工黨政府極樂於蕭規曹隨，在這方面追隨前朝腳步。」[27]就在這段期間內，無業、失業家庭的貧窮率接近70%。不論是因為失業、生病或是失能，對於退出職場的人來說，更好的社會保險制度履行的是一個承諾：提供穩定的所得來源，並保障他們別落入貧窮與面對讓人難以接受的貧富不均。

失業保險涵蓋範圍

提高社會保險金額只是故事的一部份，我們也需要檢視福利的涵蓋範圍。以失業保險來說尤其如此；失業保險是任何社會保險的關鍵部分。在美國，1930年代時引進的失業福利，以延長請領失業給付期間做為對抗衰

圖8-4　1948至2013年英國相對於平均消費支出的失業福利變化

本圖顯示1948至2013年英國25歲以上個人可以請領的標準失業福利，以占平均家戶人均消費的比例表示。

退政策的重要一環。在最近期的2008年經濟危機中，〈緊急失業補償法案〉（Emergency Unemployment Compensation Act）以及後續的立法提供延長的福利（但須視各州失業率而定）；這些法案已於2013年到期，且參議院並未更新法案。這樣一來，美國領到失業救濟金的失業者便大幅減少：2014年領取的比率是26%，是最近這幾十年來最低者之一[28]。經合發展組織各國的涵蓋率如圖8-5所示。涵蓋率的定義，是國際勞工組織歸類為失業人士中，有領到福利者的比例（包括失業救助與失業保險）。在某些國家，例如德國和盧森堡，涵蓋範圍擴大；但在多數國家，從1995至2005年之間，涵蓋率則紛紛下滑。最重要的，或許是2005年時，在二十四個經合發展組織，除了奧地利、比利時、丹麥、芬蘭與德國之外，其他國家的涵蓋率都低於50%。在這二十四國中，有十國的涵蓋率不到三分之一。

很多失業者得不到失業福利，這一點讓許多人非常訝異；失業福利僅占所有福利支出一小部分，同樣出乎很多人意外。在2014至2015年間，英國的失業福利支出在所有社會安全與稅金津貼中僅占不到4%，約翰・希爾斯（參見第六章）就觀察到：「一般人認為，給失業者的福利最多占十分之一就夠了。」[29]在英國，失業保險的涵蓋率之所以不斷降低，是因為1980年代保守黨政府幾次限縮請領條件的結果。我和約翰・米柯萊特（John Micklewright）列出1979至1988年間英國國家保險及失業保險的相關法規變革，總計至少十七次。在這當中，有十一次絕對不利於失業者，減少甚至廢除相關福利，並縮小涵蓋範圍。這些改變包含更嚴格的提撥條件，並延長剝奪資格的期間[30]。且緊縮趨勢延續至今。

保留社會安全捐的三個理由

很多經濟學家偏好廢除社會安全捐，改以提高所得稅替代。從某些方面來說，這樣的主張很能打動人，因為這代表本來僅由勞動所得負擔社會安全捐，現在是所有所得來源都要分攤。但我並不支持這樣的立場，理由有三。其一，我們可以在所得稅制裡將勞動所得分開，稍微擴大前一章提過的勞動所得折扣，藉此移轉社會安全的負擔。

第二個理由是，社會安全捐家戶預算造成的影響或許和所得稅一樣，但納稅義務人可能有不同看法[31]。行為經濟學文獻已經證明，著重於僅從

圖8-5　若干國家1985年、1995年與2005年領取福利者在總失業人口中的占比

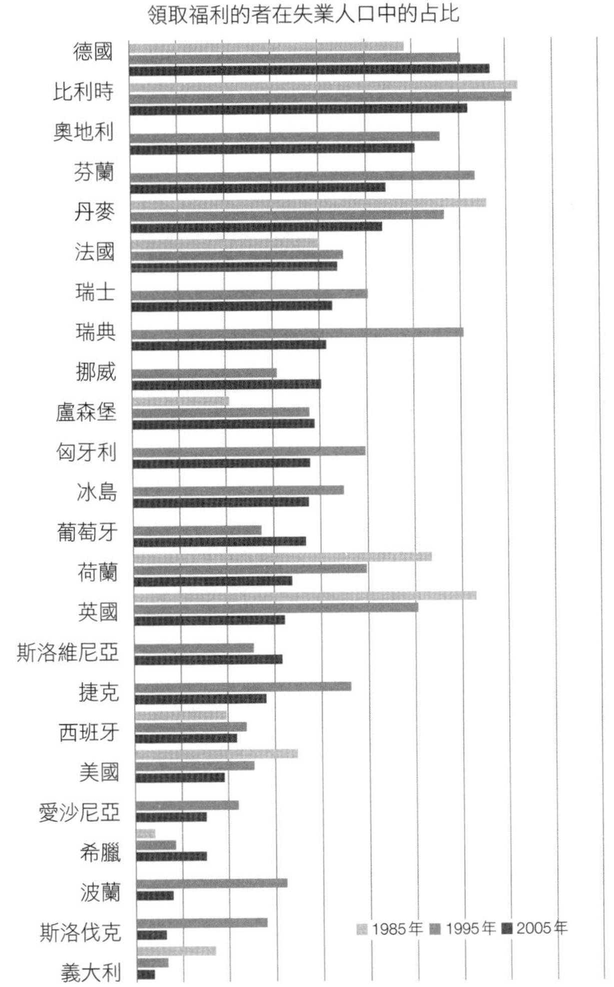

本圖顯示領取失業福利者在失業人口（根據國際勞工組織定義）中占比（包括失業救助或失業保險）。
列出的數據為1985年、1995年與2005年的數據（若可取得），但有些國家的資料年度有些許差異。

數學計算來看對家戶預算造成的限制，並忽略人們對拿出不同的錢有不同想法，是不對的。首先，選民會偏好默示性的質押稅（參見第六章）：樂見不同的提撥項目專門用於不同方案。這是非常合理的反應，特別是能否領取福利還設有提撥條件時（我一向主張這類條件扮演重要角色，在涉及國際間的流動時尤其如此）。或者人們也有可能遭到誤導。以美國為例，艾德華・麥卡佛瑞（Edward McCaffery）和喬爾・斯勒姆羅德（Joel Slemrod）就指出：「課徵多項較小的稅項（以徵得更高的稅收）和課徵少數卻沉重的稅項，兩者造成的心情不快程度是一樣的，因為人們不會在心裡加總所有的稅。」[32]如果人們對社會安全捐和所得稅有不同認知，那麼政府可以用觀念上的差異，繼續沿用社會安全捐制度，為福利國籌得資金，但同時又降低對納稅人和經濟體的衝擊。

保留社會安全捐的第三個理由，是提撥在社會移轉制度的行政工作和政府的勞動市場策略中扮演正面角色。提撥條件可以協助社會保障制度克服重要的設計問題。在第五章中，我們看到提撥條件可成為決定政府保障就業資格的潛在機制。從反面來說，如果在職者從事的工作中，要求他們提撥社會保險捐，代表他們之後若失業，就有權從社會保險中獲得相關福利，因此這也助於緩和失業保險涵蓋率低的問題。在討論參與式所得的行政工作時，我們提過就算是各種社會保障制度的形式大不相同，同樣都要仰賴資格條件，其中很可能就包括和現行提撥條件相似的標準。

然而，社會安全捐的條件也需要適應不斷變化的工作性質；這樣的變動已存在多年。英國目前的條件，已和1948年剛剛引進戰後的國家保險制度時大不相同。負責新政府年金制的年金部長國會議員史蒂芬・韋布（Steven Webb）說得好，他說當一個人負責照料他人時，通常要經歷很多年才稱得上有貢獻：「不管是擔任有薪職或是照護工作，這些付出的歲月對社會的貢獻度價值都是一樣。」[33]以發展兼職及其他非典型工作者就業權來說，歐盟是先驅，而社會保障體系必須確保改革後的社會保險系統能完全適合這些人。幾個歐盟會員國也都納入兼職失業，比方說奧地利、德國、愛爾蘭和葡萄牙。在芬蘭，求職者如果非出於自願而接受兼職工作，或者他們雖然從小企業活動中賺得收入、但該企業並不禁止他們兼差，則可獲得調整後的失業救濟[34]。因此，這類系統得以容下「工時分割」(slivers of time)。這類措施不僅使得目前沒有福利的家庭可以增加收入，也避免讓面對排富條款門檻的家庭有不想返回職場的負面誘因；我會在下一章再來討論這些提案造成的經濟效應。

總而言之，社會保險是參與式所得的替代方案，其中包括[35]：

提案十四：應有新的社會保險制度，提高福利水準並擴大涵蓋範圍。

我們的全球責任

截至目前，我考量的都是各國國內的重分配，現在我要來談一談社會移轉所得在縮小貧國與富國差異時所扮演的角色。從全球層級來說，我們可以做什麼？

第一眼看到相關數字時，會讓人大為震驚。面對一個總人口比自家多上百倍的世界，像法國、義大利或英國，這些國家能做些什麼？以全世界來說，聯合國提出的「千禧年發展目標」(Millennium Development Goal)

中的降低極端貧窮項目已經大有進展，但預估仍有12億人每天仍倚賴不到1.25美元過活[36]。雖然這條貧窮線的標準很低，但人數很可觀。然而，我們也不應高估其難度。沒錯，要消掉這個最大的貧窮落差（poverty gap；譯註：指與貧窮門檻的差距，以百分比計算，詳見第十一章），亦即將每一個人拉到貧窮線以上，必要的總經費是一年5,500億美元（12億人乘以三百六十五天乘以1.25美元），但多數國家的差額只是這個總數一小部分而已。以印度為例，世界銀行的統計數據顯示，其貧窮落差約為前述最大總數的20%，大致上，消弭總貧窮落差的費用為一年1,100億美元。這是一筆大數目，但以法國、義大利或英國的國內生產毛額來說，占比僅約5%。若以英國官方發展援助計畫（UK Official Development Assistance）做比較，該計畫的規模為一年120億英鎊，上述金額約為其5至6倍，但差異還不到天文數字等級。從這個角度來說，要消弭極端的貧窮顯然是可合理辦到的任務，而且在任何情況下，都不會有人建議全球各國自掃門前雪，自己負責解決國內的貧窮問題。

那麼個別國家，比方說英國，是否應該提高海外發展援助？首先，我要先讚許各國政府最近的行動，許多國家紛紛大幅提高海外援助占國民所得的比重。圖8-6摘要說明自1960年以來的海外援助史；圖中的三條線，分別代表英國及美國的海外援助以及經合發展組織發展援助委員會（OECD Development Assistance Committee，是一個由各主要援助捐款國組成的論壇）的平均金援在國民所得總額中的占比。1960年代初期，經合發展組織發展援助委員會的整體金援約為國民收入總額的0.5%。當時我就認為這個比例太低，因此我支持各國有所行動，將金援比例提高到占國民所得1%。這一點獲得眾人認同。加拿大經濟學家哈利．強森（Harry Johnson）1967

年時觀察到：「目前，論述海外援助議題的人一般奉行的基本原則，是已開發國家給予開發程度較低國家的援助，至少該達其國民所得的1%。」[37]但是，各國的海外援助對國民所得占比並未提高，反而不斷下滑，2000年在討論「千禧年目標」之時，經合發展組織發展援助委員會的援助金額僅達1960年時的一半。1990年代，以實質計的經合發展組織發展援助委員會整體金援減少。美國的長期下降趨勢尤其明顯，但最初設定金援步調的正是美國（甘迺迪總統曾在1960年對聯合國大會的演說中提案，後來聯合國將1960年代訂為「聯合國的發展十年」〔UN Development Decade〕）。但美國的外援不斷減少，從當時的占國民所得0.6%，到二十世紀末時已經降為僅剩0.1%。不僅實際上的金額縮減，設定的目標占比也不到1%。1970年聯合國大會同意，援助目標應為國民所得總額的0.7%，1974年時英國工黨政府正式接受這個數字。

制訂「千禧年發展目標」代表了一個轉折點。在2002年的蒙特婁大會（Monterrey Conference）上，各援助國同意必須大舉提高外援，具體作為必須達到前述的占比0.7%目標。我們從圖8-6中可以看出，外援的金額占比因此增加。英國工黨政府全力支持擴大外援，以達到占國民所得總額0.7%的目標。英國的聯合政府也接下這分承諾，並在2013年達成目標，和丹麥、盧森堡、挪威與瑞典同列達標行列。

發展援助的論據

這是否意味，能夠達到新的援助目標水準就夠了，不需要其他行動？或者，我們應該再拉高1%的門檻（這是圖8-6的最高值）？

我們之所以應該針對全球進一步重分配，某些面向的道理和國內重分

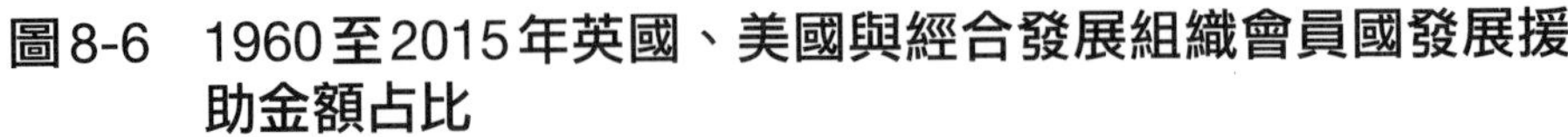

圖8-6　1960至2015年英國、美國與經合發展組織會員國發展援助金額占比

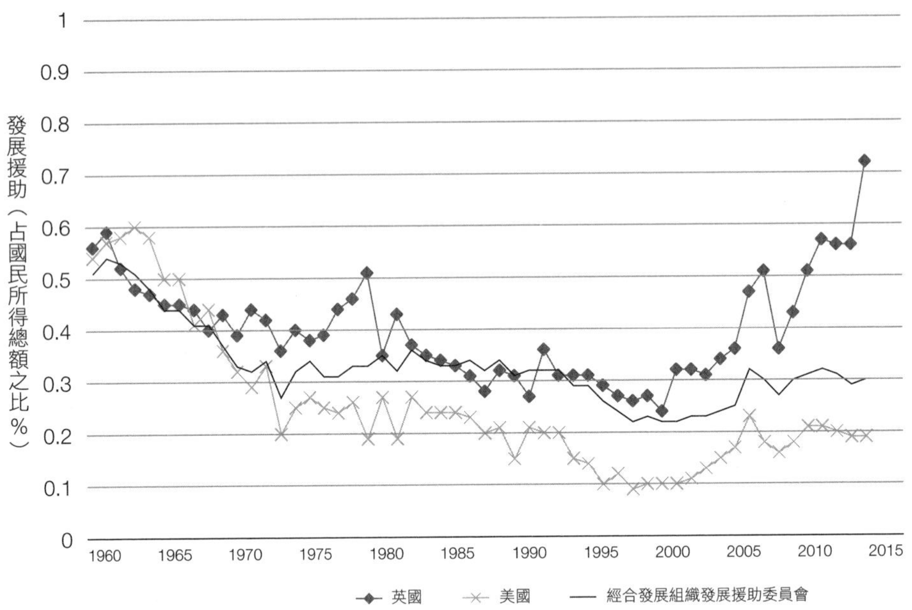

本圖顯示捐助國的國際發展援助水準，以占援助國的國民所得總額之比表示，期間為1960至2015年。顯示之數值為英國、美國和經合發展組織發展援助委員會（這是一個由經合發展組織會員國主要援助國組成的論壇）。請注意縱軸座標為國民所得總額的0至1%。

配類似，但某些不一樣。我們在第一章中討論過，社會移轉背後理由可能是「本質性」或「實用性」的。且容我再次引用哈利．強森的話：「訂下1%標準的理由，顯然是富人應捐獻給窮人的合理金額為其所得的1%。」[38]這是全球版「什一捐」（tithe；譯註：猶太教和基督教都有要求賺十捐一的傳統）的十分之一。除了這個本質上的動機之外，也還有其他實用性的理由：海外援助能創造有益的結果，比方說緩和湧入經合發展組織各會員國的移民潮，或者提高政治穩定度或降低遭到恐怖攻擊的風險。我們可以用吉姆．墨菲（Jim Murphy）在英國工黨擔任國際發展部發言人時的說法來說明這一點：「全球性的利他主義對我們的影響力還不大，我們必須要從國家利益出發來論述⋯⋯因此我們的論點就是：『這位太太，（外援）資金代表的是⋯⋯一個更安全的世界。』」[39]

然而，將資源移轉到海外的論據，和國內重分配的考量點有一個重大差異。海外援助中會涉及不受援助國政府管轄權的人士，如何使用資金則由受益國家的政府或其他機構決定。援助國有影響力，但不像在國內進行重分配時有這麼大的掌控度（在國內進行重分配時的控制力亦有限制，但兩者間本質上有差異）。海外援助的實用性論據也有很多待推敲之處，因為能不能達成相關目標（例如提升安全度），絕大部分仰賴如何落實援助。若無法掌控，將回過頭來讓人質疑援助的成效。常有人主張，如果援助資金落入和原本規劃目標背道而馳的管道，反而會造成副作用，擴大該國的貧富差距。有些研究主張（但說服力有強有弱），援助規模和經濟成長之間少有關係，因此援助難以縮短富國和窮國之間的落差[40]。

在實用性的論述上，無法掌控是一大問題，但是比較適當的做法，是從了解聯繫援助國與受助國的二十一世紀新國際關係來看。我們生活在一個由許多國家組成的世界裡，每一個國家都有高度自治權，也各有其文化背景與社會目標。在批判援助時，經濟學家安格斯．迪頓（Angus Deaton）曾問一個問題：「是誰要我們負責？」不論是實用性及本質性的援助論據，都要回答這個問題[41]。我們根據什麼基礎出手干預？在回答這個和國家責任有關的問題時，我們需要重新詮釋外援的論據。從殖民時代開始，我們便接受一項假定，同意外援的目標是為了提高產出成長。成長是衡量援助成效的指標。然而，這樣的觀點中並未顧慮貧窮者目前的苦境，以及他們所處環境的脆弱，也少了基本關懷。「給他一條魚，可以讓他飽一天；教他釣魚，可以讓他飽一世。」這句諺語，可能讓我們低估今天這條魚的重要性[42]。詹寧・阿恩特（Channing Arndt）、山姆・瓊斯（Sam Jones）與芬恩・塔普（Finn Tarp）適切的將外援重點訂為「提出廣義的外援成效評估。著重外援協助受助國總體經濟成長的成效，雖有其必要，但並不足夠……我們要獨立評估其他因素對成長的貢獻度。」[43]

若是以國家責任的角度來重構全球正義，我在牛津大學納菲爾德學院（Nuffield College）的同事大衛・米勒（David Miller）說這是一把「雙面刃」。他解釋「這可能讓比較富裕的國家合理化他們已經擁有的某些優勢……而且也可能引發責任。」他繼續說：「若要判斷這類責任有多大……我們必須借用全球最低水準的概念：這意指全球各地人民都必須受到保障的基本人權，不管他們人在何處。」[44]前段提到的阿恩特、瓊斯與塔普等人也補充說明，把整段話說完：「『殊價財』，比方說基本醫療照護和基礎教育，被視為基本人權，也是發展的基礎，因此也應納入這些成果。」

以國家責任的架構來論述外援，將使得趨勢轉向保守。若以第一章中的討論來說，在國家層級，我們關心的應該是整體分配（即包括「不均」和「貧窮」兩個問題）；但是以全球層級來看，我們關心的是確保基本人權。我個人認為，放眼全球時該關心的不單是基本人權而已（因為我相信，雖然全球性的互相依賴程度就算不高，也不是完全沒有），但即便我們將援助限於在確保全球性的基本需求上，這仍是挑戰重重的任務。這確實是一把雙面刃。如果外援的動機是要在這個必有剝削（而且是富裕國家不曾經歷的嚴重剝削）的世界裡重新分配資源，富裕國家目前提供0.7%的國民所得做為外援，顯然不算太慷慨。就算會大量漏失（例如資金被貪污或移轉），只要至少有一部份流進目前消費水準遠低於一般經合發展組織會員國人民的人手上，援助就算「有用」。支持海外援助慈善活動的人，很多都認同這樣的動機。一定有很多人認為根本不應該發生「聯合國取消對170萬敘利亞難民的食物援助」（2014年報紙的標題）這種事[45]。

在目前的環境脈絡下，任何富裕國家要在內部推動縮小貧富不均的方案，都應該彰顯我們對於分配不公的關心並不僅限於國境之內。基於這個理由，我相信這是讓富裕國家回歸援助占比達國民所得1%的機會。批評者可能會問：「為什麼是1%，而不是22%？」說的是。我們當然可以更進一步，但我在乎的是方向。這是阿馬帝亞・沈恩（參見第一章）《正義的理念》（*The Idea of Justice*）一書的主要精神：「多數現代的正義論聚焦在『正義的社會』，但本書不同，本書嘗試著探究以落實為導向的比較，聚焦在正義到底是進步了還是退步」[46]。目標是積極的改革，而非能否達到卓越的最佳狀態。此外，以英國來說，目前時機也成熟了。近期許多政治上和歐盟相關的辨證，根本上都是一股對於失去國際領導地位的焦慮；對英國來說，這正是施展領導力的絕佳機會，包括在歐盟內部以及全世界都是。

總結來說，我建議英國在全球重分配上應擔負的責任包括：

提案十五：富裕國家應將官方海外發展援助的目標提高至國民所得的1%。

1 Ive Marx, Brian Nolan, and Javier Olivera, "The Welfare State and Anti-Poverty Policy in Rich Countries," in Anthony B. Atkinson and Francois Bourguignon, *Handbook of Income Distribution*, vol. 2B (Amsterdam: Elsevier, 2015), 2063–2139, quote p. 2081.

2 Anthony B. Atkinson, "What Is Happening to the Distribution of Income inthe UK?" *Proceedings of the British Academy* 82 (1993): 317–351.

3 Michael Brewer, Emmanuel Saez, and Andrew Shephard, "Means-Testing and Tax Rates on Earnings," in Stuart Adam et al., *Dimensions of Tax Design: Mirrlees Review*, vol. 1 (Oxford: Oxford University Press, 2010), 90–173, quote p. 143.

4 European Commission, *The Social Situation in the European Union 2008* (Brussels: Directorate-General for Employment, Social Affairs and Equal Opportunities, 2009), quote p. 45.

5 Manos Matsaganis, Alari Paulus, and Holly Sutherland, "The Take-Up of Social Benefits," Research Note, European Observatory on the Social Situation, 2008, quote pp. 3–4.

6 Dean Plueger, "Earned Income Tax Credit Participation Rate for the Tax Year 2005," *IRS Research Bulletin* 500 (2009): 151–195, quote p. 179.

7 Brian Abel-Smith and Peter Townsend, *The Poor and the Poorest: A New Analysis of the Ministry of Labour's Family Expenditure Surveys of 1953–54 and 1960* (London: Bell, 1965).

8 HM Revenue and Customs, *Child Benefit, Child Tax Credit, and Working Tax Credit* (London: HM Revenue and Customs, 2012), quote p. 13.

9 Clair Vickery, "The Time-Poor: A New Look at Poverty," *Journal of Human Resources* 12 (1977): 27–48; and Anthony B. Atkinson, *Poverty in Europe* (Oxford: Blackwell, 1998).

10 Michael E. Rose, *The Relief of Poverty*, 1834–1914 (London: Macmillan, 1972), quote pp. 63–64.

11 Lord Beveridge, *Social Insurance and Allied Services* (London: HMSO Cmd 6404, 1942), quote p. 12.

12 James J. Heckman, "Going Forward Wisely," Speech to the White House Early Childhood Education Summit, 10 December, 2014, Center for the Economics of Human Development, University of Chicago.

13 Timothy M. Smeeding and Jane Waldfogel, "Fighting Child Poverty in the United States and United Kingdom: An Update," *Fast Focus* no. 8 (2010): 1–5, quote p. 2.

14 HMRC, *Child Benefit Statistics: Geographical Analysis August 2013*, quote p. 7.

15 James A. Mirrlees, "An Exploration in the Theory of Optimum Income Taxation," *Review of Economic Studies* 38 (1971): 175–208.

16 See Rolf Aaberge, Ugo Colombino, and Steinar Strom, "Do More Equal Slices Shrink the Cake? An Empirical Investigation of Tax-Transfer Reform Proposals in Italy," *Journal of Population Economics* 17 (2004): 767–785; and, for Norway, Rolf Aaberge and Ugo Colombino, "Using a Microeconometric Model of Household Labour Supply to Design Optimal Income Taxes," *Scandinavian Journal of Economics* 115 (2013): 449–475.

17 此外，我們必須謹慎使用「選擇」一詞，沒有兒女也可能不是一種「選擇」。

18 Amelia Hill, "Cash-Strapped Parents Choosing to Have Only One Baby, Survey Finds," *The Guardian*, 31 October 2014.

19 演算請見Tobin, "On Limiting the Domain of Inequality," *Journalof Law and Economics* 13 (1970): 263–277, quote p. 265.

20 即便可行，但獲得公民權資格的標準也極敏感，我非常懷疑，將金錢獎勵（形式為基本所得）和取得公民權相連結，是否為明智之舉。

21 Jurgen De Wispelaere and Lindsay Stirton, "The Public Administration Case against Participation Income," *Social Service Review* 81 (2007): 523–549, quote p. 540. The next quotation is from page 545. See also by the same authors, "The Many Faces of Universal Basic Income," Political Quarterly 75 (2004): 266–274.

22 Philippe Van Parijs, "Why Surfers Should Be Fed: The Liberal Case for an Unconditional Basic Income," *Philosophy and Public Affairs* 20 (1991): 101–131. John Rawls, "The Priority of Right and Ideas of the Good," *Philosophy and Public Affairs* 17 (1988): 251–276, note 7.

23 Horacio Levy, Christine Luetz, and Holly Sutherland, "A Guaranteed Income for Europe's Children?" in Stephen P. Jenkins and John Micklewright, eds., *Inequality and Poverty Re-Examined* (Oxford: Oxford University Press, 2007), quote pp. 209–231. See also Manos Matsaganis et al. "Reforming Family Transfers in Southern Europe: Is There a Role for Universal Child Benefits?" *Social Policy and Society* 5 (2006): 189–197.

24 愈來愈多政府基本年金使用「年金條款」這個概念，最初是湯尼·林納斯（Tony Lynes）向我提的建議；他是我在社會安全議題上的智慧源頭，但遺憾的是他已於2014年逝世。詳細內容請見Anthony B. Atkinson, "State Pensions for Today and Tomorrow," in Anthony B. Atkinson, ed., *Incomes and the Welfare State: Essays on Britain and Europe* (Cambridge: Cambridge University Press, 1995), 305–323.（我在1990年代中期曾向時任工黨發言人的唐納德・德瓦〔Donald Dewar〕提過這個做法，但當時的影子大臣戈登・布朗〔Gordon Brown〕並不喜歡。）

25 Peter Kenway, *Should Adult Benefit for Unemployment Now Be Raised?* (York: Joseph Rowntree Foundation, 2009).

26 感謝肯威在其著作中（*Should Adult Benefit*, note 10）完整列出他使用的數據，我因此得以順利更新圖8-4中的數字。

27 這段話出於Kenway, *Should Adult Benefit*, quote p. 13; 貧窮率數據則見於Figure 2.

28 Josh Bivens, "Historically Small Share of Jobless People Are Receiving Unemployment Insurance," *Economic Snapshot* (Washington, D.C.: Economic Policy Institute), 25 September 2014.

29 John Hills, *Good Times, Bad Times* (Bristol: Policy Press, 2014), quote p. 261.他引用這句提到「接受調查的人認為，花在失業者身上的福利占比為40%甚至更高`。」(第259頁)。

30 Anthony B. Atkinson and John Micklewright, "Turning the Screw: Benefits for the Unemployed 1979–88," in Andrew Dilnot and Ian Walker, eds., *The Economics of Social Security* (Oxford: Oxford University Press, 1989), 17–51.

31 Anthony B. Atkinson, *Public Economics in an Age of Austerity* (Abingdon: Routledge, 2014), ch. 3, sec. 4. The discussion in the Mirrlees Review is in James Mirrlees et al., *Tax by Design: Mirrlees Review, The Final Report* (Oxford: Oxford University Press, 2011), pp. 126–128.

32 Edward J. McCaffery and Joel Slemrod, "Toward an Agenda for Behavioral Public Finance," in Edward J.

McCaffery and Joel Slemrod, eds., *Behavioral Public Finance* (New York: Sage, 2006), 3–31, quote pp. 7 and 9.

33 *Public Finance* website, 18 August 2014.

34 Mutual Information System on Social Protection (MISSOC) Database of the European Commission.

35 此外，有了附帶參與式所得的社會保險，現行的福利上限、限制支付給16至64歲者的給付總額等制度，都要廢除。

36 United Nations, *Millennium Development Goals Report 2014* (New York: United Nations, 2014), quote p. 9.

37 Harry G. Johnson, *Economic Policies towards Less Developed Countries* (London: Allen and Unwin, 1967), quote p. 118.啟發我對這個主題產生興趣的是以下研究：Ian Little and Juliet M. Clifford, International Aid (London: Allen and Unwin, 1965).

38 Johnson, *Economic Policies*, quote p. 119.

39 Jim Murphy, interviewed by Mary Riddell, "National Interest," *Fabian Review* 126 (Autumn 2014), quote p. 16.

40 關於利用援助以刺激經濟成長的效果，和文中相反的觀點請見Martin Ravallion, "On the Role of Aid in the Great Escape," *Review of Income and Wealth* 60 (2014): 967–984; and Channing Arndt, Sam Jones, and Finn Tarp, "What Is the Aggregate Economic Rate of Return to Foreign Aid?" UNU-WIDER Working Paper 2014/089.第二項參考資料在第2頁中說到：「到目前為止多數的經濟學文獻實證研究都得出正面的影響`。」

41 Angus Deaton, *The Great Escape* (Princeton: Princeton University Press, 2013),quote p. 312.

42〈2014年全球人道援助報告〉(*Global Humanitarian Assistance Report 2014*) (Bristol: Development Initiatives, 2014) 第13頁提到，國際社會在2013年以創紀錄的220億美元資金來回應大量的需求，這是大幅的成長……但即便援助資金創下紀錄，由聯合國協調的請求援助行動來說，2013年時被滿足的需求不到三分之二`。」

43 Channing Arndt, Sam Jones, and Finn Tarp, "Assessing Foreign Aid's Long-Run Contribution to Growth in Development," *World Development*, forthcoming, quote p. x.

44 David Miller, *National Responsibility and Global Justice* (Oxford: Oxford University Press, 2007), quotes from pp. 266–267.

45 The Guardian, 2 December 2014.

46 Amartya Sen, *The Idea of Justice* (Cambridge, MA: Harvard University Press, 2009), quote p. 8.

縮小貧富不均差異的提案

在第二部中，我提出十五項措施建議，我相信可以大幅縮小貧富不均：

提案一：政策決策者應明確考量技術變遷的走向，要從提高勞工雇用量與強調提供服務的真人面向角度來鼓勵創新（第四章）。

提案二：公共政策的目標應為在利害關係人之間達成適當的權力平衡，要達此目的，應（一）在競爭性政策中納入明確的分配面向；（二）確保有一套制度容許產業工會以公平的條件代表勞工；以及（三）成立社會與經濟諮議局這類機構（若目前尚無），並廣納社會夥伴以及其他非政府機構（第四章）。

提案三：政府在防止與降低失業方面應該制定明確的目標，並透過保證提供最低薪資的公部門工作給謀職者，以助達成目標（第五章）。

提案四：應制定全國性的薪資政策，包含兩項要素：以能維持生活的薪資為標準訂下法定的最低薪資，以及一套用於支付高於最低標準薪資的實務守則，這些都要在有社會與經濟諮議局參與的「全國性對話」中達成協議（第五章）。

提案五：政府應以國家存款債券為工具，保證存款能得到正值實質利率，但限制每一個人持有的上限（第六章）。

提案六：所有人成年時都應得到一筆資本稟賦（亦即最低承襲資產）（第六章）。

提案七： 應成立公家投資單位，經營主權財富基金，目的為透過持有對企業與資產的投資來累積政府淨值（第六章）。

提案八： 我們應該回歸累進效果更強的個人所得稅制，提高應稅所得的邊際稅率，一直到最高稅率65%為止，同時要擴大稅基（第七章）。

提案九： 政府應在個人所得稅中引進勞動所得折扣，但限適用於第一級所得級距（第七章）。

提案十： 應以累進的收取資本終生稅來課徵收到的遺產或贈與（第七章）。

提案十一： 應制定比例制或累進制的房地產稅，並以最新房地產估值為準（第七章）。

提案十二： 應給付給所有兒童高額福利，但應當成所得課稅（第八章）。

提案十三： 應在國家層級實施參與式所得方案，輔助現有的社會保障，並搭配可能的全歐盟兒童基本所得方案（第八章）。

提案十四（提案十三的替代方案）應有新的社會保險制度，提高福利水準並擴大涵蓋範圍（第八章）。

提案十五： 富裕國家應將官方海外發展援助的目標提高至國民所得的1%（第八章）。

除了這些提案之外，我也拋出幾項值得進一步探索的建議：

欲推動之構想： 全面檢視家戶在信貸市場從事的非房屋擔保借款。

欲推動之構想： 檢驗以「所得稅基礎」待遇來處理私人年金提撥金的立

論，以及目前的「優惠」存款方案，提前徵收到稅收。

欲推動之構想：重新檢視課徵年度財富稅的理據，以及能成功引進新稅制的必要前提。

欲推動之構想：以總財富為基礎，訂定適用於個人納稅義務人的全球性稅制。

欲推動之構想：針對企業訂定最低稅賦。

如上，我已經提出一套行動方案。但這些是一整套配套嗎？如果你發現其中某些項目無法接受或不可行，你不用因此而駁斥所有提案，從這個角度來說，這些就不是整套配套。但從另外兩方面來說也可以算是配套。其一，這些提案之間互相依賴。如果搭配方案中其他部分，某些措施的成效會更好，例如：若配合本書中所提邊際稅率穩定隨所得提高的所得稅制，福利稅制會變成更高效的工具，可更準確瞄準目標；如果可以依據提案二強化產業工會的法律地位，提案四中的社會與經濟諮議局運作起來就能輕鬆達成效果。第二，我們要坦承自己的無知。雖然我們很清楚哪些機制會擴大貧富不均，但我們根本不清楚各種作用的相對占比有多高。如果我們希望有進展，就不能僅仰賴一種做法。

但有些人會反對，認為「這是做不到的」或者「我們負擔不起」。因此在本書的第三部，我就要轉向這些反對聲浪。

第三部

評估

因應各方批評的答辯

本書所提建議，無疑將招致各種反應。有些讀者可能很喜歡這些提案，甚至認為還不夠積極。有些或許很排斥，他們認為這些提議不討喜或沒道理。第三群人則會審慎看待，但懷疑提案是否可行。本書最後一部特別要瞄準的目標，就是這第三群人。後續各章的用意，是要因應各方的批評，包括有人認為這些提案從經濟效率來說太過昂貴、無法在單一國家或全球經濟中發揮效果，又或者，會有人更務實地說，「這位作者是不是忘了財政赤字這件事？」

第九章

經濟大餅會變小嗎？

比較少、但比較公平的分配，很可能好過目前整體產出較高、但貧富嚴重不均的局面；規模與分配這兩個面向，必須放在一起看。經濟大餅會變小，並不是一個能概括全局的反對意見；反之，我們必須考慮如何判斷損益，以及根本取捨的性質為何。

本書中的各項提議招致的標準反對意見是，第二部裡的措施確實可以達成縮小貧富差距的目標，但代價是減少經濟產出或減慢經濟成長的腳步。我們必須犧牲效率，才能換得更高的經濟正義。

針對這類反對意見，我要表達兩點意見。首先，就因為這些建議可能導致經濟大餅縮小而反對落實相關建議，並非無懈可擊的立論，因為「不患寡而患不均」，比較少、但比較公平的分配，很可能好過目前整體產出較高、但貧富嚴重不均的局面；規模與分配這兩個面向，必須放在一起看。不過在得出任何結論之前，我們必須先深究，在效率損失的幅度以及判斷損益的標準兩個面向上找到平衡。經濟學家們比較樂於討論前者。舉例來說，有大量經濟學文獻預估社會對於課稅的反應，以及因此造成的損失。我在第七章曾檢視和頂端收入者行為相關的議題。我也討論了第二個面向（判斷的價值觀）。我評估調整最高稅率對總稅收的影響（其中隱含的假設是，調高稅率增加的稅收，是用來支應給付給處境最惡劣者的移轉所得）。以這樣的羅爾斯主義觀點（亦即關心最弱勢者）出發，調高的最高稅率幅度與增加的稅收，兩者間的平衡即代表社會可接受的效率與公平取捨。當然，不管怎麼計算仍會有人反對調高最高稅率。反對的理由可能是加稅後能提高稅收的預測值有誤，或者是我們不應只關心最弱勢者，也應該關心比較高端者的福利。這是兩種不同的反對意見，很重要的是要釐清辯證的方向。

所以說，經濟大餅會變小，並不是一個能概括全局的反對意見；反之我們必須考慮如何判斷損益，以及根本取捨的性質為何。基本上，後面這一項是我在本章中主要關心的議題，而這一點也帶出我的第二項意見：雖然本書中某些提案可能會減少經濟產出，但其他的反而能提升效率。公平和效率有可能指向同一個方向。在標準競爭性且完全出清（fully clearing）的經濟模型裡，這看來是不可能的（請見下文說明）。然而，當我們考量不完全競爭、供需僅決定薪資範疇的市場、會出現失業以及制度占有一席之地的市場等情況之後，就大不相同了。這些偏離標準模型的研究，是經濟學裡很活躍的領域。最近的諾貝爾經濟學獎頒發的對象，都是工業組織、勞動市場研究與配對流程（matching process）等領域的研究。制度的角色也引發激辯。但這些都不是經濟學的核心部分。

在標準經濟學教科書的前幾章，學生們會學到家戶與企業，在他們參與的競爭性市場裡，當供需相等時便決定出價格。但如果要我寫一本經濟學教科書，我反而會一開始先講具有市場力量的壟斷性企業及薪資協商，背景環境則是一個容許勞工失業的世界。我現在沒在寫教科書，但我的立場卻會影響我回答以下這個問題的答案：能不能在縮短貧富不均的同時也提升效率？若說我對於政府干預手段會造成什麼結果和其他經濟學家有不同的看法，部分理由是我一開始就從不同觀點來看經濟體的運作。以對不同政策的偏好度來說，經濟模型的選擇對最後的結論影響深遠。

公平與效率之間的取捨

公平與效率之間必定要有所取捨，這樣的觀點源自於古典福利經濟學。福利經濟學第一定理（First Theorem of Welfare Economics）說，在某些條件下，完全競爭市場的均衡是有效率的，意指任何人都無法在不損及他人的福利之下變得更好。這稱之為「柏瑞圖效率」（Pareto efficiency），以義大利經濟學家柏瑞圖為名（這位經濟學家也以用柏瑞圖曲線〔Pareto curve〕描述所得分配而聞名）。在沒有政府干預之下，市場就能自行運作，並得出有效率的結果，這正是某些人憂心本書所提措施會「把餅做小」的理論基礎。圖9-1便展現這樣的說法，圖中以所得代表福利，顯示兩群人（收入前1%與收入後99%）的位置。假設大家認為競爭均衡下的分配貧富不均太嚴重。如果政府可以在沒有成本的條件下執行重分配，那麼就能達成最佳結果，沿著「總所得固定」這條線移動。但實際上，政府採行的徵稅與移轉工具成本極高，因此得出的是「次佳」前緣，如圖9-1的實線[1]。要對所得前1%的人課稅後移轉給後99%的人，會產生成本，比方說可能是從前1%的人身上徵得100億元的稅金、但僅有80億元可以用來移轉。這種情形就是第一章所說的「漏水水桶」。總所得減少，在最極端的情形下，可能沒有任何資金可供移轉，因為前1%的人會減少他們的總所得，導致收不到任何額外稅收。這就是圖9-1中的「X」點。

但在得出結論之前，必須先考量福利經濟學第一原理要在哪些條件下成立。這些條件很嚴苛：（一）家戶與企業的行為模式必須遵循完全競爭原則（亦即價格和薪資都是給定的，個體無法影響）；（二）必須要有一整套的各類市場，不管是目前或未來，所有產品與服務的供需均相等；以及（三）必須要有完全充分的資訊。這麼說來，顯而易見的是，這些條件並不能套用在實際的經濟體裡。很多市場裡都有極強大的壟斷性競爭力量，企業是價格制訂者，而非價格接受者。在勞動市場裡，有勞工和工作配對的問題，勞工和雇主都能就薪資進行協商。本定理假設市場會結清；但現實中卻看得到很高的失業率，以及其他市場失靈的信號。此外，也少有市場供人們買賣未來的產品和服務。比方說，基本上我們就不可能拿今天的時

圖9-1　以「餅變小」做為反對重分配的立論

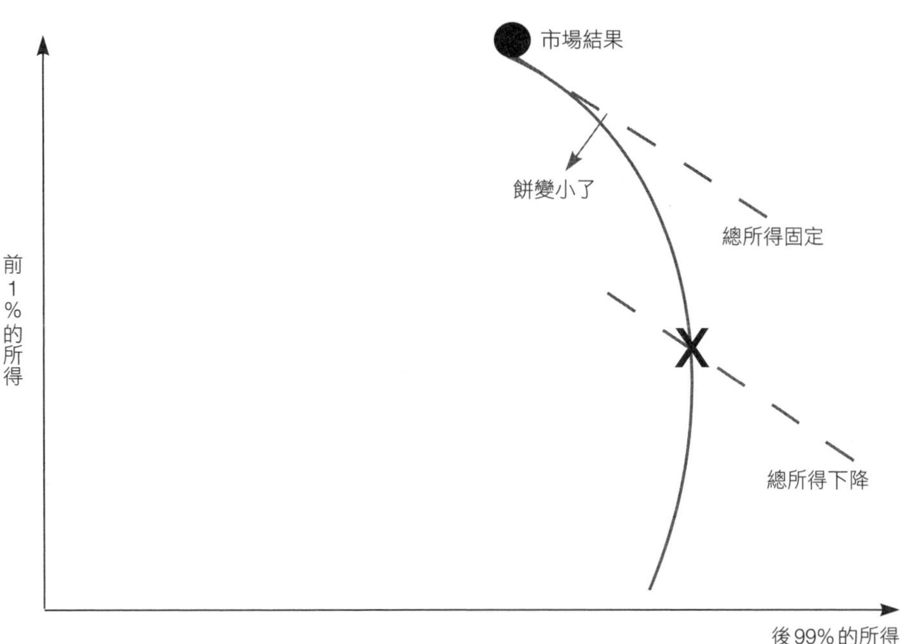

間換取十年後的照護供給。資訊並非完全充分且免費取得；反之，這是一項珍貴的商品，有人會願意付錢購買。

一旦我們看懂了現實世界經濟的特質，那麼立論的性質也會隨之改變。我們不能先入為主假定市場經濟的本質是有效率的。此外，我們一開始思考要用哪些措施縮小貧富不均時，也早就有政府在干預經濟體。這些提案要進入的並非一個沒有稅賦、移轉、規範，或其他政府干預手段的原始世界裡；確實，我們很難想像有哪一個經濟體是在沒有政府的條件下運作。也因此，現在的問題就變成要拿不同結果來比較。在我所提的十五項提案中，利用稅賦與社會移轉以改變市場結果（例如訂出能維持生活的薪資），或是重新分配結果，很可能有一項，甚至是每一項，都能把這塊經濟大餅做大。而且每一項提案都要根據其價值來衡量。

若要具體說明，且讓我們來看看大眾十分關注的兩項產業：製藥業與菸草業。由於研發之故，製藥業的固定生產成本極高，但生產出最終產品的成本則相對偏低。因為這樣，製藥業成為一個壟斷性競爭的市場。如果藥廠將藥價訂為等於生產成本，就無法支應全部成本，因此他們施展市場力量，將藥價訂於生產成本之上，以確保藥廠能獲利。但這樣一來，就限制消費者能夠買到藥品的機會，某些人，尤其是低收入的人，就會面臨買不到藥的困境。因此政府要出手干預，補助藥廠的固定成本，讓藥廠可以在降低加價幅度之下仍能保有獲利，也能提高消費者的福利。菸草商也有規模報酬提高的問題，但在這個產業，減少消費比較符合公眾利益。對菸草商的固定成本課稅，將會提高加價幅度。同樣的，這裡也有分配問題，因為提高香菸價格對於低收入者的影響尤大，但如果可拿菸草公司的稅收用來支應社會移轉，這就會是一套稅收中立的政策，得出一個既更有效率也更公平的結果。

這和本書的提案有何關聯？我並不認為所有干預手段都能同時創造出公平和效率，有時用來縮小貧富差距的提案措施必須以效率為代價。在累進效果強的所得稅制下，被課重稅的人可能會減少工作量，低於他們不用納稅便可拿回全部薪資時的水準（即要付出的效率成本，起因是這些人的選擇帶來扭曲效果）。由於提高最低薪資因而必須面對更高工資成本的雇主，可能會減少釋出職缺。政府官員或外包商在提供保證工作時，處理上也可能有不盡理想甚至貪污舞弊之處。但沒有任何普遍結論指向效率一定會下降。每一種狀況都必須根據其價值來衡量。利用收取資本終生稅加上最低承襲資產來重新分配稟賦，或許能讓一個人在人生起步時，得以克服資本市場的不完美（例如借貸創業資金的阻礙）。提高兒童福利津貼或許代表孩子更能溫飽，因此在學校時更專注學習。不再面對貧窮陷阱的家庭（因為他們已經無須受制於設有排富條款的福利），或許也會多投資在自我培訓，成為雇主目前尋找中的技術性勞工。

這些主張都是放在靜態脈絡，亦即對當前的經濟產出影響下討論，但相同考量也適用於討論長期經濟成長。同樣的，效果可能也有兩種方向。提供更慷慨的國家退休金，可能會導致人們少為自己的退休生活儲蓄。政府儲蓄提高的幅度可能並不足以完全抵銷私人儲蓄減少的部分（假設政府年金方案為隨收隨付制〔pay-as-you-go〕，亦即由當期身為勞動人口的納稅人所繳稅金來支付當期年金）。整體存款水準下降，可能導致投資減少，經濟成長率也因此放緩。在這樣的環境之下，長期下來干預手段會使得經濟大餅擴大的速度變慢。但用來縮小貧富不均的措施，與經濟成長率二者之間也有可能是正向的關係。強納森・歐斯崔（Jonathan Ostry）、安德魯・伯格（Andrew Berg）與查洛拉姆伯斯・參格拉德（Charalambos Tsangarides）等人為國際貨幣基金撰寫的報告中便提到：「雖然這些議題引來諸多爭議……但致力於促進公平的干預手段實際上或許有助成長：想一想多半由富人支付的負外部性活動稅收（比方說金融界過度冒險的投機活動），或者用意在於鼓勵發展中國家提高基本教育普及率的現金移轉支付。」[2]

要評估效果是正是負有兩種方法，第一種是從理論上來檢視可能的影響，第二種是針對可比較措施在現實中的運作效果探究實證證據。本書要把焦點放在前者。我之所以這麼做，是因為多年來我研究公共政策的實證效果，但最後我的結論是，如果人們腦子裡本來就有一套理論，且對於最終效果早有定見，即使實證也很難撼動對方想法。此外，實證多半限於特定國家，但我在本章與下一章中都打算涵蓋多國。

公平與效率之間的相輔相成

我在教大一經濟學時，曾碰上大學教師都很熟悉的挑戰：有些學生是從零開始，有些則在高中已經修過經濟學。挑戰是，要讓後者仍有興趣，但又能兼顧前者。我使用的一項工具是提問，之後我會提出不同於教科書裡的答案。我很喜歡的一個問題，是問學生們「如果最低薪資的水準高於市場薪資，會不會導致失業？」當學生們被問到和最低薪資相關的問題時，標準反應就是畫出勞動需求曲線，說明特定薪資水準下，雇主願意雇用的員工有多少；這條需求曲線的斜率是負的，因為當勞動成本提高之後，雇主就會減少雇用人數。確實，我們在本書稍早也看過，如果薪資高到一定地步，勞工就可能被機器所取代。之後，學生會畫出一條勞動供給曲線，說明有多少人在找工作，而這條線的斜率是正的：薪資愈高，勞動供給就愈高。有了負斜率的需求曲線和正斜率的供給曲線之後，兩條線會有一個單一交點，在這個點上供需達成平衡。如果最低薪資定在這個水準之後，需求就會低於供給，此時就會出現失業。

這是教科書的答案。但我們假設，超過一定薪資範圍之後，勞動供給曲線會往後彎，如圖9-2所示。比方說，假設勞動供給也取決於能工作的年限有多長：在圖9-2中，當曲線往右方移動，反映人們延後退休。薪資低時，人們努力工作，因為他們亟需賺錢養家。但隨著薪資上漲，他們的處境變好，並決定可以不再擔任有薪職，轉而回家含飴弄孫，勞動供給曲線就會往後彎。但當薪資極高時，人們將難以抗拒而會留下來工作，因此供給曲線又回到成本來的正斜率。重點是這麼一來，供需曲線的交點就不只一個，能讓供需均衡的薪資水準也不只一個。這裡說到一個經常被忽略的重點：市場可能造成的結果不只一個。當我們在說「市場決定的結果」時，圖9-2中的A、B與C點都是可能的市場結果。更準確來說，就算勞動市場裡的勞工求過於供（或出現失業）時薪資就會上漲（或下跌），最後的結果仍有可能是A或者C（我為什麼排除B？）[3]。回過頭來，這代表如果政府根據第五章的建議，設定最低薪資或提高目前最低薪資標準，整個經濟體的運作結果很可能會從C變到A，如圖9-2所示。在新的市場結果之下，薪資提高，也沒有失業問題。但從C到A並非讓所有人都變得更好的全面性改善（universal improvement）。如果第一定理成立，那麼A和C都具備柏瑞圖效率性，但從C到A，有些人的福利則會下降（由於薪資水準上漲而導致福利下降；比方說仰賴資本收益過日子的人必須為家裡的僕人加薪）；然而市場所得的分配結果卻因此而不同。在圖9-1中，也需要用另一個點來代表可能的市場結果。

在許多經濟體的模型中，用來回答標準問題的答案可能大不相同。這和我們思考本書的提案又有何關係？我要提的第一個範例，是「效率薪資」（efficiency wage；譯註：指雇主支付高於市場均衡水準、足以激勵員工提高效率的薪資）。

圖9-2　從不同觀點來看最低薪資造成的影響

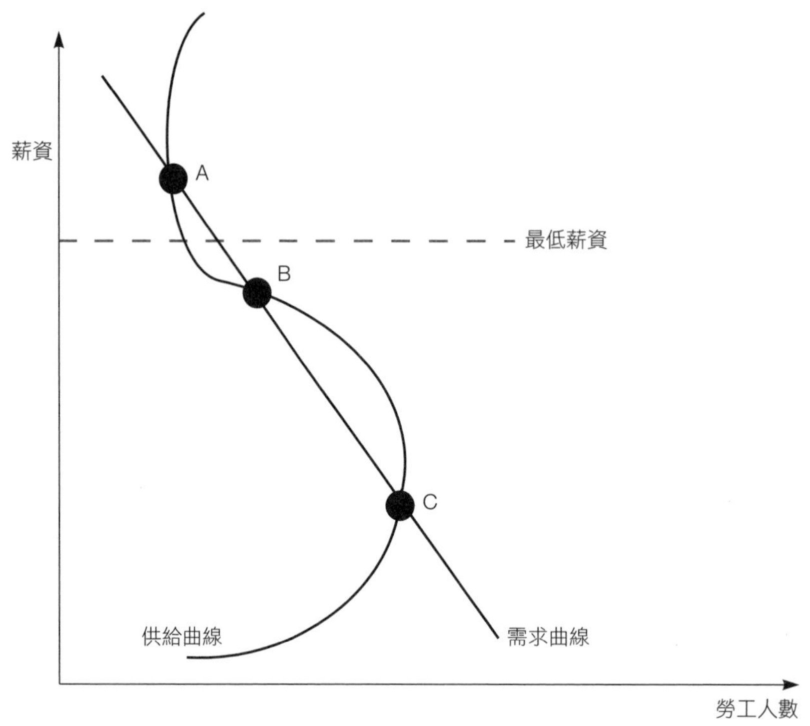

效率薪資與最低薪資

我曾提議要大幅提高全國性的最低薪資；對於這一點，標準的反對意見是：此舉將導致就業率下降，因此不利於促進完全就業的目標。反對者會問，為何雇主應留住生產力低於薪資成本的員工？本書提供的答案，就像之前在技術變遷時所討論的：因為生產力並非固定。勞工的生產力可以提升，而勞工效率會和給付薪資正面相關（這是一項新的考量要素）。一旦雇主體認到若他們付出更高的薪資將可獲得更高的生產力，就不會在完全競爭下，只是接受市場訂出的薪資水準：他們會主動訂定薪資。

薪資與生產力之間有正相關性，可能的理由有好幾個，詳見《勞動市場效率薪資模型》（*Efficiency Wage Models of the Labor Market*）一書的討論；這本書的編輯，是曾獲得諾貝爾經濟學獎的喬治・阿克洛夫（George Akerlof），以及現任聯準會的主席珍奈特・葉倫（Janet Yellen）。過去，研究人員是從飽暖的需求來解釋這份關係。薪資較高的員工，負擔得起比較多或比較好的食物：「代表性勞工（representative laborer；譯註：經濟學模型假設存在一個有代表性的個人，整體市場的行為即此代表性個人的行為放大。勞動市場的行為，即為代表性勞工的行為乘以總勞動人口）預期的工作量，要視其精力、健康與活力等等而定，而這又必須參考他的消費水準。」[4]在現代勞動市場裡，則是薪資較高的勞工有較高的動力，也對組織比較忠誠。如果有人在辦公桌上放上「績效和薪資連動」的標語，這可不是開玩笑而已。薪資和績效之間的正面關係，起於資訊不完全。實務上，雇主無法完全監督每一位員工的工作。部分監督，加上更高的薪資，兩者並用可以激勵員工選擇努力工作；可能失去高薪工作的風險，則會變成不要「怠工卸責」（shirking）的動機[5]。支付較高的薪水，也可成為阻止員工離職的工具，因此可降低雇主的招募成本。而且，效率薪資在剛要進用人員時也可扮演重要角色。初聘用時，雇主可能不知道個別員工的生產力如何，開出較高的薪資，可以引來眾多知道自己比別人更優秀的應徵者。當然不管是哪一種情況，我們都必須問一問有沒有其他辦法可以取代支付效率薪資。比方說可以訂契約隨著年資加薪做為替代方案。

不過這和最低薪資有何關係？當然，如果支付較高的最低薪資（高於之前的自訂薪資）有利於雇主，他們會樂於這麼做。舉例來說，針對怠工卸責所做的分析發現，如果雇主開出的薪資足以確保員工努力，激勵誘因愈大，需要的監督就愈少。假設現在引進最低薪資的規定，最低薪資要能發揮實效，前提是最低薪資的水準必須高於雇主自訂的水準，使得雇主依法必須付出更高的薪資。但重點是，如果雇主開出較高的最低薪資（相當於效率薪資），那他們會得到某些好處；多出來的薪資也並非全都是成本。現在，在較高的法定薪資水準之下，雇主不用密集監督也可以確保員工不會偷懶，因為員工丟掉飯碗的代價變大（而且員工也可能會對雇主更忠誠）。假設就業水準會同時受到薪資與監督成本兩者的影響，那麼這當中就有兩股互相制衡的力量。

就連在簡單的供需模型中，都可能有多個市場結果，制定最低薪資也可能使得經濟體最後的結果從低薪轉向高薪（如前述的從C到A）。另一版本的效率薪資模型也可能導引出這樣的結果，這個模型是由喬治・阿克洛夫根據社會學的勞動市場文獻所提出的。這個模型認為勞資雙方並非完全對立，並將勞動契約視為一種「禮物交換」形式：職場的慣例規範就是勞工更努力以交換更高的薪資。就像第三章中討論的，可能結果有很多，要看最通行的規範慣例約束力有多強。這時，制定最低薪資可能導致雇主不再提供「爛工作」（意指必須靠大量監督才能維持紀律的低薪工作），轉而提供好工作（意指薪資可保證員工會遵循社會規範而努力的工作）。政治人物經常呼籲要塑造一個「高薪經濟體」，這便是達成目標的途徑之一。

制度設計與失業保險

馬丁・費爾德斯坦（參見第一章）是美國社會安全經濟學界的研究

先驅，他曾寫道：「我相信，政府從來沒想過提高失業福利的金額與延長期限……居然會促成資遣與阻礙重新就業。」[6]但在英國並非如此。百餘年前設計福利國的那些人，很清楚設計時必須小心謹慎，以防止負面誘因出現。1911年英國國家保險立法的總設計師（休伯特・勒威林・史密斯爵士〔Sir Hubert Llewellyn Smith〕）曾編製一張清單，列出新方案會遭遇的五十二條反對意見，其中就包括有可能促成資遣與自願失業[7]。英國在設計行政機制時也明確限制可能的負面誘因，並搭配勞力交換（labour exchanges；譯註：亦即就業介紹服務），以強化勞動市場功能。目前很多人在討論福利國時都忽略當中的制度面，經濟學家在這方面的錯誤尤其嚴重。各種提高社會保險福利與擴大其涵蓋範圍的提案中，這類問題特別多。舉例來說，太常有的情況是經濟學家在談失業福利時沒有納入給付條件。只把失業福利當成「不工作時的薪資」，會忽略設計這類福利系統的緣由，是為了確保社會保障可以和經濟政策相輔相成，而不是互相對立。

標準經濟學教科書中的失業分析認為給付失業福利是導致高失業率的理由之一，背後論點是一旦有了社會安全網，便會讓人們願意多花時間去找工作、回絕薪資較低的工作，與更願意承擔因怠工卸責而失去工作的風險。但這樣的分析通常基於以下的假設：

（一）福利給付和失業的原因無關；
（二）不以過去有就業是否有提撥相關社會安全當作給付條件；
（三）不以是否有在找工作或是否接受新工作當作給付條件；
（四）拒絕雇主提供的工作不會受到處罰；
（五）福利給付並無期間限制；

（六）請領人或家中其他成員收到的其他所得，都不會影響請領福利的資格或金額，家中有多少資產也無影響。

現實中，制度上的細節則大不相同，因此這些假設並不成立。在一般的失業保險方案中，僅有非自願性失業者才能請領福利，自願離職或因為行為不當而遭開除則無資格。現實世界裡的社會保險僅保障能滿足提撥條件的人。要請領失業保險，申請人通常必須是不久前仍有工作，而且可能還外加諸如工作期間提撥金額達最低門檻等相關條件。通常申請人也必須證明他們有積極尋找工作，而且如果有人提供工作的話，他們也要有能力接受（比方說，證明他們已經安排好如何照顧兒童）。其中去就業服務處登記通常是標準條件。拒絕接受適合的工作，也會導致福利終止或暫停。還有，失業保險給付通常更有一定時間限制[8]。

有過失業經驗的人都很清楚這些制度上的條件，但在經濟分析中卻通常看不見。這重要嗎？簡單說：「是的。」這很重要，理由有二。第一點。真實世界裡的就業福利給付設有條件，代表現實並未照著經濟分析中的關鍵步驟走。比方說，求職模型（job search model）假設失業者會採行「保留薪資策略」（reservation wage strategy），亦即只有當薪資高過一定的水準之後，他們才會接受工作。然而，一旦行政方面設下不得拒絕工作的資格限制，這樣的策略可能會造成反作用。或者，我們來看看另一個範例，前面提過和監督工作有關的「怠工卸責」分析，這套分析假設因為怠工卸責而遭辭退的勞工會把領取失業福利當退路，有了失業福利之後就會墊高可吸引勤奮認真員工的效率薪資，因此拉低就業水準。但如果員工是因為怠工卸責而遭開除，便很可能被發現他違反不得有「職場不當行為」的規定，而無法請領福利，因此前述論點不成立，我們也不能總結認為福利會造成失業。這類結論，都忽略制度中為避免可能出現負面動機而設計的機制。因此制度可能未完全落實，也不保證失業者必能領到失業福利。同樣的，典型經濟分析中也忽略提撥條件，代表漏掉失業保險中一個很重要的面向。如果現實世界裡沒了失業保險，員工會要求更高的薪資，以彌補可能失業的風險，這才真的會拉低就業水準。

社會保險提高市場經濟（而不是非正式經濟或家戶經濟）裡的工作吸引力，並且有助於維繫勞動參與率。一旦人們能請領的失業福利即將告終，他們很可能就此完全脫離職場。大衛・卡德（參見第三章）、拉傑・恰提（Raj Chetty）與安卓雅・韋伯（Andrea Weber）認為，這一點使得局面大不相同，因為他們發現，在失業福利即將到期的當週，不再登錄為失業者的人數會大增。他們利用奧地利的數據發現，求職者並非等到失業福利用完之後便回歸職場；反之，他們在福利到期後因不再需要失業者的資格，便不再登錄（完全退出就業市場）。這些人從失業者變成完全退出就業市場，類別不同，但實際行為並無改變。失業保險造成的扭曲效果有多大，「要看失業保險如何影響失業者花在工作上的時間；從不再登錄為失業者、完全退出就業市場的人數大增，就說失業保險福利引發嚴重的道德危險（moral hazard）、導致勞動人口大減，其程度可能被大幅誇大了。」[9]（「道德危險」指的是為了補償風險而引發的負面誘因）

我的提案裡有兩大元素有助更有效維持失業者的所得：失業保險回歸其本質，以及大幅提高兒童福利津貼。這些政策能促成公平，那麼因此損失的效率代價又是什麼？（在這裡我僅考慮福利面，不去論述額外的提撥或是稅收的效果）以兒童福利津貼為例，福利的給付和受益者在勞動市場的狀態無關，因此從要不要返回職場的決定來說，這項政策的效果是中立的。但兒童福利津貼卻可能會對就業造成正面影響：這是一項穩定的所得來源，就算一個人先接受一份新工作，後來又丟了飯碗，也可持續拿到這份所得，無須擔心。請領失業福利的人要面對很多不確定性，不過從這個角度來看，兒童福利津貼會是鼓勵一個人脫離失業福利、重返職場的重要因素。

以失業保險來說，我之前已經說明過，引發負面誘因效應的可能性為何被誇大，以及保險要如何扮演正面的角色。這裡我要提另外一項重要考量。失業保險是給付給個人，而附有排富條款的失業津貼則給付給福利單位（benefit unit），並以家庭總所得做為計算基礎。這表示如果是一對夫妻，其中一個人領取的福利可能會對另一個人造成嚴重的負面誘因效應：他們接受有薪職能獲得的額外所得可能少之又少。本書中所提的改良版失業保險，會大幅降低對排富條款的依賴度，這樣的措施將可提高請領人另一半的工作意願。在這種情況下，仰賴社會保險有助於把經濟這塊餅做大。

經濟成長與年金

現在，我要離開勞動市場，轉向資本市場來看本書各項提案的影響，這些提案包括發行政府證券給小額投資人，保障他們能獲得維持所得水準的實質報酬率、發放給所有人的資本稟賦、大幅提高政府年金以及利用主權財富基金累積國家財富。

其中有些措施對工作或儲蓄來說可能是負面誘因。提高政府年金額度，會使得領取年金的人不那麼需要繼續工作。超市或許會發現更難聘到領取年金的人來收銀或整理貨架。就像我們之前討論過的，提高年金金額可能會降低儲蓄率，因為目前在領年金的人以及日後可領年金的人，都覺得未來要好好過生活的壓力沒那麼大，私人年金存的錢可能也變少。提高報酬率或許能增加儲蓄的吸引力，但維持特定生活水準所需的存款金額則會下降。如果人們心裡訂下一個存款目標，那麼更高的報酬率就會讓他們更容易達成目標，因此他們需要存入的本金就會減少。此外，我們也必須考量資本稟賦，檢視其影響。如果年輕人成年時拿到一筆錢，有一個可能的效果是父母、祖父母輩或其他親戚覺得不需要在財務上提供太多協助。回過頭來，這會影響到父祖輩的儲蓄和工作行為，讓他們的存款和勞動參與都下降。

另一方面，這些提案對於經濟體的產出與成長也會造成正面效果。第一，社會保險改革／參與式所得以及其他措施都會降低對附排富條款福利的依賴度。以英國為例，提高政府年金，將會讓某些人高於年金保證津貼以及儲蓄津貼（savings credit；譯註：類似最低存款報酬保障的福利）的門檻。我們在第八章中提過，本書中提議的最低年金保證金額制度會列出一項「年金條款」，以個人的總年金所得做為排除條件，但不看年金方案之外的存款。老年人仰賴排富條款福利是一大問題；考量到高回收率，這類福利反而不利於儲蓄：一個人的存款愈高，能領到的移轉所得就愈少。這是一個「儲蓄陷阱」（savings trap）。降低對這類福利的仰賴度，表示有更多人會認為替老年生活多存點錢相當值得。我們可以從而減少貧窮，並留住更多儲蓄。

第二項要考量的效果則沒那麼明顯，是關於對資本市場的影響，以及企業的長期投資決策。在經濟學家的經濟成長分析中，他們多半強調儲蓄的角色，並假定儲蓄的變動會自動轉換成投資的變動。但這當中的轉換要視資本市場運作以及企業投資規畫中的決定因素而定。本書所提到用來縮小貧富不均的提案，著力點是要設法扭轉局面，藉由重新讓基本政府年金擔起重任，使得流入私人年金體系的資金流出（至少是其中一部分）。過去幾十年，由於政府年金規模大減，導致私人退休基金成長，這類基金目前手握大量的企業股份。而矛盾的是，這一點又回過頭來導致大家更看重短期獲利能力。我說「矛盾」，是因為退休基金的定義上在乎的應該是長期存款；但由於這個市場中的競爭特質，使得基金經理人主要關心的是立即的投資績效。我們之前已經談過，退休基金的目標，對於之前討論過的所有權與控制權間的關係大有影響。退休基金間接屬於目前以及未來領取退休金的人，但控制權則握在和基金關係期間較短的基金經理人手上；有投票權的是基金經理人。新版的政府年金，某種程度上會降低人們對私人退休金的依賴度，或許可以減緩對短期報酬的重視，容許公司為了擴張及成長而投資[10]。同樣的，成立國有投資基金，並持有重要企業的少數股權，也有利於確保投資決策不那麼注重短期。

前段論述或許看來有些迂迴，但強調的是必須要從經濟與社會體系的整合觀點來看問題。某項政策的變化（年金政策）可能會對產業政策造成影響。有鑑於此，針對貧富不均作分析時，核心必須貼合經濟主流，而且不可切割成獨立的小區塊。

試了才知道成敗與否

在本章中，我檢驗幾個邏輯推論上的理由，說明為何本書所提用來縮小貧富不均的提案可能會、也可能不會影響到經濟大餅的規模。我主張公平和效率之間並沒有一定的取捨關係。一旦我們同意現實經濟的運作並非完全競爭、完全資訊以及完全結清的理想市場模型，就能比較兩種不同的次佳情境（提案改革之前與之後），看到改革或許會在某幾個面向上提升、而非降低效率。此外，揚棄附排富條款的社會保險，有可能強化人們投入勞動市場意願；資本稟賦有可能讓年輕人得以自行創業；保證存款的最低報酬率，並有助於減緩人們退休收入的不確定性。在此同時，從某些方面來說，國家的經濟產出也有可能因為這些提案而下降：比方說，金額較高的政府年金或許會導致人們提早退休。此外，某些改革方案對於經濟表現的影響到底是正是負，難以評估。那麼，我們是不是應該去看看貧富不均縮小時實際上會發生什麼事？我們不是常說：「凡事試了才知道成敗與否。」成不成功一定要試過才曉得，凡事都得用實際證明。

在第一章中，我們看到以衡量整體貧富分配不均的吉尼係數來說，某些歐洲的經合發展組織會員國數字比英國或美國低了5%或更多。但他們的經濟表現有比較差嗎？圖9-3顯示，如果我們從動態觀點出發，追溯到二十五年前，檢視各國從1990至2013年國內生產毛額成長率和最初整體貧富不均程度之間的關係，會得到什麼結果[11]。初始日期的吉尼係數是1990年（或最接近年度）的數據，就如第一章所示，資料來源相同，可盡可能做跨國比較。（有些國家的貧富不均數據要到很後期才可得，尤其是拉丁美洲各國、中國和印度。）成長數據收集的是由世界銀行彙整的世界發展指標（World Development Indicators）提報的年成長率，以人均實質所得來表示，並已針對當地通膨做過調整[12]。

我們得出什麼結果？右手邊是貧富不均嚴重的國家。這一群裡包括中國，但因為其成長率之故，無法納入圖中；這段期間內，中國的人均國內生產毛額平均年成長率超過9%。這一群裡的某些國家成長率很高，比方說中國，但有些則停滯不前。如果我們看吉尼係數低於35%的國家，會發現成長率的變化很大。不過從數據中無法看出明顯的關係。波蘭的成長速度很快，愛爾蘭的成長速度很快，甚至進入衰退後亦然，但我們應該記住這些數字指的是國內生產，國民生產（容許利潤流到海外）的成長率卻會慢一點。英國、美國的人均平均成長率分別為每年1.7%和1.5%。有些國家的成長率和英美類似，但吉尼係數值卻低得多：德國低了6%，奧地利則低了超過10%。在這段期間內，這兩國的成長都因為歐盟向東擴張而受惠。芬蘭的貧富不均程度類似奧地利，但成長率很低，每年僅有1.3%；然而芬蘭是因為和前蘇聯的貿易崩盤才導致經濟大受打擊：1990年代中期芬蘭的人均國內生產毛額，比1990年時低了10%以上。1990年代初期，芬蘭以及其他北歐國家（挪威和瑞典）還有銀行危機。如果從1995年開始計算芬蘭和瑞典的成長率，每年則可高於2%。

為了瞭解圖9-3的意義，我們要開始針對個別國家來談，而這會讓我們面對使用跨國數據的嚴肅問題，再加上另一個本來就存在的重點：任何因果關係都可能是反向的[13]。我們能否讓其他影響經濟表現的因素都維持不變，這一點並不確定。某些布丁比其他好吃，而我們或許也了解，布丁比較好吃是因為裡面放的白蘭地比較多。但除非我們知道還有哪些其他食材，否則不能把布丁比較美味這件事完全歸諸於多加了酒。當然，如果是布丁的話，我們可以自己動手做兩個一模一樣的，但另一個多加點酒。但如果要檢視經濟表現，就沒這麼容易。之前我提過，經濟學家會使用「差異中的差異」這種方法。以現在的脈絡來說，這代表要把「貧富不均的變

圖9-3　若干國家的貧富不均（1990年）與國內生產毛額成長率（1990至2013年）間的關係

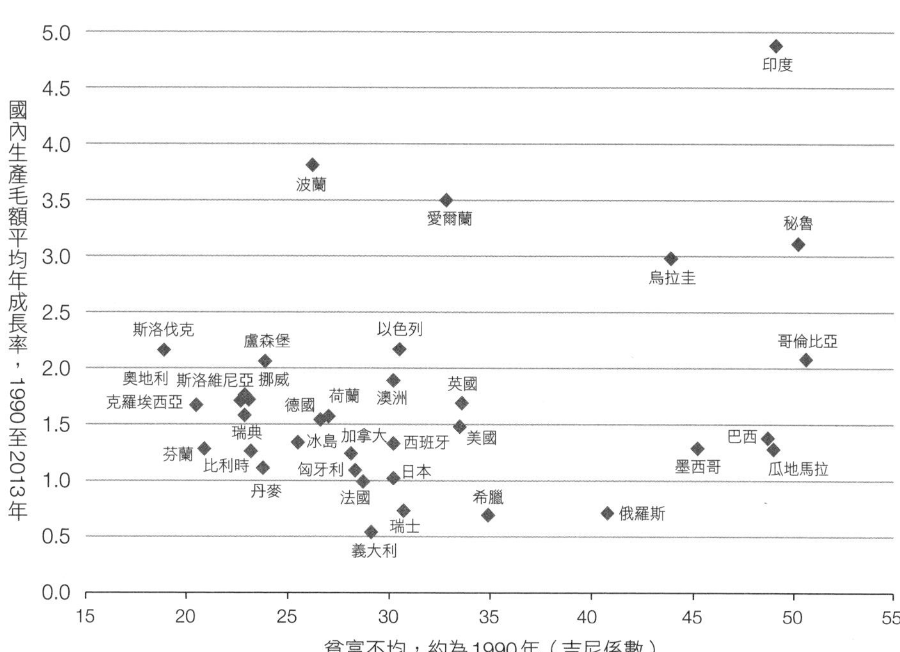

本圖顯示一國大約在1990年時的貧富不均（吉尼係數％）和該國人均國內生產毛額年平均成長率間的關係，以國內價格固定來計算，期間為1990至2013年。

動」拿來和「經濟表現的變動」互相比對。這樣就要長期檢視一群國家的變動狀況。我們之前看過，過去有幾個期間貧富不均都出現變化。確實，在歐洲過去七十年貧富不均先降後升。不確定後來貧富不均擴大的期間經濟表現是否較佳，因為我們無法讓其他可能影響成長與產出的因素都保持不變（這類因素有很多）。這是從事跨國成長比較時人盡皆知會有的問題。學者史蒂芬・達勞夫（Steven Durlauf）就提到：「經濟成長實證文獻的問題之一，是各家理論不同。達勞夫與丹尼・夸亞（Danny T. Quah）1998年研究成長實證文獻，他們發現各家文獻中提到會影響成長的變數超過九十個以上……而且在他們探查之後，又出現許多新變數。根據我的判斷，這些變數每一個在推論上至少都有一定成分的合理性，至少是部分的成長決定因素。相對於可用的數據量，有這麼多可能變數，自然讓人憂心。」[14]若有一群國家，我們就必須問，哪些相關因素在研究期間內發生改變。

我們也可以批評圖9-3顯然暗示成長與貧富不均之間有關聯：我們想要探討的，正是用來縮小貧富不均差距的工具（特別是稅收和重分配）如何影響成長。就像最近國際貨幣基金的研究中強調的，圖示關係與真正的因果關係是不同的問題。要從一群跨國數據中回答貧富不均與成長之間的關係也很困難，因為我們必須要用一個（或少數幾個）指標，來摘要出各個複雜的稅賦福利系統對重分配造成的影響程度。而一套稅賦福利系統中的基本參數本來就多如牛毛。將第十一章中針對英國提出的某些建議組合起來做模擬，將會包含三十二個不同的參數，每一個都有不同的潛在影響。在歐斯崔、伯格與參格拉德為國際貨幣基金所做的研究中，他們用一個整體性的指標來代表每個國家使用多少具有重分配作用的財政措施：市場所得吉尼係數和淨所得吉尼係數兩者之差[15]。這和第二章中的差異研究類似；而我們在第二章也提過，市場所得的吉尼係數不一定等於沒有重分配措施介入時的吉尼係數，因為稅賦和福利會影響市場所得 —— 確實，這是一個廣為討論的議題。除了這個明確的議題之外，我們還需要判定另外九十多個變數（請參考上文）是什麼，統計分析中也必須納入這些變數做為控制變因。歐斯崔、伯格與參格拉德三位便充分表達當中的困難度，他們提到：「在定義基準線狀態時，務必要保留一些空間：因為關於要納入哪些控制因素，成長實證文獻中並無大家都認同的看法，而且以我們的研究來說，各個控制變因之間的複雜互動關係組成（例如貧富不均不僅會透過實質或人力資本投資管道來影響成長，也會在其他管道發揮作用），使得規格化的問題更加複雜。」[16]我們可以看到，還沒開始考慮能不能拿到數據、品質如何之前，在統計模型這方面，研究者就有很多不同的選擇，必須在這樣的背景條件之下解讀研究結論（比方說國際貨幣基金的研究認為「已對成長的影響來說，重分配一般而言是有益的」）。

無法事先知道結果的複雜提案

簡單的結論是，並無確切數據可證明本書提案會造成正面還是負面影響。我們無法排除某些縮小貧富不均的建議措施會導致經濟大餅縮小的可能性。但我們也沒有可一體套用的推論認定一定會這樣，或者經濟成長率一定會受衝擊。一般觀點先認定公平與效率之間必會衝突，但在我們檢驗其中的基本假設之後發現並不成立。標準的經濟學福利國效果分析忽略社會保障系統制度設計上的防禦機制，其基本的經濟行為模型也通常都忽略福利國在經濟表現上的潛在正面貢獻。要有資金才能執行重分配，而高稅率會出現什麼效果，相關分析就像分析提高福利水準時一般，其複雜度比起教科書的簡單模型有過之而無不及。此外，這些提案還有正面的激勵效應。提高最低薪資可以讓人們更願意留在勞動市場裡，並投資自我培養技能，協助小額存款人的提案，或可鼓勵累積財富，資本稟賦則可讓年輕人有更多機會。

1 範例如Anthony B. Atkinson and Joseph E. Stiglitz, *Lectures on Public Economics* (New York: McGraw-Hill, 1980), Fig. 11-5,圖中以效用代表個人的福利。

2 Jonathan D. Ostry, Andrew Berg, and Charalambos G. Tsangarides, "Redistribution, Inequality, and Growth," IMF Staff Discussion Note SDN/14/02, February 2014, quote p. 4, http://www.imf.org/external/pubs/ft/sdn/2014/sdn1402.pdf.

3 我排除B,是因為當勞工求過於供(或供過於求)時薪資上漲(或下跌),B是一個不穩定的點。只要有一點變動,整個經濟體的運作結果就會往上移動到A或往下移動到C。

4 Harvey Leibenstein, "The Theory of Underemployment in Densely Populated Backward Areas," in *Economic Backwardness and Economic Growth* (New York: John Wiley, 1963), ch. 6.

5 See Carl Shapiro and Joseph E. Stiglitz, "Equilibrium Unemployment as a Worker Discipline Device," *American Economic Review* 74 (1984): 433–444.

6 Martin Feldstein, "Introduction," in Martin Feldstein, ed., *The American Economy in Transition* (Chicago: University of Chicago Press, 1980), quote p. 4.

7 Jose Harris, *Unemployment and Politics* (Oxford: Oxford University Press, 1972), see p. 307.

8 請見Anthony B. Atkinson and John Micklewright, "Unemployment Compensationand Labor Market Transitions: A Critical Review," *Journal of Economic Literature* 29 (1991): 1679–1727.

9 David Card, Raj Chetty, and Andrea Weber, "The Spike at Benefit Exhaustion: Leaving the Unemployment System or Starting a New Job," *American Economic Review, Papers and Proceedings* 97 (2007): 113–118, quote p. 113.

10 更正式的論述請見Anthony B. Atkinson, *The Economic Consequences of Rolling Back the Welfare State* (Cambridge, MA: MIT Press, 1999), ch. 7.

11 要檢視探討分配不均與成長相關性的文獻,請見Sarah Voitchovsky "Inequality and Economic Growth," in Wiemer Salverda, Brian Nolan, and Timothy M. Smeeding, eds., *The Oxford Handbook of Economic Inequality* (Oxford: Oxford University Press, 2009): 549–574.

12 應特別一提的是,這和以購買力平減(purchasing power parities)衡量的國內生產毛額成長率不同,因為購買力平減率基本上計算多個面向,不必然反映國內的通膨;一國的通膨通常都以只用一國國內的數據來計算。請見Anthony B. Atkinson, Eric Marlier, and Anne-Catherine Guio, "Monitoring the Evolution of Income Poverty and Real Incomes over Time," Second Network for the Analysis of EU-Statistics on Income and Living Conditions (Net-SILC2) Working Paper, 2015.

13 比方說中國的貧富不均程度很高,可能是因為該國成長很快。

14 Steven N. Durlauf, "Econometric Analysis and the Study of Economic Growth: A Skeptical Perspective," in Roger Backhouse and Andrea Salanti, eds., *Macroeconomics and the Real World*, vol. 1 (Oxford: Oxford University Press, 2001), 249–262. The reference in the quotation is to Steven N. Durlauf and Danny T. Quah, "The New Empirics of Economic Growth," in John B. Taylor and Michael Woodford, eds., *Handbook of Macroeconomics* (Amsterdam: North Holland, 1999): 235–308.

15 Ostry, Berg, and Tsangarides, "Redistribution."

16 Ostry, Berg, and Tsangarides, "Redistribution," quote p. 17. The final quotation in this paragraph is from page 4.

第十章

全球化會阻礙行動嗎？

我在本章主張，在這些限制之下仍有選擇空間，而不是「別無他法」。國家本來就要為他們根據哪些條件參與世界經濟體負起部分責任。全球化對貧富不均的衝擊程度，取決於國內政策，我們之所以看到某些國家即便面對類似的外部挑戰，但差距就是比其他國家更大，這也是原因之一。

我在本書中拋出一些提案，用以縮小經合發展組織會員國的貧富差距。這會招致一個明顯的質疑：「這些都很好，但我們生存的這個世界卻阻礙我們走上這條路。」過去我們或許有過要縮小貧富不均差距的雄心，但如今更公平的所得分配變成全球化經濟體裡難以負擔的奢侈品，因為不管是哪一個國家，只要開始走上縮小貧富不均這條路，就會在各個市場裡失去競爭力。就算國內的經濟產出規模未變小，我們也要面對外部限制。從這個觀點來看，福利國、累進稅制、薪資政策理念，及完全就業目標都已成昨日黃花，在二十一世紀沒有立足點。事實上，以全球化為由的反對意見有兩種相關但不盡相同的版本。第一種的重點，是經合發展組織（或者比較狹義的範圍是歐盟）是否有能力在面對新興工業化世界競爭的同時，去推動這類政策。第二種反對意見，考慮的是單一國家在面對其他經合發展組織會員國延續目前政策不變的條件下，能採行多少重分配及提高社會性支出的政策。

這些都是很實際的考量，我也認真看待。不過光是駁斥這些反對意見實屬不智，因為我們對於世界局勢將如何發展所知實在少之又少。如果我是在十年前寫這本書，當時世界經濟前景與2015年可說截然不同。另外，有些可能對世界經濟造成影響的強大力量（主要是氣候變遷以及各國和中俄間的政治關係）是我無法評估的。但我要提出三個理由，說明我為何對人類的經濟未來一點都不悲觀。第一點是，本書中所提措施的核心之一福利國，源頭便是十九世紀期間全球化浪潮中的歐洲。因此，現代的全球化居然會遭致相反的回應，真是讓人大惑不解：反對者認為此時我們必須消滅福利國，而不是像我在書中倡導的，強化福利國的元素以因應不斷擴大的貧富不均。目前的全球化形式或許不同，但對工作和薪資造成的影響卻和過去類似。我之所以樂觀，第二個理由是國家在面對世界局勢發展時並不只是被動的角色。本書的中心要旨是，不能把目前嚴重的貧富不均，看成某些我們無能為力的力量的產物，同樣道理也適用於全球化。第三個理由是，我對國際合作的潛能還是有點信心。

福利國的歷史

全球化不是新鮮事。維基百科的條目提醒我們，「十九世紀見證全球化蛻變出現代的形式。透過規模經濟，工業化生產出廉價的家用品，快速的人口成長則引發對商品持續不斷的需求。」[1]我要強調的是，就在這段期間出現一大重要制度，即歐洲的福利國，但據說如今全球化卻威脅到福利國存續。

在工業革命之下，現代勞資關係的發展觸動必須打造重要社會保障制度的壓力。人們在工業部門就業，代表很多人必須面對失業、疾病或退休等代表完全失去收入的問題，也因此驅使各國於十九世紀末或二十世紀早年，制定勞工保險、職災福利、健康保險以及老年年金等制度。這些新制度替勞工擋下在工業部門就業要面對的風險；勞工會發現，在工業世界裡，或許是由於個人運氣不佳（比方說遭受職業災害），或者是因為產業面臨普遍衰退，自己可能忽然間就失去謀生之道。在這方面引領潮流的是德國，德國設置「俾斯麥式」社會保險體系的背後有幾個動機，包括面對勞工組織興起與社會主義理想散播時，必須確保政治與社會穩定。但其中一大因素是需要透過社會保障來消弭就業的不穩定，因為1879至1914年的歐洲正面對全球化帶來的強烈競爭。

我們應該要強調現代福利國的起源是一次世界大戰前的全球化，因為有時候有人會指稱福利國出現於兩次大戰期間。沒錯，美國的老年與遺屬保險（old-age and survivors insurance）始於1930年代，當時主政的是美國第三十二任總統小羅斯福，而非第二十六任（1901至1909年）總統老羅斯福。歐洲各種不同社會安全方案支出的確在兩次大戰期間大幅擴張，但許多方案早在1914年之前就已經有了，請見表10-1 [2]。就像一位美國觀察家說的：「歐洲多種社會保險立法的發展如火如荼……從峽灣冰凍的挪威一直到陽光普照的義大利，從最東邊一直到西班牙，整個歐洲，不管是德國、英國、南歐拉丁民族還是東歐斯拉夫民族，走的都是同一條路……社會保險運動是我們這個時代最重要的世界性運動之一。」[3]這段話寫於1913年。

我之所以強調時間點，是因為歐洲引進各種福利國方案時，是將其當成輔助達成經濟目標的手段，而不是為了與之對抗。在歐洲福利國時代早期，普遍想法是社會與經濟政策運作均有相同的目標。這樣的觀點持續了好幾十年。當比佛列治1942年在英國提出戰後社會安全規劃時，他和經濟學家凱因斯合作，主要透過社會移轉做為自動穩定機制，以確保總體經濟和社會政策相輔相成。在美國，經濟學家莫瑟斯・阿伯拉莫維茲（Moses Abramovitz）主張「支持最低所得、醫療保健、社會保險以及其他福利國的要項，本身就是……生產力成長過程的一部分。」[4]

到了後來，在1980年代與1990年代時，主流觀點才開始轉變，將社會保障視為經濟發展的障礙，而不是其左右手。失業福利被當成引發失業的因素，隨收隨付制的政府年金則成為拉低儲蓄率與導致成長減速的始作俑者。得過諾貝爾獎的美國經濟學家詹姆士・布坎南（James Buchanan）1998

年時寫道：「許多歐洲人認為『社會主義模式』優於其他福利國色彩較淡的地方，但以二十一世紀來說，這樣的模式在經濟上並不可行。」[5]國際組織也表達出這樣的看法，米歇爾・康蘇德（Michel Camdessus）擔任國際貨幣基金總裁時就曾說：「我們認為，對歐洲經濟與貨幣聯盟（European economic and monetary union）來說，極重要的是各會員國要有足夠的彈性，減緩早已不合時宜，而且成本極高的失業福利或社會安全制度對預算造成的影響。」[6]

二十一世紀的福利國

二十一世紀的全球經濟體真的負擔不起福利國嗎？負擔不起福利國的中心論點，在全球化浪潮下，將減少福利國制度能加稅的機會。這種觀點認為，能從國民所得中多徵收到的稅收很有限。美國經濟學家亞瑟・拉弗（Arthur Laffer）大力傳播前述想法，提出一條由總稅收和整體稅率組成的曲線，這條曲線會先上升，達到一個最高點，然後下降；據說他在華府一家餐廳的餐巾紙上畫下這條曲線，給尼克森總統的幕僚迪克・錢尼（Dick Cheney）和唐納德・倫斯斐（Donald Rumsfeld）看，這兩人後來分別成為美國副總統與國防部長。拉弗自己也承認，這條「拉弗曲線」（Laffer curve）並無新意，但現在常常受人引用[7]。重點是，全球化與科技變遷會一起把這條曲線往下拉，因此不管稅率多少，政府能收到的稅收都會減少。曲線的最高稅收點會往左移。會出現這種情形，是因為電子商務擴張，因此要徵收間接稅愈來愈困難，全球勞動市場的發展也限制勞動所得稅徵收，而國與國間競相降稅，從企業以及投資收益當中收取的稅收愈來愈少。如果各國之前制定的稅率接近可收到最高稅收的點，在全球化的現在就必須減

表10-1　第一次世界大戰前、全球化期間的社會安全立法

1881年	德國皇帝威廉一世（kaiser Wilhelm I）提出老年社會保險。
1883年	德國針對工業就業勞工引進強制性的國家醫療與生育保險。
1885年	奧地利採行強制性醫療保險。
1889年	德國引進老年社會保險。
1891年	丹麥引進非提撥制的老年年金。
1891年	匈牙利採行強制性醫療保險。
1895年	芬蘭採行意外補償法規。
1898年	紐西蘭引進非提撥制的老年年金。
1900年	西班牙採行意外補償法規。
1901年	荷蘭、希臘和瑞典採行意外補償法規。
1901年	比利時成立根特制（Ghent system）的失業保險（譯註：由政府出資、工會管理）
1902年	美國馬里蘭州首先實行勞工補償法（1904年宣布違憲）。
1905年	法國引進政府補貼，讓自願性互助協會提供失業福利。
1907年	美國成立第一個聯邦就業服務機構。
1908年	英國引進非提撥制年金。
1909年	挪威引進強制性疾病保險方案。
1909年	美國在國會引進第一套聯邦老年年金法案。
1911年	英國通過國家保險法，引進失業保險與國民健康保險。
1911年	義大利引進國家強制生育保險體系。
1911年	美國威斯康辛州首先讓勞工補償法入憲。
1913年	瑞典引進普遍性的國家年金體系。

資料來源：美國社會安全局（US Social Security Administration）網站，當中詳細列出社會保險與社會安全制度年表，請見http://www.ssa.gov/history/chrono.html.

稅；如果他們之前認為還有加稅的空間，現在也沒了。

這些論點聽起來都很讓人灰心。但就算我們接受這些立論據以為基礎的前提，相關分析也應該更複雜，結論也不會這麼直接了當。首先，稅收的限制會影響所有政府支出，我們必須考慮刪減不同支出類別的相對價值。社會移轉是一個大項，但規模並不是特定類別出線的好理由。我們應

該比較的是，政府每個部門刪掉一定金額之後的成本與效益。比方說，國防、公共基礎設施、研發、農業與教育都要拿來和社會移轉比較。另一個比較曖昧但也很重要的重點是，我們必須比較政府直接和間接的稅賦系統「稅式支出」（參見第七章）。削減稅式支出將可提高稅收，因此應該用同樣標準檢驗。某些經合發展組織會員國的稅式支出極高：針對2004至2007年期間所做的估計，顯示英國的稅式支出約占國內生產毛額的8%，美、加約為6至7%（德國、南韓與荷蘭的占比則低得多）[8]。

在目前的論述脈絡下，稅式支出很重要，因為我們必須要問的是，如果福利國的規模縮小或不再擴大，那會如何。答案之一是私人退休金的規模會擴大。因為如果政府不出手，人民就只好投向民間部門。針對經合發展組織的社會性支出總額（包括民間和政府）進行國際比較，就會看到目前正在發生這種情況。社會性支出的定義，是政府或民間機構在個人或家戶的福祉遭受負面衝擊時，提供的現金或實物福利，包括社會安全、醫療福利、住宅福利以及主動式的勞動市場相關方案。圖10-1顯示的是2011年的情形，其中經合發展組織各會員國政府提供的福利（如空心柱所示）差異極大。以美國來說，其社會性支出在國民所得中的占比便低於多數歐洲國家，比捷克也高不了多少。然而，當我們將民間的社會性支出也加進來計算總數（如實心柱所示）之後，美國的情況就大不相同；現在只剩下法國的占比高於美國。此外，與丹麥對比也很有意義：丹麥的公共社會性支出占比美國高出3%，但總支出占比低了3%。這表示，如果削減公共的社會性支出，要能滿足對社會性支出的需求，將得由民間的支出取而代之。

本項結果有兩層意義。如果必須提高民間社會性支出以抵銷公部門相關支出下降，成本就落到雇主或家戶身上。如果是雇主的社會性支出成本

圖10-1　2011年經合發展組織會員國的政府與民間社會性支出

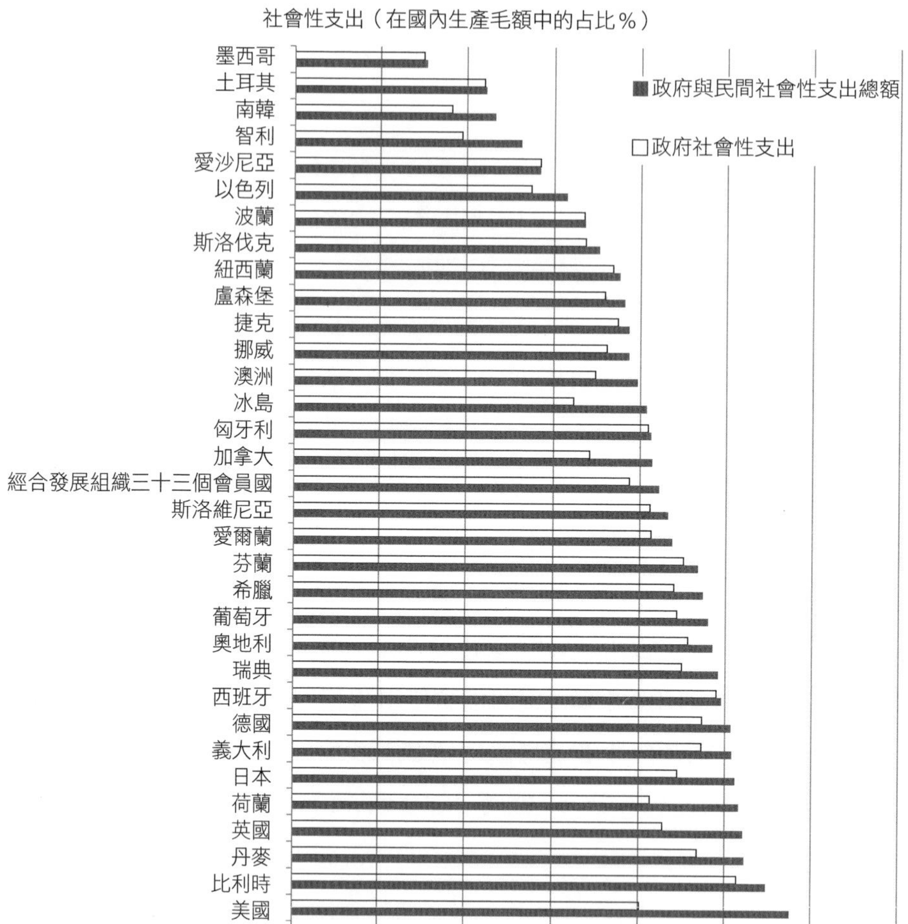

因此提高，這對其競爭力的影響就和提高稅率一樣。他們在選擇地點決策時會考量雇主要負擔的醫療方案費用，就和面對稅賦時一樣。如果由員工付錢，那麼必要的費用就會減少他們的可支配所得，很可能因此導致對薪水的要求更高。社會性支出從政府移轉到民間，對經濟造成的影響只是哪一方比較有競爭力、哪一方沒有而已。其次，當私人的社會性支出（例如放在年金或醫療照護上的）提高時，通常就會出現稅式支出，對稅賦的那一邊造成影響。從這方面來說，在全球化的世界裡，將社會性支出從政府部門移轉到民間，將無法解決國家的財政問題。

福利國路線能在全球競爭嗎？

這對預算成本來說有何意義？高稅率會讓產品更昂貴，因此用加稅來支應福利國的社會性支出，是否將無法在全球競爭？雇主常會抱怨聘用員工時的稅賦和社會捐使得他們的產品和服務失去競爭力；對員工課稅也可能會出現同樣效果，由於薪資要求提高導致墊高雇用成本，之後再轉嫁到商品與服務上。我們用一個比較特殊的例子來看，如果英國超級聯賽裡的足球員堅持要拿某個水準以上的稅後薪資，只要頂端的稅率加高，便表示球隊就得加薪，而這很可能會轉嫁到更高的票價上，以及要求更高的轉播費用，諸如此類。回過頭來，這可能會使得專程到英國來看足球賽的觀光客人數下降，收看超級聯賽節目的觀眾轉看德國、西班牙以及義大利等國的甲級足球聯賽。

當然，稅賦並非唯一影響薪資成本的因素，我的同事約翰・慕鮑爾（John Muellbauer）就強調居住成本的重要性。當人們必須負擔沉重房貸時，會促使他們爭取更高的薪資。高薪資會吸引人們往城市移動，以英國為例，就會有更多人湧入倫敦以及牛津、劍橋等地。抑制房價的行動，例如本書提議的住屋市政稅（參見第六章）改革，將可緩和薪資上漲的壓力。提供公共服務也很重要，良好的學校體系與醫療服務同樣也有助於減緩薪資上漲。

英國的競爭力是否因為加稅造成薪資成本上漲而衰退？「國家競爭力」一詞常常讓我困惑。我能了解企業會有無法競爭的問題，或者大學、甚至整體產業也是，但國家則否。幾年前，諾貝爾經濟學獎得主國際貿易理論專家保羅．克魯曼（參見第二章）的一段話，讓我鬆了一口氣，他說：「競爭力一詞套在國家經濟體上時是無意義的詞彙。」以及「我書架上任何一本國際經濟學的教科書裡，索引中都沒有這個詞。」[9]國家和企業不同，國家可有一套調整流程以因應外部失衡。假設出口減、進口增，若透過匯率調整貿易帳，匯率將會貶值，讓國內出口商有能力訂出有競爭力的出口價格銷售產品與服務。同樣的，貨幣貶值會墊高進口產品在國內的價格，讓進口品的價格更貼近國內商品。

這樣的調整或許無法發揮作用，而且也不是全無成本。可能沒用，是因為其他因素也會影響匯率，例如短期與長期資本流動；可能沒用，是因為匯率是固定的，比方說歐元區內的情形。如果是後者，單一貨幣區內的國家可能會面對其他區外國家無需面對的限制。也因此很重要的是，我們要把這個問題分成兩種不同版本。歐元區會員國所受的限制，或許和整體歐元區不同。

但透過匯率調整一定會有成本，某種程度上都會拉低一國的生活水準。1967年時，1英鎊從兌2.80美元貶為2.40，代表英國人購買定價100美元的美國產品時要付出42英鎊，而不是36英鎊（取四捨五入）。當英國首相哈洛德．威爾森（Harold Wilson）對英國人民說，他們口袋裡的英鎊還是一樣值錢時，他的開場白用了更精準的說法：「從現在開始，以其他國家的貨幣來算，英鎊在海外的價值約少了14%。」而這一點其實是問題關鍵。當人們講到所謂「有競爭力」時，實際上指的是能維持一國的生活品質；以目前來說，這代表要找到到財源以支應福利國的相關政策，與更多重分配。要支應本書所提方案的成本，必須降低處境較佳那一群人的實質所得。從這方面來說，這和一個總資源固定的國家面對國內問題時的處境並無二致。

我在前一章提過，重分配裡有人獲益也有人損失，這一點並不是反對重分配的決定性主張。如果政府真心要縮短貧富差距，勢必要面對取捨。這並不容易。就像陶尼在其論文〈平等〉裡說的：「放任貧富不均很容易，只要隨波逐流即可；但追求公平很困難，因為這要逆流而行……得付出代價並承擔重任。」[10]有兩種困難，從個人面來說，這涉及「要為他人做出實質犧牲」；社會必須接受加稅勢在必行。從社會面來說，這代表我們要提出一些棘手問題。我們不能只是接受市場運作後的結果，而必須檢驗所謂「公平」分配是什麼意思。

重分配是一個能解決的財政問題

我主張重分配措施的範疇不應像有些人講的，必須因為全球競爭而有所限制，和提高社會性支出有關的部分尤其如此。當然會有限制，但這並不表示我們什麼事都做不了。當我們考慮整體預算，計入所有類型的費用和社會性支出總額（包括政府與民間）時，情況就很明顯。這是一個財政問題，也是一個我們有能力解決的問題，結果不會完全聽任外在力量運作。

全球化如何掌控人類命運

支持我的樂觀的第二個理由，是各國並不單被動面對世界局勢發展。國家政策受到哪些限制，大大取決於各國如何回應這個瞬息萬變的世界。

舉個實際例子來說，英國有很多人討論，當歐盟內勞工自由移動之後，會對國內的勞動市場造成什麼影響，暗指英國根本無力因應。2014年7月，英國移民事務諮詢委員會（Migration Advisory Committee）正式發表一篇報告，題為〈低技術移工：歐盟與非歐盟低技術工作勞工的成長以及對英國的意義〉（Migrants in Low-Skilled Work: The Growth of EU and Non- EU Labour in Low-Skilled Jobs and Its Impact on the UK）。報告中有五大主題，前四項顯然與英國政府控制之下的政策息息相關。唯有最後第五項提到歐盟問題，以及歐盟幅員擴大、納入低薪資國家引發的問題。提到和其他主題的關係時，該委員會表示：「對於移工的需求，大受和移民議題並無直接關係的制度與公共政策影響。」他們做了詳盡說明：「要降低某些工作對移工不斷高漲的依賴度，若不從根本面改變政策以及制度運作的方式，是沒用的。我們要做的是包括必須對某些產業的勞動市場施加更多規範，多投資教育訓練，給某些公部門出資的低薪工作更高的薪資與更好的工作條件，並處理濫用零時契約問題。」[11]這些都是英國政府能掌控的政策，而且對於縮小貧富不均大有助益。

來自英國的第二個範例也凸顯出同樣的重點；這個範例和倫敦一處住宅的長期房客苦處有關，這些人2014年時收到通知，兩星期內要搬家。這棟住宅是1930年代由一個慈善信託基金起造，目的是為勞動階級家庭提供可負擔的私人租屋。後來大樓出售給一家總部在紐約的房地產管理公司，新主人卻宣布計劃大漲租金，這會讓房地產基金的營運商及投資人荷包賺滿滿，包括金融機構、各種政府與私人退休基金以及主權財富基金，但付出代價的卻是這些房客。隨之而起的公開呼籲，使得管理公司不得不收回計畫，並把大樓交由一個住宅信託基金管理。這裡的重點是，問題並不純粹起因於資本全球化，比較重要的基本事實是英國的房客缺乏保障。如果這家房地產管理公司的總部近在倫敦市（City of London；譯註：這是大倫敦區內的一個自治市），也會發生同樣問題。如果英國政府關心房客在租屋期間的安居（我相信是的），就應該重新施行保護性的立法。不管是來自外星球還是外國，外來客肯定樂於知道商務租客在英國享有的保障優於本地人。稅賦及其他給房東的補貼也有相同問題。就像丹尼・多爾林（Danny Dorling）教授投書給《衛報》說的：「房地產海外買主不是問題：房東補貼才是。」[12]

這些範例凸顯出貫穿本書的主題之一：財富的所有權與控制權大不相同。若能妥善設計國內制度，就可以在把房屋受益所有權移轉給海外投資人的同時，將控制權留給相關活動管轄權的國家法規架構下。若因為握有控制權的實體政策要求在房客需求與投資人利益間求得平衡而拉低報酬，投資人可以出售持股，但無法改變管理。

國際協議與制衡力量

當然，一國的行動能力可能會因為國際協議而受限。正因如此，有很多人關心跨大西洋貿易和投資夥伴關係協定（Transatlantic Trade and Investment Partnership），歐盟和美國於2015年針對本協定進行談判磋商，用意在撤除進入市場的藩籬，以及爭取投資自由化與國家法規限制鬆綁。該協定對於國家規範可能會造成那些影響，英國運動人士約翰・希拉利（John Hilary）在一篇重要的評估分析裡說得很清楚，他說該協定的目標「是為了撤除法規『障礙』，這些障礙會限制大西洋兩岸跨國企業的獲利潛力。但在現實中，這些『障礙』是我們最寶貴的社會標準與環境規範，例如勞工權利、食物安全法規（包括基因改造生物限制）、有毒化學物質使用規範、數位隱私權法律，甚至是為防止2008年金融危機再現而引進的新銀行體系防護牆。」[13]前述協定中有一個重點是投資人與地主國爭端解決機制（Investor-State Dispute Settlement），這套程序容許企業控告國家政府，挑戰國家規範。

在這裡，我要把焦點放在磋商貿易協定時的不對等。投資人與地主國爭端解決機制並未賦予政府、產業工會、消費者組織或個人控告企業的權利。其用意僅在保護投資人。一位美國的談判人員就清楚表明立場：「全面性的二十一世紀貿易協定應納入給投資人的適當保護。」[14]歐盟執委會以國內生產毛額的預期利益來捍衛本政策，但很確定的是，這時我們應該考慮更大的目標，亦即如何提高歐盟公民的福祉。有些歐盟公民以投資人的身分獲利，但有些則因為是消費者和勞工而受衝擊。在繼續推動擴大西洋貿易和投資夥伴關係協定之前，我們應該問問，如果從消費者和勞工的利益出發，這類協定應該是什麼模樣。比方說很明顯的，前述的爭端解決機制就應該放給所有人，評議委員也應該集結三方人馬，納入來自消費者與勞工組織的代表，再加上原有的企業界代表。

簡而言之，各國政府以及向歐盟這類的多國組織，本身就要為他們根據哪些條件參與世界經濟體負責。他們會受限制，但並非完全無能為力。

他們要做的，是重視全球化造成的分配影響，並確保所有利害關係人都有一席之地。

國際合作的範疇

雖然我表達出對於跨大西洋貿易和投資夥伴關係協定的疑慮，但我之所以樂觀的第三個理由，卻也是立基於國際合作的進展。國際性組織的歷史由來已久，現代的組織型態可以追溯到十九世紀的全球化。1863年，美國發起國際郵政聯盟（International Postal Congress）構想，1874年時催生出更新版的萬國郵政聯盟（Universal Postal Union）。該聯盟協議有許多益處，其中之一就是不再要求貼上郵件各途經國家的郵票，只需要貼上交寄國的郵票即可。說起來，自1865年創立現已更名為國際電信聯盟（International Telecommunication Union）的國際電報聯盟（International Telegraph Union）算起，全球性的組織已經有一百五十年的歷史了。

在近期的全球化中，國際性組織的數量與範疇快速成長。學者朗吉特・洛爾（Ranjit Lall）便說了：「國際性組織最近幾十年在數量、範疇與資源上的成長飛快……從1970至2013年間，跨國性政府組織的數目從242個成長到7,710個……在這段期間內，國際性組織的觸角伸入各種議題領域，例如環保、金融、女權等等，以前所未見的方式取代傳統以政府為主的治理模式。」[15]這番成長本身就讓我們有理由抱持一定的樂觀。

稅賦的競合策略

一連串的佳話，使得各國從事國際合作的企圖心愈來愈強。但有沒有任何證據顯示，國家政府現在更願意將全球性的考量置於國家利益之上？一個很重要的領域是財政競爭，各國透過低稅率優惠或以銀行保密為由，保護逃漏稅者的金融體系運作模式，競相吸引高所得的個人和企業。

和許多其他導致全球歧異的爭議性面向不同，在這個領域，確實有跡象顯示可能會有進展。如何透露關於未揭露金融資產的相關資訊，以及對於軍事／政治組織資金來源的隱憂，有可能引領各國創設如第七章所提的全球稅制行政署。經合發展組織長久以來在多邊稅賦立法上的努力，近年來已有長足進步。在經合發展組織主導之下，再加上全球二十大國（G20），已針對經合發展組織以及其他非組織會員國設立「稅務透明和資訊交換全球論壇」（Global Forum on Transparency and Exchange of Information for Tax Purposes）。值得一提的是，最近的評估分類顯示，英國和美國都尚未達到完全遵循的程度，屬於「大致遵循」；如何限制「避稅天堂」的相關活動發生在英美主權之下，還有許多尚待努力之處。在歐盟內部，塞浦路斯和盧森堡（請見以下）被歸類成「未遵循」。這個全球論壇中有一百二十三個會員國，包括許多知名的避稅天堂，假以時日，或許會出現全球性的稅制機構。

遵循全球二十大國的指示，經合發展組織稅基侵蝕與利潤移轉（OECD Base Erosion and Profit Shifting）專案提出一套包含七項措施的2014年配套方案，以因應經合發展組織祕書長所說的「衝擊全球稅收資源、主權與公平稅制的重大風險。」在簡報提案時，祕書長提到各國政府有「意願」及

「需求」合作[16]。與之前提到的遵循情況欠佳相比，上述這段話顯然讓人振奮，而且各國也已經在資訊交換方面展開行動。2001年，美國通過〈美國海外帳戶稅務遵循法〉（Foreign Account Tax Compliance Act），從許多方面來說都很重要。〈美國海外帳戶稅務遵循法〉要求，外國銀行要向美國財政部報告由美國公民或有居留權者在海外持有的所有帳戶與投資。此外，要求各國遵循規範的壓力也開始發酵，瑞士就是最好的證明。2013年，瑞士國會通過一條和美國稅務機構合作的法律，之後他們試圖用公投來否決這項決定，但未能達到足夠的連署人數。在企業避稅天堂方面，壓力同樣愈來愈大。在提出容許多國籍企業在其他國家避稅的企業稅制交易之後，盧森堡的財政部長2014年11月時宣布他們完全改變心意，並表示：「適用現今的國際、歐洲或各國法律，有時候的結果是讓企業只需面對極低的稅率，甚至是零稅率。盧森堡政府、以及全球多數國家的政府認為，這樣的結果無法讓人滿意。但這個問題無法光靠一國解決，必須由改革各國法律著手，所有國家一起進行法規改革，或者和國際法合作，拉高到歐洲層級或是經合發展組織層級。」[17]

歐盟社會政策簡史

自英國於1973年加入當時的歐洲共同體以來，我一直在參與歐盟相關事務。英國剛加入時，我奉命成為醫療服務融資的專家小組成員。有些會員國認為，大致上由一般稅賦提供資金的英國國家保險服務，與其他會員國由勞工和雇主承擔醫療成本的體系相比之下，可能是不公平的競爭。這又回過頭來在英國左派政治人物中醞釀出一股懷疑氣氛，認為（後來的）歐盟對於平等主義的政策和社會公義等議題並不友善。以當時來說，這樣的懷疑並無道理。英國加入歐洲共同體一年之後，通過第一套歐洲社會行動方案（European Social Action Programme）。在當時討論經濟與貨幣聯盟時，有很多人支持成立全歐盟的失業福利。〈馬侯尼報告〉（Marjolin Report）中便提到：「現在特別適合針對失業發動全共同體的行動，這將會為整體經濟與社會帶來效益……在這方面有一件確定要做的事，就是要在公眾面前證明歐洲共同體的團結是真的。」[18]後來的〈麥道格報告〉（MacDougall Report）也支持本議案：「除了能讓每一位公民能和歐洲共同體直接建立聯繫、帶來政治上的吸引力之外，本議案也能產生極大的重分配效益，有助於減緩特定國家遭遇的暫時性衰退，因此也能提供一小部分的助力，有助於營造出讓貨幣聯盟能維持下去的條件。」[19]如果當時的人有聽進去這樣的先知灼見，應該會改寫最近幾年的歷史。

過去雖有過這樣的想法，但之後有一段期間歐洲的計畫都由經濟考量主導：重點是歐盟內部市場與歐元。對於關心歐洲社會面向進展的人來說，這是一段高低起伏的時期，如圖10-2所示。在二十一世紀的前十年裡，里斯本議程（Lisbon Agenda）達成協議，走出向前邁進的重要一步。2001年，拉肯歐盟高峰會（Laeken European Council）同意，會員國的社會表現應根據一套社會性指標來判斷，包括處於貧窮風險的人口比重、所得不均、區域凝聚力、長期失業率、無業家戶占比以及早期階段中輟生占比等等。回顧過去，就算把經濟危機讓我們偏離正軌這一點考慮進去，成就都乏善可陳。約在這十年的中期時，也曾發生過〈柯克報告〉（Kok Report）只看重工作與就業，導致偏廢其他社會性目標。就像我之前主張的，達成完全就業是很重要的目標，但這並不代表就能終結貧窮。有過這番經歷之後，在第二個十年裡，考量重點就轉為訂出具體目標。「歐洲2020」策略提

圖10-2　歐盟社會政策簡史

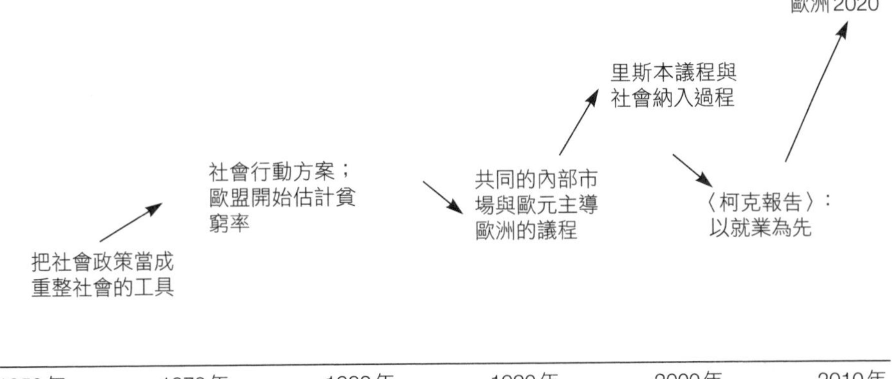

出五大主要目標，即涵蓋就業、研發支出、因應氣候變遷、教育以及對抗貧窮／社會排除。最後的目標，代表至少要把生活在貧窮或社會排除風險中的人再減少2,000萬，相當於六分之一[20]。

我們可以從細節（批評其選用的指標）上及整體上（認定這是沒有政治動能的泛泛空談）大肆抨擊「歐洲2020」策略[21]，但其中也有正面意義。很重要的是，各個會員國雖有不同歷史背景，目前政府的政治立場也各異，但都能在一套以歐盟為重的目標上達成協議。他們擬定一套社會性指標，現在由歐盟統計局定期發布。之後，在不同的政府組合以及更多新加入的會員國之下，歐盟達成協議，得出具體方案。我們經常忽略現代政府很少必須明確宣示其國家目標。如今的美國，能多清楚說出他們有哪些已經達成協議的目標？歐盟這個嶄新、不斷演變的政治架構，必須明確表達其企圖；當他們立下這些雄心壯志時，是堅定的以減少貧窮及縮小差距為目標。

全球化的衝擊取決於國內政策

本章裡很多議題都以政治為中心，而非經濟。不過制定政策必須以經濟為脈絡，而在目前的全球化世界裡，限制處處可見。但我在本章主張，在這些限制之下仍有選擇空間，而不是「別無他法」。國家本身原本就要為他們根據哪些條件參與世界經濟體負起部分責任。全球化對貧富不均的衝擊程度，取決於國內政策，我們之所以看到某些國家即便面對類似的外部挑戰，但差距就是比其他國家更大，這也是原因之一。

各國的政府各自面對的限制更多，歐元區內的情況尤其如此。各國聯合行動以降低縮小貧富不均，成效可能更佳。有鑑於此，我相信歐盟必須將確保達成歐洲2020年減少貧窮及社會排除目標的措施當成優先要務。從全世界來看，後2015年發展高峰會（post-2015 Development Summit）非常重要。然而，決策的主要重點仍在各國政府，我們能否邁向一個貧富差距更小的未來，大部分都取決於各國決策者。

1 "History of Globalization,""Modern Globalization,"http://en.wikipedia.org/wiki/History_of_globalization, 2015年1月19日下載。

2 亦請見Anthony B. Atkinson, "Globalization and the European Welfare State at the Opening and the Closing of the Twentieth Century," in Henryk Kierzkowski, ed., *Europe and Globalization* (London: Palgrave Macmillan, 2002):249–273.

3 Isaac M. Rubinow, *Social Insurance: With Special Reference to American Conditions* (New York: Williams and Norgate, 1913), quote p. 26.

4 Moses Abramovitz, "Welfare Quandaries and Productivity Concerns," *American Economic Review* 71 (1981): 1–17, quote pp. 2–3.

5 James M. Buchanan, "The Fiscal Crises in Welfare Democracies with Some Implications for Public Investment," in Hirofumi Shibata and Toshihiro Ihori, eds., *The Welfare State, Public Investment, and Growth* (Berlin: Springer, 1998), 3–16, quote p. 4.

6 Michel Camdessus, IMF Managing Director, as reported in *The Observer*, 21 September 1997.

7 1844年時法國經濟學家朱勒・杜普伊（Jules Dupuit）便提出非常清楚的說明：「如果稅率從零開始慢慢增加、之後到達一個高點，可徵得的稅收一開始為零，慢慢小幅增加，然後到一個極大值，在這之後又會逐漸減少，最後又再變成零。」（翻譯請見Kenneth J. Arrow and Tibor Scitovsky, eds.,*Readings in Welfare Economics*〔London: Allen and Unwin, 1969〕, quote p. 278.）

8 Joe Minarik, "Tax Expenditures in OECD Countries," Presentation to Meeting of Senior Budget Officials, 4–5 June 2009, OECD, Paris, http://www.oecd.org/governance/budgeting/42976288.pdf, slide 22.

9 Paul Krugman, "Competitiveness: A Dangerous Obsession," *Foreign Affairs* 74/2 (1994): 28–44, quote p. 44, and "Making Sense of the Competitiveness Debate," *Oxford Review of Economic Policy* 1996 (Autumn): 17–25, quote p. 24.

10 Richard Tawney, *Equality*, 2nd rev. ed. (London: Unwin Books, 1931), quote p. 270.

11 Migration Advisory Committee, *Migrants in Low-Skilled Work: The Growth of EU and Non-EU Labour in Low-Skilled Jobs and Its Impact on the UK: Summary Report* (London: Migration Advisory Committee, 2014). The quotations are from pages 1 and 38.

12 Danny Dorling, "Overseas Property Buyers Are Not the Problem: Landlord Subsidies Are," The Guardian, 10 February 2014, http://www.theguardian.com/commentisfree/2014/feb/10/overseas-property-london-landlord-subsidies.See also Danny Dorling, *All That Is Solid* (London: Penguin, 2014).

13 John Hilary, *The Transatlantic Trade and Investment Partnership* (Brussels:Rosa Luxemburg Stiftung, 2014), quote p. 6.

14 感謝以下的參考資料容我引文：Leif J. Eliasson, "What Is at Stake in the Transatlantic Trade and Investment Partnership?" Saar Expert Papers 2/2014, http://jean-monnet-saar.eu/wp-content/uploads/2013/12/10_07_14_TTIP-Eliasson.pdf.

15 Ranjit Lall, "Beyond Institutional Design: Explaining the Performance of International Organizations," ms. in prep.

16 經合發展組織2014年9月17日記者會以及口頭問答。

17 Pierre Gramegna, Press Conference at Ecofin Council, Brussels, 11 November 2014.

18 Robert Marjolin, chair, "The Marjolin Report," *Report of the Study Group: Economic and Monetary Union 1980* (Brussels: European Commission, EMU–63, 1975), quote p. 34.

19 Donald MacDougall, chair, "The MacDougall Report, vol. 2," *Report of the Study Group on the Role of Public Finance in European Integration* (Brussels: European Commission, 1977), quote p. 16

20 See Eric Marlier and David Natali, with Rudi Van Dam, eds., *Europe 2020: Towards a More Social EU?* (Brussels: Peter Lang, 2010).

21 有一份很生動的批評是以無業家戶部分為主題，請見Sophie Ponthieux,"Evolution of AROPE over Time: A Focus on (Quasi-)Joblessness,"報告於2014年10月在里斯本的歐洲所得與生活條件比較統計國際研討會（International Conference on Comparative EU Statistics on Income and Living Conditions, Net-SILC2）上發表。

第十一章

我們負擔得起嗎？

本章的分析將會針對特定國家與特定環境條件，讓其他地方的讀者理解政府如何負擔各種縮小貧富差距的措施。我們也可以從中了解部分提案對於貧富不均和貧窮有何影響。達成充分就業，搭配更公平的薪資分配，以及更傾向公平主義的資本所有權，在任何縮小貧富差距的策略中都是必要的元素。

美國國會預算辦公室（Congressional Budget Office）的法律責任，是針對國會各委員會核可的立法提案估出預算成本。這個辦公室也要為許多參、眾議員討論中或辯論中的議案提出類似的預算評估。這套自1970年代起採行的程序，立下重要的紀律。我也以同樣的慎重心態，來檢視我針對縮小貧富差距所提措施會對政府預算造成哪些影響。我一直強調，要大幅縮小貧富不均，需要動用的措施不只是稅賦與支出而已，還包括意在改變重分配前所得的各項措施，而這些措施本身就會對預算造成影響。比方說，提高最低薪資，會降低政府提供的附排富條款就業福利成本，也帶來更多社會安全捐，並提高來自個人所得稅的稅收。從另一個方向來說，如果企業對高階主管的薪資設限，那麼個人所得稅收將會減少。以整體措施來看，挑戰是要在額外費用與額外稅收之間取得平衡。批評者會說「這樣的計算沒有道理」，或者「財政上我們還可以有更多企圖心」。

本章有兩個目標：一個是一般性的，另一個比較具體。一般性的目標，是要描述經濟學家如何處理這類財政問題，並說明稅賦與福利的模型研究能為公眾辯論提供哪些資訊。經濟學模型一向被視為抽象的工具，遠離現實，但本章使用的稅賦福利模型可以架設起橋樑，串接起高層次的政策討論，以及政策改變對個人和家庭的意義二者。不管要討論什麼政策，這樣的橋樑都很重要，上述方法也適用於任何國家發展財政議案。具體目標則是要以英國為例，說明如何為具體提案取得資金，並證明以英國經濟為背景條件，財政上的算法是有道理的。計算時一定會有很多條件，但這正好代表我們不應該僅用「我們負擔不起」來反對這些提案。因此，本章的分析將會針對特定國家與特定環境條件，但範例僅供說明之用，讓其他地方的讀者理解政府如何負擔各種縮小貧富差距的措施。我們也可以從中了解部分提案對於貧富不均和貧窮有何影響。很重要的是，我要特別強調，得出最後的縮小貧富差距幅度只是部分結果，另有很多是我們可以預測方向、但無法量化效果的提案。

稅賦福利模型的設計與評估

可用於評估稅賦福利改革提案可行性與意義的工具，近幾十年來已經大有進步，與過去決策的困難形成對比。就在二次世界大戰剛結束，以社會分紅為形式的公民所得概念，在英國獲得眾多支持，被視為取代比佛列治計畫的社會安全替代方案。也因此，當剛成立的英國皇家稅賦委員會（Royal Commission on Taxation）審慎研究這個想法，討論提交給委員會的社會分紅分配影響數據時，約翰・希克斯爵士（參見第三章）對於其中的數據深表訝異：「最後一欄的正面影響有這麼多、負面影響這麼少，真了不起⋯⋯這基本上是一項重分配方案⋯⋯那麼持平來說，一定有某些人有所損失，才讓某些人有所利得。」[1]可見支持者提給委員會的觀點太過樂觀了，因為他們的計算以總體經濟加總為憑，但我們之前看過，國民所得總額與家戶實際收到的所得之間有很大的差距。計算社會分紅的成本效益計算，並非以英國家庭的實際狀況為基準，因此忽略其中差額。

現代在計算預算成本與稅賦福利提案對個別家庭造成的影響時，方法可以更周延，因此很多研究建構各種稅賦福利模型以利評估。由於可取得個別家戶所得與條件的調查資料與行政資料，因此模型的建構大有進展。在之前幾章，我談過這方面的數據變化。電腦運算的發展同樣重要。稅賦福利模型現在之所以廣為人所用，部分理由可以歸功於電腦運算能力的飛快進步。1960年代我剛開始估計英國社會安全改革建議的成本時（我使用的是總表而非個別數據），我必須仰賴劍橋大學裡最強大的電腦，當時的使用者多半是天文學家。到了1988年，也就是二十年後，利用影子內閣辦公室裡的個人電腦，我和荷麗・桑德蘭（參見第八章）就可以算出財政大臣奈吉爾・勞森提出預算方案帶來的效果，而且是在他的預算演說還沒講完之前就完成[2]。如今，桑德蘭是EUROMOD計畫的主持人，這個專案設計出一套稅賦福利模型，涵蓋歐盟二十七個會員國，幾分鐘內就可以得出結果。感謝這項專案的投資，我們如今在考量重要稅賦福利系統的改革時，做起計算就無須一廂情願或是「便宜行事」了。

何謂稅賦福利模型

稅賦福利模型如何運作？從核心來說，這類模型的流程類似家戶所得指南中的模式。在任何一個代表性抽樣調查中，計算是從所有接受調查家戶的所得，包括所有收到的移轉收入，以及稅賦中的給付款項二者的不同要素而得出。把所有的數據加起來，然後乘以一個乘數，就會得出英國整體數據。這表示，如果調查裡有27,000個家戶，而英國家戶總數為2,700萬，那就把抽樣數字乘以一千。顯然，重點是樣本要有代表性。這種方法並不要求每一個家戶被抽中的機率相同，而是每一個家戶被納入的機率為已知數，而且可以適用差異乘數（differential multiplying factor）。調查對模型來說也因此很重要。在此同時，我們在第二章也談過，家戶調查有其限制。有些人不住在家戶裡，有些人不想參與調查，有些人並未完整或誠實回答。當我們把調查得出的數據成以一個乘數、以得出整體人口數據時，必須考慮將不回應的差異性並區分出來。比方說，如果65歲或以上的回收率比65歲以下的人高，那麼年紀比較大的群組適用的乘數就比較小。否則領取年金這個族群的權重就會過高。

稅賦福利模型的基礎是家戶調查；調查讓模型便於計算稅賦與福利。模型裡運算的是家戶數據，並納入和個人與家庭特質有關的資訊，再加上市場所得，以計算出相關的福利資格與稅賦負擔。這麼一來，模型能做的就不光是描述現狀而已，還有別的：假設政策有所變動，模型也可以計算出政策在當下會有哪些影響，以及家戶所得和稅收、福利支出的變化。這些併行的計算如圖11-1所示，讓我們可以了解政策改變會讓特定家戶有所得還是有所失。把所有家戶的變動加總起來，並給予適當權重，我們就可以得出對政府預算的整體影響。本章所得結果的憑據，是由寶拉・德・阿格絲汀妮（Paola De Agostini）、克萊莎・樂溫緹（Chrysa Leventi）、依瓦・塔莎瓦（Iva Tasseva）和桑德蘭等人使用EUROMOD模型裡的英國部分所做的計算，使用2009至2010年的家庭資源調查（參見第二章），但資料有更新，並納入2014至2015年的政策[3]。特別要提的是，模型中納入的稅賦不包括間接稅，例如加值稅或關稅。

稅賦福利模型的三個問題

圖11-1看起來像是單純的算式。但深入來看，有很多要解決的問題。第一個問題是要把不同的稅賦福利政策變成模型，並考量所有家戶條件的差異。要完成這項任務，不能靠假設中的代表性個人；代表性個人的特色是賺得的薪資等於平均薪資，並與伴侶同住，有兩個孩子。稅賦福利模型要做的，是要想辦法納入所有可得的家庭相關資訊。以決策者來說，很重

要的是模型中要包含「所有民眾的人生」，不然的話，新的政策變動很可能造成意外的結果。我不只看過一次在改革中處於輸家立場的人民讓政府官員難堪，因為這些官員事前對於他們的處境完全一無所知。此外，難解的不僅是家庭環境而已，政策本身也是錯綜複雜。英國兒童貧困救助會（參見第一章）每年出版的〈福祉福利與稅金津貼手冊〉（Welfare Benefits and Tax Credit Handbook），目前篇幅已經超過1,700頁。解釋EUROMOD中的英國部分用了哪些變數的說明，長達38頁。舉個例子說明：在考慮提高兒童福利津貼（新式的應稅福利）的效果時，我們必須問，評估附排富條款福利的資格時有沒有考慮到提高津貼，若有，考慮基準是稅前還是稅後的金額？

第二個問題是，由於稅賦福利模型用的是個別數據，因此有可能把算出來的稅賦和福利拿來和家戶調查裡的實際紀錄互相比對。這麼做，會對照出和原始數據的不一致。這或許是因為受訪者在回答詳細問題時糊塗了。而這也凸顯出模型的限制：我們沒有資訊去確認領取福利的條件（例如過去的提撥情形）。更讓人擔心的解釋是，人們實收的福利可能不等於有權領取的金額。我們在第八章中看過，有很多人並未請領他們有權領取的附排富條款福利。如果我們就簡單假設所有家戶全額領到有權領取的福利，那麼就高估了總成本，也誇大福利體系的成效。在本書中使用的英國稅賦福利模型中，容許人民不請領福利。這個模型使用英國工作與年金部（Department of Work and Pensions）估算出來的請領率：例如有權請領年金津貼的人有23.5%未請領，有權領取儲蓄津貼的人有51%未請領[4]。政策改革的主要目的之一，是為了協助未請領附排富條款福利的人，因此未請領率是重要考量。

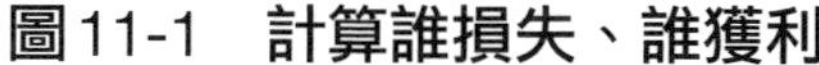

圖11-1　計算誰損失、誰獲利

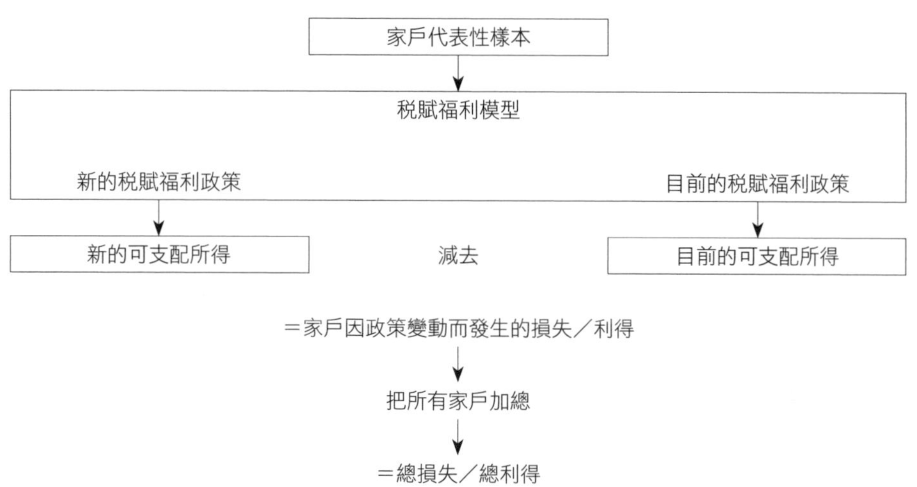

第三個問題，是新政策可能會導致行為改變。提高所得稅，可能會導致人們增加或者減少工作量。提高年金金額，可能會使得人們少存點錢。稅賦福利模型在做計算以及官方在估算成本時，一般都假設行為不會改變。因此，與考慮行為變動的模型相較之下，這些稅賦福利模型就沒這麼完整了。但若要納入行為的改變，必要的步驟相當迂迴複雜。方法之一，是考量稅賦福利各個變數對基本決策的影響，比方說工時或退休年齡的選擇。這些決策是許多計量經濟分析的主題，得出的結果也很耐人尋味，但僅限於特定行為領域，主要和勞動供給有關[5]。因此，就算在稅賦福利模型裡使用這些研究結果，也只能涵蓋一小部分可能的行為反應。此外，這些行為變動研究結果通常限於特定的次族群，能否全面套用局部性的結果，仍不得而知。

我們可以從不同的面向來考慮總收入：加總各種不同決定的結果。一個人能獲得多少所得，取決於他們選擇什麼工作、工作多少時間、過去的教育選擇、存多少錢、資產組合是什麼以及其他等等選擇。在預估總所得因應各種稅賦福利變動的變化時，就包含這些決策。因此，就像我們在第七章中看到的，預估反應的誤差空間很大，也就不足為奇。此外，為了解讀稅賦福利造成的分配影響，我們需要拆解基本的影響因素。足球員的範例說明這個問題。如果一個足球員在所得稅率提高時總所得不變，那麼他的淨所得就會下降，簡單的稅賦福利分析計算結果會是正確的。反之，如果這名足球員領的是淨額，那麼提高所得稅的負擔會落在球隊身上，透過某種形式轉嫁到觀眾身上。這麼一來，就必須往下追蹤提高所得稅造成的分配效應，但這並不容易。

有鑑於前述理由，官方成本分析基礎多半是「以行為無改變」，本書亦採行此法。美國國會預算辦公室則從總體觀點來討論這個問題：「預算辦公室估算的成本通常並未反映出會影響經濟體總產出的行為變化，比方說由於財政政策而導致的勞動供給，或私人投資變動。」國會辦公室採行不考慮行為變動效應的慣例，部分原因是由於效應的估計值「帶有極高不確定性」[6]。但即便很確定預估效應的規模，解讀仍是很棘手的問題。

十五項提案之成本分析

現在，我要回到以2014至2015年的英國為具體背景，來分析本書提案的成本。我在本書中提出十五項建議，並歸為三大類，第一類是不納入預算提案，因為其成本很可能微乎其微，或者必須視進一步的政策決定。第二類和第三類都要納入整套預算案中，其中第二類僅以總數計算，第三類則要根據稅賦福利模型進行完整分配分析。

第一類中的提案，其預算成本難以判定或者根本微乎其微，因此不納入成本估算中。強化社會夥伴的角色與重新分配科學研究經費，可能會影響稅收以及移轉支出，但其效應不易量化，而且效果可能為正，也可能為負。然而以這兩種情況來說，與其他提案動輒數以幾十億計的花費相比，其總預算可能極小。有鑑於此，我在表11-1中的摘要表裡將這兩項的預算列為「微乎其微」。至於成立主權財富基金（提案七），僅有運作基金的成本。基金若要做新投資，前提是政府要有相應的預算盈餘，這個部分不會納入目前成本計算當中。至於對所有小額存款人提供保證最低報酬，預估成本時必須視利率未來走向而定，而我並不打算估計利率變動會讓借款成本提高多少。

其餘十一項提案都要納入整套預算案中，如表11-1所示。在這當中，根據假設，提案十一（住屋市政稅改革）是稅收中立的政策。資本稟賦（提案六）由改革後的遺產稅（提案時）提供資金，因此提案六其成本造成的預算影響，是要從目前的遺產稅稅收中挪出一部分，做為資本稟賦項目的移轉支出（以英國2014至2015年的情況計算約為35億英鎊）。失業人士保證就業方案的成本，估算時的基礎是支付可維持生活的薪資，每週支付35小時的薪資，總共支付五十二週。要計算本提案的淨成本，需考慮以下各項：失業者重返職場省下的求職津貼和其他附排富條款福利、當事人因此得以請領更高的兒童稅金津貼金額，以及他應付的所得稅以及國家保險捐。若計入行政管理費，則淨成本約在65億英鎊之譜。（在這裡以及計算其他提案的成本時，均不考慮間接稅的支付金額變化。）關於制定全國性的薪資政策，此一政策將會拉低頂端薪資，導致所得稅收以及國家保險捐（包括雇主提撥的金額）減少。而從反向來看，將全國最低薪資拉高到能維持生活的薪資，則會提高上述這些稅收與安全捐。後者很具體，但前者不然，由於缺少穩固基礎，難以估計稅收與安全捐收入的變動，因此我簡單假設這兩類效應大致互相抵消。最後一項提案（將官方發展援助金額的占比提高到國民所得總額的1%）的成本，以2014至2015年的數據估計，約為45億英鎊。

加總起來，前述各項提案需要的額外稅收是145億英鎊。從第七章所述的擴大所得稅稅基與國家保險捐基礎（這並不包含在稅賦福利分析計算當中）得到的額外收入，或可抵消這筆開銷。若以英國官方計算的稅式支出成本為基礎，以2013至2014年的價值來算，前述的額外稅收約為116億英鎊，而如果採行本書所提出累進效果更強的稅制，稅收更可能大幅提高。將所有項目加總起來，以達成總體預算中立（budget neutrality；譯註：指預算中各項可以增減，但總預算不變）來說，我的分析基礎是其他措施可以創造出25億的稅收盈餘。我想我不太需要特別強調前述的計算性質上有很大一部分是取近似值。

第三類的提案，則涵蓋必須用稅賦福利模型估計其分配效果的提案，也就是表11-1中最後一欄標註為「是」的提案。稅賦福利分析不僅可得出更準確的預算估計值，也可以估算提案對於貧富不均與貧窮的影響程度。需要特別強調的是，提案中僅有部分涉及分配效果，在所提的十五項議案中僅有五項歸於此類。

表11-1　分析針對英國所提的十五項提案

提案	預算成本（以2014至2015年為計算基準）	是否需要進行分配效應分析
一、導引技術變遷的走向	微乎其微	
二、競爭政策、強化社會夥伴的角色即成立社會與經濟諮議局	微乎其微	
三、設定失業目標與公部門就業保證	納入整套預算案中計算	
四、制定全國性的薪資政策及提高最低薪資	納入整套預算案中計算	
五、對小額存款人提供保證報酬	不易預估	
六、資本稟賦	納入整套預算案中計算	
七、成立英國投資局	微乎其微	
八、累進效果更強的個人所得稅制	納入整套預算案中計算	是
九、引進勞動所得折扣	納入整套預算案中計算	是
十、收取資本終生稅	納入整套預算案中計算	
十一、以房地產稅取代住屋市政稅	稅收中立	
十二、兒童福利津貼	納入整套預算案中計算	是
十三、參與式所得方案	納入整套預算案中計算	是
十四、社會保險制度	納入整套預算案中計算	是
十五、海外援助	納入整套預算案中計算	

詳述五大提案

納入稅賦福利模型中有五大提案，必須更詳加說明：

一、提案八中的所得稅制：

- 提出累進效果更強的個人稅制，應稅所得（超過免稅門檻的部分）的起始稅率為25%，當應稅年所得達35,000英鎊時，稅率提高為35%，達55,000英鎊時增為45%，達10萬英鎊時增為55%，每年應稅所得超過20萬英鎊時，則是用最高稅率65%。
- 國家保險捐的費率不變，但所得上限（員工的第一級和自雇的第四級）提高為每年55,000英鎊。

- 廢除現行取消高所得者個人免稅額的做法。
- 保留額外的高齡免稅額、盲人免稅額、10%存款免稅額，但廢除已婚夫婦免稅額。

二、提案九中的勞動所得折扣

- 計算應稅所得時勞動所得（包括自雇所得與年金所得）有20%的折扣；當勞動所得超過23,333英鎊時，超過的所得折扣率減40%，當所得達35,000英鎊時，折扣率就等於0。
- 個人所得稅的門檻從每年10,000英鎊調降到8,000英鎊，並搭配20%的勞動所得；這樣一來，如果所有所得均為勞動所得，有效所得稅門檻就不會改變（10,000英鎊的20%加上8,000英鎊，總免稅額仍為10,000英鎊）。

三、提案十二中的兒童福利津貼

- 讓高所得者得重新請領兒童福利津貼，所有兒童都可以領到給付，但兒童福利津貼應為應稅所得，計入領取家長中應稅所得較低一方之所得。
- 兒童福利津貼每週應給付每位兒童（資格根據目前之定義）40英鎊。
- 兒童福利津貼中超過現行標準的部分（第一個孩子每週20.5英鎊，之後每個孩子每週13.55英鎊），就自兒童稅金津貼以及住宅福利方案（Housing Benefit）、住屋市政稅福利中扣除和兒童有關的部分，這些兒童與家庭相關的津貼成本會因此同額減少。

接下來，本書提出可二選一且互為替代的方案：

四、提案十三的參與式所得：

- 引進參與式所得制度，給付所有成年人；成年人的定義為16歲以上，但16至18歲的成年人如果仍在中等學校受教育且未婚，則予以排除[7]。
- 參與式所得給付給個人，並要考量個人可領取的社會保險福利；假設一個人可以領取的政府年金金額為T，那麼就要看此人可領取的參與式所得和政府年金何者較高；如果是參與式所得較高，政府年金將繼續給付，但參與式所得的金額為扣除T以後的差額。
- 個人可領取的參與式所得金額，要考量此人可以領取的其他附排富條款福利。
- 參與式所得的所得稅門檻與國家保險捐的基本門檻為零。

五、提案十四的社會保險

- 社會保險制下的政府年金（基本年金再加上其他政府年金）提高25%。
- 有提撥社會保險捐者的求職津貼提高至每週113.1英鎊（等同於現行的基本退休年金）；有提撥社會安全捐者的就業與補助津貼（Employment and Support Allowance）及喪親津貼（Bereavement Allowance）提高25%。
- 根據提案十二，大幅提高兒童福利津貼，第一個孩子每週可以拿到的福利為50英鎊（第一個孩子每週能得到的總給付為90英鎊），第二個以後的孩子每週可以多拿到20英鎊（總給付為60英鎊）；提案十二中的所有給付福利都為應稅項目。

在所有情況下，都不再適用聯合政府設下的福利上限（指限制16至64歲者可以拿到的福利給付金額上限）。

估計預算成本

第一步是要計算預算淨成本。這看起來直接了當，但計算時必須考慮不同項目之間的交互作用。比方說，我們不能只看每一個所得級距裡有多少人、他們又多付多少稅金，然後全部加總起來就算了。支付多少稅金，會影響請領附排富條款（以稅後所得為準）福利的資格。支付的稅金愈高（因此稅後所得愈低），該名納稅人能請領的福利就愈多。因此，多收的稅收要扣除多出來的附排富條款福利支出。也因此，我們才需要納入複雜稅賦福利規則以及各種不同家戶條件的稅賦福利模型。

以2014至2015年的條件計算，如果改採累進效果更強的所得稅制，搭配勞動所得折扣（即前述五大提案分析中的第一項與第二項），淨稅收可增加約310億英鎊。這是大幅的稅收成長，約增加了五分之一。考慮到要用多出來的稅收去支應配套裡的其他項目，代表配套方案裡的這五大提案支出成本可以達到285億英鎊。

配套方案裡的三項支出提案有一項共通之處，那就是要提高兒童福利津貼。將兒童福利津貼金額提高到所有兒童每週可得到40英鎊，總成本顯然很高（約為160億英鎊），但將這筆福利列為應稅收入，並在給付附排富條款福利系統時考量到受益者的所得提高（福利給付金額因此下降），將可大幅降低淨成本。在計算成本時，我們假設已經實施提案八（亦即累進效果更強的所得稅制），因此所有的計算都是累進的[8]。沒有小孩的讀者如果認為一週40英鎊真是太高了，容我提醒各位，這些都是應稅所得。對於身在最低階稅率級距的人來說，所得提高的幅度確實極大：每週稅後可拿到的金額是30英鎊；相較之下，目前第一個孩子可領到的金額是20.5英鎊，其他的孩子則是13.33英鎊。隨著所得提高，淨福利會慢慢減少。以身處於稅率為55%級距的人來說，稅後福利為18英鎊。此外，我們要記住的是，2013年歐盟訂出的兒童貧窮門檻約為每週55英鎊，每多一個孩子的最低所得標準（在之前討論能維持生活的薪資時討論過）津貼，是每週90英鎊或更高。

提高兒童福利津貼金額之後，還會剩下229億英鎊可配套中的其他提案花用。這筆錢可以用在兩種替代方案之一；而前述第一類的各項措施在設計上還可以創造出25億的稅收盈餘（取近似值）。第一種用途是透過參與式所得，是現有系統的額外輔助，因此很重要的是，要用稅賦福利模型來模擬相關效應。如果有25億英鎊可用來支付參與式所得，每個人每年可以拿到3,110英鎊，與現行基本稅率為25%的稅賦門檻可領取的金額（2,500英鎊）相比，差距甚大。（第八章中提過，在計算參與式所得時並未考量參與條件，因此會高估成本。）每一個人每週可以拿到60英鎊，這樣的福利將可為人民提供一個基準點。支持公民所得的人通常會提議要提高所得稅率，如果這麼做的話，參與式所得的金額將會更高：提案八中的參與式所得金額與稅率之間存在著取捨的關係。如果所有級距的稅率都提高5%（但最高稅率65%維持不變），參與式所得的金額就可提高至4,061英鎊，換算下來將近每人每週80英鎊。

第二條（替代）管道，是更新社會保險體系。前文提到的各項做法成本都很低（約為2.5億英鎊），與配套方案的總成本相比是九牛一毛。值得一提的是，模型並未涵蓋第八章提案中的兩項要素（從前述的第五項也可以看出）。提高政府年金的金額，預設是給付給所有領取年金的人，而不是以最低年金保證的形式發出。這樣一來，成本就會高於最低年金保證的提案。反之，模型也不會考量提案中的擴大社會保險，例如擴大有提撥者的求職補貼，因此低估了成本。

（部分）提案造成的影響

我們就這得出一套完整提案，而且加總出（大致）稅收與費用；從結果來看，與現行政策相較之下，這些提案具備稅收中立性。針對其中五項提案，我們可以利用稅賦福利模型來研究其對於貧富不均與貧窮的影響，這些分別是：提案八（累進所得稅制）、提案九（勞動所得折扣）、提案十二（兒童福利津貼）以及提案十三（參與式所得）或十四（社會保險）。檢視結果時，我們必須記住，另外還有十項提案，全部綜合起來，很有機會發揮強大作用，縮小所得的不均。（而且也考量了這些提案的淨成本。）

在本書稍早時，我提過所謂整體貧富不均（以吉尼係數衡量）明顯縮小，是指差距減少3%以上，以目前的32.1%（根據EUROMODA模型計算得出）來說，代表要低至29.1%或以下。同樣的，生活在貧窮當中的比率要明顯下降，標準也要降低3%，目前的基準值則為16.0%（同樣根據EUROMODA模型計算得出）。後面這個目標，和「歐洲2020」策略中貧窮率要減少的六分之一目標非常相近（其目標值為降至13.3%）。

第一個步驟（提案八的所得稅改革搭配提案九的勞動所得折扣）預估可以讓吉尼係數從32.1%降至30.4%，以「明顯縮小」的標準來看，這已經達標一半以上。這裡要強調的是，這些都是估計值。以降低1.7%來說，當中會有一些誤差（信任區間為95%），換算下來約為2%。兒童福利津貼改革的目標，是要在有小孩和沒有小孩的家庭之間追求公平，因此本項提案僅能讓吉尼指數小幅下降至30.2%，也就不令人意外。最後一個步驟的效果，要看走的是哪條路徑。如果是採行參與式所得，而所得稅率不變，吉尼係數會因此降至28.2%。（這個數據和下面提供的數據，都和用哪些提案來計算總效果有關：在這裡，是以一、二、三和四來計算）。若將所得稅率提高5%，從最低30%一直到最高60%、但最高稅率仍為65%（請記住，從重分配觀點來看，重要的是平均稅率，而非邊際稅率），吉尼係數會再降到26.6%。若為社會保險改革，則一、二、三與五項加起來的總效果，可讓吉尼係數降至29.4%。這距離3%的「明顯」標準還差一點，但若再結合其他措施，包括參與式所得，就算所得稅率稍微低一點，也可以輕鬆通過測試。如果所得稅率高，這些綜合措施將可讓吉尼係數降低5.5%。

對貧窮的影響

若考量的是整體的貧窮率，則第一個步驟（所得稅改革搭配勞動所得折扣）的效果十分有限，再加上兒童福利津貼改革，只能將吉尼係數從16.0%降到15.6%。我要特別提的是，當我們在計算政策變動的效果時，設定貧窮門檻並不會改變；中位數所得會有變動，但門檻仍為固定的基準中位數所得比例（中位數所得的60%）。前述的政策微乎其微，反映的是目前正在領取附排富條款福利的家庭從中得到的益處極其有限，而仰賴稅賦津貼與其他附排富條款福利勉強度日的家庭，並不在少數（有328,000個家庭）。獲益最多的，是那些有資格請領附排富條款福利、但目前沒領的家庭。同樣的，最後一個步驟的效果，還是要看選的是哪一條路徑。再加上社會保險改革，貧窮率可降到13.9%（同樣的，這是整合所有措施之後的效應；在此採用一、二、三與五）。如果採行參與式所得而所得稅率不變，貧窮率會降至12.1%。如果將所有級距的稅率提高5%（但最高稅率仍為65%），貧窮率則可降至10.4%，誤差值為10.0至10.9%。很重要的是，這些提案不僅能減少貧窮率的比率，也能縮小貧窮程度。貧窮程度以貧窮落差計算，指的是與貧窮門檻的差距，用百分比表示。在基準情境時，貧窮落差為4.7%，而透過種種措施之後，低於貧窮線下者的落差可以縮小一半，拉近到2.2%。因此，引進參與式所得的改革不僅確保英國能達成「歐洲2020」的目標（如果是採行社會保險改革，則可極接近目標），也能為仍處於貧窮線下的人提供可觀的協助。

兒童貧窮率可大幅下降。社會保險改革（結合一、二、三和五等措施）可將兒童貧窮率從16.8%降至14.6%，兒童貧窮落差從4.6%縮小到3.7%，後者顯示，仍活在貧窮線以下的孩子可以大大受惠。如果採行參與式所得而所得稅率不變，兒童貧窮率會降至13.4%。如果將所有級距的稅率提高5%（但最高稅率仍為65%），貧窮率則可降至12.1%，這已是接近5%的降幅；而貧窮落差也可以縮小一半以上。

整體分配效果

本書提出的相關所得體制看來或許涉及極高的稅率，但就像之前提過的，重要的是要分辨「邊際稅率」（過去的重點都在這裡）以及「平均稅率」；後者才是決定要交多少所得稅金的因素。平均稅率的漲幅不如邊際稅率快。以本書討論的稅制來說，當總所得達63,000英鎊時適用的「邊際稅率」為45%，但一直到要所得超過20萬英鎊時，適用的「平均稅率」才會達到45%。我們要記住的是，勞動所得折扣的用意，是要確保引進累進稅制不會拉高低收入（以及領取低年金）者的適用稅率，但不適用於所有所得水準。勞動所得折扣有利於低勞動所得者，而且不會套用到有投資收益者身上。從這兩方面來說，勞動所得折扣和降低所得級距不同，後者會同時嘉惠高勞動所得者以及賺取投資收益者。

兩種版本的提案（指參與式所得制與社會保險制），再加上提案八、九以及十二，最後的效果如圖11-2所示；本圖按照家戶均等化可支配所得將所得分配群組分為十組，顯示群組中所得增減超過5%的比重。因此，圖中的「1」代表所得最低十分位組，這個群組裡多半的人都受惠，但仍有些人有損失。事實上，在參與式所得制度下，在這個群組裡受惠的人和損失的人都比採用社會保險制度時更多：受惠的有72%，受損的有10%。受損者的人數是我們要顧慮的；在此同時，這些受損者可以從其他計算中未包含的提議措施上獲得協助。舉例來說，有一些投資收益的退休人士，會因為課稅門檻下修而必須支付更多稅金，但他們很可能從提高小額儲蓄者報酬率的提案中獲益。

整體而言，參與式所得的重分配效果較強，而且，與社會保險制相較之下，所得提高5%以上者通常落在所得更低處。以後面這種制度來說，受惠者比較多是在分配中位於中間者。在參與式所得制中，重分配之後所得提高5%或以上的人多半（約占52%）是在分配的後一半，在社會保險制中，這個比例則為41%；但這仍是很出色的成績。如果提高參與式所得金

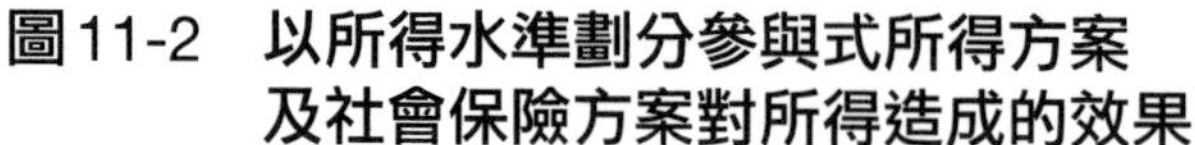

圖11-2　以所得水準劃分參與式所得方案及社會保險方案對所得造成的效果

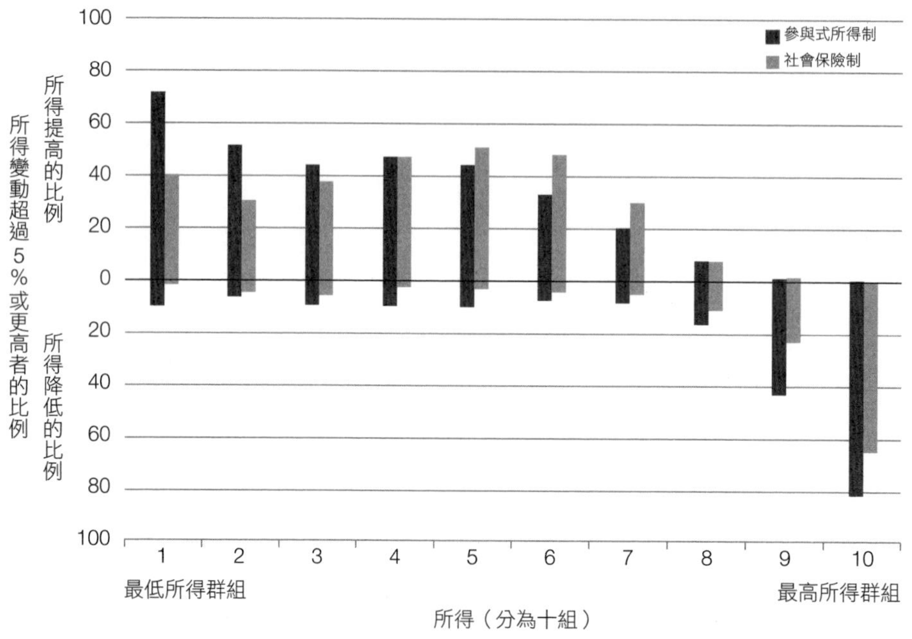

本圖顯示書中所提的參與式所得與社會保險方案對所得造成的影響；詳細內容請見提案十三與提案十四。不論是哪一種，都是搭配提案八、九和十二之後的綜合效果。不同所得水準的效果也不同；在本圖中，人口分為十個群組，第一群是所得最低的家戶群組（最底層的10%），第十群是所得最高的家戶群組（最高10%）。在每一個所得群組中，有一定比例的家戶所得提高會超過5%（0以上的柱狀部分），一定比例的家戶所得會減少超過5%（0以下的柱狀部分）。
請注意，在本書所提的參與式所得方案與社會保險方案中，低所得家戶的所得通常會增加，高所得家戶則會有損失。雖然這些結論只和本書中十五項提案中的五項有關，但這些提案可以創造出25億英鎊的盈餘，足以支應整套預算案方案裡其他提案的淨成本。

額，再搭配提高稅率，後面一半的家戶所得能提高5%或以上的比重，可增至62%。大幅重分配是有可能的。

不容許福利變化導致總收入改變

在考慮前述對貧富不均造成的影響時，我們必須記住，預估可以縮小的幅度，是指本書部分提案得出的成績。確實，提案八中還有其他未被模擬的財政措施，這些通常也可以縮小貧富不均的程度：廢除投資人的稅務優惠便是其中一例，這項福利多半都嘉惠高所得人士。此外，前述引用的效果受限於基本稅賦福利模型的限制。比起過去的技術方法，這些計算的資料雖然很豐富，而且多數都有很扎實的基礎，但得出的結果仍須加註「善意的警語」，如阿格絲汀妮和桑德蘭在他們描述模型時所強調的一般。尤其他們提到「高收入人士、自雇所得與投資收益的代表性通常不足，這很可能是因為這些類型的受訪者不回復的比率很高，而且會少報這類來源的所得，在高所得受訪者中尤其明顯。」[9]因此，得出的結果很可能低估適用高所得稅率者所得提高的部分。

最嚴重的限制，是在做這些計算時不容許稅賦福利制度的變化導致總收入有所改變。當最高稅率提高時，此一限制可能會導致高估稅收。但配套方案裡的其他項目在此時則有助於提高總所得。本書中採行的策略重點是要降低對附排富條款福利制度的依賴，因為這類福利無法讓所有有資格者都受惠，因此更添複雜性，而且也讓很多人有強烈負面誘因，而不願意工作和儲蓄。社會保險方案可讓生活在仰賴附排富條款福利家戶中的人數從2,230萬減為1,810萬，參與式所得方案能讓這類人數減少更多，減到1,710萬人，或者，搭配更高的所得稅率，可降至1,540萬人。附排富條款的福利支出也可因此從632億英鎊減至408億英鎊，搭配提高稅率時則可減至359億英鎊。這是很大的降幅：靠附排富條款福利生存的人減少了500萬，甚至可以減少700萬。稅賦津貼以及其他附排富條款福利的規模會隨之縮小，要適用高邊際稅率的人數也少了。此外，這也有助於降低行政成本，並讓很多人的人生過得更輕鬆。

可降低貧窮程度的提案

簡而言之，這些計算結果指向稅收中立的提案可以讓整體貧富不均、整體貧窮率以及兒童貧窮率明顯下降。當吉尼係數從32%降到約28%時，英國就比較可能在經合發展組織裡躋身中段班，而不再和美國同是貧富高度不均的難兄難弟。本書提案可以大幅降低生活在仰賴附排富條款福利家庭中的人數。英國政府選擇採行統一津貼制度，保留排富條款，但我證明我們還有其他替代方案可選。而這只是朝向縮小貧富不均的其中一步而已。本書中的計算提出警告，讓我們知道透過稅收與福利進行傳統的重分配，會有那些限制。這些計算強調提案重點在於設法縮小課稅與移轉所得之前的所得不均。達成充分就業，搭配更公平的薪資分配，以及更傾向公平主義的資本所有權，在任何縮小貧富差距策略中都是必要的元素。

1 England Royal Commission on the Taxation of Profits and Income, *Minutes of Evidence Taken before the Royal Commission on the Taxation of Profits and Income. First [etc.] Day. 21 June 1951, etc.* (London, 1952), Question 444.

2 當然，當時身為蘇格蘭國家主義黨（Scottish Nationalist）國會議員的年輕人亞力士・撒爾蒙德（Alex Salmond）打斷演說，也幫我們一個大忙；他被轟出下議院，拖慢整個程序。

3 我非常感謝他們所做的計算，但我必須說明，所有結論由我一個人負責。模型請見：Paola De Agostini and Holly Sutherland, *EUROMOD Country Report: UK 2009–2013* (EUROMOD: University of Essex, June 2014).

4 De Agostini and Sutherland, *EUROMOD Country Report*, quote p. 59.

5 這個領域的研究請參見Michael P. Keane, "Labour Supply and Taxes: A Survey," *Journal of Economic Literature* 49 (2011): 961–1075.

6 Congressional Budget Office website, Processes, https://www.cbo.gov/content/processes.

7 應和兒童福利津貼體系協調資格，無法納入參與式所得的人便要納入兒童福利津貼，並避免因為參與式所得高於兒童福利津貼而導致負面誘因，使得年輕人不願意接受教育。事實上，在受完國民義務教育年紀之前給付兒童福利津貼，之後支付參與式所得，是比較好的辦法。

8 計算兒童稅賦津貼時，使用的是總數；在計算其他附排富條款的福利時，要考慮針對多領的兒童福利津貼要支付的所得稅。

9 De Agostini and Sutherland, *EUROMOD Country Report*, quote p. 72

未來展望

我撰寫本書的用意，是想試圖回答一個問題：如果我們想要縮小貧富差距，要怎麼做？我們有很多理由去對抗貧富不均。如果能縮小經濟成果的分配不均，將有助於創造機會均等；機會均等被視為現代民主社會裡的重要特色。負面的社會因素，例如犯罪和人民健康狀況不佳，都助長目前社會高度不均的特質。這是致力於降低貧窮與縮小不均的實用性理由，擔心嚴重的貧富不均和運作順暢的民主體制無法契合亦然。另外有些人，比方說我，相信目前的經濟不均本質上就和美好社會的概念不合。不論在乎的理由是什麼，問題仍在：我們要怎麼做才能大幅縮小貧富不均？

本書目標在規劃前行道路，而不是找到最後終點。我不想描述最終樂土是什麼模樣，這並不是烏托邦主義的習作；反之，本書是要為關心如何縮小貧富差距指出未來的走向，而開宗明義就先從社會現狀談起。美國總統威爾遜在1913年第一任就職演說中提到：「我們應該從體認現狀以及認為有可能修正的觀點來面對經濟體系，而不是把這當成可任憑我們揮灑的白紙。」[1]

要採行哪些步驟，要看社會貧富不均的理由何在，以及為何近幾十年來不均的程度節節高漲。為何自1980年以後出現了「貧富不均轉折點」？若要套用經濟學的工具來回答這個問題，我強調必須把分配議題置於分析的核心。這並不是經濟學家慣有的立場，但我相信這一點很重要，它不僅讓我們更了解貧富不均，也有助於解釋經濟體的運作，以及因應我們目前面對的重大政策挑戰。如果我們要處理的問題是恢復財政平衡、因應老化人口、處理氣候變遷或國際失衡，假設這個世界由一模一樣的人組成，有同樣的資源與相同的利益，就不太合理。所以我們要連結經濟政策中的重要數據（例如國內生產毛額）和人民的真實生活體驗，就必定要考量分配面向。

本書採行的做法是把分配議題當成中心要旨，這和主流經濟學大不相同。書中強調的是：

- 為了瞭解貧富不均，我們需要檢驗社會的所有面向，包括現狀與過去的發展。
- 切成不同的片段來解讀歷史數據，會比用長期趨勢來看更好，我們可以從貧富不均縮小的時期中有所領悟。
- 透過市場所得變動有助於降低貧富不均的程度，也可以透過稅賦和支出。
- 資本市場與勞動市場都是導致貧富不均擴大的源頭；這不只是學歷溢價愈來愈高的問題而已。
- 市場力量扮演重要角色，我們必須研究決策的軌跡以及制衡力量的範疇。
- 這個世界有許多重要面向正在改變，尤其是就業性質，以及財富（這是收益的來源）與資本（這是控制的來源）之間的關係。

重點是，我不認為貧富不均擴大無可避免：這並非單純由我們無法控制的力量所造成的結果。政府（可以各自行動，也可以結盟）、企業、產業工會及消費者組織和每一個人都可以採取某些行動，以縮小目前的貧富不均程度。

十五項提案摘要

一開始我就提過，我認為教育訓練方面的投資很重要，也和本書的提案相輔相成，但我不做相關討論。反之，我會聚焦在比較少廣泛討論而且比較激進的提案上。十五項提案摘要如下：

一、政策決策者應明確考量技術變遷的走向，要從提高勞工雇用量與強調提供服務的真人面向角度來鼓勵創新。

二、公共政策的目標應為在利害關係人之間達成適當的權力平衡，要達此目的，應（一）在競爭性政策中納入明確的分配面向；（二）確保有一套容許產業工會以公平的條件代表勞工；以及（三）成立社會與經濟諮議局這類機構（若目前尚無），並廣納社會夥伴以及其他非政府機構。

三、政府在防止與降低失業方面應制定明確目標，並透過保證提供最低薪資的公部門工作給謀職者，以助於達成目標。

四、應制定全國性的薪資政策，並包含兩項要素：以能維持生活的薪資為標準訂下法定最低薪資，以及一套用於支付高於最低標準薪資的實務守則，這些都要在有社會與經濟諮議局參與的「全國性對話」中達成協議。

五、政府應以國家存款債券為工具，保證存款能得到正值實質利率，但限制每人持有上限。

六、所有人成年時都應得到一筆資本稟賦（亦即最低承襲資產）。

七、應成立公家投資單位，經營主權財富基金，目的為透過持有對企業與資產的投資來累積政府淨值。

八、我們應該回歸累進效果更強的個人所得稅制，提高應稅所得的邊際稅率，一直到最高稅率65%為止，同時要擴大稅基。

九、政府應在個人所得稅中引進勞動所得折扣，但僅適用於第一級所得級距。

十、將徵收到的遺產或贈與課以累進資本終生稅。

十一、應制定比例制或累進制的房地產稅，並以最新的房地產估值為準。

十二、應給付所有兒童高額福利，但應當成所得課稅。

十三、應在國家層級實施參與式所得方案，輔助現有的社會保障，並搭配可能的全歐盟兒童基本所得方案。

十四、（提案十三的替代方案）：應有新的社會保險制度，提高福利水準並擴大涵蓋範圍。

十五、富裕國家應將官方發展援助的目標提高至國民所得的1%。

除了這些提案之外，本書還有以下欲推動之構想：

- 全面檢視家戶在信貸市場的非房屋擔保借款。
- 檢驗以「所得稅基礎」待遇來處理私人年金提撥的立論，以及目前「優惠」存款方案，以提前徵收稅金。
- 重新檢視課徵年度財富稅的法源，以及能成功引進新稅制的必要前提。

- 訂定適用於以個人總財富為基礎的納稅義務人全球性稅制。
- 針對企業訂定最低稅賦。

我在提建議時，雖然有些在設計上是以英國為對象（而有些措施只是為了讓英國追上其他鄰國，比方說社會保險），但想的是要讓這些提案能廣泛套用在各個國家。舉例來說，我認為兒童福利要扮演重要角色，且應該是所有國家重分配政策的基石，包括美國；在美國，這類措施可以確保真正做到「不拋下任何一個孩子」（no child is left behind）。我提議應該在全歐洲實施統一的兒童福利收入，確保歐盟所有孩子必有一個基本的人生起點。

這些提議很大膽，但如果就像英國一樣，我們的目標是要將貧富不均程度扭轉回到1980年「貧富不均轉折點」之前的情形，那就需要大膽的措施。僅靠著現有的經濟社會政策縫縫補補，並不足以讓英國回到再經合發展組織裡還排名中段，且不屬於貧富不均嚴重群組的時候。我們需要大刀闊斧的改革，納入每一個經濟社會生活的層面。過去英國政府也曾勇敢奮進。保守黨政府支持一項政策，要將地方的公共住宅出售給房客；以目前價格來算，成本約為2,000億英鎊。1997年，工黨政府引進全國性的最低薪資。在某些情況下，我認為政策「過於大膽」，比方說保守黨推出的人頭稅；而這後來帶出了住屋市政稅，住屋市政稅代表地方稅原則的一大變動：從按支付能力原則轉向累退福利原則。

如何推動進展

要有進展一定要有人想要行動，而這需要來自於政治的領導力。貧富不均與政治之間的交互關係至關緊要。十九世紀美國參議員馬克・哈納（Mark Hanna）說過一句名言：「政治上有兩件事很重要，第一是錢，我不記得第二件是什麼。」1980年後，所得分配不均擴大，深化對重分配的反對，並提高對會促成所得分配不均的經濟政策支持度，例如市場自由化：這是一套不斷積蓄且正在運作的過程。讀者可能會感覺到，我不夠注意政治。這並非因為我小看貧富不均與政治間關聯的重要性；反之，我的目標是要聚焦在某種可以傳達政治訊息的特定方式上。認為我們無能為力，無法改變貧富嚴重不均現狀的想法會腐蝕人心，我拒絕接受。過去有多個貧富不均大幅縮小與貧窮率明顯降低的期間，而且不只包括大戰期間。二十一世紀和過去大不相同，尤其是勞動市場性質的巨變與經濟體的全球化，但展望未來時仍能從歷史中借鏡。

重要的一課是，必須集結政府所有部門一起展開行動。對抗貧富不均與貧窮的政策不可以只交代給一個部門、歐盟執委會下的一個理事會，或是聯合國裡的一個機構。以英國為例，具體來說，我提議要成立社會與經濟諮議局，這個單位要承擔起整合協調總指揮的角色。其他國家如已有類似機構，不要廢除（2014年時義大利便這麼做），各國政府要重新思考其組成與權力。我認為，這類機構成員要廣納眾人，所有利害關係人都要有代表，而且要完全考量所有人的利益，包括勞工、消費者、非政府機構，以及各種企業組織。這類諮議局可以展開極必要的「全國性對話」，討論全國性的目標，例如訂出失業率目標。此外權力也是必要的。在推動縮小貧富差距與對抗貧窮的進程時，諮議局必須要能要求各部會首長為自家行動負責，必須能和政府最高領導人直接聯繫，也必須向立法機關報告。

本書會詳細討論各國政府可以做什麼，很多「重擔」都落在他們頭上。然而，各項行動關乎的不只是國家政府而已，該怎麼做和各級政府息息相關，小到地方機關，大至多國性及全球性機構，從英國牛津市政府，到歐盟與世界銀行都必須同心協力。有些時候，由地方政府行動最適合，比方說地方政府要扮演重要角色，發展當地經濟的就業與再生計畫。有時候，則僅有靠跨政府協議才能動手，例如全球性稅制。

讀者或許會覺得，我這麼強調政府行動的重要性，並未從歷史中學到教訓，因為很多政府的行動最後都慘敗收場，所以要啟動更雄心萬丈的計畫是完全無望的。針對絕望放棄的態度，我要提出三點回應。第一，過去能成功縮小貧富差距的因素之一（但不是唯一）是政府的干預。這類干預行動包括二次大戰後幾十年提出的社會方案、同工同酬立法、推廣教育，以及實行累進資本稅和所得稅。這些措施並不完美，但確實有效。第二，政府方案之所以失敗，有一個很重要的理由是事前未有規畫也未做好徵詢工作。詳細提出周詳提案並啟動公眾辯證，才能打好基礎。在理解現有政策時，我會強調制度細節的重要性，同樣的，本書所提的想法也需要轉化成可供立法與行動之用的具體提議；這樣的流程必有助於提升提案的形式與內容。我要強調的是，我並不執著於第四章到第八章中提到的細節，也很歡迎任何建設性的修正意見（但我不太熱衷於「淡化式的修正」！）。

最後一點，我不建議、也不認為政府是本書的唯一讀者群。最後決定本書所提提案能否付諸實行、構想能否推動的，還是個人。他們可以間接透過選民身分施展能力，或者在今天可能更具影響力的，是透過活動團體和社交媒體成為遊說人士，成為另一股反制拿錢辦事的專業遊說份子力量。發電子郵件給你所屬選區的代表，將能創造出不同局面。而透過身為消費者、存款人、投資者、勞工或雇主時的種種作為，個人也可以直接影響社會的貧富不均程度。從個人慈善來看最明顯：移轉給他人的資源本身就很寶貴，而且這也是一個信號，指向我們希望政府怎麼做。但就像我在討論政府角色時所強調的，所得移轉只是故事一部分而已。消費者可以慎選供應商的產品，選擇支付能維持生活薪資或公平交易的商家，創造不同的局面。不論是個別或集體，個人可以支持在地店舖與企業。存款人可以問一問往來的股東持股銀行，看看他們的薪資政策是什麼；存款人也可以把資金轉到互助式的金融機構。在討論薪資時我曾經強調，市場力量或許能限制結果會落在哪個區間，但是其他考量也有發揮作用的空間，比方說公平和社會正義。在經濟生活裡，在個人生活裡，我們都要做很多道德抉擇，這些決策（加總起來）可以有助於縮小貧富不均。我期望本書能幫助讀者看清楚箇中道理。

樂觀的理由

我以正面態度來撰寫本書。我雖然強調回顧過去的重要，但我不認為我們要回到十九世紀的維多利亞女王時代。如今經合發展組織各會員國人民享有的生活水準，比曾祖輩要好太多了。二次大戰期間以及戰後幾十年社會縮小差距的成就，並未完全翻轉。從全球的層次看來，由於工業革命引發的各國發展嚴重分歧，目前也正在縮小當中。我們確實在1980年代之後經歷了「貧富不均轉折點」，二十一世紀也帶來人口老化、氣候變遷與全球失衡等種種挑戰。而解決這些問題的方案握在我們手中。如果我們願意善用今日更多財富因應相關挑戰，並且認同資源應該更公平分享，而這就是讓我們能樂觀的理由。

---

1 Quoted in Martin S. Feldstein, "On the Theory of Tax Reform," Journal of Public Economics (1976): 77–104, quote p. 77.

財經企管 BCB568

扭轉貧富不均

Inequality--What Can be Done?

國家圖書館出版品預行編目(CIP)資料

扭轉貧富不均 / 阿特金森(Anthony B. Atkinson) 著 ; 吳書榆譯. -- 第一版. -- 臺北市 : 遠見天下文化, 2015.10
面； 公分. -- (財經企管 ; 568)
譯自 : Inequality : what can be done?
ISBN 978-986-320-847-1(平裝)

1.分配 2.平等 3.福利經濟學

551.8　　104018896

作者 — 安東尼 ・ 阿特金森（Anthony B. Atkinson）
譯者 — 吳書榆
事業群發行人／CEO／總編輯 — 王力行
副總編輯 — 吳佩穎
主編 — 周宜芳
責任編輯 — 蔡旻峻（特約）
封面設計 — 莊謹銘

出版者 — 遠見天下文化出版股份有限公司
創辦人 — 高希均、王力行
遠見 ・ 天下文化 ・ 事業群　董事長 — 高希均
事業群發行人／CEO — 王力行
出版事業部副社長／總經理 — 林天來
版權部協理 — 張紫蘭
法律顧問 — 理律法律事務所陳長文律師
著作權顧問 — 魏啟翔律師
社址 — 台北市 104 松江路 93 巷 1 號 2 樓
讀者服務專線 —（02）2662-0012
傳　真 —（02）2662-0007；2662-0009
電子信箱 — cwpc@cwgv.com.tw
直接郵撥帳號 — 1326703-6 號　遠見天下文化出版股份有限公司

電腦排版／製版廠 — 立全電腦印前排版有限公司
印刷廠 — 柏皓彩色印刷有限公司
裝訂廠 — 晨捷印製股份有限公司
登記證 — 局版台業字第 2517 號
總經銷 — 大和書報圖書股份有限公司　電話／(02)8990-2588
出版日期 — 2015 年 10 月 30 日 第一版第一次印行

定價 — 480 元
ISBN — 978-986-320-847-1
書號 — BCB568
天下文化書坊 — www.bookzone.com.tw